会计电算化概论

童伟／编著

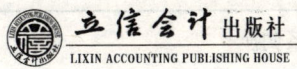

图书在版编目(CIP)数据

会计电算化概论/童伟编著. —上海：立信会计出版社,2018.10
ISBN 978-7-5429-5954-6

Ⅰ.①会… Ⅱ.①童… Ⅲ.①会计电算化 Ⅳ.①F232

中国版本图书馆 CIP 数据核字(2018)第 236088 号

策划编辑　　陈　旻
责任编辑　　陈　旻
封面设计　　南房间

会计电算化概论

出版发行	立信会计出版社			
地　　址	上海市中山西路 2230 号	邮政编码	200235	
电　　话	(021)64411389	传　真	(021)64411325	
网　　址	www.lixinaph.com	电子邮箱	lxaph@sh163.net	
网上书店	www.shlx.net	电　话	(021)64411071	
经　　销	各地新华书店			
印　　刷	常熟市梅李印刷有限公司			
开　　本	787 毫米×1092 毫米	1/16		
印　　张	17.75			
字　　数	394 千字			
版　　次	2018 年 10 月第 1 版			
印　　次	2018 年 10 月第 1 次			
印　　数	1—2100			
书　　号	ISBN 978-7-5429-5954-6/F			
定　　价	45.00 元			

如有印订差错,请与本社联系调换

内容提要

本书详细阐述了信息系统环境下会计电算化理论的目标、内容、方法、实施步骤、发展等,主要从理论的角度介绍了会计电算化的开发、实践思路和管理,为会计电算化实务打下坚实的基础。

本书可作为本科、高职类学校会计学、财务管理专业及经济、信息系统应用类专业会计电算化学习的基础教材,也可作为会计从业相关人员的理论参考指导用书。

前　言

随着经济、信息、网络技术的发展,特别是近两年,移动支付、互联网+等技术与实践的发展,会计实务快速向全面电算化、网络化发展。会计电算化更是以现代信息技术、计算机、网络技术为基础和基本工具来研究和解决现代企业所面临的财务会计工作的理论和实务。同时,会计又是一个由若干要素组成的以搜集数据、分类整理数据、加工、存储、输出信息的一个系统,所以又称为会计信息系统。为了满足会计电算化发展,需要培养和造就大批掌握会计电算化的应用型会计人才。"会计电算化概论"课程作为本科、高职院校会计专业人才知识结构和技能结构体系中的专业必修基础课程,为培养财会专业学生会计电算化实践能力打下一定的理论基础。

根据会计改革发展要求,对照会计专业应用型人才培养方案及我们一线教师教学多年的经验,紧密联系适应社会需求,做好与会计专业主干课程的衔接,提高学生理论联系实际的能力,我们编写了本书。本书的主导思想是:培养学生掌握电算化会计系统建设与管理的基本方法与理论,使学生具有分析和解决电算化会计系统规划、分析、设计、实施、维护等问题的初步能力,能够举一反三,为会计电算化初级、中级、高级实务操作打下基础。本书主要有以下特点:

1. 时代性和铺垫性。在吸收和借鉴国内外会计电算化系统开发设计的先进思想和理念的同时,结合当前经济发展和会计制度的特殊要求,将会计理论与信息技术思想有机结合,符合我国会计信息系统理论,并为会计电算化实务奠定理论基础。

2. 拓展性。在介绍会计电算化系统的开发思路和实现路径后,进行拓展知识介绍。第九章拓展性地介绍了与会计电算化密切相关的 XBRL、管理系统、决策系统、电子商务、计算机审计、网络财务、管理咨询等一系列相关知识,对学生的视野拓展具有一定意义,培养学生用发展的眼光去理解和解决会计实践问题。

3. 通用性。介绍会计软件的开发及应用原理,适用大多数通用会计软件。

本书可以作为高等院校会计专业(包括会计、财务管理、会计电算化等方向)、工商管理专业、金融专业等经济和管理学科"会计电算化"或"会计信息系统"等实践课程的理论基础教材。

"会计电算化概论"既是一门跨学科的课程,又是一门专业理论、方法的课程。因此,理解有一定难度。为了使学生能够真正学懂、学会会计电算化原理,建议边讲解边演示,再由学生作简单练习。从教学研究的角度出发,学生要对会计及电算化理论的有关基本概念,核算原理、方法、过程,核算制度与法规,核算软件的特点与功能结构,会计核算软件的开发方法与开发过程,会计电算化管理办法与措施,会计电算化内部控制与审计等内容进行理论研究,较为全面、系统地学习有关知识,按"了解、熟悉、掌握"三个层次作要求;而对有关方法、规则、流程等按"熟悉、熟记"两个层次作要求。为具体经济业务会计处理的实践操作奠定良好基础。

  本书由童伟主编,负责全书编写、修改和定稿。在本书编写过程中,主要参考童伟、卿笃炼主编的《会计电算化》(2012年版)一书,同时,还参考借鉴了国内外专家、学者的专著和教材等,对此,我们表示衷心感谢。特别感谢卿笃炼老师对本书提出的宝贵修改意见。

  由于编写时间仓促及水平有限,书中疏漏和不妥之处在所难免,敬请读者批评指正。

编著者 童 伟

目　录

第一章　会计电算化概述 1
　第一节　会计电算化基本知识 2
　第二节　会计电算化的发展 8
　第三节　会计电算化的结构 12
　第四节　会计软件 16
　本章小结 26
　复习与思考 26

第二章　会计电算化流程与开发 31
　第一节　会计电算化的开发方法 33
　第二节　业务流程概述及分析 43
　第三节　会计电算化系统开发 49
　本章小结 88
　复习与思考 88

第三章　账务处理子系统分析 93
　第一节　账务处理子系统概要 94
　第二节　会计核算编码及体系设计 101
　第三节　账务处理子系统流程及功能分析 106
　本章小结 119
　复习与思考 119

第四章　薪资管理子系统分析 122
　第一节　薪资管理子系统概要 123
　第二节　薪资管理子系统具体分析 126
　本章小结 130
　复习与思考 130

第五章　固定资产管理子系统分析 135
　第一节　固定资产管理子系统概要 136
　第二节　固定资产管理子系统具体分析 139
　本章小结 145
　复习与思考 145

第六章 供应链管理子系统分析 ……………………………………… 149
第一节 供应链管理系统概要 …………………………………… 150
第二节 供应链管理系统具体分析 ………………………………… 152
本章小结 ………………………………………………………… 168
复习与思考 ……………………………………………………… 168

第七章 报表子系统分析 ………………………………………………… 170
第一节 会计报表子系统概要 …………………………………… 171
第二节 会计报表子系统分析 …………………………………… 175
本章小结 ………………………………………………………… 184
复习与思考 ……………………………………………………… 184

第八章 会计电算化管理 ………………………………………………… 188
第一节 会计电算化运行管理 …………………………………… 191
第二节 会计电算化系统内部控制及风险管理 …………………… 203
本章小结 ………………………………………………………… 215
复习与思考 ……………………………………………………… 215

第九章 会计电算化发展的相关知识 …………………………………… 216
第一节 相关技术前沿 …………………………………………… 218
第二节 企业资源计划 …………………………………………… 227
第三节 管理与网络技术的发展 ………………………………… 234
第四节 会计电算化的管理咨询与价值管理和评价 ……………… 260
本章小结 ………………………………………………………… 271
复习与思考 ……………………………………………………… 271

参考文献 …………………………………………………………………… 274

第一章 会计电算化概述

 学习目标

相关知识	技能目标
1. 会计电算化基本知识	1. 理解基本概念及基本特点,两种环境下会计的联系和区别
2. 会计电算化的发展	2. 了解会计电算化发展
3. 会计电算化的结构	3. 熟悉物理结构及职能,了解技术架构及应用体系
4. 会计软件	4. 熟悉会计软件的种类、功能、模块及关系,商品化会计软件的选择

知识结构

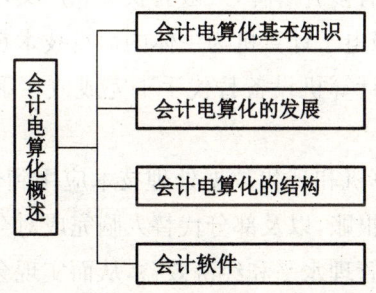

 导入案例

自1946年计算机诞生以来,因其强大的存储能力、快速数值运算和逻辑运算能力而迅速发展,也很快应用到各行各业。特别是会计领域,早在50年代初,计算机就被应用并迅速普及。当今现代会计,就是集会计、信息系统于一体的会计信息系统。随着IT技术的不断发展,网络技术、网络会计的日新月异,逐渐形成了会计电算化的理论方法体系及实务。

我国早在20世纪80年代初,财政部就已经看到了会计电算化发展前景,并加以引导。

于1979年出资在长春第一汽车厂进行会计电算化试点……在20世纪90年代又出台了一系列规范,对我国会计电算化的发展起到了规范和促进作用。

近年来,很多人都有在网店购物的习惯,淘宝店、天猫店、京东商城、苏宁易购等网络销售业务年年快速递增,有销售就有会计核算产生,随着电子商务的蓬勃兴起,支付宝、微信二维码扫码等支付方式的普及,会计电算化行将打破传统的会计方法与会计实践,引起会计界一场革命性变革。

第一节 会计电算化基本知识

一、基本含义

(一) 会计电算化(Accounting Computerization)的概念

我国的会计电算化工作始于1979年,有代表意义的是当年财政部支持并直接参与的在长春第一汽车制造厂进行的会计电算化试点工作。1981年8月,在财政部的支持下,中国会计学会在长春召开了"财务、会计、成本应用电子计算机专题讨论会",借鉴西方国家将计算机应用于会计的描述称作电子数据处理(Electronic Data Processing,EDP)作出的变通,把在我国经济领域中应用电子计算机处理经济事务,通俗、笼统地称为电算化。因此,对应用电子计算机处理会计业务也通俗、笼统地称为会计电算化。这次会议的召开和名称的确定是我国会计电算化发展的一个里程碑。由此开始,随着20世纪80年代计算机在全国各个领域的应用推广和普及,其在会计领域的应用也得以迅速发展,成为会计学科的一个分支,学术界称为电算化会计学。

关于会计电算化的含义,有多种解释,一般有狭义和广义之分。

狭义的会计电算化是指以电子计算机为主体的信息技术在会计工作的应用,具体而言,就是利用会计软件,指挥各种计算机设备替代手工完成或在手工条件下很难完成的会计工作过程。

会计电算化是把电子计算机和现代数据处理技术应用到会计工作中的简称,是用电子计算机代替人工记账、算账和报账,以及部分代替人脑完成对会计信息的分析、预测、决策的过程,其目的是提高企业财务管理水平和经济效益,从而实现会计工作的现代化。

广义上来讲,是指与会计工作电算化有关的所有工作,包括会计电算化软件的开发与应用、会计电算化人才的培训、会计电算化的宏观规划、会计电算化制度建设、会计电算化软件市场的培育与发展等。

通常对会计电算化解释为:电子计算机在会计工作中应用的简称,是把以电子计算机为代表的现代化数据处理工具和以信息论、系统论、控制论、数据库以及计算机网络等新兴理论和技术应用于会计核算和财务管理工作中,以提高财务管理水平和经济效益,进而实现会计工作的现代化。

目前,电算化会计学已成为一门融计算机学、管理学、信息学和会计学为一体的边缘学科,在经济管理的各个领域中处于应用电子计算机的领先地位,带动着经济管理诸领域走向信息化。

(二) 与其相关的一些概念

1. 数据与会计数据

数据(Data)是指描述客观事物特征的各种符号的排列组合。在计算机系统中,各种字母、数字、符号、语音、图形、图像、视频及各种组合等统称为数据,通过数据可以区别同类同属性事物,可以是定量,也可以是定性。例如,"200平方米""30%""红色""优秀"等都是数据,这里它仅是一种数据符号,并不表示任何内容。但是,如果和具体实体联系起来,则具备了一定的含义。例如200平方米的住房、红色的标签等,即数据经过加工后才有用,才成为信息。

会计数据(Accounting Data)是记录下来的会计事实,是产生会计信息的源泉。在会计工作中,从不同的来源和渠道取得的各种原始会计资料、原始凭证及记账凭证等都是会计数据。会计数据可以是数字,也可以是非数字的。例如,月销售额达到35万元、年利润150万元、月工资5 000元、工龄20年等是数字,职工姓名、原材料名称等是非数字。按数据来源可以把会计数据分为三类:原始会计数据、中间会计数据和会计信息。会计数据还仅仅是会计业务的简单记录,不能反映其经营状况和业绩,只有经过加工后才能成为有用的会计信息。

2. 信息与会计信息

信息(Information)是数据加工后产生的结果,它反映客观事物的特征和变化的组合,是人们主观工作需要的知识。信息是信息论中的一个术语,日常把消息中有意义的内容称为信息。1948年,美国著名数学家、控制论的创始人维纳在《控制论》一书中指出:"信息就是信息,既非物质,也非能量。"

会计信息(Accounting Information)是指会计数据经过加工处理后产生的,为会计管理和企业管理所需要的经济信息,是对会计数据的解释。它包括:反映过去所发生的财务信息,即有关资金的取得、分配与使用的信息,如资产负债表等;管理所需要的定向信息,如各种财务分析报表、对未来具有预测作用的决策信息、年度计划、规划、金额等。会计通过信息的提供与使用来反映过去的经济活动,控制目前的经济活动,预测未来的经济活动。

数据与信息的关系是:数据是信息的一种表现形式,数据通过能书写的信息编码表示信息。由于数据能够书写,因而它能够被记录、存储和处理,从中挖掘出更深层的信息。但是,数据不等于信息,数据是信息表达方式中的一种。正确的数据可以表达信息,而虚假、错误的数据所表达的是谬误,不是信息。

会计数据和会计信息的关系是:互相变换的、不断流动的、相对的、没有截然界限的,如图1.1.1所示。

3. 系统与信息系统

系统(System)是由一些相互关联、相互制约的若干要素组成的、具有特定功能的一个有

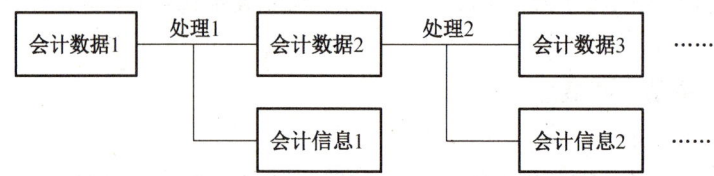

图 1.1.1　会计数据和会计信息的关系

机整体(或集合)。它是为实现规定功能以达到某一目标而构成的相互关联的一个集合体或装置(部件),泛指由一组有关联的要素组成并具有特定结构和功能目标的有机整体,根据预先编排好的规则工作,能完成个别元件不能单独完成的工作群体。系统分为自然系统与人为系统两大类。

信息系统(Information System,IS)是一个由人、计算机及其他外围设备等组成的能进行信息的收集、传递、存储、加工、维护和使用的系统。信息系统是由计算机硬件、网络和通讯设备、计算机软件、信息资源、信息用户和规章制度等组成的以处理信息流为目的的人机一体化系统。

4. 会计信息系统和电算化会计信息系统

有一种理论把会计系统分为手工会计系统和电算化会计系统,统称为会计信息系统;还有一种理论认为,在现代科学技术的背景下,以计算机为主要工具的会计系统称为会计信息系统。因此,基于计算机的会计系统是对各种会计数据进行收集、记录、存储、处理与输出,并完成对会计信息的分析,向使用者提供所需会计信息,辅助其管理、预测和决策,提高企业管理水平与经济效益。本书以后一种主张为基础,认为以信息技术及网络技术为支撑的会计是会计信息系统。下面的内容展开都以此为依据。

会计信息系统(Accounting Information System,AIS)是一个组织处理会计业务,并为人们提供会计信息的实体,它是通过收集、加工、存储、传递、利用会计信息对经济活动进行控制的有机整体。

电算化会计信息系统(Computerized Accounting Information System)是由计算机硬件、软件、电算化管理制度、财会及计算机人员组成的,是一个组织处理会计业务与会计数据,为企业内外有关人员提供会计信息并辅助管理的人机系统。它是一个以计算机为主要工具,运用会计所特有的方法,通过对各种会计数据进行收集或输入,借助特殊的媒介对信息进行存储、加工、传输和输出,并以此对经营活动情况进行反映、监督、控制和管理的会计信息系统。它是一个人机结合的系统,必须建立在会计工作的计算机化、信息处理的标准化和规范化的基础上,这体现了与传统的手工会计信息系统的根本区别。电算化会计信息系统一般可分为电算化会计核算、电算化会计管理和电算化会计决策支持三个子系统,分别用于会计的事后核算、事中控制、事前预测决策。

5. 会计电算化与会计信息化

会计电算化强调电子和信息技术工具应用到会计实务中,开始是人工会计的模拟系统,目前向综合化、企业信息管理一体化发展。

会计信息化是会计与信息技术的结合，是信息社会对企业财务信息管理提出的一个新要求，是对传统会计模型进行重整，并在重整的现代会计基础上，建立信息技术与会计学科高度融合的、充分开放的现代会计信息系统。它是网络环境下企业领导者获取信息的主要渠道，有助于增强企业的竞争力，解决会计电算化存在的"孤岛"现象，提高会计管理决策能力和企业管理水平。

会计信息化与会计电算化并没有划定的边界，只是随着信息技术的不断发展与其在会计领域应用深度和范围的不同而在理论和认识上产生了飞跃。也有人认为，会计信息化是升级版的会计电算化，本书也认同此观点。

二、两种环境下会计的基本特点

（一）手工方式下会计的基本特点

1. 数据来源广泛，数据量大

会计系统要反映和监督企业中涉及的货币资金，业务部门、管理部门都会产生的大量数据，所以会计系统中记账凭证数量多，原始凭证更多。

2. 数据结构复杂

因为会计数据中不仅仅含有金额和数量，还需要按会计六要素进行核算，且要满足会计原理中的各种等式。

3. 数据加工处理规则严格

数据处理的环节多，很多处理步骤具有周期性，会计数据应严格执行会计核算方法及处理流程。

4. 数据的及时性、真实性、完整性、全面性等要求严格

不同对象对信息要求不同，所以会计系统提供的信息要及时、真实、完整、全面。

5. 安全可靠性要求高

会计数据除了必须对外公布的会计报告外，大多数数据是企业内部经营数据，不能对外公开。另外，数据的加工处理有严格的制度规定并要求留有明确的审计线索。

（二）电算化环境下会计的基本特点

1. 系统庞大关系复杂

会计电算化系统是由许多子系统组成的，如总账子系统、报表子系统、工资子系统、固定资产子系统、应收应付子系统和成本子系统等，子系统之间关系结构复杂，通过总账系统把各核算子系统连接成一个有机的整体。

2. 与企业其他管理子系统有密切联系

由于会计信息系统全面反映企业各个环节的信息，它和其他管理子系统和企业外部的联系也十分密切。会计信息系统从其他管理信息子系统和系统外界获取信息，也将处理结果提供给有关系统，系统外部接口也较复杂。

3. 确保会计信息的真实、公允、全面、完整和安全

会计信息系统应确保存放在系统中的会计信息的真实、公允、全面、完整、安全，对会计

信息的采集、存储、加工等操作提供控制和保护措施。

4. 内部控制严格

会计电算化系统在数据处理时层层控制、复核,修改、删除均留有审计线索。

5. 系统的开放性

会计信息系统是与企业其他管理子系统和企业的外部环境进行信息交换的开放型系统。会计信息系统与业务系统无缝集成,消除了部门级的"信息孤岛"。

三、手工会计与电算化会计的联系与区别

电算化会计是在手工会计的基础上因技术的变动而发展起来的,两者既有联系又有区别。

(一) 联系

1. 系统目标一致

无论是手工会计还是电算化会计,其最终目标都是通过对发生的各项经济业务的大量原始数据进行收集、加工和处理,登记账簿、编制会计报表,精准核算,控制有效,科学管理,为企业管理者提供会计信息,进行经营决策,提高经济效益。

2. 遵循相同的基本会计方法和会计理论

实行会计电算化后,虽然会引起会计理论和方法的变革,但是这种变革是渐进型的,而不是突变型的,目前的会计电算化系统仍然遵循最基本的会计理论和方法,如目前所有的会计软件都使用借贷复式记账法。

3. 遵守相同的会计法规、会计准则、税法、财经法规等

无论是手工会计还是电算化会计,都必须遵守会计法、会计准则等法律法规,而且在措施上、技术上更能杜绝可能发生的失误。

4. 会计数据处理技术的基本功能相同

无论是手工会计还是电算化会计,都必须具有信息的采集与记录功能(输入)、信息的存储功能、信息的加工功能、信息的传输功能和信息的输出功能。

5. 会计档案都必须按规定妥善保管

按照会计制度的要求,会计档案作为重要的历史资料,应妥善保管。虽然实行会计电算化后,存储信息的介质发生了变化,但会计信息资料的保存与手工核算资料的保存基本一致,而且要求进一步加强。

(二) 区别

1. 运算工具不同

手工会计使用的工具是算盘、计算器,计算速度慢,出错率高;电算化会计使用的工具是不断更新换代的电子计算机,数据处理过程由计算机完成,处理速度快、准确率高、信息存储量大。

2. 信息的载体不同(亦即存储介质不同)

手工会计是将凭证、账簿、报表等会计信息存储在纸介质上,这些会计信息不经任何转

换即可查阅；而电算化会计是将其存储在磁盘、光盘上，容量也大为扩展，查找方便、易于保管、复制迅速。

3. 信息的表示方法不同

手工处理的信息主要用文字和数字表示。而在电算化会计中，为了便于计算机处理，大量信息必须代码化。

4. 信息处理方式不同

第一，账户的设置方法及账簿登记方法不同、错账的更正方法不同。手工会计按会计六要素分设六大类账户，并设总分类账和各明细分类账，采用多人分工协作平行登记总账、明细账，账簿中的日记账、总账必须使用订本式账册，账页中有"承前页"字样，且账页中的空行、空页用红线划销；电算化会计虽然也按六大类科目设置账户，但所有账户都给予一个科目号，科目号的第一位则标志会计科目的大类别，用不同层次的科目代码区分科目及科目级别，以此自动设置账户。账簿处理和核对方法数出一源，原来手工多人分工完成的记账工作由计算机集中自动完成，同时完成总账、明细账、辅助账的登记，实现数据共享，无论信息处理的速度还是加工深度都有较大提高。连续打印输出账页，不会因为人为原因换页、空行、空页，这与手工账簿明显不同。

手工会计更正错账采用划线更正法、红字更正法和补充登记法三种方法；而电算化会计为了保证审计的追踪线索，规定凡是已经记账的凭证数据不能修改，因此只能采用红字冲销法和补充登记法更改错误，以便留下修改痕迹，留下审计线索。

第二，账务处理程序不同。手工会计账务处理程序有多种，记账凭证核算形式、科目汇总表核算形式、汇总记账凭证核算形式、日记账核算形式、日记总账核算形式，这些核算形式是为了简化会计核算的手续而产生的，重复转抄不可避免；而电算化会计账务处理程序一般只用一种，即记账凭证账务处理程序，输入记账凭证，处理数据即登记总账、明细账、辅助账，输出会计报表。

第三，对账、结账、期末账项调整的方式、方法不同。手工会计在会计期末必须要进行账证、账账、账实核对两两一致，期末调整账项要做手工凭证，登账并结转，结账要用手工划红线，下期开始要转抄上期期末余额作为本期期初余额。而电算化会计数出一源，计算机处理过程中不会发生转抄错误，所以账证、账账核对只是形式，对于账实核对，则是把手工盘点的结果作为原始凭证输入计算机，和机内的账存数据进行核对，以确定实物的盘盈和盘亏，期末账项调整由计算机自动完成，结账也由计算机自动完成，并自动转账到下一个月作为下月的期初余额。

5. 会计工作组织体制和人员素质要求不同

手工会计工作组织体制以会计事务的不同性质作为制定的主要依据，会计数据分散收集、各自处理、重复记录，会计人员均是专业人员，其骨干是会计师。一般分若干个岗位，如会计主管、出纳员、工资会计、材料会计、固定资产会计、成本会计等岗位，进行具体的业务核算，同时设专人负责记账、编制会计报表工作；而电算化会计是人机系统，其工作组织体制以数据的不同形态作为制定的主要依据。集中收集集中处理数据，人员是由会计专业人员、计算机操作人员和计算机软硬件维护人员共同组成的。岗位往往按电算化会计工作流程设置数据收集、数据编码、数据处理(录入、处理、输出)、系统维护等岗位。

6. 会计系统设计方法及内部控制方式不同

手工会计使用账证核对、账账核对、账表核对以及签字、盖章等控制方式,实际是人与人的相互牵制来保证数据的准确性,防止舞弊;会计系统一般由会计师根据会计法规、会计准则、上级主管机构指定的统一的会计制度,并参考同行经验及本企业需求拟定而成。而电算化会计是对人机控制,除了遵循会计准则、会计制度外。还要遵循电算化下的一些特殊的电算化制度。电算化会计根据人机系统要求重新设计,采用更加严密的输入控制,同时除保留了签字、盖章等控制外,还增加了权限控制、时序控制、操作过程控制、系统运行环境控制、系统文档管理控制等。

7. 会计档案的保管形式不同

手工处理会计信息是以纸张作为载体进行保存的;电算化会计的,档案保管方式以磁介质为主,纸介质为辅,不仅要遵守纸介质会计档案管理制度,还要建立健全严格的数据备份、数据恢复等与磁存储介质有关的数据安全制度,使会计资料保存的环境在温度、湿度等方面符合磁介质的要求。

第二节 会计电算化的发展

经过多年的发展,我国的会计电算化事业已经取得巨大进步和普及,本节主要介绍会计电算化的发展过程及作用。

一、会计电算化的发展过程

从会计处理手段的变化来了解会计电算化的产生,即会计工具的进化。

(一) 手工操作阶段

从最远古的"结绳记事"到我国唐末、宋初发明的算盘,以及18世纪英、法出现的手摇计算机、电动计算机、计算器等数据处理设备,都离不开手工操作,它利用人的眼、耳、手等感觉器官作为输入器,用纸笔把观察到的经济事实记录下来,以算盘、计算器为计算工具,按会计处理程序,在人的大脑指挥下进行分类、计算、记录、分析、检查、编制报表等一系列数据处理工作,但是存在处理速度慢、准确性差等问题。

(二) 机械处理阶段

1889年,美国IBM的创始人赫尔曼·荷勒内斯(Herman Hollerith)开始研制卡片制表机,并于1896年成立公司,1924年正式成立IBM,即International Business Machine国际商用机器公司,因其发明卡片制表机,开创了数据处理机械化的历史。

在此之前,已经有单式机械机替代部分手工操作,如收银机用于记录收入销货款的原始资料。但直到赫尔曼发明了卡片制表机,才实现了全盘机械化,它由一组机器组成,而穿孔机、验孔机、分类机、编表机。它很快被用于商场收银、记账,且取得很好的商业效果。其工作原理是：穿孔机在标准型卡片的规定栏打孔记录会计资料，用验孔机重复一遍穿孔工序，检验正误；分类机把穿孔的卡片按需分类；编表机内装有若干计算器，将穿孔无误的卡片按需计算、编表。这组机器达到了一数多用的功效，是数据处理的一大进步，但是操作仍很烦琐。

（三）电算化处理阶段

1946年，世界上第一台电子计算机 ENIAC 问世，它的先进、快捷，也很快把会计数据处理带入新的领域，会计进入了计算机处理阶段。

二、在国外的发展

西方会计从手工开始，经过了半机械化、机械化处理阶段，为电算化打下了扎实的基础。电子计算机于1946年在美国诞生，在20世纪50年代已被一些工业发达国家应用于会计领域。1954年10月，美国通用电气公司首开先例，用计算机计算职工工资，从而引发了会计处理技术的变革，发展至今一般分为五个阶段。

（一）单项处理阶段

单项处理阶段（1954年10月至50年代后期）又称为初级阶段。计算机代替手工在会计领域的应用并不广泛，只是被运用在对单个会计业务的处理上，如早期的固定资产核算、工资核算、原材料核算等。这一阶段的电算化基本特征是：程序简单，程序和数据相互不独立，没有数据库管理，仅限于一些数据量大、重复计算的单项核算，起到计数器的作用。但是，计算机在会计领域的应用大大降低了会计人员的劳动强度，提高了会计工作的效率。

（二）综合处理阶段

综合处理阶段（20世纪50年代后期到60年代中后期）又称为中级阶段。利用计算机能够对会计数据进行综合处理，如工资核算与账务处理等一起构成会计核算系统。这一阶段的基本特征是：程序已经构成系统，能够对数据进行管理，程序和数据相互独立，使用比较灵活。电子计算机几乎完成了手工簿记系统的全部业务，打破了手工方式下的一些常规结构，更重视数据的综合加工处理，各项业务的处理系统不是孤立地进行，它们之间的联系得到加强，系统已经具备一定的面向管理的反馈功能，可以成批、及时地处理数据，并加强了内部管理。这一时期，所开发的系统具有一定的反馈功能，能为基层和中层管理提供信息，但各种功能之间还未实现共享。

（三）系统处理阶段

系统处理阶段（20世纪70年代以后）又称为高级阶段。出现的各种数据库管理系统，能对会计信息进行分析，并具有反馈功能；能为管理者决策提供有用的会计信息；能够利用计算机对整个管理信息系统进行处理。如会计系统与其他系统结合，建立管理信息系统。这一阶段的基本特征是：以数据库作为数据管理的软件支持，数据共享度提高，数据可以被多个用户、多个应用共享使用。

(四) 决策支持系统处理阶段

20世纪70年代以后，计算机网络的出现和数据库管理系统的应用，形成了应用电子计算机的管理信息系统。这一阶段的会计电算化是在管理信息系统的基础上，建立完整的数据管理系统和决策模型库。计算机以此为基础协助管理者解决多样化的、不确定的问题。为决策者提供各种决策方案，如各种经济模型处理。这一阶段的基本特征是：数据冗余度小，数据不断扩张，有分布式终端，构造网络。企业、公司的最高决策也借助计算机系统提供的信息，提高了工作效率和管理水平。

(五) 商务智能系统处理阶段

该阶段具有集成化数据管理、灵活的数据访问、强大的数据分析和可视化的报告等能力。商务智能系统可以进行企业绩效评价、企业战略分析、企业生产经营分析、企业价值分析、本量利分析、人力资源分析。通过六方面的分析展示企业战略的整体目标达成情况、财务状况、企业经营状况及其他情况，为管理人员提供决策依据。

商务智能系统自身是一个不断发展完善的系统。随着企业信息化建设的深入开展，业务数据会逐步积累到各种系统中，通过商务智能系统的建设，可以更加深入挖掘数据的内在联系，更快地分析问题和掌握企业实际情况。

20世纪90年代后，随着计算机技术的飞速发展，计算机会计信息系统在国际上也呈现出广泛普及之势。美国在这一领域已步入较高的发展阶段，始终处于国际最高水平。美国会计软件的应用也非常普及。据有关资料显示，美国有300～400种商品化会计软件在市场上流通。会计软件产业已成为美国计算机软件产业的一个重要分支。

三、在国内的发展

我国的会计电算化工作从20世纪70年代末期开始，至今已30多年，也曾经历了五个发展阶段。

(一) 尝试阶段(1983年以前)

该阶段也称缓慢发展阶段，主要进行理论研究和实验准备工作，主要依靠人工收集数据，单个业务处理。1957年，我国第一台电子计算机诞生，但是一直没有用于会计领域。直到1979年，财政部拨款500万元在长春第一汽车制造厂进行会计电算化试点，1981年确定会计电算化专业名词。这个阶段专业人才奇缺，中文的会计软件非常少，设备缺乏，且没有引起各方面的重视。

(二) 自发发展阶段(1983—1987年)

该阶段也称推广应用阶段。1983年，国务院成立了电子振兴领导小组，带动了电子技术发展进入一个新阶段，从而推动了会计电算化的发展。1983年下半年在全国掀起电子应用热潮。1984年，财政部科研所研究生部、中国人民大学等开始招收会计电算化研究方向硕士研究生。这个阶段主要采用工程化方法开展会计电算化研究和软件开发，但是会计软件还处于一家一户自行开发的探索期，闭门造车、低水平重复现象严重，人才缺乏、配套技术措施不力、缺乏交流和指导，投资大、周期长、见效慢，遍地开花，效果不好。不过已经开始会计电算化经验的总结和理论的进一步研究。

（三）有计划、有组织的快速发展阶段(1987—1998 年)

这十多年成为我国会计电算化快速发展阶段，是我国会计电算化发展的关键时期。1987 年，中国会计学会成立了"会计电算化研究组"。次年，在吉林市举行了首届会计电算化学术讨论会。1988 年 12 月，产生了我国第一家专业从事商品化会计软件开发与推广应用的民办高科技企业——"用友财务软件服务社"。它是现在"用友软件股份有限公司"的前身，目前它已成为中国最大管理软件、ERP、财务软件供应商，上市公司。1989 年，财政部首审并通过的商品化会计软件是凯利先锋 CP-800 通用财会软件系统（由先锋集团研制）。1993 年，金蝶国际软件集团有限公司成立，其第一个研制出以 Windows 为平台的账务软件。1988—1994 年期间，通过财政部评审的商品化会计软件已达 23 个，初步形成商品化会计软件市场。类似的会计核算软件，可独立满足小型会计单位一般的会计核算要求。但对于大中型和管理要求较高的企业，仅能满足记账、算账、报账的功能显然是不够的。

这个阶段的主要特点是：涌现了一批会计电算化研发先进单位，开发出一批质量较高的会计软件，有了统一的指导规范，会计电算化正逐步走向成熟。会计电算化规范措施相应出台，1994 年 7 月 1 日颁布实施《会计电算化管理办法》《商品化会计核算软件评审规则》《会计核算软件基本功能规范》三个法律规范，标志着我国会计电算化工作步入了法制化的轨道。

（四）普及与提高阶段(1998—21 世纪初)

1998 年以后，在财政部领导下，各级行政部门和业务主管部门进一步加强了对会计电算化的管理，许多地区和部门制定了发展规划、管理制度，有力地推动了会计电算化的普及与提高。这一阶段的主要特点是过去记账、算账、报账的核算型会计信息系统已经不能满足企业发展的需要，要求建立以管理为核心的面向整个生产经营过程的管理型会计信息系统。原来单一的只能在财务部门使用的系统，需要发展为跨越多个部门的企业会计应用系统，几个孤立的子系统发展为具有财务、报表、固定资产、采购管理、库存管理、销售管理、成本管理、财务分析和决策支持等多功能高度集成一体化的会计信息系统。

（五）全面企业管理阶段(21 世纪初起)

随着 IT 技术日新月异的发展，会计电算化水平随之迅猛发展，财务软件向 ERP 发展，一体化的企业信息化管理系统形成。在这个阶段将实现财会和企业管理现代化。会计电算化已融入整个企业管理现代化的洪流之中，这不仅仅是会计账簿和报表数据的总括分析，其管理和分析的原始数据必须直接来源于生产经营的各基本环节，如材料仓库、每道生产工序和每个销售人员，因而是最明细和详尽的。因此，完整的、以管理为重心的会计信息系统必须与整个企业管理信息系统共同规划、统筹设计。这个阶段是以管理为重心的会计信息系统或企业管理信息系统的自然进化或更高级的发展阶段，像国外那样用它来辅助解决那些数据不规范、变化因素多、具有不确定性的高级会计或企业管理决策问题。

会计电算化改变了会计核算方式、数据储存形式、数据处理程序和方法，扩大了会计数据领域，提高了会计信息质量，改变了会计内部控制与审计的方法和技术，因而推动了会计理论与会计技术的进一步发展和完善，促进了会计管理制度的改革，是整个会计理论研究与会计实务的一次根本性变革。从表面上来看，会计电算化只不过是将电子计算机应用于会计核算工作中，减轻会计人员的劳动强度，提高会计核算的速度和精度，以计算机替代人工记账。其实，会计电算化绝不仅仅是核算工具和核算方法的改进，它必然会引起会计工作组织和人员分工的改变，促进会计人员素质和知识结构的提高，提高会计工作效率和质量，解放会计人员的时间和精力，促进会计工作职能的转变，推动会计理论和会计技术的进步，提高整个会计工作水平，大幅度增加企业的经济效益，使会计理论和实务的方方面面都将发生前所未有的深刻变化。

第三节　会计电算化的结构

一、会计电算化的物理结构

会计电算化系统的构成要素有硬件、软件、人员、数据和规程，它们是会计电算化系统的实体，是系统的物理组成。

（1）硬件，是指计算机系统中所有机械、电、光、磁等物理设备，如计算机主机、显示器、打印输出设备、网络设备等。计算机硬件是会计电算化系统运行的物质基础，计算机硬件设备选择和配置的好坏直接影响到系统的运行质量和工作效率。

（2）软件，是指计算机的程序和文档，包括系统软件（如 Windows 操作系统等）和应用软件（如会计软件、办公软件等）。

（3）会计人员，是指电算化会计系统的操作、维护、管理人员，包括系统管理员、会计主管、凭证录入员、凭证审核员、系统维护员、会计档案保管员等。

（4）数据，是指发生经济业务后需要处理的经济数据或在预测决策前需要整理的会计数据，是会计系统处理的对象。在会计系统中，数据量大、面广、数据载体无纸化。

（5）规程，是指各种法令、条例、规章制度，主要包括两大类：一类是政府的法令、条例；另一类是基层单位在会计电算化工作中的各项具体规定，如岗位责任制度、软件操作管理制度、会计档案管理制度等。

二、会计电算化的职能结构

（一）会计电算化的基本职能

《中华人民共和国会计法》对会计的基本职能表述为：会计核算与会计监督。会计电算化作为会计学的下属学科，其基本职能是一致的。随着信息技术运用于会计的发展，会计界对会计职能的研究与对会计本质的揭示也取得了明显的进展。有以下两种主流观点影响较大。

1. 会计信息系统论

美国公共会计师协会（AICPA）在 1970 年就改变了它在 40 年代"会计的性质是技术"的提法，在公报中提出："会计是一种服务活动。它的职能是提供有关经济事项的定量信息。

该信息主要是财务性质的,而且是对经济决策有用的。"这份公报强调信息服务,并在信息服务与经济决策之间建立了必然的关系。70年代,美国学者西德尼·戴维森(Sidny Davidson)主编的《现代会计手册》在序言中论及会计定义时更进一步提出:"会计是个信息系统——一种用来将一个企业或其他实体的有意义的经济信息传达给有关部门的信息系统。"这种观点历经80~90年代,已成为在世界会计界占主要地位的一种论述,其影响之大是史无前例的。

我国葛家澍教授等学者对会计的定义是:"会计是旨在提高企业和各单位活动的经济效益,加强经济管理而建立的一个以提供财务信息为主的经济信息系统。"因此,会计的又一职能是信息系统。

2. 会计控制系统论

杨时展教授指出:"现代会计是一个以认定受托责任为目的,以决策为手段对一个实体的经济事项按货币计量及公认原则与标准,进行分类、记录、汇总、传达的控制系统。"这一定义从外延与内涵两方面揭示了现代会计的本质。首先,定义阐明了会计基本目标在于认定受托责任履行情况这一内在的并带有规律性的问题。其次,在确认受托责任目标的基础上揭示了现代会计是个控制系统这一关键性问题,使人明确无误地认识到受托责任这一目标与会计控制系统的结合,便是现代会计内涵中显示其本质的问题,而现代会计的主导性职能是控制。最后,明确了受托责任与决策的关系。应当注意,以上三个方面所揭示的问题不仅仅是概念上的,而且是从会计工作的基本内容及基本程序上体现出来的。进入现代会计发展阶段后,现代会计在其工作的组织运行过程中,显示出两大基本职能,一是反映职能,通过会计信息系统加以体现;一是控制职能,通过会计控制系统加以体现。这两大工作系统都体现了与现代信息技术的结合。

由上述分析可以看到,会计电算化具有反映、监督、信息系统和控制四大基本职能。

(二)会计电算化职能结构

一个完整的会计信息系统涵盖会计核算、购销存业务核算、管理决策三大子系统,如图1.3.1所示。

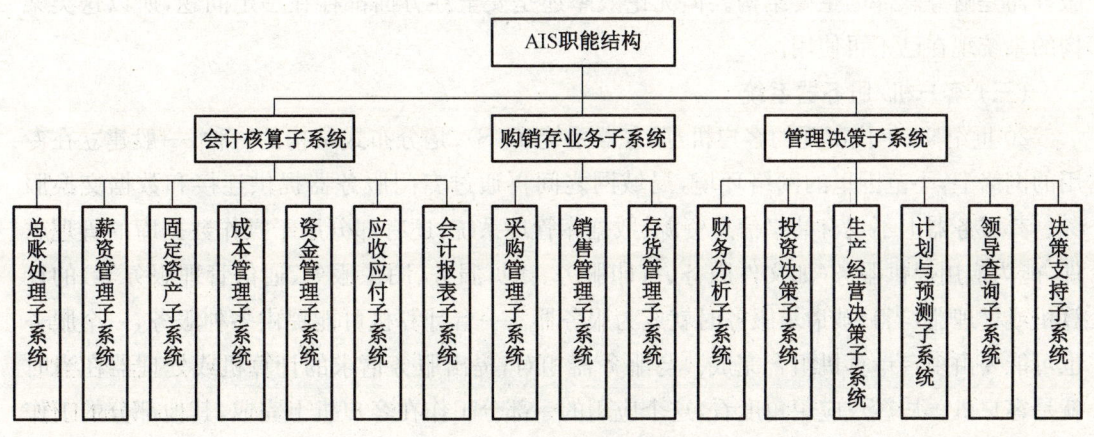

图1.3.1 AIS职能结构

1. 会计核算子系统

会计核算子系统的功能一般包括：总账处理、薪资管理、固定资产、成本管理、资金管理、应收应付和会计报表等子系统。

2. 购销存业务子系统

会计电算化发展至今，已经将购销存业务作为会计系统的一个部分。购销存业务子系统的功能一般包括：采购管理、销售管理、存货管理等部分。

3. 管理决策子系统

管理会计对企业而言作用甚大，其可提供战略决策信息以及帮助制定商业战略，从而为经营决策提供信息。管理决策子系统的功能主要包括：财务分析子系统、投资决策子系统、生产经营决策子系统、计划与预测子系统、领导查询子系统、决策支持子系统等。

三、会计电算化的技术架构

会计电算化系统的应用体系架构是指硬件、网络、软件平台和会计系统集成后的系统结构。常见的有主机系统、文件/服务器系统、客户机/服务器系统、浏览器/服务器系统等。

（一）主机系统

主机系统硬件平台主要由一台主机及多台终端组成，是早期的会计电算化系统硬件。主机系统对所有的软硬件兼容，包括系统软件、工具软件、应用程序、各项数据、共享设备及与用户终端的通信软件的全部管理和运行都放一台主机上，数据处理工作全部交给主机集中完成，用户通过本地终端或者远程终端运行通信软件访问主机，这是一种集中式处理和管理的系统。

（二）文件/服务器系统

文件/服务器系统（F/S）的硬件环境实际上为一个局域网或一般网络，其中选择一台或多台处理能力较强的计算机作为服务器，以存放共享数据，应用系统全部放在工作站上。每一个需要访问共享数据的客户都必须从某个工作站上发出请求命令，并从文件服务器上提取全部文件传送到工作站后提交给工作站的应用系统管理运行。在网络结构流行前，文件/服务器是财务软件的主要结构。但无论效率还是安全性方面都存在一定问题，所以这类架构的系统现在已不再使用。

（三）客户机/服务器系统

20 世纪 90 年代出现的客户机/服务器系统（C/S），是分布式结构的一种，一般建立在专用的网络上，小范围里的网络环境，局域网之间再通过专门服务器提供连接和数据交换服务。其服务器上不仅有共享信息资源、数据库管理系统，还有部分用于操作数据库的管理软件，能为应用提供服务（如文件服务、打印服务、拷贝服务、图像服务、通信管理服务等）的计算机或处理器，当其被请求服务时就成为服务器。一台计算机可能提供多种服务，一个服务也可能要由多台计算机组合完成。与服务器相对，提出服务请求的计算机或处理器在当时就是客户机。从客户应用角度看，这个应用的一部分工作在客户机上完成，其他部分的工作则在（一个或多个）服务器上完成，既能在网络管理环境下工作又能脱网独立工作。客户/服务器结构在企业应用较多,在广泛使用 B/S 结构前财务软件采用这种结构较多。

(四)浏览器/服务器系统

浏览器/服务器(B/S)结构 20 世纪 90 年代末期开始盛行,是目前最流行的网络软件系统结构。该系统只安装维护一个服务器(Server),而客户端采用浏览器(Browse)运行软件。它是随着 Internet 技术的兴起,对 C/S 结构的一种变化和改进,是 WEB 兴起后的一种网络结构模式,这种模式统一了客户端,将系统功能实现的核心部分集中到服务器上,简化了系统的开发、维护和使用。客户机上只要安装一个浏览器(Browser),服务器安装 SQL Server、Oracle、MYSQL 等数据库。浏览器通过 Web Server 同数据库进行数据交互。它主要利用了 WWW 浏览器技术,结合多种 Script 语言(VBScript、JavaScript…)和 ActiveX 技术,用户通过浏览器向分布在网络上的许多服务器发出请求,服务器对浏览器的请求进行处理,将用户所需信息返回到浏览器。而其余如数据请求、加工、结果返回,以及动态网页生成,对数据库的访问和应用程序的执行等工作全部由 Web Server 完成。

随着 Windows 将浏览器技术植入操作系统内部,这种结构已成为当今应用软件的首选体系结构。显然 B/S 结构应用程序相对于传统的 C/S 结构应用程序是一个非常大的进步。目前网络版财务软件都采用 B/S 主流模式。

用友 U8 采用 C/S+B/S 的技术架构,用友 T3、T6,采用 C/S 架构,用友 NC、U9、T+三款都采用 B/S 架构。金蝶 K3 采用 C/S 架构,金蝶 EAS 采用 C/S、B/S 架构。

四、会计电算化系统的应用体系

会计系统的应用体系是指会计系统在处理会计数据时所采用的一系列步骤和方法。根据信息技术对会计系统的影响程度,将其分为三种典型的体系结构:手工系统、传统自动化系统、现代会计电算化信息系统。

(一)手工会计系统

在手工系统中,信息技术的应用微乎其微,其核心是会计恒等式、会计科目表和会计循环。利用手工来进行信息处理,依靠纸质的凭证和报表来传递信息。通过采用会计循环,会计人员组织维护会计系统。

(二)传统自动化核算型会计系统

计算机用于计算工资,开创了会计数据处理的新纪元。计算机被引入会计领域,是会计历史的一个里程碑。随着电子技术的飞速发展,计算机不断升级促进了手工会计系统向基于信息技术的会计信息系统的转变。计算机可以自动完成过账、汇总、转账、出报表等一系列工作。但刚开始实质上只是手工系统的翻版。传统自动化核算会计并没有改变手工系统的信息处理模式。手工系统和自动化系统的处理流程在数据存储和数据流方面比较相似,没有充分利用信息技术的优势。

(三)现代会计电算化信息系统

为了提高经营效率,在市场竞争中取得优势,许多组织已经对其会计系统进行重组,实现传统自动化会计系统和各业务职能信息系统的集成,通过一个集成的框架实现财务信息和非财务信息的实时采集与处理,满足各种信息用户不同的信息要求。现代会计电算化信息系统应该具有下列主要职能:①与业务处理系统相结合,集成业务信息和财务信息。②与业务处理系统相结合,在会计信息系统中嵌入业务处理规则。③与业务处理系统相结合,实现信息的实时采集、处理、存储和传输。④与业务处理系统相结合,集成存储业务事件的原始数据,可以进行业务协同工作、远程处理、网上财务等强大功能。近年开发的会计软件都向这方面发展。

第四节　会 计 软 件

一、会计软件概念及分类

(一)会计软件的概念

软件是指计算机工作的程序。软件分为两类:系统软件和应用软件。系统软件是指帮助用户使用、管理和维护计算机的程序,如 Windows、安卓等操作系统。应用软件是为客户某一特殊应用目的而编写的软件,如 Office、Flash、税务软件、会计软件等。

会计软件是指专门用于会计核算、管理和决策工作的应用软件。会计软件属于应用软件。它是以会计理论和会计方法为核心,以会计法规和会计制度为依据,以计算机技术和通信技术为技术基础,以会计数据为处理对象,以会计核算、会计管理、为经营管理提供信息为目标,用计算机处理会计业务的应用软件。用友会计软件、金蝶会计软件等都是目前应用较为广泛的会计软件。

(二)会计软件的分类

1. 按会计信息系统层次划分

按会计信息系统层次划分,分为核算型、管理型和决策型三种。

核算型会计软件是专门用于会计核算工作的应用软件,一般包括账务处理、工资核算、固定资产核算、采购核算、存货核算、成本核算、销售核算、往来核算和报表处理等功能。

管理型会计软件是融会计核算、监督、分析、控制、预测与决策为一体的多功能会计软件,主要包括资金筹集和管理、流动资金管理、成本控制、销售收入和利润管理等功能。

决策型会计软件的功能是帮助会计问题的决策者制定科学的经营决策和预测工作,主要包括量本利分析、利润决策、投资决策等功能。

2. 按使用范围划分

按使用范围划分,分为通用会计软件和专用会计软件。

通用会计软件是指在一定范围内都适用的会计软件,它又分为全通用会计软件和行业通用会计软件。通用会计软件通常是由专门从事软件开发的公司编写的,满足不止一个企业会计需要,个别用户可进行适用于各自情况的初始化设置,突破了时间、空间上的局限。作为商品出售给使用单位,所以又称商品化会计软件,如用友、金蝶、新中大等推出的都是通用会计软件。

专用会计软件又称定制会计软件，是仅适用于某一特定行业或某一特定单位的会计软件。它通常是由某一单位自行组织开发或由使用单位委托计算机公司进行开发的，适合某单位特点和具体情况，只能在个别单位一定时期内使用。

3. 按会计信息是否共享划分

按会计信息是否共享划分，分为单用户会计软件、网络与多用户会计软件。

单用户会计软件，是指将会计软件安装在一台或几台计算机上，各台计算机上的会计软件单独运行，生成的数据只存储在本计算机上，各机之间不能直接进行数据交换和共享。

网络与多用户会计软件，是指通过网络来访问执行的会计软件，多台电脑联网实现数据共享和交换。

4. 按软件提供方式划分

按软件提供方式划分，分为商品化会计软件和非商品化会计软件。

商品化会计软件是指用于大量销售的会计软件，以商品的形式提供给用户的会计软件。商品化会计软件一定是通用会计软件，通用会计软件不一定是商品化会计软件。

非商品化会计软件是指在业务主管部门投资开发成功后，免费或象征性地收费分发给下属单位应用，非商品化会计软件也有可能是通用会计软件。

5. 按软件适应的企业规模和层次划分

按软件适应的企业规模和层次划分，分为部门级会计软件、企业级会计软件和集团级会计软件。

部门级会计软件以满足会计核算要求为基础，借助于计算机技术，扩大会计核算范围，加大会计核算的深度。以账务处理模块和会计处理模块为核心，通过各类专项核算模块来完成企业的各类核算工作。

企业级会计软件的核心目标是从合理组织企业内部资金流和控制企业成本费用的角度，支持企业全面的经营管理工作。将财务的监控职能延伸到生产、销售和采购的各个环节。

不同类型的集团级企业对会计信息的要求不同，如表1.4.1是不同类型的企业特征，表1.4.2是不同类型企业对信息化要求。

表1.4.1 企业集团特征

类型 特征	控股型企业集团	产业型企业集团	管理型企业集团
组建的动力源	资本实力与资本的衍生能力，借助子公司本来控制的资源	产品优势。借助于企业集团来发挥产品的市场优势	管理优势。通过输出管理，发挥集团优势
组建直接目的	资本的保值与增值	对外表现为产品市场占有，对内表现为产供销一体化，节约交易成本	市场占有较高的收益回报，兼有生产经营与资本经营相结合的属性

（续表）

特征 \ 类型	控股型企业集团	产业型企业集团	管理型企业集团
总部直接定位	资本投资的规划，确定被控企业的买进与卖出	规划产品的开发、生产与营销网络，协调附属公司与总部的购销关系，对投资进行权益管理	规划产品并兼顾投资收益，输出管理，投资具有灵活性，不拘于产品，对于核心业务成员进行统一管理，对非核心业务成员进行业务指导
母子公司关系	资本报酬关系，被控股公司无报酬便可能不再称为控股公司	选择优势互补企业作为集团成员，产品或营销网络相关性，考虑进入与退出壁垒	资本、报酬关系和产品有相关性并存
子公司经营范围与总部的相关性	通常没有太多的相关性。总部只选择较高的行业或企业	产品相关或区域相关，企业集团成员间生产与经营具有协作性，借助于集团发挥规模和专业化优势	相关性和非相关性并存
财务管理与控制的需求	财务实现分权管理，财务分别核算	财务实行集权管理，统一会计核算，实时掌握	采用集权与分权管理并存

表 1.4.2 企业集团对信息化要求

成本核算存货核算采购核算	总账系统应收管理应付管理固定资产成本管理	预算管理集中采购销售管理责任管理资产管理	财务分析绩效评价人力资源资金集中管理	合并报表	会计信息系统主要功能
					投资型企业集团
					管理型企业集团
					产业型企业集团

二、会计软件的发展

随着会计电算化市场的扩大，会计软件已是一个庞大的产业。

（1）在国外，不同国家通用和专用会计软件的比重不一样。据统计，2000年全球商品化软件市场为270亿美元，美国约占55％，欧洲占25％，日本12％，其他国家8％。由此可见，美国在电算化方面处于世界领先。在美国，按使用范围可分为两类：盈利企业用的会计软件，非盈利性政府机构、单位用的会计软件。大多数企业在微机上使用商品化会计软件，投资少、见效快。但在日本，从1982年引进美国的商品化会计软件以来，吸收美国的先进经验，形成自己的独特风格。日本各大公司实力强大，但主流计算机间兼容性差。因此，大公司通常自己定点开发自用软件，通用软件推广存在问题。各国对会计电算化工作管理日益重视，如美国注册会计师协会《计算机应用系统开发和实施指南》以规范开发使用过程，提高会计清晰性；日本也颁布《EDP会计应具备条件》以指导会计电算化工作的开展。

国外的会计软件主要分为：面向市场的销售分析和预测系统、供货发票系统；面向生产的成本计算和分析系统、存货控制系统、应收账款管理系统；面向人事管理的雇员管理系统、工资系统、劳动力资源会计系统；面向现金管理的现金收支系统、支票核对系统；面向采购管理的采购与验收系统、应付账款系统、固定资产核算系统；面向财务管理的财务报表系统、年度财务计划系统和预算控制系统等。在西方国家，会计软件开发有专业软件公司负责，后续服务也有专业公司。国外商品软件在我国市场推广甚多的有美国的甲骨文软件、德国的SAP软件等。

甲骨文股份有限公司（NASDAQ：ORCL，Oracle）是全球大型数据库软件公司。20世纪70年代由一间名为Ampex的软件公司发展而来，1982年正式更名为甲骨文（Oracle）公司。其企业资源计划（ERP）软件已有10年以上的历史。2005年，并购了开发企业软件的仁科软件公司（PeopleSoft）以增强在这方面的竞争力。Oracle应用产品包括财务、供应链、制造、项目管理、人力资源和市场与销售等150多个模块，已被全球近7 600多家企业所采用。

SAP是世界上最大的企业信息管理解决方案提供商，也是ERP产品的最大生产商。其全称是Systems Applications and Products in data processing，它还是一个"企业管理解决方案"的软件名称。SAP财务系统总账的功能强大而丰富，涵盖了组织结构、会计科目表、会计凭证、简化操作、定期处理、操作和维护、信息和查询、配置等各个方面。

（2）在我国，2003年至今，市场结构体现寡头，用友、金蝶、SAP、浪潮四家财会软件龙头企业的销售额总和占到整个ERP行业的一半左右。并且随着ERP市场容量的迅速增长，ERP市场的几家领导厂商的阵营长期保持稳定。综上分析可见，中国ERP软件行业的市场集中度一直都维持在较高水平，呈现出近似寡头垄断的格局。中外领导厂商合力主导中国市场，主导我国会计软件市场的厂商，既有国内品牌用友和金蝶，也有国际品牌SAP、Oracle、Infor、Microsoft等。长期以来，用友和金蝶一直在国内品牌中占据主导地位，同时SAP等国际品牌也处于我国ERP市场的领先位置。

用友财务软件公司的会计软件是中国企业最佳经营管理平台的一个基础应用，包括总账、应收款管理、应付款管理、固定资产、UFO报表、网上银行、票据通、现金流量、网上报销、报账中心、公司对账、财务分析、现金流量表、所得税申报等。这些应用从不同的角度，帮助企业轻松实现从核算到报表分析的全过程管理。

金蝶财务软件功能包括总账、报表、现金管理、固定资产管理、应收款管理、应付款管理、实际成本、财务分析、人事/薪资管理。金蝶财务软件是面向各类企事业单位的财务人员设计，是财务管理信息系统的核心。系统以凭证处理为主线，提供凭证处理、预提摊销处理、自动转账、调汇、结转损益等会计核算功能，以及科目预算、科目计息、往来核算、现金流量表等财务管理功能，并通过独特的核算项目功能，实现企业各项业务的精细化核算。在此基础上，系统还提供了丰富的账簿和财务报表，帮助企业管理者及时掌握企业财务和业务运营情况。

其他常用的财务软件有速达财务软件、管家婆财贸软件、金算盘财务软件、博科财务软件、辛巴财贸通软件、神舟财务软件、嘉德标准财务管理软件、四方财务软件等。

三、商品化会计软件的选择

购买商品化会计软件是会计电算化的发展趋势之一。会计业务较少、处理简单的单位选择使用商品化软件；会计业务处理较复杂的大中型企业，也购买商品化软件，对于本单位特殊的需求，再进行二次开发，丰富商品化软件的功能，这样既省时，又省费用，是企事业单位实现会计电算化的有效途径。

（一）步骤

单位应根据自身需求有针对性地选择所需用的商品化软件。通常可以采用以下步骤。

1. 收集市场信息，确认候选的供应商

通过对各种市场信息的收集整理，可以大体了解当前市场上有哪些主要的产品和供应商。各种产品适用的行业和对象有所不同，各家供应商的历史、规模、实力、信誉等也不尽相同，所以可以在众多供应商中选择几家可满足本单位需求的厂商作为候选者。

2. 访问软件公司，了解其综合实力和产品信息

确定候选供应商后，就可以安排时间访问候选对象作进一步的了解。可以主动和供应商联系，采取登门考察其办公地点、开发环境、开发工具、观摩产品演示等方法，对供应商进一步加强了解。

3. 访问软件公司的客户

如果可能，可以安排时间访问候选供应商的客户，实地了解该产品在企业中的具体应用情况，尤其要了解该供应商在同行业中用户的应用情况。访问客户时应尽量通过行业协会等和供应商没有利益关系的单位或个人推荐，要注意不要被供应商和部分客户代表联手安排的假象所迷惑。

4. 请有关咨询公司帮助选型

如果项目规模较大，涉及企业种类繁多，地区较广（如一个企业集团在不同地区和不同行业都有子公司），企业自己完成软件选型困难较大，不妨聘请有关专业咨询公司帮助进行选型等咨询工作。一般来讲，合格的管理咨询公司熟悉企业需求，了解多家供应商及其产品的功能、性能，有丰富的专业经验，会从"企业需要什么，软件产品功能有什么，建议企业买什么"等角度为企业提出多种方案，供企业选择比较。咨询公司地位比较独立，提出的咨询意见相对较为公正、客观。当然，聘请咨询公司需要花费一定的费用。

5. 模拟运行方式

让供应商通过实地调查，根据企业的运营现状，同时考虑企业未来增长的可能性，设计一套业务种类齐全、数据量足够大的测试数据，在供应商搭建的网络平台上进行模拟运行，以便了解软件的功能、性能、稳定性、可扩展性、可维护性等质量因素。

6. 招标比价

在所有上述准备工作都进行完毕后，再邀请那些满足条件的供应商参加招标，从中选出性价比最好的供应商。

(二) 软件选择与评价的主要标准

1. 软件功能的选择

商品化会计软件功能模块很多,适用范围较广,需要针对不同的企业,选择不同的功能模块。软件功能选择应满足企业当前和今后发展的需要。多余的功能只会造成使用和维护的复杂性。软件功能选择取决于软件对用户的适用程度,如稳定性、易用性和安全性等,而不是以进口或国产来区分。另外,要考虑系统的灵活性、开放性和扩展性,最好是组件式的且预留各种接口。

2. 配套开发工具

任何商品化软件都不能完全适用于企业的需求,或多或少有用户化和二次开发的工作。所以,商品化软件应提供必要的开发工具,并同时保证该开发工具简单易学,使用方便。

3. 软件文档齐全

商品化软件必须配备齐全的文档,其全面详尽程度应达到用户能够自学使用,如用户手册、不同层次的培训教材(如软件设计开发的工具培训手册、数据库开发及维护培训手册、产品功能培训手册等)、产品实施指南等。

4. 售后服务与支持

售后服务与支持非常重要,关系到系统应用的成败。售后服务工作包括各种培训、项目管理、实施指导、二次开发及用户化,可由专业的咨询公司或软件公司承担,由熟悉企业管理、有实施经验的专家组成顾问组做售后的支持与服务工作。在国外,服务与支持的费用和软件价格之比一般为1∶1或更高。由此也可以看出售后服务与支持的重要性。

5. 软件商的信誉和稳定性

选择软件时要考虑供应商的实力和信誉。软件供应商应当有长期的经营战略,能够跟踪技术的发展和客户的要求,不断对软件进行版本的更新和维护工作。

6. 价格问题

价格方面要考虑软件的性能、功能、技术平台、质量、售后服务与支持等,另外也要作投资效益分析,包括资金利润率、投资回收期。要考虑实施周期及难度,避免造成实施时间、二次开发或用户化时间过长而影响效益的兑现。软件的投资一般包括软件费用、服务支持费用、二次开发费用、因实施延误而损失的收益等。

7. 企业原有资源的保护

这里所说的资源,不仅指硬件资源,还包括已有的数据资源。在选择软件时,要考虑软件产品对硬件平台的要求是否过高,原有的PC机能否使用,原有的数据资源能否平滑地移植到新的系统中。

(三) 商品化会计软件选择时注意事项

1. 通用性

纵向通用性是指软件能适应一个单位会计工作不同时期变化的需求;横向通用性是指软件能满足不同单位会计专业的不同需求。通用性是商品化会计软件的决定因素之一。

2. 保密性

对商品化软件而言,商家不向用户提供源程序代码,只提供加密的软件。

3. 安全可靠性

安全性是指软件防止会计信息被泄漏和破坏的能力。安全性保证措施是否能有效地防止会计信息的泄漏和破坏的措施。可靠性是指商品化软件防错、查错、纠错的能力,防止产生不正确的会计信息的能力。评价商品化会计软件的安全可靠性,主要是考察把软件提供的各种可靠性保证措施结合起来,是否能有效地防止差错的发生,在发生时能否及时查出并能进行修改。

为了达到安全可靠性指标,系统本身都设有多种控制措施,如权限设置、复核功能设置、各种校验功能设置、处理顺序控制、采用信息加密技术和存取控制技术、设立备份和恢复功能等,可以有效地保证软件的安全可靠性,但由于购买软件时,不可能得到详细的源程序代码等技术文档,对安全可靠性审查主要通过测试软件来进行。

4. 易使用性

易使用性主要是指软件系统易学易用易懂的性能。可以考察如下几方面:

(1) 界面的友好性。会计软件的界面是否简洁明了,提示是否清楚丰富,所用语言是否符合财会人员的习惯,输入输出的格式是否规范,这些构成了界面友好性的主要内容。

(2) 厂家提供资料的质量,特别是培训资料,其内容是否完整,内容是否易学易懂,各种叙述是否清楚明了,手册中的范例是否恰当实用。

(3) 软件是否便于操作,包括如下方面:操作是否简单;各种自定义功能及控制措施的使用是否简洁实用;自动化程度是否很高;辅助功能及服务功能是否丰富实用等。

5. 易适应性

易适应性是指软件能很好地适应企业财务处理的具体情况,并在企业财务工作内容发生变化时,软件也能方便地适应这些变化的程度。比如,科目的变化、报表格式及内容的变化、各种比率的变化,以及核算内容的变化等,软件能否方便地适应这些变化。另外,可维护性、可审计性、可移植性等也需加以考虑。

6. 软件运行平台

当前由于大型、集成性的需要,对软件的运行环境,如网络环境、数据库环境也成为选择商品化软件的重要因素。

7. 软件售后维护

由于会计软件比较复杂,再加上厂家加密,用户维护相当困难。我国商品化会计软件一般都实行终身维护。

购买商品化会计软件,售后服务至关重要。一般厂家都为用户提供售后服务,然而各厂家所提供售后服务的方式和内容不尽相同,因此在考察厂家售后服务时,应注意以下几个方面:

(1) 售后服务的内容。一般应包括用户培训、日常维护、系统初始化、二次开发版本升级等。

（2）厂家维护能力。厂家维护能力取决于维护人员的数量和质量，以及软件厂家商品化软件的销售量。

（3）维护费用。维护费用的交纳方式及数量，也是重点需要考虑的内容之一。

（4）维护方式。即售后服务的具体办法，包括：是否终身维护、是否上门维护、是由总公司维护还是由本地维护点维护、维护是否及时等。

四、会计软件的功能模块及关系

（一）会计软件的功能模块

1. 会计软件通常的功能

（1）主处理功能。完成会计业务的一般工作，正确处理会计业务流程，进行填制会计凭证，登记会计账簿，输出财会信息等工作。一般商品化软件，主处理功能都比较齐全，不管是账务子系统还是其他子系统，都不可缺少地拥有输入功能、处理功能和输出功能，但格式和处理方法各有不同。

（2）辅助功能。为主处理功能服务的，提供各种辅助功能，以方便主处理功能的圆满完成。没有这些功能，主处理功能也照样能完成，但有了这些辅助功能，使系统使用起来更加方便。辅助功能包括提示功能、帮助功能、引导操作功能、全屏编辑功能、辅助计算器等一切有利于用户使用软件系统的所有功能。

（3）服务功能。这是 AIS 系统有别于其他系统的特殊功能之一，它担负着会计系统的后勤保障任务，从而保证会计电算化系统的正常运行。它包括：重建索引文件，以恢复被破坏的数据秩序，复制会计数据档案，以防其丢失，恢复会计系统以及其已失或已被破坏的数据，清理存储空间等功能。

（4）控制功能。它完成内部控制在会计系统中的任务，制约会计系统按规范的、正确的会计工作流程进行处理，并防止非法的和错误的输入、输出以及操作处理。它包括：输入数据的正确性控制（包括性质、长度、范围等），输出内容使用的控制，正确处理顺序和方式的控制，使用权限的控制等系统控制功能。虽然控制功能不像其他功能可以直接从界面上看出，但它们确实存在于整个系统中，而且是必不可少的，控制功能越丰富，系统安全性越高，系统正常运行就越有保证。

（5）管理功能。这是会计电算化站到了企业管理信息化的高度，从"核算型"发展深入"管理型"和"决策型"职能阶段，当今与企业整体管理决策支持系统相统一的 ERP 是会计电算化发展的一个主流趋势。

（二）常用会计软件功能简介

主要介绍会计核算系统，其以账务处理功能为核心，包括多种功能的有机组合体。大部分的会计核算软件将会计核算系统按功能划分为若干个相对独立的子系统，子系统每一部分的功能简单明了并相对独立，各子系统的会计信息相互传递与交流，形成完整的会计核算系统。会计核算软件中具备相对独立地完成会计数据输入、处理和输出功能的各个部分，被称为会计核算软件的功能模块。

会计核算软件的功能模块包括以下部分：

（1）账务处理模块。账务处理模块主要是以会计凭证为原始数据，按会计科目，统计指标体系对记账凭证所载的经济内容，进行记录、分类、计算、加工、汇总，输出总分类账、明细分类账、日记账及其他辅助账簿、凭证和报表。

（2）薪资核算模块。薪资核算模块以计提发放职工个人工资的原始数据为基础，计算职工工资，处理工资核算。

（3）固定资产核算模块。固定资产核算模块主要是用于固定资产明细核算及管理。

（4）供应链模块、采购核算子模块、存货核算子模块、销售核算子模块、应收应付款核算子模块。

（5）报表处理模块。报表处理模块是按国家统一的会计制度规定，根据会计资料而编制会计报表，向公司管理者和政府部门提供财务报告。

（6）其他模块。包括生产模块，即资金管理模块、成本核算模块、财务分析模块等，根据行业的特点，又有零售业进销存核算模块、批发业进销存核算模块等。根据管理的需要，还有劳资人事管理模块、国有资产管理模块等。其中，成本核算模块，即在成本系统中接收各系统传来的成本信息，在成本系统中自动计算产品成本，在成本系统中自动生成凭证，传递到总账系统。资金管理模块，即在资金管理系统中进行企业内部和外部存款、贷款的管理，自动生成计算利息的凭证，传递到总账系统。

（7）管理决策和报告模块。通过采集其他子系统产生的信息，从管理者的视角提供各种分析信息，通过预算管理和绩效评价使财务管理成为支持企业战略的有力工具。

（三）会计核算子系统之间的数据关系

在会计电算化系统中，会计的整体功能通过各个子系统的局部加以实现，各业务子系统中的数据之间都有着密切的联系。会计电算化各子系统的相互联系主要表现为数据传递关系，又表现为数据传递方向和方法。

1. 数据传递方向

（1）单向接收型：只接收来自其他子系统的数据，不向外传递数据，如报表子系统、财务分析与领导查询子系统。

（2）单向发送型：只向其他子系统传递数据，而不接受数据，如薪资、固定资产子系统、应收应付子系统以及购销存子系统等。

（3）双向联系型：该类型的子系统既向其他子系传递数据，又接收来自其他子系统的数据，如账务处理子系统、成本子系统等。

2. 数据传递方法

（1）总账中心式：各业务子系统，如薪资、固定资产、存货、采购、销售等子系统，先对原始凭证进行处理，填制记账凭证，然后把相应的转账凭证传递到总账子系统。而成本核算子系统因为和其他子系统的联系较多，总账系统提供的成本数据往往不够全面，其他子系统涉及成本的相关数据就直接传递到成本系统。目前很多软件按这种方式设计，如图1.4.1所示。

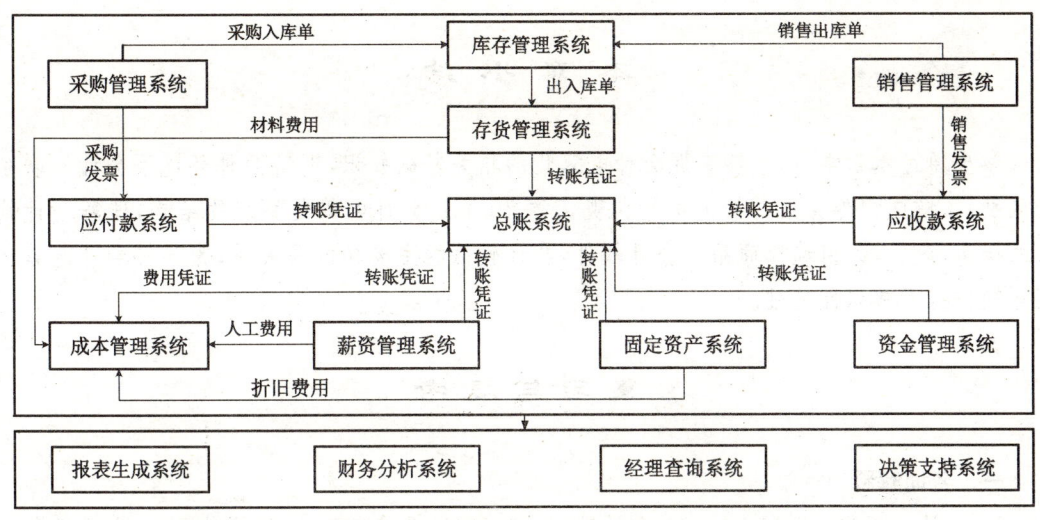

图 1.4.1　总账中心式数据传递流程

(2) 集中传递式:通过专门的自动转账系统来传递。专门建立一个自动转账系统,由这个系统提取数据并生成汇总转账数据(如转账凭证)、自动将转账数据发送到其他各子系统以及转账数据的查询、打印等功能,如图1.4.2所示。

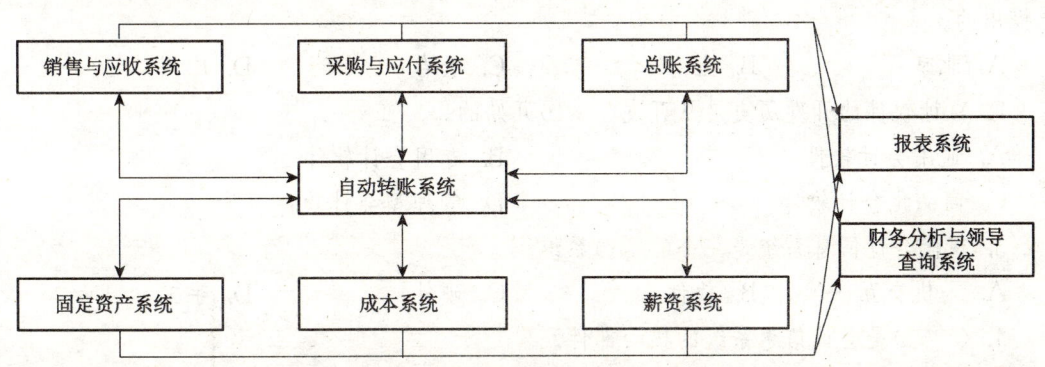

图 1.4.2　集中传递式数据传递流程

(3) 直接传递式:各业务子系统首先各自分别对原始凭证进行处理,填制记账凭证,分别进行处理,然后把相应的凭证传递到相应的子系统。同时,总账、薪资、固定资产、存货等业务系统将各种直接、间接费用按一定标准核算后传递到成本子系统进行成本核算,如图1.4.3所示。

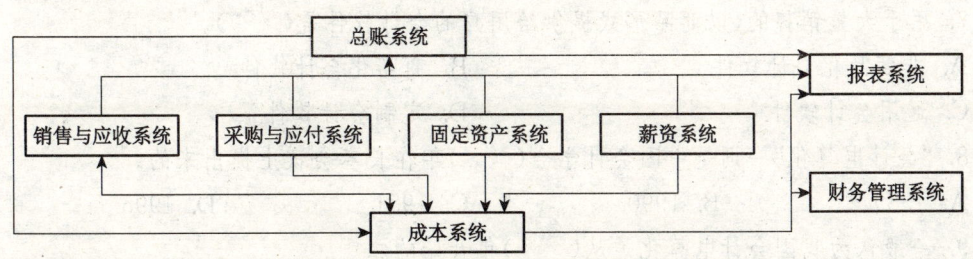

图 1.4.3　直接传递式数据传递流程

本 章 小 结

学生通过本章学习,能够掌握会计电算化的相关基础知识,理解两种环境下会计的联系和区别,了解国内外会计电算化发展和现实意义,了解会计电算化系统的结构,理解会计软件的概念、分类,如何选择商品化会计软件,会计软件的主要功能及关系,为学好会计电算化实务操作打下常识性基础。

复 习 与 思 考

一、名词解释

1. 会计电算化 2. 数据 3. 会计数据 4. 信息系统 5. 会计软件 6. 启用日期 7. 账套 8. 商品化会计软件

二、单项选择题

1. "会计电算化"一词是在(　　)召开的财务、会计、成本应用电子计算机专题讨论会上提出的。

　A. 北京　　　　B. 上海　　　　C. 长春　　　　D. 广州

2. 会计软件的开发历史是从开发(　　)开始的。

　A. 通用会计软件　　　　　　　　B. 专用会计软件

　C. 商品化会计软件　　　　　　　D. 管理型会计软件

3. 现代会计信息系统是一个(　　)系统。

　A. 人机交互　　B. 软件　　　　C. 硬件　　　　D. 手工

4. (　　)是会计信息系统的核心部件。

　A. 计算机　　　B. 会计软件　　C. 运行规则　　D. 信息

5. 构成管理信息系统的三要素中,(　　)是要素主体。

　A. 人　　　　　B. 设备　　　　C. 运行规则　　D. 计算机

6. 信息和数据之间(　　)是内容。

　A. 数据　　　　B. 信息和数据　C. 信息　　　　D. 其他

7. 用于大量销售的,以商品形式提供给用户的会计软件是(　　)。

　A. 非商品化会计软件　　　　　　B. 商品化会计软件

　C. 通用会计软件　　　　　　　　D. 定制会计软件

8. "会计电算化"一词是中国会计学会(　　)年在长春会议上提出来的。

　A. 1989　　　　B. 1990　　　　C. 1981　　　　D. 1995

9. 一般认为我国会计电算化是从(　　)年开始的。

　A. 1979　　　　B. 1990　　　　C. 1981　　　　D. 1994

10. 发展会计电算化的"瓶颈"是（　　）。
   A. 硬件　　　　　B. 人才　　　　　C. 制度　　　　　D. 软件
11. 会计电算化是通过（　　）替代手工完成或手工很难完成的会计工作。
   A. 操作系统　　　　　　　　　　　B. 计算机
   C. 会计软件指挥计算机　　　　　　D. 系统软件指挥计算机
12. 实现会计电算化的最终目的是为（　　）服务。
   A. 管理、决策　　B. 税务　　　　　C. 会计监督　　　D. 审计
13. 电算化会计系统由（　　）直接使用。
   A. 会计人员　　　B. 计算机人员　　C. 软件维护　　　D. 单位负责人
14. （　　）是会计软件使用的最初阶段。
   A. 系统实施　　　B. 系统运行　　　C. 系统维护　　　D. 系统试运行
15. 会计软件是以（　　）和会计方法为核心，以会计制度为依据，以计算机及其应用技术为基础，以会计数据为处理对象的软件系统。
   A. 会计理论　　　　　　　　　　　B. 税务制度
   C. 计算机及其应用技术　　　　　　D. 会计数据
16. （　　）是一切会计电算化工作的基础。
   A. 会计管理电算化　　　　　　　　B. 会计核算电算化
   C. 会计决策电算化　　　　　　　　D. 会计流程电算化
17. 在会计核算软件中，其核心子系统是（　　）。
   A. 报表子系统　　　　　　　　　　B. 账务处理子系统
   C. 财务分析子系统　　　　　　　　D. 成本核算子系统
18. 一般情况下，企业开展会计电算化的初期最好选择（　　）。
   A. 商品化软件　　　　　　　　　　B. 自行开发软件
   C. 委托软件公司开发软件　　　　　D. 定点开发软件
19. 核算型会计软件不包括的功能是（　　）。
   A. 薪资核算　　　B. 固定资产核算　C. 成本核算　　　D. 预算
20. 开创了计算机会计的新纪元的是（　　）。
   A. 美国通用电气公司　　　　　　　B. Gartner 公司
   C. IBM 公司　　　　　　　　　　　D. 微软
21. 在不同的周期呈现不同的价值，这是信息的（　　）。
   A. 有价性　　　　B. 增值性　　　　C. 时效性　　　　D. 不定性
22. 面对企业全方位整合财务会计信息的需要而形成的会计软件是（　　）。
   A. 企业级会计软件　　　　　　　　B. 部门级会计软件
   C. 集团级会计软件　　　　　　　　D. 用友
23. 在用友 ERP 管理系统中，（　　）模块与总账系统之间不存在凭证传递关系。
   A. 工资管理　　　B. UFO 报表　　　C. 固定资产管理　D. 应收管理

24. 手工会计和电算化会计具有很多相同点,其中不正确的有(　　)。
   A. 错误更正的方法相同　　　　　　B. 共同遵守会计法规
   C. 共同遵守会计准则　　　　　　　D. 基本工作要求相同

25. 通过会计数据处理充分反映企业经营活动情况的电算化会计信息子系统的是(　　)。
   A. 账务处理子系统　　　　　　　　B. 会计管理核算子系统
   C. 财务分析子系统　　　　　　　　D. 会计报表汇总子系统

三、多项选择题

1. 信息的特征是(　　)。
   A. 客观性　　　　　　　　　　　　B. 可存储性和可传递性
   C. 可分享性　　　　　　　　　　　D. 可开发性

2. 会计核算软件的功能模块一般包括(　　)等。
   A. 账务处理　　B. 报表管理　　C. 决策分析　　D. 固定资产管理

3. 会计软件试运行时间一般应放在(　　)。
   A. 年初　　　　B. 年中　　　　C. 季初　　　　D. 季中

4. 电算化会计可设(　　)岗位。
   A. 审核记账　　B. 电算化主管　C. 软件操作　　D. 电算维护

5. 计算机替代手工会计核算应具备的条件包括(　　)。
   A. 培训、配备了会计电算化工作人员
   B. 会计工作达到《会计基础工作规范化标准》
   C. 配备了适用的会计软件和相应的计算机硬件设备
   D. 计算机与手工会计核算并行3个月以上,并取得一致的结果

6. 按适用范围划分,会计软件可以分为(　　)。
   A. 通用会计软件　　　　　　　　　B. 定制会计软件
   C. 全通用会计软件　　　　　　　　D. 行业通用会计软件

7. 会计电算化的费用项目主要包括(　　)。
   A. 硬件费用　　B. 软件费用　　C. 运行维护费用　　D. 人员招聘费用

8. 会计软件的功能要求符合(　　)。
   A. 会计核算软件基本功能规范的要求
   B. 行业的特点
   C. 满足本单位的具体核算与管理的要求
   D. 适应ISO管理的要求

9. 商品化会计软件与专用会计软件相比,(　　)以及准确性等各项性能指标较高。
   A. 安全性　　　B. 可靠性　　　C. 稳定性　　　D. 易学性

10. (　　)的正确选择与配置,是开展会计电算化工作的重要前提。

A. 会计档案　　　　B. 计算机硬件设备　　C. 计算机软件　　　D. 会计人员

11. 取得会计软件的方式有（　　）。

A. 购买　　　　　　B. 自行开发　　　　　C. 委托开发　　　　D. 联合开发

12. 信息技术环境下会计人员的新变化包括（　　）。

A. 知识结构方面的变化　　　　　　　　B. 会计行为规范方面的发展
C. 会计人员价值取向方面的变化　　　　D. 技术手段的变化

13. 会计人员应具备的知识结构有（　　）。

A. 管理学知识　　　　　　　　　　　　B. 信息技术知识
C. 信息学知识　　　　　　　　　　　　D. 系统学知识
E. 信息系统的开发和管理知识

14. 管理信息系统由许多相互关联的子系统构成，比较重要的子系统有（　　）。

A. 会计信息系统　　　　　　　　　　　B. 销售信息系统
C. 人力资源管理系统　　　　　　　　　D. 进销存管理系统
E. 生产制造系统

15. 会计电算化系统的主要应用包括（　　）。

A. 生成外部报告　　　　　　　　　　　B. 处理日常事务
C. 结构化和非结构化决策　　　　　　　D. 进行计划与控制
E. 促进内控系统的建立和运行

16. 会计电算化软件的来源主要有（　　）。

A. 通用商品化会计电算化软件　　　　　B. 定点开发
C. 等待上级部门派发　　　　　　　　　D. 联合开发

17. IT技术对会计的影响体现在两个方面，即（　　）。

A. 会计工作方面　　　　　　　　　　　B. 会计人员的价值观方面
C. 会计工具方面　　　　　　　　　　　D. 会计技术

18. 理解会计电算化系统要从（　　）入手。

A. 会计信息系统的目标是实现会计目标
B. 会计信息系统是一个人机交互系统
C. 会计信息系统的有力工具是信息技术
D. 会计信息系统的运行平台

19. 会计电算化工作的基本内容包括（　　）。

A. 会计电算化工作的组织　　　　　　　B. 会计电算化工作的规划
C. 会计信息系统的建立　　　　　　　　D. 会计信息系统的管理

四、判断题

1. 实施会计电算化，必须尽快培养一批既懂会计，又懂计算机技术的复合型人才。（　　）

2. 在试运行阶段，前期以人工为主，计算机为辅。（　　）

3. 选择好会计软件后,手工账无需整理就可直接录入计算机。（ ）
4. 会计软件只能完成会计核算工作而不能进行会计管理。（ ）
5. 在会计电算化下,会计主体的界限划分主要是通过账套设置来完成的。（ ）
6. 要使电算化工作顺利开展,首先必须使手工会计工作达到规范化。（ ）
7. 为使会计软件更具针对性,一般情况下,企业应采用定点开发方式取得。（ ）
8. 会计电算化是进行会计核算的人机相结合的控制系统。（ ）
9. 不同会计软件,基本模块的功能大致相同。（ ）
10. 无论是工业企业会计电算化系统的结构还是商业企业会计电算化系统的结构,都是以财务报表子系统为核心来建立企业的会计电算化系统。（ ）
11. 任何一个子系统都具有一定的结构,它由若干部分所组成,其中输入、处理、输出是一般系统都具有的基本要素。（ ）
12. 数据和信息是同一概念。（ ）
13. 商品化会计核算软件通用性强,不需要在会计部门进行任何调整即可使用。（ ）
14. 手工会计和电算化会计的会计目标是一致的。（ ）
15. 会计软件功能不是选择会计软件应考虑的问题。（ ）

五、简答题

1. 我国会计电算化的发展经历了哪几个阶段？分别有什么特点？
2. 手工会计与电算化会计有哪些联系与区别？
3. 如何选择商品化会计软件？

第二章 会计电算化流程与开发

 学习目标

相关知识	技能目标
1. 软件开发原则、方法及发展	1. 学习软件开发原则、方法、发展,掌握会计信息系统开发的四种方法、基本思想、区别及其应用
2. 企业业务流程,手工及信息技术环境下的会计业务流程比较分析	2. 理解企业业务流程对会计业务流程的影响,两种会计业务流程比较分析
3. 系统规划、系统分析、系统设计、系统实施、系统运行和维护等各阶段的任务、方法、使用工具和形成的文档资料	3. 掌握生命周期法中系统规划、系统分析、系统设计阶段的任务、目标;理解数据流图、数据字典、模块等概念;熟悉系统实施、系统运行和维护的内容

知识结构

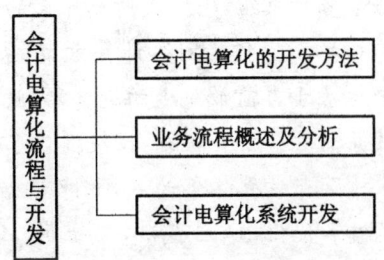

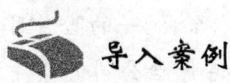 导入案例

新华人寿新财务管理系统开发与实施

对于保险公司来说,整天就是和钱打交道。涉及钱的工作基本上都属于和财务管理有关系。信息技术发展很快,财务管理软件的更新更是非常迫切。那么,保险公司是怎样更新财务管理软件管好财务的呢?

1. 新华人寿概况

新华人寿保险公司是经中国人民银行批准,于1996年8月成立的全国性、股份制专业寿险公司,经营业务包括各类人寿保险、健康保险和意外伤害保险等。公司由15家大型国有或股份制企业发起设立,注册资本金为5亿元。2000年8月,公司成功地向瑞士苏黎世保

险公司、国际金融公司、日本明治生命保险公司、荷兰金融发展公司4家国外保险公司和金融集团增发了总股本24.9%的股份,而且入股资金已在年底全额到账,在国内保险企业中率先实现了资本国际化,这标志着新华人寿保险公司在与国际保险业接轨的进程上迈出了实质性的一步,并真正驶入了国际化发展的快车道。

2. 企业信息化建设状况及其存在的问题

新华人寿保险公司多年来一直十分重视管理信息化工作,从公司成立之初就开始了财务电算化的应用和推广工作。在采用用友NC网络财务之前,原有的财务管理软件已经运行了将近5年,基本上解决了公司初期会计核算的需求,但随着计算机技术的发展、公司业务的拓展和财务管理水平的不断提高,旧系统已经不能满足公司财务管理的需要,特别是近两年分支机构在全国范围内快速发展,旧的财务管理软件在总、分公司之间的管理中存在着断层,总公司不能随时了解分公司的财务经营情况,无法深入进行财务工作的垂直化管理。为此,新华人寿保险公司从2000年下半年开始酝酿更新财务管理软件。

3. 新华人寿财务管理软件解决方案

(1) 网络硬件环境解决方案。为了更好地发挥新财务管理软件系统的管理功能,在利用公司原有网络环境的基础上,新系统提出如下网络环境解决方案:技术架构应用系统采用三层架构,将应用服务器与数据库服务器分离,其间通过高速以太网连接。服务器配置方案:总公司设置3台中心服务器,作为总部的数据服务器、应用服务器和Web服务器。一台高性能的HP LC2000服务器作为应用服务器和Web服务器。财务信息系统备份方案:采用双机热备方式,保证在系统崩溃时能够快速恢复。正常运行状态下,一台主机为活动状态,另一台主机为备份状态。出现异常时,活动主机上的应用全部切换至备份主机。客户端配置:公司总部、各分公司由若干客户机组成,完成所属账套的财务处理业务,客户机负责人机交互,完成数据的录入、查询等界面操作。网络计算方案:采用面向对象的大型关系数据库(SQL Server)。系统网络平台基于当前最先进的浏览器/服务器应用模式,将传统的运行在客户端的应用软件移植到服务器端。安全机制:系统提供了理想的安全性保障功能。

(2) 应用解决方案。以公司原有核算体系为基础,根据新系统的特点和管理要求对全公司的财务核算体系进行了调整和优化,建立了一个崭新的、全面的财务管理软件系统。统一的单位目录体系、统一的编码原则、统一的基础科目设置、统一的币种体系、统一的险种目录、集中的数据管理和系统维护、远程实时查账等手段,全面支持新华人寿保险公司的集中式财务管理模式。总账子系统是财务核算与管理系统的核心模块,它完成了从凭证到账簿的核算和管理,支持多币种核算、跨单位查询、跨年度查询,实时动态地反映公司所有成员的财务状况及经营成果。以项目为中心进行分险种、分部门、归口控制等核算管理,提供多角度、多种条件的统计和查询功能,可以满足各险种、各成本费用中心和利润中心管理的要求。以现金流量项目为标志跟踪每笔现金和银行存款的收支情况,动态生成现金流量表。把涉及外部往来单位和内部员工的往来科目设置为应收管理和应付管理的控制科目,在应收管理和应付管理中详细核算、查询、管理各单位的往来业务、余额和账龄情况。统一的固定资产分类、资产卡片样式和折旧方法,固定资产模块实现从卡片录入、资产增减、原值和累计折旧变动、折旧方法调整、计提折旧、账务处理和统计分析等资产管理的全过程。统一的报表格式及报送规范,UFO报表系统实现全公司的报表生成、审核、汇总和财务分析,为其他部门和公司领导进行科学、及时、合理的决策提供有效支持。覆盖全公司的系统运行支持体系、系统管理员责任制和记账结账控制制度,保证系统在规范的、有效支持的环境下运行。

(3) 实施过程。用友NC/财务在新华人寿保险股份公司应用后,极大地提升整个新华人寿保险股份公司的财务管理水平和决策效率,在财务管理、控制力度上有了质的飞跃,实现了从财务会计到管理会计的转变。

新华人寿整个项目实施可以分为三个阶段:

第一阶段:项目准备。这一阶段主要是进行用户需求调研、讨论和分析,制定项目实施计划,准备培训教材,拟定初步的项目应用方案。

第二阶段:项目建设。这一阶段的工作是进行系统安装、项目组培训、组织测试、确定基础数据准备方案和方案的完善。

第三阶段:项目交付。这一阶段是整个项目实施的关键,也是任务最重的时期。首先对新华人寿总部及所属分公司的全体财务人员进行了集中培训,并进行考核;制定新旧系统切换计划;按照初始化方案开始建账、分配权限、监督检查各核算单位的账套初始化工作;设置统一报表格式和公式;编写客户化手册、制定系统运行制度、内部支持体系。并按照验收标准对各核算单位逐一进行验收,验收通过的正式启用新系统。

(4) 实施效果。新的财务管理软件系统应用后,极大地提升整个新华人寿保险股份公司的财务管理水平和决策效率;所有账套都在总公司的控制范围之中,所有的财务信息都是实时的、动态的;总公司可以随时查询和监控各分公司的资金状况,分析各险种的收入和支出、进行穿透式查账,从报表数据、账户余额一直追踪到每一笔业务凭证;总公司可以根据当前的最新信息作出及时的判断和决策,发现违规和错误行为可以立即作出处理……

用友NC/财务帮助新华人寿保险股份公司在财务管理、控制力度上实现了质的飞跃,实现了从财务会计到管理会计的转变,将对公司的发展产生深远影响。

第一节 会计电算化的开发方法

一、信息系统开发的基本理论

(一) 开发的原则

开发信息系统的最终目的是以经济合理的投入获得一个可靠、适用、易维护的系统。因此,有必要借鉴过去成功的经验,遵循开发信息系统的原则。

1. 稳定性原则

由于一个组织的组织结构、管理模式、管理机制、运营方式等都会随着内外环境的改变而发生变化,信息系统应具有较强的应变能力,但也要有一个相对的稳定性。

2. 先进性原则

先进性原则即创新原则,要体现先进性。计算机技术的发展十分迅速,要及时了解新技术,使用新技术,使目标系统较原系统有质的飞跃。为了提高使用率,有效地发挥 IS 的作用,应当注意技术的发展和环境的变化。IS 在开发过程中应注重不断发展和超前意识。

3. 整体原则,体现完整性

企业管理可以理解为一个合理的"闭环"系统。目标系统应当是这个"闭环"系统的完善。企业完整地实现计算机管理不一定必须在企业的各个方面同时实现,但必须完整地设计系统的各个方面。

4. 经济原则,体现实用性

大而全和高精尖并不是成功 AIS 的衡量标准。事实上,许多失败的 AIS 正是由于盲目追求高新技术而忽视了其实用性。盲目追求完善的 IS 而忽视了本单位的技术水平、管理水平和人员素质,可能会导致系统开发失败。

5. 面向用户原则

信息系统是为用户开发的,最终是要交给用户使用,因此,开发者要使系统开发获得成功,必须坚持面向用户,树立一切为了用户的观点。从总体方案的规划到开发过程中的每一个环节,都必须谨慎地站在用户的立场上,一切为了用户,一切服务于用户,虚心征求、认真听取、采纳用户意见,及时交流、共同决策并制订具体方案。

另外,还有一把手原则,工程化、标准化原则等。

(二) 开发方式

信息系统的开发方式主要有用户自行开发、委托开发、合作开发和购买商品化软件等。四种开发方式各有优点和不足,需要根据组织的技术力量、资金情况、外部环境等因素进行综合考虑和选择。但是,不论哪一种开发方式都需要组织的领导和业务人员参与,并在信息系统的整个开发过程中培养和锻炼组织的信息技术队伍。

1. 用户自行开发

用户自行开发方式又称最终用户开发方式,适合于有较强的信息技术队伍的组织。自行开发的优点是开发费用少,开发的系统能够适应本单位的需求,且满意度较高,便于维护。其缺点是由于不是专业开发,容易受业务工作的限制,系统优化不够,开发水平较低;且由于开发人员是从所属各单位抽调出来临时组建进行信息系统的开发工作,这些人员在其原部门还有其他工作,因此精力有限,容易造成系统开发时间长、系统整体优化较弱;开发人员调动后,系统维护工作没有保证。因此,一方面,需要大力加强领导,实行"一把手"原则;另一方面,可向专业开发人士或公司进行咨询,或聘请他们作为开发顾问。

2. 委托开发方式

该方式适用于组织信息系统的开发力量较弱但资金较为充足的单位。委托开发方式的优点是省时、省事,开发的系统技术水平较高;缺点是费用高,系统维护需要开发单位的长期支持。这种开发方式需要组织的业务骨干参与系统的开发论证工作,开发过程中需要开发单位和组织双方技术沟通,进行协调和调查。委托开发再往前走一步,就是系统外包。所谓系统外包,是指组织部门不是依靠其内部资源来建立信息系统,而是聘请专门从事开发服务的外部组织进行开发,由外部开发商负责信息系统的建设甚至日常管理。

3. 合作开发

合作开发方式又称联合开发,它是自行开发方式与委托开发方式的结合,适合于虽然有一定的信息技术人员,但可能对信息系统开发规律不太了解的组织;或者整体优化能力较弱,又希望通过信息系统的开发,完善和培养自己的技术队伍,便于后期进行协调维护工作的组织。

由于合作开发方式具有很强的针对性与灵活性,在我国被广泛采用,曾经是我国信息系统开发的主流开发方式。它的优点是,相对于委托开发方式比较节约资金,可以培养、增强组织的技术力量,便于协调维护工作。它的缺点是,双方在合作中易出现扯皮现象,需要双方及时达成共识,进行协调和检查。

4. 购置商品化软件

目前,软件的开发正在向专业化方向发展。一批专门从事信息系统开发的公司已经开发出了一批使用方便、功能强大的专项业务管理软件。此方式的优点是节约时间、费用、技术水平高;缺点是通用软件的专用性较差,需要有一定的技术力量根据用户的要求做软件改善和接口工作等二次开发工作。

总之,不同的开发方式各有不同的优缺点,需要根据组织的实际综合情况选择相应的开发方式。

(三) 软件危机与软件工程

1. 软件危机

软件危机是指在计算机软件的开发和维护过程中所遇到的一系列严重问题。1968年,北大西洋公约组织在联邦德国召开的国际会议上提出来的。

计算机是由硬件和软件两大部分构成的,硬件只是提供了信息系统的运行基础,还必须与支持和管理计算机的软件相配套,才能实现各种功能。软件是能够借助计算机硬件重复运行的脑力劳动的结晶,目前普遍认为软件是计算机系统中与硬件相互依存的不可缺少的另一部分,它包括程序、相关数据及其说明文档。其中,程序是按照事先设计的功能和性能要求执行的指令序列,即计算机处理的过程;数据是程序的操作对象,即计算机的处理对象;文档是与程序开发维护和使用有关的各种图文资料。

在计算机发展的初期,人们曾把程序设计视为一种发挥个人创造才能的技术领域,软件通常由使用该软件的个人或机构研制的,软件开发也没有什么系统的方法可以遵循,而且,除了源代码之外,也往往没有软件说明书等文档。从20世纪60年代中期到70年代中期,软件开始作为一种产品,出现了专门的软件公司。当时的软件开发方法基本上仍然沿用了早期的个体化软件开发方式。在这一时期,随着计算机应用领域的不断扩大,软件的数量急剧膨胀,软件的需求日趋复杂,开发的成本日益增长,早期非规范化的凭个人经验、爱好、作坊式的开发方法面临困境。此时,硬件技术迅速发展,而软件开发方法、能力相对滞后,满足不了日益增长的软件应用需要,失败的软件开发项目屡见不鲜,出现了"软件危机"。

产生软件危机的原因很多。从客观上来说,早期的软件规模较小,程序编写简单,往往只需要一个或少数几个程序员即可,工作难度不大,但是从 20 世纪 60 年代末期开始,随着计算机硬件技术的不断发展和深入,对软件也提出了更高的要求,要求产生一批高质量、结构复杂的大型软件系统,开发工作日益困难。从主观上来说,开发方法不正确是导致软件危机的根本原因,原先的软件开发中忽视需求分析和系统设计,认为软件开发就是编写程序,轻视软件的维护工作。

2. 软件工程

软件开发人员发现,许多实体工程项目虽然十分复杂,但却都取得了成功。于是,人们开始对工程项目的管理进行研究,并从中得到了有益的启示。这些启示有:①变软件产品的"无形"为"有形",将整个项目划分为若干阶段,明确每个阶段的任务、标准与时间进度,使项目管理科学、标准,易于控制;②每个阶段都有明确的结果,使过程进展具有可见性,易于监督管理;③每个阶段都有详细的文档记录,使每个阶段的工作易于理解,并作为质量监督与保证的重要依据。人们开始借鉴建筑工程、机械工程中工程管理的原则与方法来管理软件开发过程。20 世纪 60 年代末,有学者提出,提高软件生成效率的途径是软件开发"工程化",即借鉴建筑工程、机械工程中一些有效的方法和技术来指导和管理软件开发,变软件产品的"无形"为"有形"。具体做法是用适当的工具表达用户需求模型,即先抽象出逻辑概念模型,经过用户确认后再转化为具体物理模型,最后再编写程序并测试等。有了正确的理论指导,许多软件开发技术和表达工具应运而生,软件工程学这门学科的理论和技术逐步形成。

1968 年,北大西洋公约组织(NATO)的计算机科学家在德国召开国际学术会议,第一次提出"软件工程"(Software Engineering)这个词。把软件开发当作一项工程,是一门研究如何用系统化、规范化、数量化等工程原理和方法去进行软件开发和维护的学科,它包括两方面的内容:软件开发技术和软件项目管理。其中,软件开发技术包括软件开发方法学、软件工具和软件工程环境;软件项目管理包括软件度量、项目估算、进度控制、人员组织、配置管理和项目计划等。

(四) 开发方法

常见的开发方法有:生命周期法、原型法、面向对象法、计算机辅助软件工程等方法。下面逐一介绍这几种开发方法。

二、生命周期法

生命周期法采用结构化系统分析和设计的思想,是迄今为止开发方法中最传统、应用最广泛的一种开发方法。从系统的观点来说,系统总是在周期性的运动中逐步发展起来的,一个系统从问题提出,确定目标开始,通过设计、实施直到完全替代先行系统为止,实现了一个系统开发的全过程。一个层次的系统开发的完成又是更高系统开发的开始,如此循环往复,不断提升。

(一) 基本思想

所谓生命周期法,就是严格按照系统生命周期的各个过程和步骤去开发系统。生命周期法将信息系统的开发过程划分为系统规划、系统分析、系统设计、系统实施、系统运行与维护等阶段,每个阶段又分成若干个步骤。

(二)软件的生命周期

信息系统的生命周期是指系统从提出、调查、分析、设计、实施和有效使用,直到被淘汰或取代的整个期间。生命周期法是指按系统生命周期的各个阶段划分任务,按一定的规则和步骤有效地进行系统开发的方法。按照结构化的系统开发思想,生命周期法将整个信息系统的开发过程划分成若干个首尾相接、相对独立的阶段:系统规划、系统分析、系统设计、系统实施、系统运行和维护等,如图 2.1.1 所示。

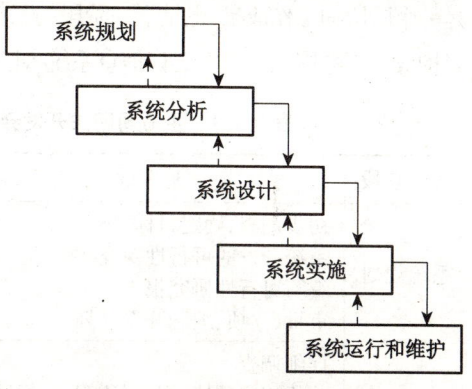

图 2.1.1 软件的生命周期模型

1. 系统规划

系统设计人员通过对系统的初步调查,了解使用者的要求,根据系统状况确定新系统目标及规模,并从组织、经济、技术等方面对会计系统建立的必要性进行调查,最后根据调查资料进行可行性分析,编制可行性分析报告。经过立项审批后,制定切实可行的项目开发计划。

2. 系统分析

根据系统规划报告中所确定的范围,系统设计人员要深入现行会计系统进行详细调查,详细了解现行系统的业务处理方法、输入输出、信息流程及流量方面的信息,掌握系统信息处理的全貌,为系统分析和系统设计工作收集资料,详细调查的结果要编制成详细调查报告。

系统分析人员根据详细调查的资料深入的分析,抓住系统的本质,找出问题的关键所在,改善现行系统中不合理的部分,补充新的功能,提出新的会计信息系统的逻辑模型,并编制出反映新系统的功能、特点、运行环境和测试评价标准的软件需求说明书。

3. 系统设计

在系统分析的基础上,根据新系统的逻辑模型,具体设计实现逻辑模型的技术方案,即确定系统的物理模型。该阶段的任务是回答"应该如何解决这个问题"。系统设计由总体设计和详细设计两部分组成。

4. 系统实施

根据系统设计说明书,将设计的系统付诸实施。该阶段是实现系统设计阶段所完成的新系统物理模型,涉及编写与调试程序、系统测试、系统安装调试、系统试运行、编写操作和使用手册、培训用户等。

5. 系统运行和维护

该阶段主要是针对系统运行过程中发现的问题或会计业务的变化,对软件进行修改、完善,同时应定期对系统的运行情况进行评价。对系统的维护与评价通常是在系统运行一段时间之后进行的,当系统运行一段时间之后,可能已取得了相应的经验与效益,也可能遇到失败和挫折,此时会计人员和系统开发人员应及时总结经验,分析成功与失败的原因,评价系统运行结果与初始规划的差异。

在会计信息系统的开发过程中,系统文档起着非常重要的作用。系统文档是会计信息系统的规划、设计和实现过程中的工作记录。在系统开发的各个阶段,应产生相应的系统文档。系统文档既是一个阶段的工作成果,也是下一阶段的工作依据。系统文档由有关文件、图表、规范说明及其他材料构成。生命周期法开发会计信息系统各阶段的任务及应形成的文档,如表2.1.1所示。

表2.1.1　生命周期法开发会计信息系统各阶段的任务及应形成的文档

开发阶段	基本章	完成者	文档资料
系统规划	初步调查、确定目标 系统开发的可行性探究 编写可行性研究报告 审批、立项、编制开发计划	用户 系统分析员	可行性分析报告 项目开发计划
系统分析	详细调查 分析用户环境、需求、流程、数据结构 系统目标与功能 新系统的逻辑模型	系统分析员	详细调查报告 软件需求说明书
系统设计	总体设计 详细设计	系统分析员 系统设计员	概要设计说明书 详细设计说明书
系统实施	完成程序的编写 系统测试系统试运行	程序员 系统分析员 系统设计员 用户	源程序清单 程序设计说明书 系统测试报告 用户使用手册
系统的运行和维护	移交运行硬件、软件维护	用户	系统维护报告

(三) 生命周期法的优缺点

生命周期法的优点在于强调整体性、全局性、阶段性,前一阶段是后一阶段的基础,后一阶段是对前一阶段的发展,问题逐步由抽象到具体,由局部到全局;描述了一个清晰的、易于遵循的活动序列,便于工作逐步推进;各阶段有自己的任务和目标,只有前一个阶段完成并交付某种特定规格的文档资料以后,才可以进入下一个阶段,每个阶段都将产生相当多的文档资料;每个阶段结束后的检查都非常严格,这可以使错误尽早被发现和纠正,从而提高软件质量,节省开发成本;正式的文档资料能够保证系统是按照下个阶段(即系统分析阶段)所界定的需求进行开发的;可以产生一系列的中间成果,用于检查系统开发工作是否满足用户的需求和是否符合标准。

生命周期法的缺点在于软件开发工作需要经历较长的时期,在这个过程中,用户看不到,也无法运行软件;生命周期时间过长,以致当系统完成之时,原先的用户需求可能已经有了很大的调整;只有当开发过程中没有什么重大变动时,这个方法才能有效地应用于开发工作。通常,用户的需求会被误解或者被忽视;大量文档资料的编写工作既昂贵,又耗费时间,而且,这些文档并不能保证是当前的、最新情况的反映;由于专业背景不同,使得用户很难对生命周期法产生的中间产品进行检查,无法判断它们是否符合需要。

三、原型法

用生命周期法开发软件周期长,开发工作的可视性差,对需求难以确定;另外,软件工程技术经过了一段时间的大发展,产生许多先进的方法和优秀的开发工具,两个方面的原因促进了原型法的产生。

原型法是 20 世纪 80 年代随着计算机软件技术的发展,特别是在关系数据库系统(Relation Data Base System,RDBS)、第四代程序生成语言系统(4th Generation Language System,4GLS)和各种系统开发生成环境的基础之上,提出的一种从设计思想、工具、手段都是全新的系统开发方法。与生命周期法相比,它摒弃了那种一步一步周密细致调查分析,然后逐步整理出文字档案,最后才能让用户看到结果的烦琐做法。

(一)基本思想

原型法是指在获取一组基本的需求定义后,利用高级软件工具可视化的开发环境,快速地建立一个目标系统的最初版本,并把它交给用户试用、补充和修改,再进行新的版本开发,反复进行这个过程,直到得出系统的"精确解",即用户满意为止的一种方法。

(二)原型法的开发过程

原型法是随着用户和开发人员对系统认识和理解的逐步深化,而不断地对系统进行修改和完善的过程。其开发过程,如图 2.1.2 所示。

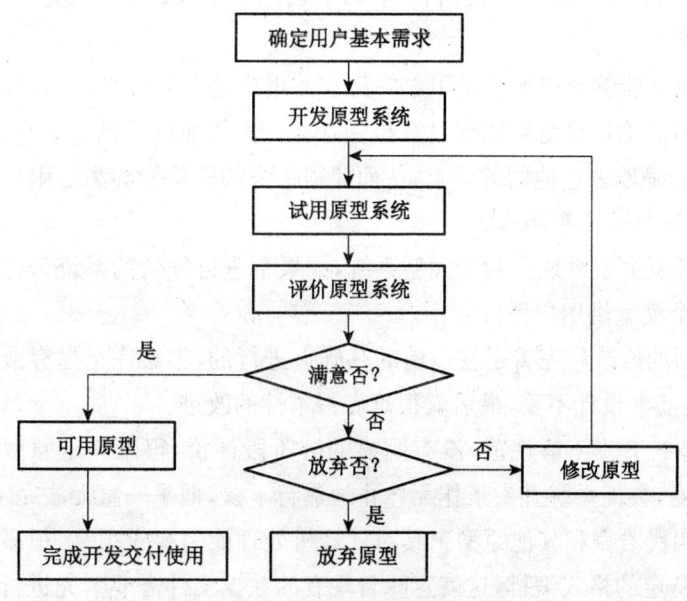

图 2.1.2 原型法的开发流程

1. 需求初步调查

根据用户的基本需求,对系统给出初步定义。用户的基本需求包括各种功能要求、操作方法、用户界面、账表内容和格式要求等。这些要求虽然是初始的,但却是最基本的。本阶段工作质量的好坏,直接关系到整个系统的质量,也直接影响开发工作的进度。

2. 设计原型系统

根据用户初步需求,开发出一个可运行的原始系统,它只需满足用户所提出的基本需求即可。

3. 原型的试用和评价

通过用户试用,根据实际运行情况,引导用户提出更明确、更具体、更丰富的需求,作为系统修改和完善的依据。

4. 修改和完善原型

根据使用情况和用户的修改意见对原型进行修改完善,得到新的原型系统。然后再进行试用和评价,经过这样几次循环反复和迭代修改,逐步提高和完善,直到得到用户满意的系统模型为止。

(三) 原型法的优缺点

1. 根据原型法的开发思想和设计步骤可以看出原型法具有的优点

(1) 用户参与更加积极。原型法需要不断地与用户进行沟通和交流,用户能够尝试系统,并在开发过程中提供建设性的反馈,这样就使得用户更加认同系统和接受系统。

(2) 可以尽早发现错误和疏漏。如果整个系统已经完工了,这时再想发现、查找、修改错误,就会非常困难和昂贵。通过针对原型的沟通,用户和开发人员可以及早识别问题、解决问题。

(3) 源程序代码易于获得,原型通常能够在短期内获得。因为第四代语言能够提供自动编程的功能,可以自动生成第三代语言编写的程序代码,所以,这就使得编写源程序代码的工作不再很困难。

(4) 最终的设计能够很好地满足用户的需求。用户通常是很难确切地想象和描绘计算机到底能为他们做什么以及他们需要计算机做什么。而当他们看到一个具体的例子时。就能够更充分和更准确地表达他们的要求,从而使得最终的软件能够满足用户的需求。

2. 原型法的适用范围和局限性

(1) 不适合开发大型系统。对于大型系统,如果不进行细致的系统分析和整体性划分,很难直接构造一个模型供用户评价。

(2) 因为后面的修改和完善是在以前的基础上进行的,很难完全抛弃或者重新开始,所以,如果最开始的蓝本设计不妥,最后就很难有根本性的改进。

(3) 原型法系统开发不够规范,没有明显的分阶段评价,很难确定原型的范围,如果用户的需求一直在变,会使系统开发工作无休止地进行下去,似乎一直无法完工。

(4) 一些第四代语言和其他原型工具对计算机处理能力要求很高,很昂贵;原型工具往往要求数据按照特定的格式编排,这就意味着现有的数据文件需要事先进行转换;一些原型工具对系统开发过程有严格的规定,往往不允许嵌入手写的代码;由原型工具自动生成的源程序代码与有经验的程序员编写的代码相比,可能不够精巧、有效。

四、面向对象法

面向对象(Object Oriented,OO)的系统开发方法是 20 世纪 80 年代以来根据各种面向对象的程序设计方法逐渐发展起来的。它从面向对象的角度出发,为我们认识事物、开发系统提供了一种全新的方法。它关心的不仅仅是孤立的单个过程,而是孕育所有这些过程的母体系统,它能够用计算机逻辑来描述系统本身,包括系统的组成、系统的各种可能状态以及系统中可能产生的各种过程和过程引起的系统状态切换。

(一) 基本思想

面向对象法是针对面向过程提出的,是区别于传统的结构化的新方法、新思路。

面向对象法认为,客观世界是由各种各样的对象组成的,每种对象都有各自的内部状态和运动规律,不同的对象之间的相互作用和联系构成了各种不同的系统。当我们设计和实现一个客观的会计信息系统时,如能在满足需求的条件下,把系统设计成由一些不可变的部分组成的最小集合,这个设计就是最好的。而这些不可变的部分就是所谓的对象。

对象是现实世界中具有相同属性、服从相同规则的一系列事物的抽象。客观事物都是由对象组成,对象是在原来事物基础上抽象的结果,任何复杂的事物都可以通过对象的某种组合构成。

以对象为主体的面向对象法可以简单解释为:

(1) 客观事物都是由对象组成,对象是在原事物基础上抽象的结果。任何复杂的事物都可以通过对象的某种组合构成。

(2) 对象由属性和方法组成。属性反映了对象的信息特征,如特点、值、状态等;方法则是用来定义改变属性状态的各种操作。

(3) 对象之间的联系主要是通过传递信息来实现,在传递方式上通过信息模式和方法所定义的操作过程来完成。

(4) 对象可以按其属性进行归类。类有一定的结构,类上可以有超类,类下可以有子类,这种对象或类之间的层次结构是靠继承关系来维持的。

(5) 对象上一个被严格模块化的实体,称为封装,封装了对象满足软件工程的一切要求,而且可以直接被面向对象的程序设计语言所接受。

(二) 工作流程

按照上述思想,面向对象方法开发的工作流程可分为四个阶段:

(1) 系统调查和需求分析。对系统将要面临的具体管理问题以及用户对系统开发的需要进行调查研究。

(2) 分析问题的性质和求解问题。在复杂的问题域中抽象识别出对象及其行为、结构、属性、方法等。这一阶段一般称为面向对象分析(Object-Oriented Analysis,OOA)。

(3) 整理问题。即对分析的结果做进一步的抽象、归类、整理,并最终以范式的形式将它们确定下来。这一阶段被称为面向对象设计(Object-Oriented Design,OOD)。

(4) 程序实现。即用面向对象的程序设计语言将上一步整理的范式直接映射为应用程序软件。这一阶段被称为面向对象的程序设计(Object-Oriented Programming,OOP)。

(三) 面向对象法的优缺点

面向对象设计方法之所以受到重视,是因为它具有以下优点:

(1) 模块性：对象是一个功能和数据独立的单元，相互之间只能通过对象认可的途径进行通讯，相互可以较为自由地为各个不同的模块所使用。

(2) 封装性：为信息隐蔽提供具体的实现手段，用户不必清楚对象的内部细节，只要了解其功能描述就可以使用。

(3) 可重用性：提供了一种代码共享的手段，可以避免重复的代码设计，使得面向对象的方法确实有效。

(4) 灵活性：对象的功能执行是消息传递时确定的，支持对象的主体特征，使得对象可以根据自身的特点进行功能实现，提高了程序设计的灵活性。

(5) 易维护性：对象实现了抽象和封装，使其中可能出现的错误限制在自身，不会向外传播、易于检错和修改。

(6) 可扩充性：面向对象方法可以通过继承机制来不断地扩充系统功能，而不影响原有软件的运行。

但这种方法不能涉及系统分析以前的开发环节，因此，不能成为支持系统开发全过程的方法。并且，OOA一开始就有很多计算机方面的术语和概念不容易被一般用户和参与应用软件开发的业务人员所了解，因而难以被普遍接受和推广使用。

五、计算机辅助软件工程

计算机辅助软件工程（Computer Aided Software Engineering，CASE）是20世纪80年代末期从计算机辅助编程工具以及绘图工具发展而来的大型综合计算机辅助软件工程开发工具，它可以将软件开发过程中的某些任务自动化。CASE是一种先进的软件开发技术，强调的是解决整个系统开发过程的效率问题，它为系统开发人员提供了一组优化的、集成的、能够大量节省人力的系统开发工具，着眼于系统分析和系统设计以及程序实现和维护等各环节的自动化，并使之成为一个整体。

(1) 基本思想。在实际开发一个系统时，CASE的应用必须依赖于一种具体的开发方法。例如，生命周期法、原型法、面向对象法等，并提供支持上述各种方法的开发环境。例如在生命周期法中，开发过程中的对应关系包括：业务流程分析→数据流程分析图绘制→功能模块设计→程序设计；在面向对象法中，开发过程中的对应关系包括：问题抽象→属性、结构和方法定义→对象分类→确定范式→程序实现，等等。CASE都提供专门的软件工具来支持系统开发过程，实现计算机辅助开发工作。

(2) 其主要优点是提供一种环境，让计算机帮助开发者方便、快捷、自动地产生系统开发过程中的各种图表（如数据流程图、模块结构图等）、程序和说明性文档。CASE加快了系统的开发过程，使结构化系统开发方法得以全面实施，使原型的建立有了高效率的手段，使系统开发人员的精力集中于开创性工作，简化了系统的维护工作；通过自动检查提高软件的质量，提高软件的可重用度。随着各种工具及软件技术的发展、完善和不断集成，逐步由单纯的辅助开发工具环境转化为一种相对独立的方法。

严格地讲，CASE只是一种开发环境而不是一种开发方法。采用CASE工具进行系统开发，必须结合一种具体的开发方法，如结构化系统开发方法（生命周期法）、原型法或面向对象法等。CASE方法只是为具体的开发方法提供了支持每一过程的专门工具，因而CASE工具实际上是把原先由手工完成的开发过程转变为以自动化工具和支撑环境支持的自动化开发过程。CASE中集成了多种工具，这些工具可以单独使用，也可以组合使用。

生命周期法、原型法、面向对象法、CASE都可以用来开发会计系统，都是会计电算化系统的开发方法，但是，它们并不是独立被选用的，而是交叉运用。例如，用生命周期法开发的时候，也可能部分采用原型法；用面向对象法开发的同时，也可能采用了生命周期法的内容。

总的来说，只有生命周期法是真正能比较全面支持整个系统开发过程的方法，其他几种方法尽管有很多优点，但都只能作为生命周期法在局部开发环节上的补充，暂时都还不能替代其在系统开发过程中的主导地位，尤其是在占目前系统开发工作量最大的系统调查和分析这两个重要环节。这些开发方法也并非相互独立，而是经常可以混合应用的。例如，在生命周期法的系统分析阶段利用原型法可以得到很好的系统逻辑模型。

会计系统作为企业管理信息系统的一个组成部分，与管理信息系统的其他子系统相比，具有许多共同之处，但又有其自身独具的一些特征，如数据量大、关系复杂；数据加工处理方法要求严格；数据的真实性、准确性要求高；要有充分的安全性、可靠性保证；与其他子系统联系紧密；人为因素多，数据处理方法因单位而异等。因此，会计信息系统的开发是一项庞大复杂的工程，通常应采用以生命周期法为主，其他方法为辅的开发方法。

第二节　业务流程概述及分析

日常生活中，一个人到商场购买商品，他会经历的过程是：①进入商场；②选购商品；③付款；④离开商场。实际上，这是消费者购买商品的流程。又或者，要收看电视节目，会经过：①插上电源；②打开电视；③浏览各个频道；④如果不喜欢，则继续浏览，如果喜欢开始收看。这一系列活动，也是一种流程。

从本质上来说，流程是一系列相关联的活动（或操作），这些活动（或操作）有目的地引导实现特定的结果；国际标准化组织在ISO 9001：2000质量管理体系标准中给出的定义是："流程是一组将输入转化为输出的相互关联或相互作用的活动"。

一、企业业务流程

业务流程，是为达到特定的价值目标而由不同的人分别共同完成的一系列活动。活动之间不仅有严格的先后顺序限定，而且活动的内容、方式、责任等也都必须有明确的安排和界定，以使不同活动在不同岗位角色之间进行转手交接成为可能。活动与活动之间在时间和空间上的转移可以有较大的跨度。而狭义的业务流程，则认为它仅仅是与客户价值的满足相互联系的一系列活动。

不同的研究者对业务流程给出不同的定义：

迈克尔·哈默（Michael Hammer）与詹姆斯·钱皮（James A. Champy）对业务流程

(Business Process)的经典定义是,我们定义某一组活动为一个业务流程,这组活动有一个或多个输入,一个或多个结果输出,这些结果对客户来说是一种增值。简言之,业务流程是企业中一系列创造价值的活动的组合。

T·H·达文波特:业务流程是一系列结构化的可测量的活动集合,并为特定的市场或特定顾客产生特定的输出。

A·L·斯切尔:业务流程是在特定时间产生特定输出的一系列客户、供应商关系。

H·J·约瀚逊:业务流程是把输入转化为输出的一系列相关活动的结合,它增加输入的价值并创造出对接受者更为有效的输出。

二、业务流程图

(一)业务流程图概述

业务流程图是一种描述系统内各单位、人员之间业务关系、作业顺序和管理信息流向的图表,利用它可以帮助分析人员找出业务流程中的不合理流向,它是一种物理模型。

业务流程图主要是描述业务走向的,以图示化、书面化的表达,有利于信息的传达以及流程重组的参考,比如说去医院看病,病人首先要去挂号,然后再到医生那里看病开药,最后再到药房领药,才算结束看病流程。业务流程图描述的是完整的业务流程,以业务处理过程为中心,一般没有数据的概念,如图2.2.1所示。

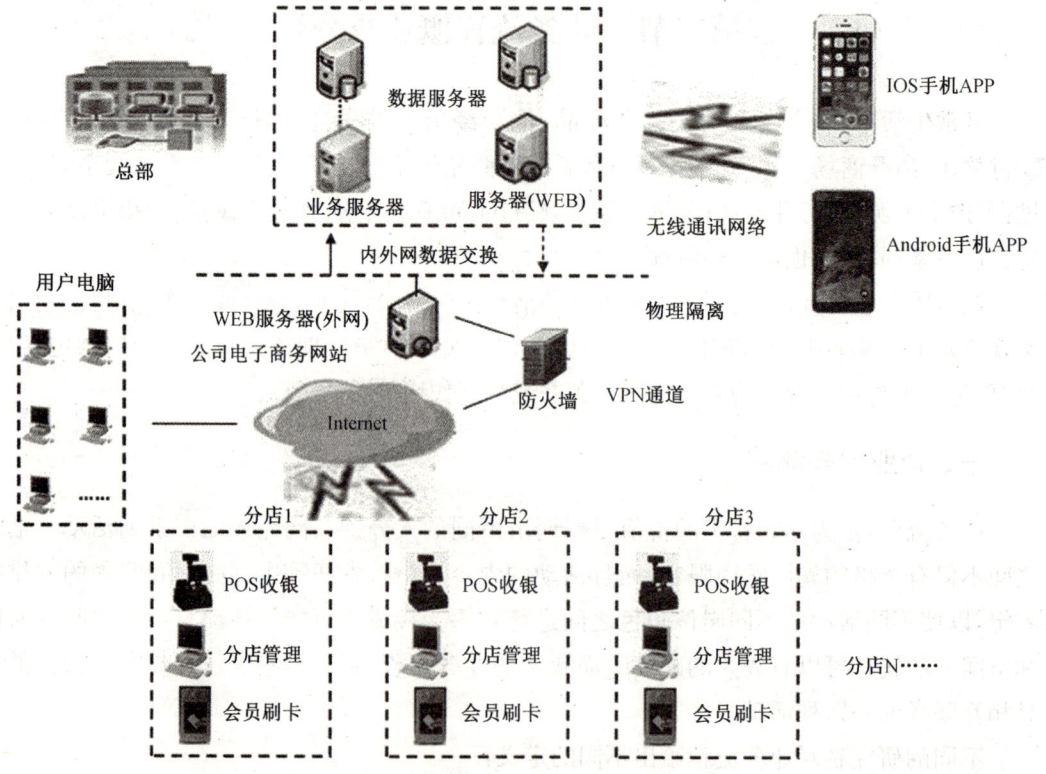

图2.2.1 某单位业务流程图

一般来说,只要有工作和任务的存在就需要有流程图来表示,但并不是所有的流程都适合用流程图来反映的,一定程度上还是那些固定的、有规律的业务适合用流程图的方式去体现。

常见的流程图有业务流程图、数据流程图和页面流程图等,如图2.2.2所示。

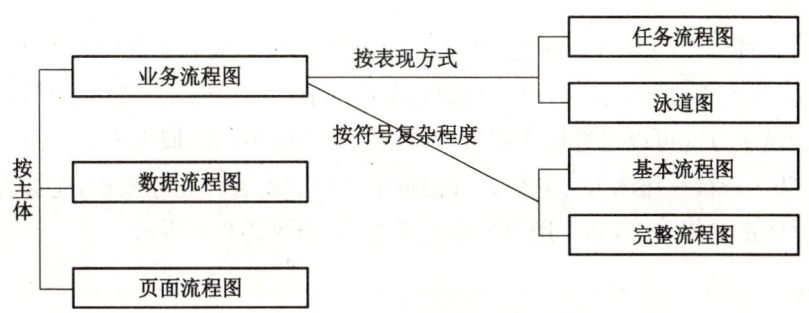

图2.2.2 流程图的分类

(二)业务流程图的类型

业务流程图按表现方式分一般分为任务流程图和泳道图两类;按复杂程度分为基本流程图和完整流程图。

1. 任务流程图

任务流程图是指根据完成目标对象的要求和过程,以图表方式分析和选择实现目标路线、顺序和过程的计划管理方法。典型的以部门和岗位为单位的流程图,如图2.2.3所示。

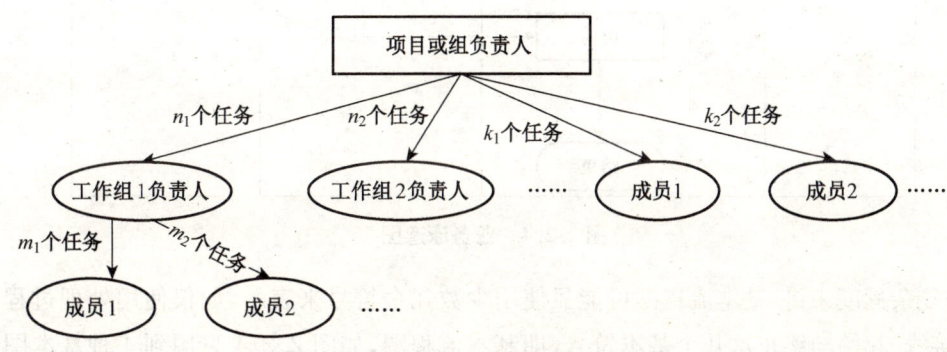

图2.2.3 岗位流程图

任务流程图法最初用于军事目标分析,后为经济与管理学所应用。其特点是图的性质由目标、任务及生产过程所决定,如按生产、管理及工艺技术的不同目标,分别构成特点各异的生产流程图、管理流程图和工艺技术流程图等。它可以分析任何有序过程的目标,包括为实现目的可供选择的路线、顺序,及通过这些路线或顺序,探讨完成任务的捷径。

步骤如下:①根据目标对象要求绘制任务流程图,分析流程线路的成本、费用和矛盾,确定流程运动的方向、路径。②按流程路线和顺序,推导技术性能,确定实现目标的方式、手段。③在任务流程图中可供选择的路线上标明数字、度量,比较不同路线和技术指标。信息传递的任务流程图,它既包括物质的流通过程,也包括非物质的流通过程。

任务流程图法的优点是辨别问题简便,且能推导解决矛盾所需的各种技术性能,提供技术选择的手段。它与因果分析法结合,能有效地对目标进行预测、决策、计划、控制和调整等系列性科学分析,广泛应用于经济、技术与管理的各个领域。

2. 泳道图

泳道图是一种以活动为单位的流程图,能够清晰体现出某个动作发生在哪个部门,有"横向泳道"和"纵向泳道",横向是岗位,纵向是部门职能。泳道图是将模型中的活动按照职责组织起来。这种分配可以通过将活动组织成用线分开的不同区域来表示。由于它们的外观的缘故,这些区域被称作泳道。它可以方便地描述企业的各种业务流程,能够直观地描述系统各活动之间的逻辑关系,利于用户理解业务逻辑,如图2.2.4所示。

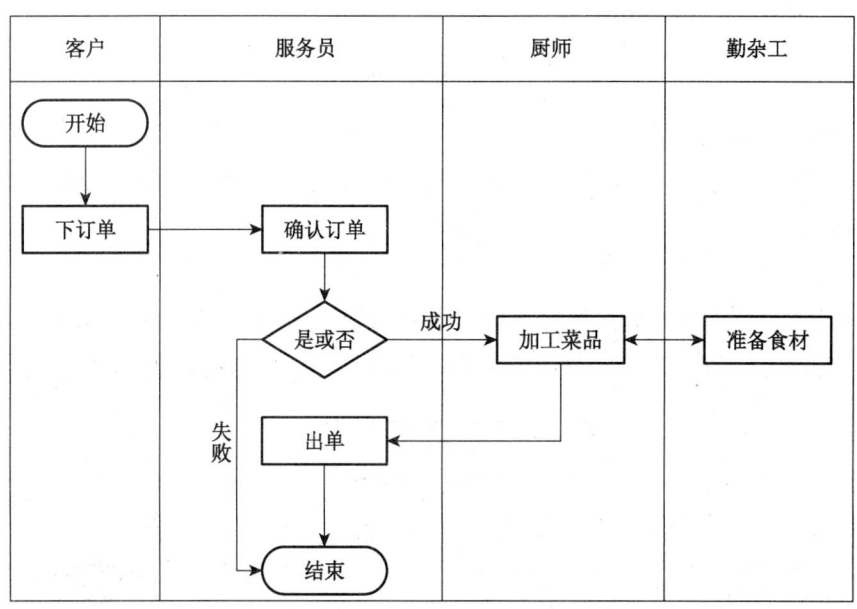

图 2.2.4　业务泳道图

按复杂程度来讲,基本流程图可能只使用少数几个符号来表示,如仅使用处理过程、判断、连接线、起始与终止这几个基本符号,即基本流程图,如图2.2.4只用到4种基本图符。有些流程图使用到的符号比较多,如包含大多数图示的流程图,即完整流程图。图例从略。

(三)业务流程图的绘制

绘制流程图常用的图示就是第一行的表示"活动"的矩形框,表示"判断"的菱形框,表示业务流向的"逻辑关系线",表示"起始"和"终止"的圆角矩形,以及第二行的表示"子流程""文件/表单"和"存档"图标等。其中,"子流程"这个图示就是帮助使用者将流程分解得到的子流程串联起来,如图2.2.5所示。

业务流程图不常用的图例,如2.2.6所示。

流程图的常用结构包括顺序结构、选择或判断结构、循环结构,如图2.2.7所示。

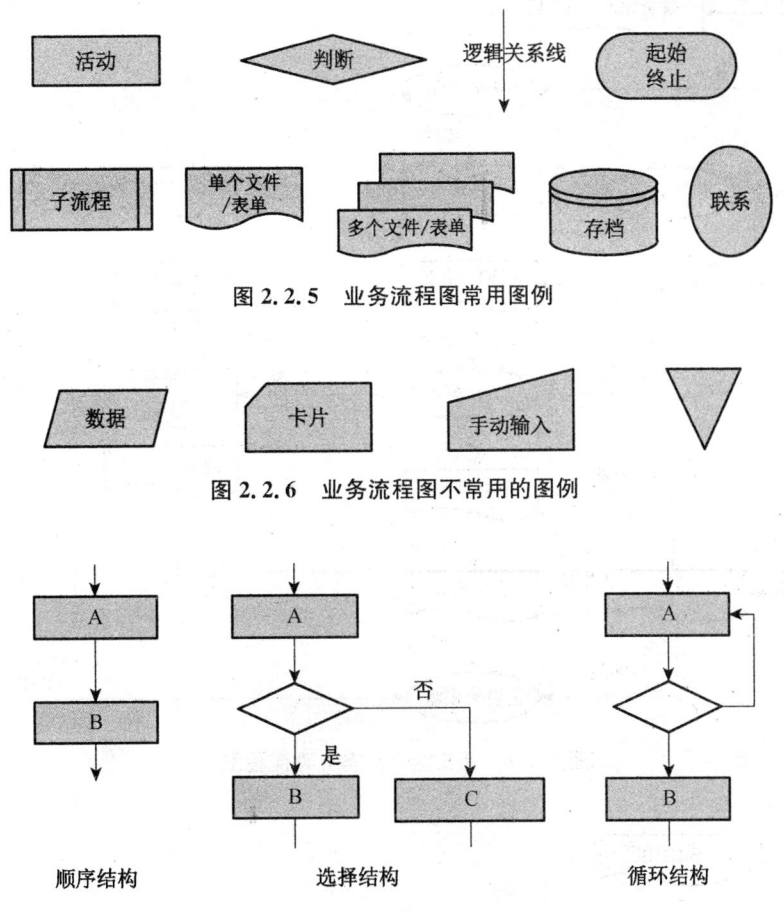

图 2.2.5 业务流程图常用图例

图 2.2.6 业务流程图不常用的图例

图 2.2.7 业务流程图常用结构

三、会计手工及电算化业务流程比较分析

任何交易或业务从其发生到完成,再到作为会计信息的一部分对外披露,都需要经过一系列的工作程序。在每一会计期间内,会计核算工作完成的一系列程序就称作会计循环。在一个会计期间内,各会计主体的会计工作必须经过取得或填制原始凭证,填制记账凭证,登记账簿,进行调整前的试算平衡,进行账项调整、对账、结账,进行调整后的试算平衡,编制财务报表等一系列会计程序。这是一个依次顺序完成的过程,从会计期初开始,至会计期末结束,周而复始,循环往复,完整的手工会计账务处理流程,如图 2.2.8 所示。

(1) 电算化会计业务处理基本流程图如图 2.2.9 所示。通常情况下,在系统启用时由有关人员将本单位的基础会计信息,如企业基本信息档案、科目编码和名称、期初余额、客户档案、供应商档案、财务人员档案、仓库档案等,通过总账系统初始设置模块输入计算机系统,并保存在企业基础信息文件中。

系统启动时,与手工处理流程相比,此处新增了初始设置这一步骤,该过程在整个流程中的作用举足轻重。如科目表的编码设置直接关系到记账凭证的录入、存储、查询;科目余

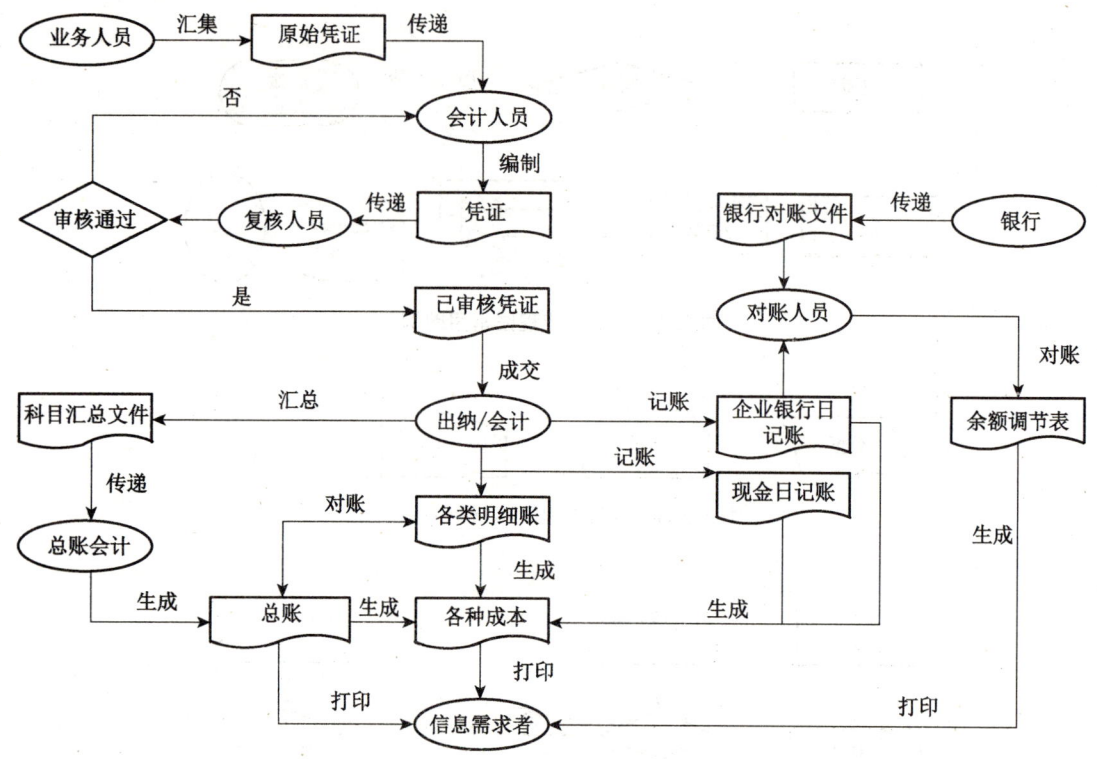

图 2.2.8 手工会计业务处理流程图

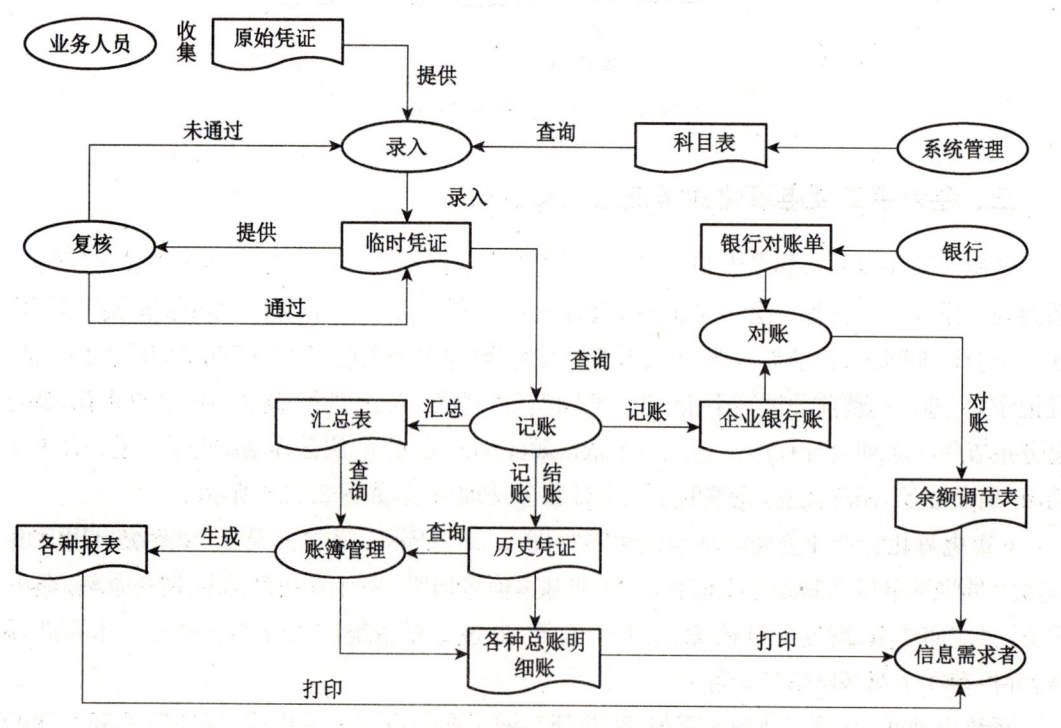

图 2.2.9 电算化会计业务处理流程图

额表金额的精确性直接关系到计算机系统与手工账簿的接口问题；往来单位信息表和余额表则直接关系到对往来单位辅助信息的核算和管理。

（2）日常经济业务发生时，业务人员将原始单据提交财务部门。由凭证编制人员在计算机系统内编制记账凭证，并保存在临时凭证文件中。这一步骤也可由凭证编制人员先编制纸质记账凭证，再由凭证录入人员负责通过键盘输入记账凭证；经检查无误后，保存在临时凭证文件中。这种做法虽然增加了工作量，但在一定程度上保证了账务系统日常业务处理数据的准确性。

与手工处理流程相比，此处新增了临时凭证文件，其作用是保存当期记账前的临时凭证，便于集中审核当期的记账凭证；不用查询前期已经审核的记账凭证，节省了系统审核时间。

（3）从临时凭证文件中获取凭证，并进行审核。如果审核通过，则对记账凭证做审核标记；否则，将审核未通过的信息返交业务人员检查纠正问题。

（4）记账。即记账人员发送指令（执行"记账"命令），计算机自动将凭证文件中已审核的凭证进行记账，并分别更新汇总文件、历史凭证文件、企业银行账文件等，并将临时凭证文件中已经记账的凭证删除。

（5）根据企业银行账文件和银行对账单文件中的银行业务进行自动对账，并上传对账结果。

（6）结账。即会计期末结账人员发送指令（执行"结账"命令），计算机自动根据凭证模板生成机制凭证，保存在历史凭证文件中，计算机自动计算出本月合计、本年累计数据。

（7）查询账簿与编制报表。计算机根据各种数据文件自动、实时生成日记账、明细账（某科目、部门、项目等明细账）和总账；各级管理者所需的各类报表和内部分析表。

上述流程总括地反映计算机环境下的账务处理基本流程，还可以进一步进行细化，看到流程中的细节被清晰地反映。具体功能模块的流程可以参照本书后面章节。

第三节　会计电算化系统开发

一、系统规划

当企业现行会计系统已经不能满足企业业务发展或管理的要求，需要开发一个新的会计电算化系统取代现行系统时，就开始进入系统开发的第一阶段——会计电算化系统规划阶段。会计电算化系统的规划，是指一个企业以其目标、战略、目的、会计核算处理过程以及管理信息需求为基础，识别并选择要开发的会计信息系统，并确定系统开发时间的过程。企业通过会计系统规划过程将会得到会计系统计划，这个计划就是进行系统开发的依据，也是企业对于会计系统开发过程进行考核的依据。系统的规划和科学的论证可以减少盲目性，使系统具有良好的整体性和较强的适应性。

(一) 系统规划的目的和任务

系统规划的目的是将个别系统项目或应用程序与企业的战略目标相联系,信息系统应该服从企业的整体战略规划。

对于主要系统的开发,得到高级管理层的支持是十分重要的。指导全部系统开发的有效方法是设立一个系统开发指导委员会,其任务是致力于现在和将来的全部信息需求,并对系统的规划和控制负责。一般情况下,系统开发项目由系统专业人员(系统分析师、系统设计师、系统工程师即程序设计人员)、最终用户(包括经理、操作人员、会计人员)等组成的团队共同承担。

系统规划包括战略系统规划和项目规划。战略系统规划涉及宏观层次上的系统资源的分配,从技术上讲,战略系统规划不是系统开发生命周期的组成部分,因为系统开发生命周期是针对特定应用项目的。

项目规划的目的是在战略系统规划的框架内为个别应用程序分配资源,包括识别用户的需求领域,对每一个建议的可行性进行评估,安排项目的优先顺序和时间进度等。

系统规划过程中要识别用户的需求,对每个建议的可行性进行评估,这就需要对现行系统进行初步调查,确定对现行系统的调查范围,初步提出现行系统中存在的问题,确定建立新系统的主要目标,预计建立新系统可能产生的效益,根据资金、人力等情况分析确定建立新系统的可能性与大致的时间计划,在完成对现行系统初步调查和可行性分析的基础上,写出可行性项目建议书。

(二) 系统规划阶段的主要工作

开发会计电算化系统的第一步工作是系统规划,主要工作包括确定系统的目标、逐步调查、可行性分析以及制订开发计划。

1. 确定系统的目标

确定系统目标是可行性分析的前提。对会计系统来说抽象的目标比较容易确定,但要把用户真正的目标具体说清楚却不是一件容易的事,而且用户要求往往是含糊的或缺乏定量标准,因此,必须通过初步调查分析以合理地确定目标。系统目标一般体现在以下几个方面:

(1) 系统开发的对象。例如,是开发整个会计信息系统,还是开发其中某几个子系统,还是开发一个完整的企业管理信息系统。

(2) 系统的主要功能。例如,确定包含哪些数据处理功能、业务处理功能、组织管理功能以及辅助决策功能。

(3) 系统的性能要求。例如,对系统的安全可靠性要求、可维护性要求、操作界面的要求、运行速度的要求等。

(4) 系统的外部界面。例如,确定系统与外部银行、税务、主管部门信息系统的联系,与内部其他信息系统的联系等。

此外,还应该确定经费、时间等方面的要求。当然,系统的上述目标不仅由用户提供,也需要在调查中逐步明确。

2. 系统的初步调查

无论是确定系统的目标还是对目标进行可行性分析,都必须对系统进行初步调查。由于系统开发还没有立项,初步调查只需要对现行的会计系统进行大致的调查。

初步调查又称环境调查,其任务是概括性地了解用户的应用环境、业务情况、企业内外各种约束因素及对新系统的要求。

(1) 企业概貌:包括企业性质、隶属关系、组织机构、经营目标、规模、管理体制、资源、产品种类、生产能力、工艺特点、经营效益和发展规划等。

(2) 目标与任务:企业会计信息系统的总体目标和近期任务。

(3) 实施条件:单位及部门领导对该项目的认识和决心及财会人员的态度、会计基础工作等。

(4) 现行会计信息系统的一般状况:包括会计人员配置、业务素质、会计工作内容、业务核算流程、管理形式及水平,以及工作中存在的主要问题等。

(5) 外部环境:包括与上级部门、其他企业、远程分支机构或下级企业的业务往来和信息联系,受到哪些外界条件的制约,与企业其他职能部门,如生产、计划、人事、物资、销售等部门的业务与信息联系,这些部门目前及近期计算机应用的情况。

(6) 企业计算机应用的现状与水平:包括技术力量、发展规划、存在的问题及可供利用的计算机资源等。

(7) 可能投入的人力、物力和财力资源情况、时间限制及其他关键性问题。

(8) 新系统的目标:要解决当前存在的问题,根据各部门对系统信息的需求和使用情况,确定新系统要增加哪些功能,要求系统达到什么样的目标。

(9) 系统开发的条件:包括企业管理与会计工作基础,领导与会计人员对系统开发的态度,能投入系统的人力、财力、物力,以及人员培训的初步计划,系统开发是否还有其他限制条件等。

在调查过程中,系统开发领导小组在必要时可聘请有关专家参加讨论,担任顾问。经过调查、分析,要初步确定是否要建立新系统;准备建立何种规模的系统;系统要解决什么问题,达到哪些目标;系统软硬件的总体配置方案如何;系统的开发方式等。如果初步确定要开发新系统,则应确定开发新系统的初步备选方案,并对这些备选方案进行可行性分析。

3. 可行性分析

信息系统的建立需要耗费大量的时间、财力和人力,也比较复杂,需要事先进行周密的计划。同时,信息系统的开发是一个持续时间较长的项目(一般至少半年),项目进展期间需要对相关部门和人员进行调查、分析、讨论、培训等,会对组织的日常工作造成影响。信息系统的开发对组织的影响更深远,可能会影响到组织未来的运营,影响到组织的战略、结构、人事安排等。所以进行会计信息系统的开发,必须进行可行性分析。

可行性分析的任务是在初步调查的基础上,分析开发系统的必要性和可行性。必要性来自实现开发任务的迫切性,可行性则取决于实现应用系统的资源和条件。可行性一般从经济、技术和运行环境三个方面去进行分析。

（1）经济上的可行性。经济上的可行性是对新系统的成本/效益进行估算分析。一方面，要估算系统的开发费用、投入使用后的日常运行与维护费用；另一方面，要估算新系统能带来的经济效益，分析开发该系统在经济上是否合算。

开发费用包括建造或改造机房的投资；硬件设备和通信设备的购置与安装费用等；系统软件、工具软件、管理软件包的购置或研制费用等。日常维护费用包括硬件、软件维护费、人员的工资和耗材费用等。

新系统的效益包括直接效益和间接效益两个方面。直接效益是指可以用货币计量的效益，如系统的转让费；系统投入使用后能节省的人工业务处理费用；以及新系统改善了经营管理所带来的直接效益。如减少了发出商品的资金占用；应收账款的有效管理，及时催款而加速资金回收；加强资金管理与调度，减少银行贷款而节约利息支出；提升库存管理与控制，降低物资储备资金，又避免了因储备不足而停工待料造成的浪费；严格定额管理、工时安排与生产计划的执行，有利于降低产品生产成本等。间接效益是指无法直接计量的那部分效益。主要包括：①新系统提高了会计信息处理的质量和传递速度，及时提供了许多以前提供不了的准确、可靠信息，极大地改善管理，使领导的决策更科学。②有效地提高了财务管理水平和工作效率。管理水平的提高，必然会给企业带来经济效益。尽管这些效益是无形的，需要较长时间才能逐步体现出来，也没有统一的公式可以测算，但在可行性研究分析成本/效益时，仍要予以充分的考虑。

（2）技术上的可行性。技术可行性是指根据现有的技术条件，能否达到所提出的要求，所需要的物理资源是否具备，能否得到，如硬件、软件、技术人员等。主要包括：

第一，设备技术条件。主要是计算机硬件技术、软件技术以及通讯网络技术条件。例如，如果采用多机网络结构，其通讯网和分布式数据库实现的可能性如何。

第二，理论基础条件。会计信息系统的理论基础是财务会计、管理会计与财务管理学，其中一些涉及智能的管理问题目前还难以由计算机自动实现，如原始凭证到记账凭证的编制、投资决策、筹资决策都不能全部实现自动化。

第三，人员技术条件。企业若自行开发，是否有足够胜任系统开发的技术人员；若委托外部开发，是否有技术力量参与开发以及承担将来的系统维护。

（3）运行可行性。运行可行性是指除技术、经济因素外，系统内部、外部环境及各种客观条件等因素对系统的影响。

考虑所建立的系统能否在该企业实现，在当前的操作环境下能否很好地运行，即组织内外是否具备接受和使用新系统的条件。从组织内部讲，新系统的建立，可能导致一些制度甚至管理体制的变动，组织的承受能力影响系统的生存。从组织外部讲，新系统运行后，报表、票证格式的改变，是否被有关部门认可和接受，将直接影响系统的运行。

电算化会计信息系统是一个在现用系统基础上开发的人机系统。因此，它既依赖于现用系统的应用环境，又要强调人机交互、组织机构的体制、管理和有关人员的构成及素质。运行可行性要考察、分析单位及财务领导对实施新系统的决心与态度；会计基础工作、管理水平、财会人员的业务素质，是否具备了运行新系统的必要条件；分析会计与企业其他职能部门的信息联系与共享,以及实施新系统在时间、经费等限制条件下能否实现。

运行可行性还要分析新系统能否被有关上级部门接受,如主管部门、银行、税务、工商、海关等方面的意见,输出的账簿、报表是否能被有关部门认同,机制的凭证有无法律效用等。

运行可行性要充分考虑系统开发和使用中会出现的各种复杂因素,以便在将来开发与使用时加以重视,采取必要的措施控制或进行调整,使开发工作能顺利进行。另外,要将系统开发与使用过程中可能出现的这类问题告诉用户,让他们提前进行有关问题的研究和培训,以避免因思想观念、管理机制等方面的问题而贻误系统的建立和正常使用。

信息系统可行性研究的目的是避免在人力、物力上造成浪费和损失。可行性分析的结果要形成一份可行性研究报告,其主要内容包括:初步调查的情况(包括原有系统的概况和存在问题)、系统目标、可行性分析、结论和建议等。如果系统经过论证是可行的,则可行性分析报告中还可包括系统开发的初步设想和初步计划等内容。如果结论是建立新系统不仅必要而且可能,则在可行性项目建议书审批通过后进入下一阶段工作。

4. 制订开发计划

由于信息系统的开发一般工程较大、周期较长,必须制订开发计划对开发过程进行严格控制和管理。系统开发计划主要是为各项工作安排一个时间表,其中主要的有系统开发进度计划、设备配置计划、经费投入计划、机构与人员设置计划、人员培训计划等。

二、系统分析

可行性研究评审后,开发工作进入系统分析阶段。系统分析阶段是通过进行详细的调查和分析,抽象出新系统的逻辑模型,解决新系统要"做什么"这一关键问题,为下一步的系统设计奠定基础。这一阶段也称为"需求分析"。

(一) 系统分析的任务

系统分析阶段研究的对象是会计信息系统的用户详细需求,因此,分析人员需要与会计人员密切配合共同理解和确认用户的详细需求,并把双方的共同理解明确表达成书面文档,即系统分析说明书或用户需求说明书。因此,这一阶段的主要任务是"理解"和"表达",理解就是通过对现有系统的调查与用户交流,完全弄清他们的要求;表达就是使用一定的表达工具,构造出新系统的逻辑模型。理解是前提,表达是目的。

系统分析是得出一个会计电算化系统的逻辑模型,系统分析在详细了解现行的会计系统当前功能流程的基础上,导出新的会计系统将来"干什么"的问题。系统分析的具体任务是:详细调查并描绘出新的会计信息系统的结构、数据流动和处理方法;依据新的会计系统的目标,提出新系统的范围和结构,对其中的输入数据、输出结果、报表数据和数据处理逻辑作出详细的说明;根据划分子系统的基本原则和具体系统的特点,初步划定子系统的组织轮廓;根据数据存储量的大小、工作点的分布、数据处理速度的要求,设计出计算机系统配置的逻辑设计方案;写出系统分析说明书。

(二) 系统分析的方法

数据处理系统的需求分析常用的方法是结构化分析,即 SA 方法 (Structured Analysis)。它是20世纪70年代中期由E·尤顿(E. Yourdon)等人倡导的一种面向数据流的分析方法。新系统逻辑模型是通过对现系统业务流程和用户需求的详细调查,进行分析和归纳,再通过"抽象"与优化逐步建立起来。结构化分析方法是理解和解决复杂问题的最好策略。

所谓结构化,就是根据系统论的观点,采用分解的方法,化大为小、分而治之,并去伪存真、逐步求精、完善优化。面对任何复杂的系统,采用结构化分析可以有条不紊地把它们搞清楚并表达出来,复杂的系统只不过分解的层次多一些罢了。

结构化分析方法的基本思路是:由于人的理解力、记忆力的限制,不可能一下子触及问题的所有方面以及全部的细节,为了降低理解的复杂性,往往把大问题分解成若干个小问题,称为"分解"。如果每个小问题还不够简单,可以继续分解,直到容易理解为止。在划分的时候,需要把每个问题的细节略去,把注意力集中在主要属性上,这就是所谓的"抽象"和"表达"。

结构化系统分析方法有以下几个优点:

(1) 使用模块式图表描述系统,简单、直观、明了、易于理解。

(2) 自顶而下的逐步分解、由粗到细、由复杂到简单的分析方法,不但可以了解整个系统的全貌,而且也能掌握局部模块的需求,使用户和开发人员做到心中有数。

(3) 结构化系统分析的方法主要是弄清楚系统的逻辑功能,而不涉及物理实现的方法,也就是说,仅仅明确了"做什么"的问题,但并不涉及"怎样做"的问题。

(4) 当用户需要增加或删除某些功能模块时,可以很方便地进行修改。

(三) 系统分析的工具

系统分析采用介于形式语言和自然语言之间的描述方式,通过一套分层次的数据流图,辅助于数据字典、加工处理说明等工具来描述系统。

1. 数据流图

数据流图(Data Flow Diagram, DFD)是结构化系统分析的主要工具,它将数据的存储、流动、处理加工和使用情况进行描述,以数据间的相互关系,抽象反映系统的全貌。

(1) 数据流图的构成元素。数据流图一般有四种基本的符号,它们是外部实体、数据流、数据处理和数据存储。其含义和采用的符号,如表2.3.1所示。

表 2.3.1 数据流图的基本元素

符号	名称	解释
▭	外部实体(起点或终点)	用来描述系统之外传送和接受数据的组织或个人
→	数据流	用带箭头的弧线或直线表示,用来描述数据的流向
◯	数据处理(加工)	用来描述输入数据被转换成输出数据的过程
═	数据存储(文件)	用来描述数据的存储形式

外部实体(External Entity)指的是不受系统控制,在系统之外的事物。例如,客户、职工、经理、供销科、财务科等。在数据流图中,外部实体是该系统数据的来源或去向,即系统的"源头"或"终点"。有时在系统外的另外一个数据处理系统也可以看成是一个外部实体,它向系统提供数据或接收系统发出的数据。外部实体通常分布在数据流图的四周,而且可以根据需要多次地出现。

数据流(Data Flow)指的是数据流动的方向,它的符号是用一个水平或垂直的箭头来表示,数据流一般采用单向箭头,有时也可以用双向箭头来表示数据的流向。数据流直观地反映了系统各部分之间的信息传递关系。数据流的流向大致有以下几种:从加工流向加工,即作为前一加工的处理结果,又输入给下一加工进行处理;从加工流向文件,即作为加工的结果,暂存在文件中;从文件流向加工,即从文件里流出,作为加工的输入;从源点流向加工,即从信息的产生地流向加工站,作为加工的输入;从加工流向终点,即数据流作为加工结果送到接收地。

数据处理(Data Processing)又称加工,指的是数据的逻辑处理功能,它的符号是由一个圆圈来表示,圆圈中的功能描述是对每个要处理的功能加以说明,如工资计算、记日记账、登记账簿等,一般用无主语的动词和宾语表示,如输入、输出、计算、维护、查询、修改等。

数据存储(Data Memory)又称文件指的是数据在处理过程中有一个存储的状态,它的符号是由一个右边开口的水平长方形表示,也可以用两条平行的线段表示。一个处理逻辑可以从数据存储中读出某些数据,也可以将数据存入某个数据存储中去,或者修改数据存储中的数据内容。

根据数流图四要素,图例如图 2.3.1 所示。外部实体传送数据流 a 到数据处理 P_1,a 经过 P_1 加工后输出 b 数据流到 P_2,同时 F 文件传送 f 数据流到 P_2,P_2 对 b 和 f 数据流进行加工后得到 c 数据流,c 数据流流向 D 外部实体。

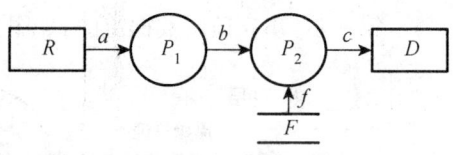

图 2.3.1　数据流图图例

(2) 数据流图的绘制方法。结构化分析方法的主要思想是自顶向下,逐层分解。会计信息系统是一个相当复杂的系统,对于整个会计信息系统而言,其数据流图有上百个数据处理,要在一张图上画出整个会计系统的数据流图几乎是不可能的。在数据流图的绘制过程中,一般采用自顶向下,逐层分解,由粗到细的结构化分析方法,将整个会计系统分解成若干个子系统。若子系统还太大,则将之进一步分解成更小的子系统,这样逐步分解得到的一套由抽象到具体的数据流图称为分层数据流图。一套分层数据流图可清晰地描述整个复杂系统的逻辑模型。一般来说,一套分层的数据流图由顶图、底图和中间层的数据流图所组成。

顶图通常由一个加工和若干个输入输出数据流组成,它规定了系统的范围,说明了系统的边界,描述了系统的外貌。底图由一些不能且不必再分解的数据处理(加工)组成,这些数据处理已经足够简单,因此,称为基本数据处理,它描写了系统内部的细节。中间层图位于顶图和底图之间,它提供了从抽象到具体的逐步过渡。较小的系统可能没有中间层图,而大系统的中间层图可达到多层。数据流图分解过程,如图2.3.2所示。

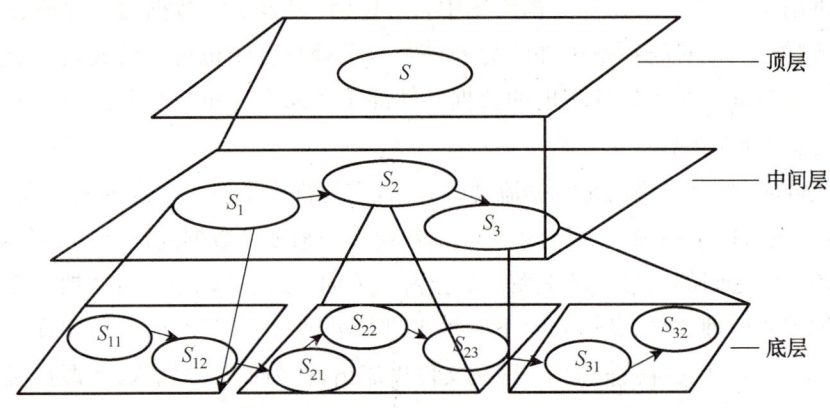

图 2.3.2　数据流图分解过程

绘制分层数据流程图举例:

因为系统较为复杂,一张图不可能一下子说明太多内容,必须加以分层,分层数据流图由顶层、中间层、底层组成。顶层又称0层,说明所描述系统的边界,集中表现了系统的输入输出。底层由不能再分解的处理逻辑组成,称为基本处理逻辑层;中间层处于顶层与底层两者之间,为过渡层。

先作出一张只有一个输入加工、一个其他加工、一个输出加工的整个系统的数据流图——顶层数据流图;再逐步分解输入、其他加工、输出,作出下一层的数据流图——第一层数据流图;这种分解不断进行,直到每一个处理过程能用计算机完成,形成底层数据流图。

第一步:建立顶层数据流图,如图2.3.3所示。

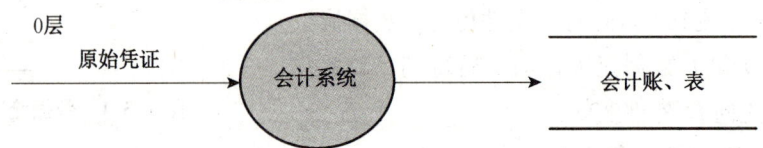

图 2.3.3　第 0 层数据流图

第二步:建立第一层数据流图,如图2.3.4所示,是把会计系统分解成8个子系统。为了不使问题一下子复杂,可以仅对一两个加工进行分解。我们先分解输出:账和表能否分别处理? 会计报表是由各账户的本月借贷方发生额、累计借贷方发生额、余额产生的,如果设立一个单独存放科目发生额和余额文件,并根据凭证随时更新,那么报表产生可以不依赖账簿。

第三步:由于篇幅关系,只把总账系统进行了分解,如图2.3.5所示。

第四步:建立第三层数据流图,如图2.3.6所示。

从第二层起每进行一次分解,要尽可能使产生的"加工"和文件能由计算机直接处理,并能被设计者和使用者准确理解。为了保证输入凭证的正确与严肃,应增加审核这一"加工",没有审核标志的凭证不予登账,审核过的凭证存储在一个永久文件中。

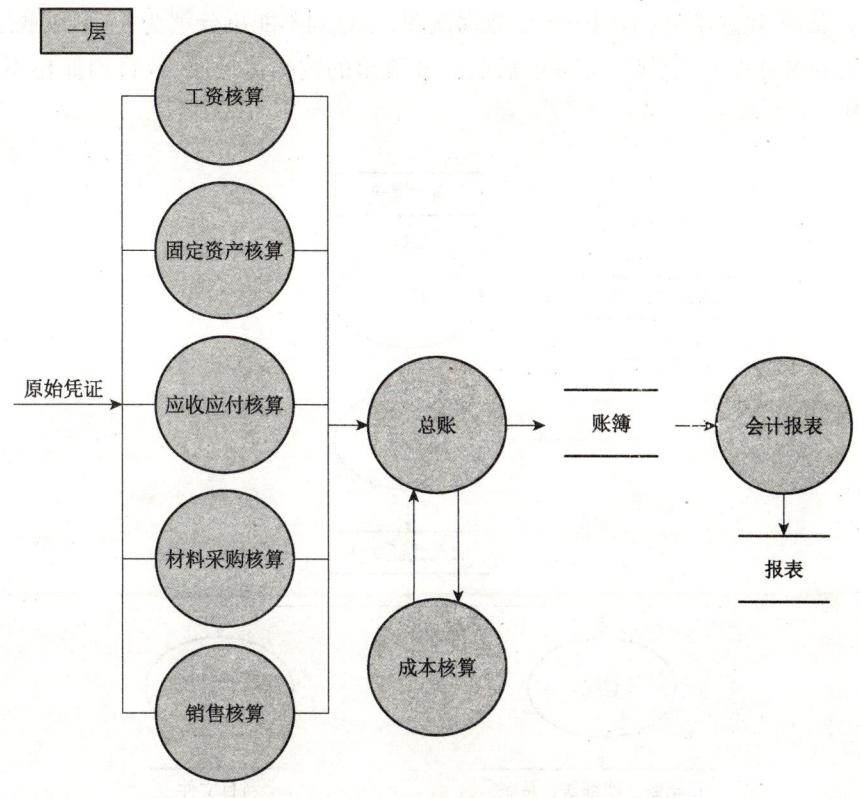

图 2.3.4 第一层数据流图

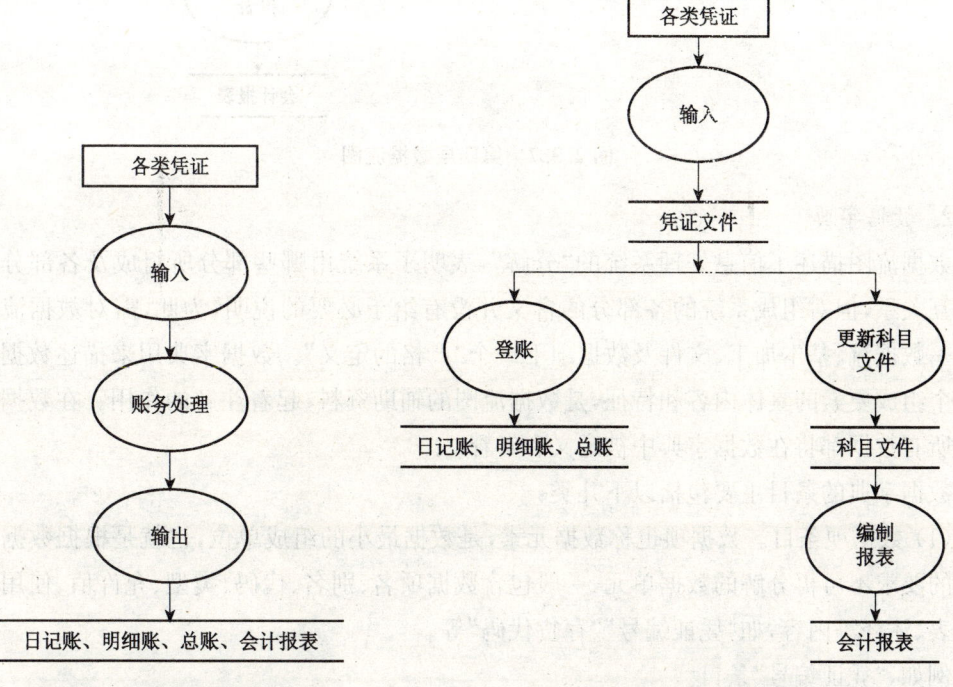

图 2.3.5 第二层数据流图　　　　图 2.3.6 第三层数据流图

依次类推,再建立第三、第四……层数据流图,一直到不能再分解为止,形成底层数据流图。在逐层分解过程中,要保证分解前后流进及流出的数据流性质、数目均保持不变,如图2.3.6和图2.3.7所示。

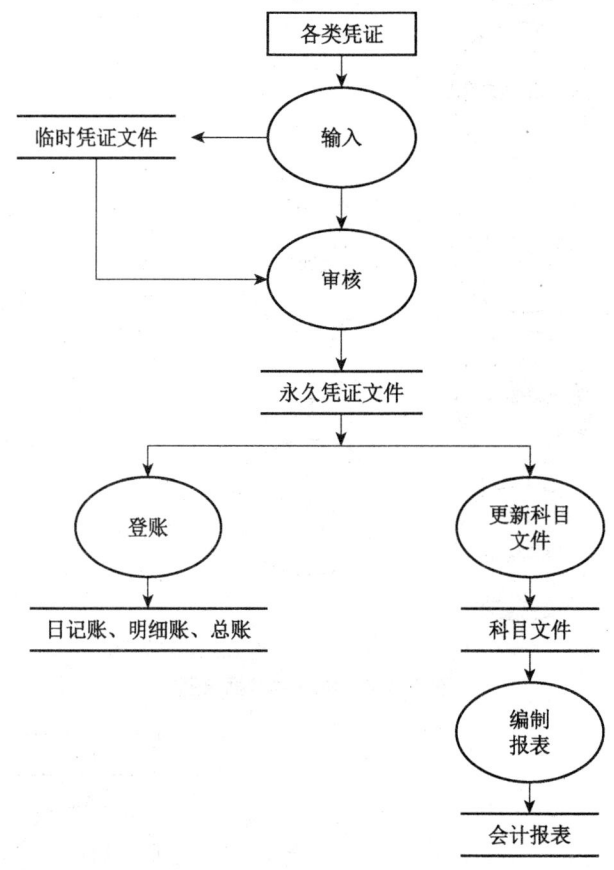

图 2.3.7　第四层数据流图

2. 数据字典

数据流图描述了信息处理系统的"分解",表明了系统由哪些部分所组成及各部分之间的相互关系,但对组成系统的各部分的含义并没有给予必要的说明,为此,需对数据流图中的每一数据流、基本加工、文件及数据项下一个"严格的定义"。数据字典用来描述数据流图中各个组成要素的具体内容和特征,是数据流图的辅助资料,起着注解的作用。在数据流图上的所有数据都将在数据字典中被定义和解释。

数据字典的条目主要包括以下几类:

(1) 数据项条目。数据项也称数据元素,是数据最小的组成单位,也就是根据数据处理逻辑的要求不可再分解的数据单元,一般包含数据项名、别名、代码、类型、允许值、使用单位和报表、注释等内容,如"凭证编号""存货代码"等。

例如,"凭证编号"条目。

```
数据项条目名称:凭证编号
数据类型:数值
数据长度:3 位
取值范围:001—999
```

(2) 数据流条目。数据流条目是定义数据流图上相应的数据流向,用于说明数据流的组成,反映数据流的来源、去向、流通量等。通常,数据流量是一种由若干数据项组成的组合项。但有些数据流可能很复杂,它的某些组合项又可是一个数据流。

例如,"银行对账单"条目。

```
数据流名称:银行对账单
组成:月份＋日期＋银行结算方式＋金额
来源:开户银行
去向:银行对账处理
数据流量:30 张/月,每张约 100 笔数据
```

(3) 文件条目。文件条目(或称数据文件条目)是定义数据文件的。文件的定义通常给出文件的数据结构,即组成记录的数据项,以及指出文件的组织方式、存取方式和关键字。

例如,"库存现金日记账"条目。

```
文件名称:库存现金日记账
结构:日期＋凭证号＋摘要＋对方科目＋借贷标志＋金额＋余额
组织方式:索引文件
存取方式:随机存取
关键字:凭证号
```

(4) 数据处理条目。数据处理条目用于描述数据流图中的基本加工过程,是数据流图中不能再分解的处理过程,是用户对处理加工的逻辑要求,即这个加工的输入数据流和输出数据流的逻辑关系,并不描述具体的加工处理过程。数据处理逻辑可以用语言、表格、树形图等多种形式来描述,也可以将它们结合使用。在保证描述的数据处理说明简明易储的前提下,可以自由选取描述方法。常用的数据处理逻辑说明的方法有结构化语言、判定表和判定树等。

例如,"登记库存现金日记账"条目。

> 加工名称:登记库存现金日记账
> 简要描述:生成库存现金日记账
> 处理的输入和输出:输入现金收款、付款凭证,输出库存现金日记账
> 加工逻辑:将上一日的余额转作当日的期初余额,再将当日的现金收、付款凭证登记到当日的库存现金日记账上,并结算出当日发生额和余额

(四) 系统分析的步骤

为了得出新系统的逻辑模型,必须首先对现有的会计系统充分地理解,在此基础上分析和确认新系统"做什么"的问题。其过程可以总结为三个步骤:①详细调查当前系统;②用户需求分析;③生成新系统的逻辑模型。

1. 详细调查和描述当前系统

在系统规划与可行性分析阶段,通过初步调查,已对组织结构、系统功能等有了大致的了解,但是对具体的业务处理过程及方法仍不十分清楚,需要做进一步的详细调查。详细调查的任务主要是了解现行系统的业务内容、处理流程、方法、业务量,以及用户对新系统的种种要求。因此,详细调查的内容比初步调查要详细得多,工作量也大得多。

详细调查的主要内容包括:

(1) 企业组织结构调查。组织结构指的是一个组织(部门、企业、车间、科室等)的组成以及这些组成部分之间的隶属关系或管理与被管理关系。这项调查侧重于组织的功能,是未来系统开发的方向、子系统划分的依据之一。

(2) 系统业务处理流程和业务功能调查。根据组织的状况,详细了解组织的业务处理流程和各部门的业务功能的划分,为信息流和数据流的分析做准备,为将来的功能分析做准备。调查管理业务流程应顺着原系统信息流动的过程逐步进行。为了得到对业务流程的直观印象,人们通常会采用图形法来表示业务处理流程,最常见的形式是业务流程图。

(3) 企业已使用的编码调查。由于不同的企业现代化科学管理水平不一,国家有关部门也没有制订出统一的标准化代码设计体系,因此除上级主管部门规定的某些代码外,各企业内部的代码往往比较混乱。对现有的代码体系必须详细了解、整理、归类,分析这些业务分类、编码方法的特点、缺点及其在计算机处理时的合理性、科学性和可行性,哪些需要修改和补充等。

(4) 凭证、账簿、报表种类、结构及内容的调查。会计凭证按其用途可分为原始凭证和记账凭证。要了解各种凭证的格式、用途、填写内容、传递过程等。了解各种账簿的用途、内容设置、格式、明细分类、记账特点、从属关系、结账时间等。了解会计报表的种类、内容和格式,财政部门已有基本统一的规定,但对不同行业或者在不同时期也不完全相同。调查时应该对各种报表、表格逐一了解登记,要了解报表中每一项数据的来源、生成途径、计算公式、数据之间及报表之间数据的勾稽关系与审核公式,以及报表生成次序,输出格式、时间、数量和使用者要求等。对凭证、账簿、报表以及业务处理流程的调查结果应及时整理,供数据量

估算、绘制数据流图、编写数据字典及文件、数据库设计时使用。

（5）数据量调查。对企业来说，会计信息量有多大，要保存多长时间等必须搞清，以便为选择外存设备及为数据库设计、数据存储组织方式确定和输入/输出设计等提供依据。

调查中要注意原有方式下采用的内部控制措施，分析哪些措施是新系统中没有必要的或需要加强的；也要了解子系统与子系统之间的业务与数据联系，以便今后设计子系统之间的接口。调查中还要注意分析现用系统存在的主要问题与缺陷，如影响信息不畅的环节、数据不完整、定额脱离实际、成本大幅度波动等原因，以便在设计新系统时予以解决。

系统调查的目的是要获得完整详细的现有会计系统的真实写照，得到现有会计系统的"具体模型"。系统调查的过程就是运用各种方法使旧会计系统的核算步骤、数据流向等信息在系统调查人员头脑中再现的过程，并通过书面文件表现出来，系统调查可采用下列几种方法：

（1）系统调查表。系统调查表由问题和答案两部分组成，问题由主持调查工作的系统分析人员列出，答案主要由被调查单位的会计给出，系统调查表通过问答形式把系统调查人员和使用者联系起来。用系统调查表进行调查，最大的困难在于设计调查表的各种问题。如果问题设计得不明确或不全面，那么得到的调查结果就不会令人满意。

（2）访问会计人员。系统调查也可以通过直接访问会计信息系统有关人员，获取现有系统的详细资料，为保证每次访问都能得到足够多的信息，系统调查者应做到如下几点：①必须明确每次访问的目的和任务，做到有的放矢；②选择比较合适的访问对象；③善于引导；④做好访问记录，并在访问完毕后加以归纳整理，使之文档化，最终形成一整套系统调查资料。

直接访问会计人员，可以了解到一些系统调查表所不能得到的信息，特别是会计人员对建立新的电算化会计系统的看法，往往会得到真实、具体的反映。

（3）考察乃至参与旧系统实际工作。对于没有会计知识或初次从事会计电算化系统开发的人员，使用前两种方法进行调查，其广度和深度都存在局限性，使系统分析和系统设计不能建立在正确的基础上，导致建立的新系统不能适应实际需要。最好的调查方法就是考察乃至参与旧系统的实际工作，使得调查人员学会旧系统的工作原理，充分了解旧系统的特性。用这种调查方法还可以证实其他调查方法所调查的内容的正确性和真实性。

（4）开会讨论。会计中的有些问题常牵涉众多的会计人员，通过开征询会、讨论会的方式往往能尽快弄清这些问题的来龙去脉，把握住问题的本质。在深度调查和征询会计人员对新建立系统的看法时，开会讨论调查方法更能发挥作用。

完成详细调查后，分析人员获得了原系统的有关信息，了解到原系统工作原理的物理模型。例如，职工出差预借差旅费的处理过程为职工填写借款单，部门负责人签字，出纳付款，会计记账等。但这些物理模型中处理过程比较具体，特别是强调了如何做的问题。我们要除去这些细节，只考虑实质，分析究竟做了什么，即可得出系统的逻辑模型。

2. 用户需求分析

分析用户需求是建立目标系统的基础，所以在建立目标系统逻辑模型之前必须归纳和

分析用户对新系统的各种要求,包括:

(1) 新系统要实现哪些具体的目标,与现行系统目标有什么区别,有哪些新目标。例如,新系统对会计管理、会计决策等有什么新的要求。

(2) 新系统应该包含哪些功能,要实现哪些现行系统功能,又要求增加哪些新功能。例如,根据企业管理要求,是否要增加费用控制的功能。

(3) 新系统要求提供哪些信息,除了满足现行系统的信息需求外,还希望提供哪些新的信息。例如,是否要增加企业经济活动的分析信息。

(4) 用户对新系统的性能有什么具体的要求。例如,对信息查询的响应时间有何要求,要求每月提供报表的日期,要求系统连续服务时间多久,对系统工作可靠性、安全保密性有什么长期特殊要求等。

(5) 用户对系统的人机界面有什么要求。例如,对数据的输入方式、输入操作有什么要求,对系统的操作方法、操作技术有什么要求,对输出信息的提供方式、传送方法有什么要求。

(6) 用户对系统的硬设备和软设备的配置有什么意向和要求。例如,对系统中数据的处理方式、存储组织方法有什么特殊的要求;是集中处理、集中管理,还是分散处理、分散管理;哪种方法便于使用,也便于维护;哪类设备容易掌握,也便于使用。

(7) 用户要求系统开发的步骤、解决的问题、实现的功能、要求提供的信息是什么。

3. 建立目标系统逻辑模型

系统分析的最终目标是在详细了解用户的需求和现状后,将现系统的逻辑模型转换并改造成未来会计信息系统的逻辑模型,并通过相应的文档表述出来,让用户理解和识别新系统能做什么的问题。

目标系统逻辑模型是系统分析的结果,它是信息系统的一个逻辑设计方案。由于它直接影响将来实现的信息系统的功能和性能,所以必须在当前系统的逻辑模型的基础上,通过对系统进行定量和定性的分析,逐步构造出来。具体做法是,以当前系统模型为依据,结合用户的需求,仔细评价系统的界面、系统与外部的接口关系、系统的功能及数据流程,自上向下逐层修改数据流图,修改数据结构,构造概念数据模型。

在搞清用户对新系统的各种要求之后,我们即可以按以下具体步骤建立目标系统的逻辑模型:

(1) 综合用户对新系统的信息要求,并根据这些新需求修改系统界面,修改相应的数据源和数据流。会计信息系统不是孤立的,它存在于一个企业组织之中,作为其中一个组成部分,同其他部分一起共同完成企业的业务活动,所以会计系统不但要考虑系统本身,还要考虑它所处的环境以及它与外界环境的相互联系,即系统的界面。

(2) 综合用户对新系统的功能需求,并根据这些需求修改各层数据流图中的处理功能,增加新的处理功能。

(3) 检查当前系统逻辑模型数据流图是否合理,对不合理的处理或流程逐层进行修改。

具体来说,要检查每一个处理在计算机系统中是否必要,是否需要修改。此外,还应考虑系统中需要增加的处理。例如，原会计账务系统中，总账与明细账、日记账的核对，在新账务系统里可以不要，因为电算化账务处理的时候，总账、明细账、日记账的数据均来自会计凭证，只要程序正确，则总账、明细账、日记账之间一定是平衡的。

（4）检查系统中是否存在冗余或不一致性。逐层删去冗余部分，修改其中不一致的地方。

（5）根据改进后的数据流图，按照文件或数据库设计方法构造数据的概念结构。数据的概念结构是独立于计算机系统的信息结构，它反映信息的实体以及实体之间的联系。在构造数据概念结构的时候，不必生搬硬套手工系统的账簿体系，而应充分考虑计算机处理的特点，只要能实现手工处理的基本功能，达到会计核算目的要求就行。因此，在计算机内部可以不设置账簿，而在需要时才根据账簿余额和发生的凭证，产生相应的账簿数据。

构造目标系统的逻辑模型是系统分析的关键，因为得到的逻辑模型不但体现了原系统的本质内容，也反映了目标系统的设计蓝图，是用户理解目标系统的重要基础，是后续开发工作的依据。

（五）编写系统分析说明书

系统分析最后形成以数据流图、数据字典、子系统初步划分和系统配置逻辑需求报告为主要内容的文档资料，即系统分析说明书。系统分析说明书为以后各阶段的开发工作奠定了基础，开发的会计系统是否成功很大程度上就是取决于系统分析说明书是否精确、是否完整地描述用户要求。

系统分析说明书主要包括以下内容。

（1）概述：简要说明新系统的名称、主要目标即功能、新系统开发的有关背景以及新系统与现行系统之间的主要差别。

（2）现行系统概况：用业务流程图、数据流图、数据字典等，详细描述现行组织的目标，现行组织中会计系统的目标，系统的主要功能、组织结构、业务流程等。另外，各个主要环节对业务的处理量、总的数据存储量、处理方式、技术手段等进行简要说明。

（3）用户需求说明：在掌握现行系统基本情况的基础上，针对系统存在的问题，全面了解用户对新系统功能的各种需求。

（4）新系统逻辑模型：根据现行系统存在的问题，进行必要的修改，明确提出更加具体的新系统目标。围绕新系统的目标，确定新系统的主要功能划分，系统的各层次数据流图，数据字典等。

（5）系统设计实施初步计划：工作任务的分解及进度安排、资源需求、经费预算。

系统说明书也可以看作是系统分析员在系统分析阶段的工作报告。说明书形成后，必须组织各方面的人员（包括组织的领导、管理人员、专业技术人员、系统分析人员等）一起对已经形成的逻辑方案进行论证，尽可能地发现其中的问题、误解和疏漏。对于问题、疏漏要及时纠正，对于有争论的问题要重新核实当初的原始调查资料或进一步深入调查研究，对于重大的问题甚至可能需要调整或修改系统目标，重新进行系统分析。

三、系统设计

系统设计是会计电算化系统研制过程中的重要阶段,它是在系统分析的基础上进行的。在系统分析阶段,主要任务是解决会计信息系统"做什么"的问题。而在系统设计阶段,主要任务是解决会计信息系统"如何做"的问题。在系统设计阶段,设计人员将系统分析阶段建立的逻辑模型转化为物理模型,即根据系统的逻辑模型进行物理设计。

(一) 会计电算化系统设计的任务与步骤

系统设计的任务是将系统分析阶段产生的信息的逻辑模型,转换为可以实现的物理模型,即为系统分析说明书中提出的抽象的信息系统,选择一种合理的实现方法。在系统分析阶段,我们已经解决了未来系统将能完成哪些信息处理的问题,既然做什么的问题解决了,系统设计就应该研究如何去实现的问题,以最终建立一个符合用户要求的实际系统。

系统设计是以系统分析说明书所提出的逻辑模型为基础进行的。我们知道,逻辑模型只提出了抽象的信息处理的任务,规定系统的功能,或者给出效率等质量的原则性要求,但不涉及具体的实现方法。而实现方法往往是很多的,如编制科目汇总表这个处理可以每扫描一遍凭证文件汇总一个科目,也可以每读一个凭证记录扫描一遍科目进行汇总。后者还可以有顺序扫描、随机查找等许多不同的方法。可见,逻辑模型中的一个处理往往有许多不同的实现方法可供选择,而且效果往往也不一样,即实现方案之间还有优劣之别。一个处理尚且如此,整个逻辑模型的实现就更加复杂了。因此,系统设计阶段的工作,就要在这些不同物理模型中选出最好、最符合应用环境和实际需要的物理模型。

系统设计工作的主要内容分为两大部分,即总体设计和详细设计。

总体设计又称概要设计,主要是根据系统分析报告中所描述的系统目标、功能与环境条件,确定系统的总体结构,将系统按功能划分为若干个子系统,完成模块分解,确定系统的模块层次结构。总体设计用结构化设计方法,根据系统的逻辑模型,建立包括新系统软硬件环境、输入输出内容在内的系统结构,对系统目标进行逐层分解,形成系统模块结构图,并定义各模块功能及模块之间的数据传递关系。总体设计的最终成果是系统概要设计说明书。

详细设计则要完成系统的代码设计、数据文件设计、输入设计、输出设计、安全保密设计等工作。详细设计是对总体设计产生的系统结构图的进一步设计,它详细定义每一模块的功能算法、输入、输出、文件结构、所用数据项来源及程序构成,是程序设计的主要依据。详细设计阶段的最终成果是详细设计说明书。

(二) 结构化设计方法

结构化设计(Structured Design,SD)方法由美国 L. Constantine 等人提出,是 20 世纪 70 年代以来最具代表性的系统设计方法,它是以数据流图为基础构造模块的控制结构图。其基本思想是模块化、自顶向下、逐步分解。这里的"模块"是指用一个名字可以调用的程序,它是系统中完成某一具体工作任务的组成部分;自顶向下、逐步分解则是结构化设计过程中的指导思想,贯穿在模块分解过程中。结构化设计的分解原则为:

(1) 分解时把相关的问题放在一起,组成一个模块,把互不相关的问题划归为系统的不同部分。

(2) 每个模块应有明确的功能,只解决一个问题。

(3) 分解时要指出模块间的联结关系,模块间联系应尽可能简单,使模块具有独立性。

由于信息系统的处理动作是顺序的(即过程性),系统的各个组成部分都有它的功能范围(层次性),所以将系统分成许多模块以后,这些模块应组成层次结构体系。

(三) 总体设计

信息系统的总体设计的核心问题是构造模块结构,而结构化设计方法正是模块设计的有效工具。现在,我们以会计系统为例,进一步介绍信息系统模块设计的几个问题。

1. 子系统的划分

一个大的信息系统往往是由许多小系统组成的。会计系统是一个结构复杂而又庞大的信息系统,它要完成许多不同的数据处理任务。各种任务之间不仅各具特色,有着天然的独立性,甚至可以自成体系,限于技术和财力,会计系统要一个一个任务地逐步实现。因此,我们在具体设计会计系统的模块结构时,首先要按数据处理任务或者会计职能将它分解为几个大模块——子系统。

但各企业单位的会计职能和工作量不尽相同,所以子系统的划分不能生搬硬套,要按一定的原则灵活处理。子系统的划分应遵循以下基本原则:

(1) 被划分后的各子系统的功能尽可能和现行系统各组织机构的功能一致,这样既便于组织管理,又便于信息系统数据的收集、传送以及各项处理业务的开展,从而疏通信息流通的渠道,减少信息在传播过程中的障碍,同时避免了信息的重复加工,降低信息加工的成本,提高信息的使用效率。

(2) 必须符合结构化设计的思想,满足高内聚低耦合的原则,使得每个子系统具有较高的独立性,尽量减少和外部的联系。例如,应付账款与材料采购两者有着密切的联系,一般不应将它们划分为两个子系统。又如,固定资产核算与销售核算两者并无内在联系,因而我们不能把它们合为一个子系统。子系统的划分不是绝对的,也不是封闭的,应该保持一定的稳定性与开放性。任何一个软件系统都希望相对稳定,并且便于更新维护。

2. 模块设计

模块设计,指的是对某一个子系统模块的进一步划分,即将某一个子系统分解为若干个子模块。

(1) 模块及模块结构。模块化是指把一个系统分解成若干个彼此间具有一定独立性,同时又具有一定联系,能完成某个特定任务的组成部分,这些组成部分称为模块。一个模块具有三个基本属性,即模块需要用三个参数描述。①功能:说明该模块的具体功能;②处理逻辑:描述模块内部如何实现其功能;③模块所处的位置:描述模块所处的环境、条件及模块间的相互关系。

模块设计一般采用结构化的方法,自顶向下逐层分解,通过这一过程,把整个系统的功能分解由不同的功能模块来完成。在模块分解过程中,应遵循以下三个原则:

第一,模块的分解自顶向下、层层分解,且只能是树型结构,不能成网状结构。

模块经过"自上而下"的逐层分解,把一个复杂系统分解成几个大模块(或子系统),每个大模块又分解为多个更小的模块。一个系统经过逐层分解,得到具有层次的模块结构。下层模块从属上层模块,每一模块只能控制下层模块,同一层模块之间不能直接传递信息,这种划分方法保证了对每一模块的修改只影响其下一级模块,而不会对整个系统产生不良影响。

第二,提高模块内的聚合度。

模块的聚合度是指模块功能的专一性,即模块内部各部分关系的紧密程度。较高的聚合度能使模块具有较强的独立性,使系统的修改和维护只在指定模块内进行。从而有效地防止系统各模块间的相互干扰,保证系统的稳定性。模块化是结构化设计的基础,组成系统的各功能模块功能明确,具有一定的独立性,可以方便地更换和独立设计。模块的增加、减少或修改只影响本模块所具有的功能,不影响其他模块或整个系统的功能。正是由于系统的模块化,模块的独立性,使得系统具有良好的可修改性和可维护性。

模块聚合是模块内部各成分之间联系的紧密程度,表示模块功能的专一化程度,可以分为以下几类:

偶然聚合,是指一个模块由若干个不相关的功能偶然地组合在一起,这种模块内部结构的规律性最差,无法确定其功能,聚合程度最低。

逻辑聚合,是指一个模块由若干个结构不同,逻辑上具有相似关系的功能组合在一起而构成。逻辑聚合模块的调用,常常有一个功能控制开关,根据上层模块的控制信号,功能控制开关控制选择某一个功能,逻辑聚合其内聚程度较差。

时间聚合,是指若干功能因其执行时间相同而集合在一起构成一个模块,如初始化工作,这种聚合程度中等偏下。

过程聚合,是指若干项功能因逻辑上需要顺序执行而集合在一起构成的模块,其聚合度中等。

数据聚合,是指若干项功能因具有相同的输入数据或输出数据而聚合在一起构成的一个模块,它能合理地定义模块功能,结构比较清晰,其聚合度中等偏上。

顺序聚合,是指为完成某一功能而串接在一起的若干项任务(或子功能)所构成的模块,其聚合度较高。

功能聚合,是指一个模块只完成一个单独的、能够确切定义的处理功能。这是一种理想的聚合方式,独立性最强,使得模块便于修改,便于分块设计。

第三,降低模块间耦合度。

模块间的耦合度是指模块之间的依赖关系,包括控制关系、调用关系、数据传递关系等。降低模块间的耦合度能减少模块间的影响,防止对某一模块修改所引发的"牵一发而动全身"的水波效应,保证系统设计顺利进行。

模块耦合是模块间相互联系紧密程度的一种量度。两个模块耦合的强弱取决于模块之间的联结形式和接口的复杂程度。模块间传递的参数越多则接口越复杂,在传递参数一样的情况下,耦合强度就取决于模块间的联结形式。设计中,应该尽量追求松散耦合的结构,这样,每个模块都容易理解、编程、测试和维护,而且模块中发生的错误也不容易扩散到其他模块,有助于提高系统的可靠性。

模块间的耦合程度可分为以下三种:

数据耦合,是指两个模块之间通过调用,相互传递的信息是数据,则两模块的联系是一种数据耦合,数据耦合联系简单,耦合程度低,对系统的执行过程没有大的影响,是一种较为理想的耦合方式。

控制耦合,是指两个模块之间除了传递数据信息外,还传递控制信息的耦合方式。这种耦合对系统影响比较大,它直接影响到接受该控制信号模块的内部运行,因此,这种耦合对系统的修改很不利,尤其是自上而下传递控制信号,影响面更大。

内容耦合,是指一个模块不经调用直接使用或修改另一个模块中的数据的耦合方式。内容耦合是一种病态耦合,在设计时应避免。

模块耦合与模块聚合用于衡量模块分解的独立性和依赖性,是模块结构化设计合理性的两个主要指标。

(2) 模块结构图。模块结构图是结构化设计方法用来表达系统结构和系统中模块间的层次关系的图形。结构图中以特定的符号表示模块、模块间的调用关系和模块间的通讯。有三要素组成:

第一,模块:以矩形表示,其中标有模块名字,即能简要地指明模块功能的名称。

第二,模块间的调用关系:两个模块一上一下,以箭头相连,上面的模块为调用模块,下面的模块为被调用模块,如图 2.3.8 所示。

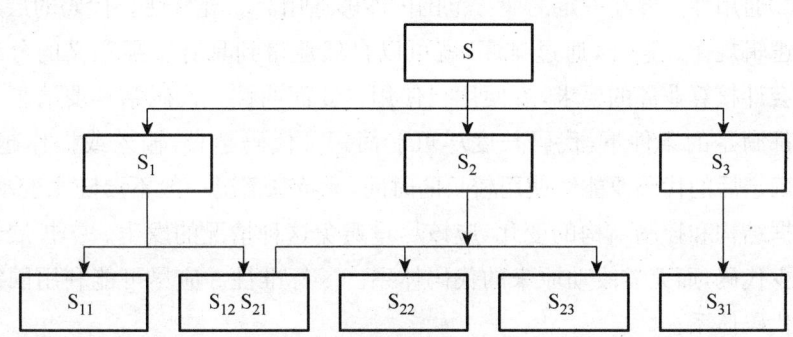

图 2.3.8　模块间的调用关系

第三,模块间的通讯:在调用模块和被调用模块之间常常有信息相互传递。数据通讯用调用箭头加上标有数据名的符号"↑"表示。凭证查询模块之间数据通讯,如图 2.3.9 所示。

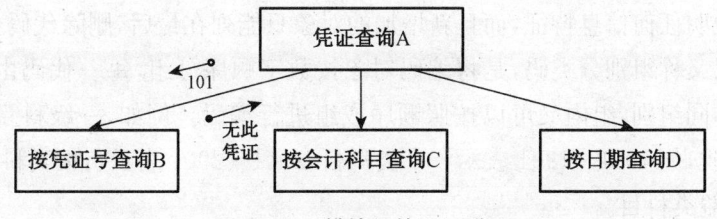

图 2.3.9　模块间的通讯联系

模块结构图的设计原则：①允许上级模块有若干直属的下级模块。②同级模块不能互相调用。③上级模块只能调用直属的下级模块，不能越级向更低级模块直接发布命令。④下级模块只能向直接的上级模块传递信息，不能越级报告。

当按凭证号查询时，模块 A 调用模块 B，传递"凭证号 a"信息，若该信息有效，则模块 B 将该凭证数据 b 的凭证号、日期、科目、金额等信息传递给模块 A。

（四）详细设计

详细设计是指对每个功能模块处理步骤和细节的设计。详细设计的任务是为每个模块选择合理的处理方法和技术手段。详细设计的内容主要包括代码设计、数据文件设计、输入设计、输出设计、人机对话设计等。

1. 代码设计

代码设计是详细设计的重要内容。会计系统中一些较关键的数据项目（如会计科目、固定资产名称、产品名称、职工姓名等）都可以用代码表示。

代码又称编码，是一种标记符号，它可以是数字，也可以是字母，或者是数字、字母及汉字的混合体。代码是人和计算机交换信息的工具，不仅可以节省存储空间，而且便于机器识别、分类、校对、汇总和检索，因此，代码设计的科学性和合理性，不仅影响到系统运行的效率，而且将直接影响到系统的正确性和实用性，是事关系统开发成败的大问题。

（1）代码设计的原则。代码设计时，必须遵循下列原则：①唯一性。必须保证每一个所描述的实体（或属性）都有一个确定的代码来表示；反之，每一个代码仅代表一个唯一的实体（或属性）。②通用性。要在一定的业务范围内能够通用。③规律性。代码的层次和顺序应当有一定的逻辑规律。这样，通过排序，就可以自然地得到具有实际意义的分组。④实用性。要适应会计核算业务的要求，方便用户使用。⑤简明性。代码结构要清晰，易记易用。在其他要求都满足的条件下，代码长度尽可能简短。代码越长，输入或操作越容易出错。⑥稳定性。确定后的代码要能够使用较长的时间，无特殊情况一般不要随意变动，否则会引起系统中数据结构和控制结构的变化，应该尽量避免这种情况的发生。⑦扩展性。便于代码扩充或减少代码，而无需改动原来的代码体系。⑧标准性。应尽可能利用国家或各行业颁布的标准代码体系。

（2）代码体系的种类。

第一，顺序码。这是一种最简单的代码，它是按数字的大小或字母的前后次序排成有序的组合，作为代码使用。例如，在会计凭证、销售发票、支票等票据类资料中，都使用顺序码来表示单据号。顺序码的优点是短小精悍，记录方法简单，易于管理。但这种码没有逻辑含义，本身不能说明任何信息特征，而且新增加的对象只能列在最后，删除代码会成空码。

第二，组码又称组别分类码，是将编码对象按数字顺序分组，每一代码由固定的几个区段组成，表示不同组别，组内又可以按照顺序或组进行编码。例如，一级科目用组码法表示会计科目的性质，如 1001～1901 表示资产类科目，2001～2901 表示负债类科目，4001～4201 表示所有者权益类科目。

第三，层次码又称群码，是用若干连续数组区域表示不同类别事务的编码。会计科目中的二级科目、三级科目的分类,可用这种编码方法。例如,某厂原材料设三级明细科目,则"原材料——主要材料——铁"可编码为 14030102。其中:1403 为一级科目"原材料"代码;01 为二级科目"主要材料";02 为三级科目"铁"的代码。

第四,助记码。为便于记忆而将数据的名称适当压缩组成的代码。助记码多用汉语拼音、数字等混合组成,故又称混合码。例如,"库存现金"科目的助记码是"KCXJ"。

在实际工作中,要根据具体情况,综合运用不同的编码方法,设计出高质量的代码系统。

(3) 会计系统中的代码设计。在会计系统中,诸如会计科目、财产、人员、部门、摘要等对象均可采用代码表示。在设计代码体系时,应该考虑到长度与格式的统一,以便于计算机处理以及上下通讯交流的一致。

第一,会计科目代码设计。会计科目是会计系统中最重要的一种代码,它是对经济业务和会计核算具体内容所作的科学分类。为了保证会计指标在国民经济一定范围内加以综合汇总、分析研究,会计科目必须标准化。

科目格式可以根据需要设定,目前较常用的是采用组码和层次码结合的方式。例如,某三级科目代码可设计成如下形式:

$$\underset{\text{一级}}{\times\times\times\times} \quad \underset{\text{二级}}{\times\times} \quad \underset{\text{三级}}{\times\times}$$

其中,一级科目用财政部会计制度规定的代码体系,共 4 位数字表示。假定根据系统调查,每一个一级科目下属的二级科目最多不超过 99 个,每一个二级科目下属的三级科目不超过 99 个,那么可用两位数字表示二级科目,用两位数字表示三级科目。如:

一级科目	1403	原材料
二级科目	140301	原材料—钢材
三级科目	14030101	原材料—钢材—圆钢

第二,物资码的设计。较多采用层次码。企业物资码有财产设备(固定资产)、原材料、成品、周转材料等。其中,固定资产分类一般有会计科目与之对应,具体的设备名称、规格等则可使用代码。尤其是如果要按名称、规格进行分类汇总处理,则应该使用代码;但如果仅仅为了查阅,就不一定使用代码,直接使用文字要更直观些。其他物资的代码设计要考虑两方面的要求,一是会计核算的要求,二是满足物资管理部门(如供应科、仓库)的要求。财政部规定了原材料的一级科目为1403,这样应该再用几位来表示原材料的大类、品种、规格等。由于这类代码需要计算机来分类、排序、合并、计算,所以一般不能使用文字码。

第三,人员或部门编码的设计。人员编码主要是为了存取的方便,与会计核算一般并不发生直接联系,所以除了薪资管理之外,账务、成本核算等,并不要求将人员编码处理。一般采用顺序码或组码或两者结合使用来区分部门。例如,001~200 表示管理部门人员,201~1601 表示车间人员。

此外,会计系统常常用到往来单位名称或开户银行名称等,这些单位名称一般较长,为了加快输入速度和节省存储空间,这些名称也可以用代码表示。

第四，用户编码设计，可以用自定义，一般用数字编码、顺序码，也有用助记码。

第五，项目分类及项目编码，自定义，一般大类用数字或字母码，大类以下用层次数字码。

第六，摘要代码的设计。摘要代码是指给常用会计凭证摘要所编的代码。一般使用缩写的文字码，如可用词组汉语拼音的首字母组成代码，如用JDF表示"接待费"。

第七，校验码的设计。设置校验码的目的是为了验证输入的数据是否有错，利用校验码可以及时查出错误，保证数据的正确性。为检验某些关键性编码数据的准备、输入乃至处理过程中是否发生错误，可采用校验位校验技术，即在数字编码中增设一个校验位，校验位的端码与数字有效编码建立起特定的数字逻辑关系。设计校验码的方法一般有几何级数法、算术级数法、质数法和拼音校验法等几种。

2. 数据文件设计

会计电算化系统的特点之一，是有大量的数据，为了合理地组织这些数据，以便快速、准确地找到用户所需要的数据，数据文件必须采取一种数据的管理方式。

数据文件设计分为数据分析和文件结构设计两个步骤。

（1）数据分析。数据分析包括对数据来源的分析和存储对象（实体）的分析。数据来源的分析是确定文件中数据来源于何处，如记账凭证文件的数据来源于原始凭证，会计账簿文件的数据来源于记账凭证。存储对象的分析是搜集并分析有哪些存储对象，每个存储对象的数据项名称、类型、长度、数据量的大小、取值范围和代码等基本特征。

（2）文件结构设计。文件结构设计的任务是：确定文件由哪些记录组成，字段有什么特征，它包括字段的设计和记录的设计两个步骤。

第一，字段设计包括给字段命名，确定字段的类型和确定字段的宽度和小数位数。例如，"凭证编号"字段可设计为："名称：PZBH，类型：字符型，长度：4位。"

第二，记录设计应该按一一对应的关系确定组成记录的字段，即存储对象有多少数据项，就设计多少个字段。例如，简单的记账凭证的文件结构可设计为如表2.3.2所示：

表2.3.2 简单的记账凭证的文件结构

数据项名	字段名称	类型	宽度	小数位
日期	RQ	D	8	
凭证种类	PZZL	C	4	
凭证编号	PZBH	C	4	
摘要	ZY	C	36	
借方科目编号	JFKMPH	C	4	
借方科目名称	JFKMMC	C	16	
贷方科目编号	DFKMBH	C	4	
贷方科目名称	DFKMMC	C	16	
借方发生额	JFJE	N	18	2
贷方发生额	DFJE	N	18	2

需要建立的文件包括以下几种：

（1）系统主文件：永久性文件，如账务系统中的凭证文件、科目主文件等。

（2）系统辅助文件：有永久，也有临时的，如科目代码库文件、部门代码文件、往来单位文件等。

（3）临时库文件：用于临时过渡。如进行分类、合并中建立的临时中间库等，如汇总文件、临时凭证库。

数据库文件的组织形式及排列、读写方式有顺序组织方式和索引组织方式。

3. 输入设计

输入设计就是合理地组织数据资源，及时、准确地输入计算机内，以满足数据加工处理和信息输出的要求。输入设计的目标是选择恰当的输入设备和输入方式，提供方便的输入界面和帮助功能，采用有效的检验措施，保证及时、准确、完整地输入。输入设计对整个会计信息系统的质量具有重大影响。

（1）输入设计的原则。

第一，满足输出要求，保证数据的完整性。输出的信息是系统对输入信息加工处理的结果，如果输入数据不完整，用户就不能从中获得所需要的全部信息。

第二，在保证满足处理要求的前提下尽量减少输入的数据量，在会计信息系统中可以采用代码代替汉字输入，设置样板凭证，尽量使用固定项等方法减少数据输入量。

第三，尽量减少输入的种类。例如，在会计系统中有收款、付款和转账凭证，格式相差不大的，可以采用相同的格式，以免操作时频繁切换输入格式。

第四易于编辑和修改，并应尽早对输入数据进行检查，以便错误数据能及进得到改正。

（2）输入方式的设计。常用的输入方式有：键盘输入、鼠标输入、条形码输入、语音输入、手写输入和图形扫描等。

（3）输入格式设计。输入格式的设计非常重要，是实现数据录入高效、准确的一个先决条件。对输入格式设计的要求应做到：①少用填写项目，尽量用固定项目、固定位数代替可变项目及可变位数。②格式尽量通用化，对不同种类的凭证（如收款凭证、付款凭证和转账凭证）可统一设置录入格式。③屏幕格式设计时，应明确显示内容及其主次关系和出现频率。

（4）输入数据的校验和纠错。在会计信息系统中对输入数据必须进行校验，数据校验的方法很多，下面是几种常用的方法：

第一，静态校验。静态校验是用人工目测的方法对输入凭证的会计分录、科目编码、会计事项、数量、金额等各项内容进行校对，必要时应核对原始单据。操作员不仅每输一个数据项要检查，而且一张凭证输完后在存入文件之前要整张检查一遍，看是否与手工凭证一致，发现错误要及时改正。

第二，逻辑校验。逻辑校验也称合法性检查，它依照信息的逻辑关系校验输入数据是否正确。例如，付款凭证贷方科目、收款凭证借方科目不是"库存现金"或"银行存款"科目者为错，记账凭证有借方科目而无贷方科目，或者有贷方科目而无借方科目者为错。

第三,界限校验。界限校验实质上也是一种逻辑校验,它检查某项输入内容是否位于规定范围之内。例如,月份大于12者为错,2月的日数大于29者为错。又如,若规定职工工资在2 000~10 000元之间,即检查到不在该范围者为出错;再如,不同企业对固定资产的最低价值有明确规定,如果查到低于该值者为错误。

第四,平衡校验。在会计电算化系统中平衡校验用得比较多,也特别有效。因为无论收款、付款或转账凭证,借贷双方合计必须平衡,否则就有错。如果在输入每张凭证时都把好平衡校验这一关,以后的数据平衡关系就不容易出问题。

第五,汇总校验。先由人工汇总某些数据项的总量,然后与计算机累计值进行比较,以判定是否正确。若数据量大时可分批汇总校验,如对记账凭证可几十张一批进行汇总,并检查人工与计算机汇总是否一致。不过这种校验比较费时,而且手工汇总往往也不可靠,有时会出现输入正确而手工不正确,从而导致两者不一致。

第六,重复校验。重复校验又称两次输入法,即重要数据重复两次输入,由计算机自动校验两次输入是否一致以确定正确性。例如,记账凭证可以设计成两次输入。两次输入最好是由两个人分别输入,第一次将全部数据项输入,第二次输入时为了节约时间可以只输入科目代码、数量、金额等重要数据。此时,除了需要第二次输入的数据之外,其他数据均应显示出来作识别参考,光标停在需要作二次输入的数据项上,引导操作员输入。只有两次输入的内容完全一致,系统才承认输入正确,否则就提示改错,直到两者一致为止。

第七,对照校验。对照校验是将输入的数据与基本文件的数据相核对,检查两者是否一致。例如,为了检查会计科目代码是否正确,可将输入的会计科目代码与科目文件记录进行匹配,如果在文件中找不到匹配的科目代码,则说明输入出错。这种校验方法要求科目文件必须完整。

第八,记录计数校验。这种方法通过计算记录个数来检查数据记录是否有遗漏或重复。

第九,格式校验。校验数据记录中各数据项的位数是否符合预先规定的格式。例如,会计科目编码规定为10位,前四位为一级科目,以后二、三、四级科目各为2位,那么当发现科目代码长度是3、5、7、9时,确定无疑发生了错误。

第十,代码自身校验。即利用设校验位来进行校验的方法。

上述方法可综合采用,以确保输入数据的正确性。另外,与校验有关的问题是纠错。在会计系统中,纠错必须注意时机、方式和责任。例如,记账凭证的错误在录入过程中可由录入员随意修改。但一旦提交复核,录入员就无权修改,这时只有复核人员才可以对发现的错误进行修改。系统必须对复核人员所作的修改进行登记,说明被修改的数据项名称、旧值、新值、修改的时间和人员。这样就可以保留修改的痕迹,责任分明。凭证一经登账,就不能再作任何修改,此时即使发现错误,也只能以红字凭证冲销法或者补充凭证法进行更正。记账凭证输入时,红字可用负号或者其他标记表示。凭证中的错误越迟发现越难处理,所以必须把好录入关,尽早发现和改正错误。

4. 输出设计

会计系统的输出,是指经过计算机系统的处理,为会计人员和各级管理人员的管理和决策提供各种有用信息。输出是系统实施的结果和目的，在设计工作中必须根据管理上的要求先确定输出需要，然后再按输出的需要组织数据的输入和处理。

(1) 输出设计的原则。应符合用户习惯，方便用户使用；方便计算机处理；满足标准化、统一化的要求；输出手段灵活多样等。

(2) 输出方式设计。数据的输出方式很多，有打印输出、屏幕显示输出、文件输出等。会计系统中用得较多的输出方式是打印输出和屏幕显示输出。

(3) 输出格式设计。

第一，输出格式设计的原则。输出格式要符合用户要求；尽量保持和原手工格式一致，并改善手工格式中的不合理之处；格式的设计要考虑系统发展的需要，要留有备用项目与数据长度；打印输出的报表格式要正规、标准，符合现行手工报表要求，屏幕显示输出的报表格式要简明、易读。

第二，输出格式设计的细节要点。凡是无意义的信息内容，都不要输出；决定数据位数时要考虑编辑结果的最大位数；字符采用左对齐，数字采用右对齐的原则。

第三，输出格式生成方法。输出格式生成有专用输出格式生成和通用输出格式生成两种方法。专用格式生成是针对要输出的某一种或某几种报表格式编写打印程序。通用格式生成并不具体规定要打印哪种格式的报表，而是按用户对报表格式的要求，随时产生用户所需要的报表格式。系统一般都提供文本格式或 Excel 文件格式输出，用户可以利用微软 Excel 电子表格工具进行进一步的加工和处理，可以很容易、很方便地对会计信息的输出格式进行设计。

5. 对话设计

会计电算化系统是一种人机系统，不仅数据要由用户录入，而且常常要由用户参与控制。因此，在系统运行过程中，操作员和计算机系统之间常常要通过终端屏幕或其他装置进行一系列交互对话。

对话设计的任务是与用户共同确定对话的方式、内容以及具体格式。

(1) 对话方式。人机对话方式根据设备条件有许多种，如光笔—屏幕方式、键盘—屏幕方式、鼠标方式、屏幕触摸方式以及正在研究中的声音对话方式等等。其中，键盘—屏幕方式是目前信息系统的主要人机对话方式，用户与系统借助键盘和屏幕进行交流，所以屏幕实际上是系统对用户的窗口，设计的好坏会直接影响用户对系统的印象。下面以键盘—屏幕为例介绍几种具体对话形式。

第一，菜单式。这是最常用的对话方式，适用于显示和选择系统功能等操作。屏幕菜单区显示系统的功能项目，可以逐层展开，供用户层层选择驱动，触发应用程序运行实现用户请求，处理完毕又逐层返回。

菜单选择功能明确、层次分明、操作简便轻松和易于掌握，有助于减少差错和确保系统正常运行。设计时画面要醒目清晰，提示信息要完整，格式多样化，如多层选择时可以使用多窗口技术，使用户对整个操作过程一目了然，并有容错技术，误操作后能让用户重新选择。

第二，问答式。程序运行到一定阶段，对某些需要由用户判断并确定程序走向的操作，弹出对话框进行提问,如显示"正确吗?""保存吗?""删除吗?"等,让用户作"是(Y)"或"否(N)"的回答,或单击一个按钮回答,从而控制程序流程。问答式对话也常用于程序运行中出现异常情况时的处理,系统显示出错信息或可能发生的情况,要求用户确认,比如回答一个参数,给出口令、文件名及表达式等,以便控制程序的下一步运行。对某些关键性的操作,可强调发问甚至警告并让用户确认,这时可以变换屏幕显示颜色或响声,以引起操作员注意。

第三,填表式。如果要用户回答的内容较多,比如要输入一批数据,则可以采用填表式对话,大批数据输入即用这种方式。按照输入设计中的表格格式,将其显示在屏幕上并让用户逐项填入。

第四,查询。电算化信息查询极为方便和多样化,是手工处理无法比拟的。凡少量的,不需要长期保存的随机性信息,都可以通过查询获得。查询项目丰富、信息完整、容易理解、操作方便和响应迅速等是系统工作质量好的重要方面。系统应提供多种查询方法,如可以按明确的项目、组合的项目或模糊的条件查询,检索后显示结果。提示信息要完整,复杂的查询条件可以提供一个表达式生成器,熟练的用户也可以直接输入表达式,以适应不同能力的用户的操作;应充分利用数据库表间的关联实现一体化查询,如查询总账时可以看到它的明细账,查明细账时可以看到对应的凭证等。

为提高响应速度和实现一体化查询,数据库文件的合理组织十分关键,显示信息要有详细的提示以方便用户理解,屏幕可适当地修饰,重要的信息可以更换颜色,内容多的话可以分屏显示,也可以显示后让用户选择是否打印输出。

(2)对话设计的原则。对话设计要考虑终端或微机的使用环境、响应时间、操作方便和对用户的友好问答,在诸如回答口令之类的特殊的场合,还要注意保密。对话设计的原则:

第一,简单、明确、无二义性。

第二,适合操作人员的水平,并且容易学习和掌握。例如,查询时我们不能要求用户一次回答一个作为查询条件的逻辑表达式,而只能引导用户逐步表达他的查询要求,然后由系统综合成一个完整的逻辑表达式。

第三,对话本身应具有指导用户怎样操作和如何回答问题的功能。例如,需要由用户判定可否时,一般应同时给出如何回答"是",如何回答"否",这不仅帮助用户正确表达自己的选择,而且也是系统正确判定用户回答结果的保证。

第四,应能反映用户的观点、业务用词和习惯,不要使用一些操作员难以理解甚至看不懂的用语。

第五,必须能很快地反馈用户的输入状态,不要让用户怀疑或较长时间等待,特别当出错时,要把错误信息的细节显示出来,并指导用户如何改正错误。

第六,对话应该适合于用户的环境和具体的情况,允许具有不同能力和经验的用户在不同的速度下进行操作。

第七,对话不要太频繁,提问过于频繁不仅影响系统的运行速度,用户也感到应接不暇,会引起用户的反感。

在对话设计中,要与用户协商,设计的格式必要时可征得用户同意。特别是对提问的显示位置一定要从屏幕整体考虑,要美观大方,既有艺术性,又有几分神秘性,千万不要太过随意,使得屏幕杂乱无章。

(五) 编写系统设计说明书

系统设计说明书是系统设计阶段的主要成果,是新系统的物理模型,也是系统实施阶段的重要依据;是呈报上级批准实施的报告文件,也是系统实施的法定依据。系统设计说明书以把问题说清楚为原则,不必拘泥于格式。

系统设计说明书的主要内容包括:

(1) 硬件系统的设计。计算机系统的配置设计、数据通信网络设计等。

(2) 子系统及模块设计。系统中各主要功能的层次结构图及其关系,功能的简要说明和主要模块。

(3) 详细设计。各类代码设计,数据库及文件的设计说明,输入、输出、处理和对话的详细设计说明。

(4) 系统实施计划。

四、系统实施

在完成了会计电算化系统的设计并建立起新系统的物理模型之后,对新系统的开发工作就进入系统实施阶段,系统实施是真正解决新系统"具体做"的问题。在此期间,将投入大量人力、物力和财力,占用较长时间,所以系统实施阶段也是系统开发过程的一个重要阶段。系统实施阶段的工作包括程序设计、系统调试、系统测试和系统试运行等。

(一) 程序设计

程序设计,即人们常说的程序编写过程,它是系统开发人员根据系统详细设计说明书的要求,用指定的程序设计语言编写出源程序代码,并进行测试,保证系统的正确运行。

1. 程序设计的要求

对程序设计的要求问题,也是对程序质量的评价问题,一般包括如下几个方面:

(1) 可维护性。由于信息系统需求的不确定性,系统需求可能会随着环境的变化而不断变化,因此,就必须对系统功能进行完善和调整,为此就要对程序进行补充或修改。此外,由于计算机软硬件更新换代也需要对软件进行相应的升级。

(2) 可靠性。程序应具有较好的容错能力,不仅正常情况下能正确工作,而且在意外情况下应便于处理,不致产生意外的操作,从而造成严重损失。

(3) 可理解性。程序不仅要求逻辑正确,计算机能够执行,而且应当层次分明,便于阅读。程序维护人员经常要维护他人编写的程序,如果程序不易理解,将会给程序维护工作带来困难。

(4) 效率性。程序的效率是指程序能否有效地利用计算机资源。近年来,由于硬件价格大幅度下降,而其性能却不断完善和提高,程序效率已不像以前那样举足轻重了,相反,程序设计人员的工作效率则日益重要。提高程序设计人员的工作效率,不仅能降低软件开发成本,而且可明显降低程序的出错率,进而减轻维护人员的工作负担。此外,程序效率与可维护性、可理解性通常是矛盾的,在实际编程过程中,人们往往宁可牺牲一定的时间和空间,也要尽量提高系统的可理解性和可维护性,片面地追求程序的运行效率反而不利于程序设计质量的全面提高。为了提高程序设计效率,应充分利用各种软件开发工具。

2. 程序设计的步骤

设计程序一般要经过以下几个步骤:

(1) 理解系统设计的要求。根据系统设计说明书所提出的任务,确定一个程序的功能,即明确应由计算机解决什么问题,程序要加工什么数据,希望得到什么结果,用什么方法进行加工等。在必要时,可进一步用定义、定理、公式、函数或工具把系统设计的要求详细地表达出来。

(2) 确定算法和数据结构。一般而言,算法设计和数据结构设计是模块设计的任务,但由于模块分解往往并不细到与程序模块相当,或者算法仍需要进一步具体化,所以算法及其所需的数据结构设计仍是程序设计的重要工作之一。算法是程序设计的核心问题,一个好的算法,既节省时间又节省空间,而且问题能得到正确的解答。研究算法的目的不仅仅是为了寻求解决问题的方法,更重要的是从诸多解决问题的方法中,选出较好的一种。

数据结构是与算法密切相关的问题,在确定算法的同时也应确定所需要的数据结构。但在程序设计阶段需要解决的主要是局限于某个程序的数据结构,整体数据结构则应在系统设计阶段解决。

求解算法确定之后,应该用程序框图等工具描述出来,程序框图尽管有许多不足,但由于直观、形象,目前仍为广大程序设计人员所喜用。

(3) 编写程序。用选用的程序设计语言,按照框图或提供的步骤编写程序。编写程序仍然是很有特色、需要创造力的工作。它需要细化算法的内容,甚至根据语言功能改写算法;需要组织输入输出;需要选择主要构造语句,书写注释;还要从易读、通用、效率及空间占用等角度去修改程序。

(4) 调试。调试的目的首先是验证程序的正确性,要使人相信程序的活动与说明相符合。如果调试中发现问题,则研究确定需要删改的内容,并对程序进行实际的修改。程序调试比编写程序更费时,而且更需要程序设计人员的经验和智慧。

(5) 编写程序文档,即编写程序的使用和维护说明书。这一步标志着程序设计工作的结束,同时也为用户使用创造了良好的条件。

以上步骤对简单的程序似乎小题大做,但会计信息系统都是规模很大的程序系统。一般应严格按这个过程进行设计。一个优秀的程序员也应该熟练地掌握这些步骤。

3. 结构化程序设计

提高程序可读性的关键是使程序结构简单清晰,SP(结构化程序设计)方法是达到这一目标的根本手段,是 SA,SD 方法的继续。

结构化程序具有如下优点:

(1) 程序结构清晰。用顺序、选择、循环三种结构编制的程序是线状的,而无限制地使用GOTO语句的非结构化程序必然是网状的。显然线状程序比网状程序的结构要简单清晰。

(2) 程序的正确性容易验证,可靠性高。结构化程序的每一部分都只有一个入口一个出口,因此,每部分的正确性容易得到保证。只要验证在入口的各种条件下,通过该部分处理后出口结果是正确的,就可以保证该部分程序是正确的。由于结构化程序的各部分又是线状控制关系,所以只要从程序开始保证每一部分正确,那么整个程序就一定是正确的,而非结构化程序由于可能有多个入口和出口,通路很多,要验证每一条通路的正确性是很困难的。再加上入口条件很复杂,每一部分的正确性不仅受上部分程序的影响而且可能受自身运行结果和后续部分程序的影响,这种错综复杂的影响,使得程序正确性的验证十分困难,从而使程序的可靠性大幅度下降。

(3) 结构化程序容易阅读、理解和维护。沿着线状程序往下阅读,会使人的思路清晰,逻辑分明,读到哪里就能理解到哪里,程序读完了,整个程序的意思也就全部理解了,而非结构化程序的阅读需要网状结构的思维方式,尽管一部分程序已经阅读完毕,但下次可能要随着GOTO语句在新的情况下重复阅读,重新理解。程序的维护是建立在对程序理解的基础上的,容易阅读和理解的程序,也就易于测试、排错和修改,当然也就容易维护。而且由于程序呈模块结构,需要修改的部分往往只限于某些个别的模块。

结构化程序设计是一种良好的设计方法,应该采用相应的组织形式来实现。有人建议采用主程序员组织方式,这种方式将程序设计人员分为主程序员、辅助程序员、初等程序员和程序资料保管员四种。主程序员负责全面设计,编写顶部的程序,规划各部分程序,以及检查各种程序员所编的程序,也有人认为应更多地注意集体的力量,把程序设计工作从程序员个人行为中解脱出来。

4. 评价程序

编写出来的程序究竟怎样,需要有一些评价标准,一般我们应从程序的正确性、运行时空性能、易读性以及通用性等几个方面来评价一个程序。

程序必须能得出正确的结果,这是评价程序质量的永恒不变的标准。一个程序是正确的,就是说它能正确地完成一个指定的任务。至于如何验证程序的正确性,却不是一件容易的事。会计系统的程序非常大,我们不可能从理论上来逐一验证每个程序的正确性,一般只能用一组数据通过测试的手段去检验。

程序的时间效率,与程序的算法设计有关,与设计人员对语言的熟练程度有关,也与编译程序的质量有关。信息系统的程序的效率问题要具体分析,一般以满足用户要求为原则,如录入模块,由于影响效率的主要因素是手工录入操作,而不是内部处理,所以这里的速度不是主要问题;而科目汇总、查询,由于完全由计算机对大量数据进行处理,效率问题就极为重要,不同的算法可能导致速度有几倍甚至更大的差别。

程序的空间性能,指程序运行所需要的存储空间的大小。一个程序应该是占用内存越少越好,为此在程序设计中应合理选择数据结构,有效利用每一个存储单元,及时释放不用的数据空间,以及采取程序分节与覆盖技术。此外,还可使用虚拟存储技术以提高内存空间和效率。应当说,由于现代计算机的运行速度和容量不断增大,时间和空间问题相应发生了变化,但并不是说不再考虑时空效率问题了。

程序具有易读性,是因为程序不仅是为了机器运行,而且还要给人阅读,即使是自己编写的程序,易读性也可以减少许多不必要的回忆。信息系统的程序往往是由许多人共同完成的,要求程序具有易读性就更为必要。提高易读性的办法之一是书写注释行,为此,有的程序注释行占总语句的20%~30%。

此外,程序应该具有通用性,设计通用性的程序可以大大节约消耗于程序设计的人力,缩小程序开发的规模,提高软件的生产率,从而降低成本。而且调用久经考验的程序比重新设计的程序可靠性更高。这一点对会计软件的编制尤为重要,我们不可能一个企业一个企业地设计不同的专用会计软件,而应该找到它们的共性,尽量设计出通用的、标准化的程序。

以上几个方面,除了程序正确性之外,其他因素是相互制约的。程序设计是一项创造性的工作,程序质量高低是一个定性概念,它不仅与程序员的知识有关,也与程序设计经验和程序设计风格有关。

(二) 系统调试

无论怎么高明的程序员,也无论采用怎么样的程序设计方法,要使编写出来的程序不经调试就能成功,几乎是不可能的事,即使有1‰的错误率,一个数以万计命令的会计系统也会有数处错误。何况由于人们思维上的局限或疏忽,错误的概率要比这高得多。而且错误有的是对程序算法的描述错误,有的是程序编制中的语法错误或者隐含的逻辑错误,还有的是在程序输入过程中因按错键引起的错误。这些错误有时容易发现,而有些可能要在系统运行相当长时间之后才能发现,往往给用户带来很大的损失。尤其是会计系统,由于处理的会计数据关系到国家、集体和个人的经济利益,任何错误都会产生不良的后果。因此,程序编写完之后必须通过调试去发现错误和纠正错误,以保证系统的质量。

系统调试包括程序调试和系统联调两个方面。前者是以程序模块为单位,对模块逐个进行调试;后者是在程序调试正确的基础上,将相关的模块系统地连接起来进行接口调试。一个复杂的信息系统,调试工作是相当困难的,因为目前还没有也不可能有一种有效的手段能将系统中的所有错误找出和排除,只有借助于人们在实践中总结出来的一些方法和经验进行,所以调试可能是一个反复的过程,需要花大量的时间。

1. 程序调试

程序调试又称模块调试,程序调试是系统联调的基础,只有每一个程序模块是正确的,才有可能保证整个系统是正确的,这正如只有每一个零件是好的,整个机器才能正常运转一样。这一点也说明结构化程序设计的优越性。

程序调试可分为静态调试和动态调试。所谓静态调试,是指对程序模块进行书面检查,检查程序的代码、语法、语句符号、书写格式等是否有错;根据系统设计说明书检查模块功能是否完善;程序编码的逻辑流程和处理逻辑描述是否一致;数据来源和数据走向是否符合设计规定等。动态调试要在机器上进行,通过解释程序或编译程序,由计算机检查程序是否符合语法规则;然后用一组数据试运行,并将结果与预先的设计进行比较,判断程序模块是否成功。

我们知道编译程序能够发现程序中的绝大部分语法错误,并给出错误的性质和位置,引导我们去修改。例如,数据类型不匹配、记录过长、除数为零、数组下标超限、括号不匹配等错误,都能被编译程序捕获,我们根据提示信息很容易就能找到和改正错误。但是,如果错误是处理问题方法上的逻辑错误,编译程序则无能为力,这就需要凭借程序员的经验去查找错误。下面我们介绍几种查错的方法:

(1) 估计法。程序员对自己调试的程序是相当清楚的,哪一个模块、哪一段程序的作用是什么,他们当然心中有数。因此,当程序出现错误时,分析错误的性质和原因,往往就能估计到错误产生的地方,再经过静态检查该局部程序,一般就能准确确定错误的处所。估计法只能判断出错误的大体位置,所以需要程序员有丰富的调试经验,尤其需要静态检查程序的经验,否则还是难以准确判定错误的位置。

(2) 追踪法。所谓追踪法,是指把程序执行过程的实际踪迹显示出来或打印出来,通过分析运行踪迹查找错误。现在很多程序设计语言都提供跟踪运行的功能。利用这些命令或功能,我们就可以跟踪程序运行情况,找出产生异常状态和程序语句。当然,跟踪运行的速度很慢,事实上也不必要对整个程序进行跟踪,只需对怀疑的程序段设置追踪就行。

(3) 中断法。所谓中断法,是指在程序中设立断点,当程序执行到断点时暂停,以便检查已运行过的程序是否正常。我们可以在程序中设立多个断点,以便一段一段地观察程序的执行情况。断点通常设置在两段相对独立的程序之间,我们可以预测程序执行到断点处的结果,将预期结果和实际执行结果相比较,就能确定这段程序的正确性。

需要指出上述几种方法往往需要综合使用,而且都要求程序结构清晰,要求程序员有足够的实践经验。经常出现的问题有:数据引用错误、变量定义错误、计算错误、比较错误、接口错误、输入输出错误。

2. 系统联调

系统联调是将整个信息系统的程序模块连接起来进行接口调试,这如同机器的组装一样。由于系统是相对的,如果一个系统很大,它下面又分为若干子系统,那么系统联调就先逐个子系统进行调试之后,再整个系统进行联调。

系统联调可以采用"自底向上"或"自顶向下"的方法进行。自底向上是把一个或多个模块组成一个模块组,先调试这个模块组,通过之后再联入软件系统中,模块组通常是由完成系统主要功能的模块组成。自顶向下是首先调试最高一级的控制模块,再逐个模块往下调试。这两种方法一般是结合起来使用的。

联调要有一个大致的计划,一步一步进行。对各种可能的使用形态及其组合在程序中的流通情况进行测试。而且在联调中要注意检查:界面是否正确,整个系统的界面一致性如何;全局变量的使用是否正确,会不会发生各模块之间的干扰;数据结构的完整性是否会被破坏;有无非法控制及不正确的模块顺序;系统资源的调度是否有问题。

(三) 系统测试

系统通过调试之后,为了保证质量,还必须进行测试,严格地说测试应该包括两个方面:

一是系统设计者对系统的测试;二是用户组成的专家组对系统的测试。前者的目的是验证新系统是否达到了设计的目标要求,尽量发现并排除其中的错误;而后者的目的是通过质量认证进行验收,即测试系统以便决定它能否可用。两者的目的、参与测试的人员是不同的,但方法和内容却基本上相同。测试应该严密计划、认真组织,有步骤地进行,以便尽可能多地发现错误。系统测试是一门难度很大的技术,而且工作量往往占项目开发总工作量的很大比例。

会计软件的测试方法,可以采用静态测试和动态测试相结合的方式进行。静态测试是指人工阅读文档资料或程序代码检查,主要用于对软件的需求分析和系统设计文档进行评审,或通过代码走查对程序模块进行模拟运行,以发现程序中的错误。动态测试是通过在机器上运行被测试程序来发现错误。一般来说,模块测试应用静态和动态相结合的方式来进行,集成测试、系统测试和评审测试则应以动态测试为主,辅以静态测试。测试是非常困难的技术工作。因为程序的错误有的是对程序算法的描述错误,有的是程序编制中的语法错误或者隐含的逻辑错误,还有的是在程序输入过程中因打错键引起的错误。这些错误有些容易发现,而有些可能要在系统运行相当长时间之后才能发现。

1. 系统测试的内容

对一个信息系统首先要测试的是它的正确性,这对会计核算软件尤其如此。一个不能正确处理数据、不能产生正确输出的信息系统,功能再好、效率再高也是不可用的。当然,在保证正确性的前提下,还要从功能和性能两大方面进行测试。功能方面,以会计核算软件的规范性要求作为标准。而性能测试则应包括系统的吞吐量、响应时间、可靠性、安全保密性等。

(1) 正确性测试,如在账务处理子系统中应重点检查科目汇总信息是否正确、报表和账簿的输出内容和格式是否正确、查询结果是否完整和正确等。

(2) 功能测试,就是要找出软件实现的功能与其应完成的功能之间的不一致。功能测试应包括模块功能测试和整个软件的功能测试,检查是否实现手工会计的全部核算业务,能否处理各类不同凭证,提供的账本、报表是否齐全,初始化和结转功能是否完整,是否具有代码维护功能,用户需要的信息是否查询得到,是否有会计分析、会计计划及决策支持等会计管理功能。功能测试必须以系统分析说明书为依据,逐项功能进行检查。

(3) 合法性测试,软件必须遵循财会制度和财经法规。合法性测试是会计软件测试的一个重要环节,必须以现行制度为依据,通过软件的实际运行,找出那些与制度不一致的错误和问题。例如,在成本计算中应测试是否出现乱挤成本、违反成本开支范围的现象;一些违反现金管理制度的经济业务是否出现"视而不见"的情况。对会计软件进行全面的合法性测试,可以防患于未然。

(4) 负荷测试,要适应当前以及今后较长一段时期的实际业务量,即它的负荷能力应大于每天、每月发生的业务量,以保证不造成积压,及时完成会计业务。当天,当月的凭证一般要能够在当天、当月处理完毕。例如,系统每天只能录入200张凭证,那么如果企业每天产生300张凭证,系统就无法处理全部业务。这样的软件系统就不够用。

(5) 响应时间测试,是会计系统的一个主要质量指标,测试重点应放在科目汇总的速度、登账和报表的编制速度、查询响应的时间等。响应时间往往与数据量的多少有关,所以应该在一定数据量下进行测试。

(6) 可靠性测试,会计系统的可靠性包括安全、完整和可恢复性。在安全上应检查密码、操作权限的分配与验证等机制是否有效,是否有较强的内部控制措施和防止意外事故发生的能力。检测不正确数据录入系统后,系统检查错误和自动保护能力,以及出现事故时恢复到正确状态的能力。因此,会计软件可靠性测试就是设法设计一些异常情况来破坏系统的安全可靠性,检查其措施是否可靠。例如,设法破坏系统的安全保密机制、设法越权或非法操作,看能否逃过软件的自我保护。又如为了检测内部控制的能力,故意不经审核,看能否登账;看能否拒绝二次重复做月末结账处理,等等。

会计软件的测试要贯穿系统开发的全过程,包括模块测试、集成测试、系统测试和评审测试。程序模块测试要以系统详细设计为依据,找出两类实际存在的错误,即语法错误和逻辑错误。计算机可以找出一般的语法错误,并给出错误信息,但逻辑错误必须仔细查对输出才能发现。所以模块测试时,要对重要控制路径进行测试,并比较实际的输出与要求的输出,一旦出现不符,必须查出问题所在。

(7) 集成测试,主要对组成系统的各个模块之间的接口进行测试。集成测试与软件组装同时进行,以系统的概要设计为依据,测试新连接的模块能否与系统中已有的相关模块协调运行。会计系统通常自顶向下集成,所以集成测试也往往采用自顶向下的方法,即首先测试顶层模块与下层模块之间的连接,然后测试同一层次的模块之间的配合情况,直到最低一层。

系统测试是对软件的功能和质量进行全面的考核。系统测试要发现的是在前面测试中没有发现的问题,包括强制系统发生失效和按照用户实际的运行环境验证整个系统。一般来说,测试要先用实际数据进行少量事务处理,然后增大事务处理量,直至达到各项事务处理的最高处理水平。另外,还要测试整个系统在出现各种主要失效情况时的恢复能力,以确保在紧急情况下不出现数据损失的现象。

上述三种测试主要是系统设计者对系统的测试,其目的是为了验证系统是否达到了目标要求,尽量发现并排除其中的错误。而评审测试则是会计软件评审委员会领导的专家组组织的验收测试。其目的是通过质量认证进行验收,给系统做出正确评价,以便确定它是否合法,能否可用并推广。

2. 系统测试的步骤

(1) 明确测试的要求和任务,编写测试计划,拟定测试大纲。测试大纲应包括需测试的项目和测试手段。

(2) 确定测试的数据,即设计测试用例,这是测试工作的困难所在。

(3) 选择测试的方法。

(4) 进行具体测试,并记录测试过程和结果。

(5) 分析测试结果,编写测试报告。

3. 系统测试的基本原则

（1）测试应贯穿系统开发的整个过程，要尽早并不断地进行软件测试，以便尽早发现问题或错误，及时加以解决。

（2）测试用例应包括输入数据和预期的输出结果。也就是说，在程序执行之前应对期望的输出有明确的描述，以便程序执行后可将预期结果和实际结果相比较。

（3）测试用例不仅要选用合理的输入数据，还应选用不合理的输入数据，以检查系统的容错、纠错等能力。

（4）除了检查程序是否做了它应该做的工作之外，还应检查程序是否还做了它不应该做的事。

（5）应该长期保留所有的测试用例，直到这个程序系统被废弃为止。因为测试用例的设计是非常困难的工作，而测试又不只进行一次，所以应该把它保留下来，以备下次再测试时使用。

4. 系统测试的方法

目前系统测试的方法一般有黑盒法和白盒法两类。

黑盒法测试将程序看成一个黑盒而不考虑它的内部结构和内部特性，仅仅按程序的功能说明输入测试数据，以达到找出错误的目的。但是如果想用黑盒法找出程序的所有错误，则必须输入所有可能值的数据来检查，如在账务系统中要输入所有可能的不同的凭证来检查凭证录入程序。

白盒法是以程序的内部逻辑结构为基础设计测试用例，来考察程序中每条通路是否预定要求正确地工作，所以又称逻辑覆盖法。如果想用白盒法发现程序中的所有错误，则必须测试程序中的每一条路径。但由于程序一般含有循环，所以路径的数目极大，要测试到每一条路径也是不可能的。

（四）系统试运行

会计电算化系统在正式使用前，必须经过一段时间与手工并行（俗称双轨）运行，以考察并排除软件隐藏的缺陷与错误，检验其是否能达到预定的设计目标，这一阶段的工作称为试运行。

软件在开发阶段虽然都已进行过严格的测试，但那些测试使用的是模拟数据，数据量也不大，与本单位实际业务相差甚远，很难测试出系统在实际运行中可能出现的问题，而且软件的使用需要做大量的准备和初始化工作，初次使用由于不熟悉与不适应难免出现差错。所以，系统开发完成后让它试运行一段时间，才是对系统最好的检验和测试方式。

试运行前要做好准备工作，以确保新旧系统顺利"接轨"。其主要工作有整理本单位会计核算业务使之规范化、标准化，能满足软件要求。内容包括记账方法、核算程序、核算方法、科目编码、账簿报表等，并且准备好系统运行的基础数据，如各种固定信息、期初初始数据和累计数据等。

系统试运行阶段的主要工作包括：

（1）对系统进行初始化、输入各种基础数据记录。

(2) 记录系统运行的输出结果和状况。

(3) 核对新系统输出和原系统(人工或计算机系统)输出的结果,并进行分析比较以发现问题。

(4) 对系统的输入方式进行考察,如是否方便、效率如何、安全可靠性、误操作保护等。

(5) 对系统实际运行、响应速度(包括运算速度、传递速度、查询速度、输出速度等)等进行实际测试。

试运行阶段,会计业务由新旧系统同时处理。财会人员的工作量有所增加。因此,试运行阶段一定要加强组织和管理,财会人员与软件维护人员要密切配合,协调工作,发现问题并及时解决。试运行初期软件对会计数据全面处理,操作人员初次操作缺乏经验且不够熟练,操作上与软件上都会暴露出一些问题,随着操作技术的熟练和软件上隐患的排除、控制的完善,系统应该能较快地稳定运行。

试运行通常需要3个月以上,最好能跨年度处理,但是旷日持久也不好。通过试运行及时发现软件错误和隐患并进行纠错,以进一步改进、完善软件,确保会计信息系统投入正式使用时不发生或少发生错误。

五、系统运行与维护

通过一段时间的试运行后,就可以进入新系统的正式运行阶段,在试运行和正式运行过程中,系统维护人员要对系统进行不断地修改、补充和日常保养,使系统运行稳定并不断完善,这就是系统维护工作。系统运行和维护阶段是系统开发生命周期的最后一个阶段。系统能否运行并充分发挥作用在很大程度上取决于系统维护工作的好坏,因此,必须从思想上重视系统维护工作。

(一) 系统使用前的准备

一个信息系统尤其是会计电算化系统投入使用要涉及设备、人员、机构、制度以及其他许多问题,所以在使用之前要制定周密的计划,积极创造条件,做好运行前的一切准备工作,才能保证系统的正常使用。

1. 检查并配足计算机硬件设备

在准备阶段必须对设备进行全面的检查,不足部分必须配齐,包括计算机以及打印机等外部设备、不间断电源、打印用纸以及其他机房设备。在硬件购置中应注意有一定数量的备用配件。设备管理是系统管理的内容之一,应该建立一套严格的制度。

2. 会计机构的调整

计算机的应用必然引起会计部门组织机构的变化,必须在机构和岗位设置上作相应的调整,以适应计算机应用的需要。但由于会计软件的使用有一个过程,需要经过试用才能最终取代手工的记账、算账和编制报表的工作,所以机构的调整可以是逐步的。例如,在双轨运行阶段,可以先设置数据准备、系统操作、数据复核和系统维护等若干个新的工作岗位,以适应计算机应用的需要,待到计算机完全取代手工会计之后,机构才作彻底的调整。不过由于机构调整的必然性,所以,预先要有一个整体调整计划,不要因为人员设置、机构调整而影响更迭。

3. 人员的培训

会计电算化当然首先必须有一个高质量的经过评审的会计核算软件，否则就是纸上谈兵。但是，会计电算化系统是一个人机系统，需要人和机器共同配合来完成会计的核算和管理。而会计核算软件一般规模都比较大，它的使用不仅涉及会计知识而且对计算机知识也有一定的要求。

由于会计电算化需要各种不同知识结构、不同层次的技术人才，所以培训也就存在不同的层次。软件维护和系统管理员属中级会计电算化人才，除了具有财会业务知识之外，在计算机方面应具有程序设计、数据库应用、计算机硬件基本知识，以及一般的系统设计技术。系统操作员、数据录入员一类初级会计电算化技术人才，主要负责会计系统的日常运行和管理，所以一般只要求他们具有财务业务知识，懂得计算机的使用，如掌握操作系统的常用命令、汉字输入技术。对于系统操作人员，应按用户手册的内容培训他们正确安装、使用会计软件，录入数据、各种账表查询，月末、年末结账等操作，以及各种特殊情况。此外，对管理人员的培训内容则主要是在新系统的环境下组织和协调会计工作顺利进行，更好地发挥会计的监督、管理职能，更好地为企业经营管理服务，保证系统能够充分发挥作用。

4. 建立系统管理制度

会计组织机构和工作方式的变化，势必导致传统内部控制手段和管理制度的变革。没有严密和完整的管理制度，新系统就不可能顺利运行，安全就得不到保障。会计系统的管理制度一般包括以下内容：

(1) 岗位责任制度。规定会计系统的有关人员的职责范围及其考核办法。

(2) 安全保密制度。规定机房、资料库的安全保卫以及防火、防盗、防破坏等内容。

(3) 操作管理制度。规定上机操作的过程和注意事项。

(4) 数据管理制度。规定数据输入、输出、存储、查阅、借用应遵守的制度。

(5) 系统维护制度。规定系统维护的内容、审批和操作制度。

5. 系统初始化数据的准备

会计核算软件的使用，首先必须对系统进行初始化，包括系统初始化、账务处理系统的初始化、薪资核算系统的初始化、固定资产系统初始化等。为此需要按会计软件的要求，对初始化数据进行收集和整理。一般而言，与初始化有关的数据主要包括：

(1) 各种代码体系。例如，对于会计科目就涉及科目代码、科目名称以及其他相关属性。由于会计软件对数据分类更加准确、精细和有效，必然要对手工会计中的科目设置进行适当的分割或合并。

(2) 各级科目的年初余额和累计发生额。

(3) 操作人员的权限和密码。

(4) 各种用于帮助的词组文件的收集整理等，如摘要、单位名称、开户银行名称等。

(5) 需要输入系统的历史数据。例如，账务系统中尚未结清的往来账，固定资产核算系统的固定资产卡片、材料核算系统的各种库存资料等。

(6) 其他有关数据。

以上初始化要用到的数据,需要经过收集、标准化整理才能使用。但是这项工作往往受到忽视。表面看这项工作似乎很容易,其实并非如此,首先,要从原系统中把数据整理出来,其工作量非常大。其次,为了使整理出来的数据满足新系统要求的格式,要求收集整理数据的人必须完全了解新系统的要求。再次,是要求准确无误,如科目余额在收集、整理、传抄的过程中不能有一丝一毫的错误,否则就导致系统的不可靠。由于以上的原因,项目负责人必须充分重视这项工作,充分估计其工作量和可能遇到的困难,安排足够的力量去做好这项工作,管理人员也应充分理解和大力配合,甚至有些问题的处理要由企业高层管理人员来决定。

(二) 系统切换

由于会计业务的特殊性,会计系统的应用运行应符合稳妥、安全、衔接的原则,从旧系统过渡到新系统,一般有以下三种切换方式,如图 2.3.10 所示。

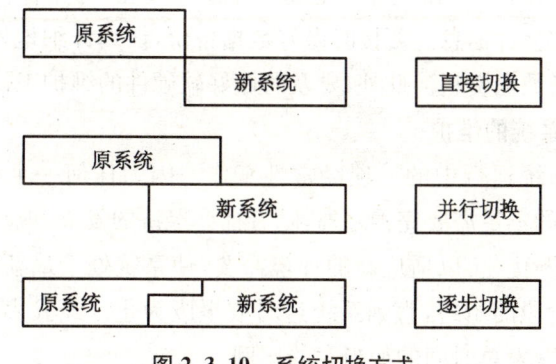

图 2.3.10 系统切换方式

1. 直接切换

直接切换是指在规定交接的时刻,旧系统停止工作,新系统开始运行。这种方式最为简便,但是,一旦新系统发生问题就会造成巨大损失。在会计系统中薪资管理可以采用这种方式交付使用,因为它的业务量一般不大,一个月只需三两天就可以处理完,万一发现问题,仍有时间纠正。但是,对于账务处理、库存系统之类的子系统,由于业务都是连续性的,而且有大量的历史积累数据,所处理的信息又十分重要,显然不宜采用这种方式。

2. 并行切换

并行切换俗称双轨运行,让新旧系统并行工作一段时间,以便充分检验及修改新系统,确保数据的安全,避免造成工作的损失。但是,在并行期间,不仅要维持旧系统的工作,而且要承担新系统的使用,还要对两个系统的运行情况进行核对和检查,工作上是一个沉重的负担。所以双轨运行的时间一般不能太长,否则既影响会计的日常工作,又影响新系统使用人员的积极性。

3. 逐步切换

逐步切换是分阶段逐步进行,即不是更换整个系统,而是一部分一部分地逐步进行新旧替换。经过一段运行确认之后,再把另一部分更换下来。在每一部分的更换中既可采用直接方式,又可采用平行方式。逐步方式可以避免平行方式造成的巨大负担,但由于各部分新旧替换不同步,接口往往不容易协调。逐步方式一般适用于具有多个独立性较强的子系统的大系统,或者需要在多个部门投入使用的系统。因此,逐步方式往往按功能、部门或机器设备划分阶段,如按子系统一个一个地更换,或按部门一个一个地投入使用。

综上所述,第一种方式简单,但风险大,万一新系统运行不正常,就会给整个工作造成混乱。这种切换方式只适用系统较小,且不太重要或时间要求不高的情况下采用;第二种方式无论从工作安全上,还是从用户心理状态上都是较好的,缺点就是费用大,尤其是系统太大时,费用开销就更大;第三种方式是为克服第二种方式缺点的混合方式,因而适用于大型系统的切换,当系统较小时用第二种方法更方便。

系统切换成功经过审批之后,新系统就可正式取代旧系统,进入正常的运行阶段。在正常运行阶段要做的主要工作包括:严格执行各项规章制度,保证系统稳定高效地工作,按照用户手册,及时录入、审核各种凭证数据、完成各种核算处理,打印各种会计报表和账簿,为企业经营决策提供各项会计信息。要按时做好数据备份,认真详细地做好系统的运行记录,为系统评价和扩展准备数据资料。此外,要及时做好软硬件的维护工作。

(三) 会计电算化系统的维护

系统维护是会计系统运行中的一项经常性工作。因为任何一个系统都不是十全十美的,除了因本身所存在的不足需要完善之外,随着社会经济的发展和企业管理水平的不断提高,也要求会计系统不断优化,以适应新的环境需要,使系统处于最新的正确状态。所以维护工作伴随整个运行阶段的始终,直到系统过时或报废为止。经验表明,维护是最费时、最困难的工作,它占系统开发总时间的相当大的比例。

1. 系统维护的内容

会计系统的维护工作一般包括以下四个方面内容:

(1) 硬件设备维护。硬件维护是指对计算机及其他设备进行检修、保养和修复工作,以保证设备处于良好的运行状态。为此,要建立硬件设备的定期检查制度,当系统运行过程中出现异常现象时,维护人员要及时到场分析和排除故障,并做好故障记录。此外,还要定期对设备进行更换和扩充。

(2) 软件维护。维护的原意是将某项东西恢复原状,然而软件与硬件不同,它不会用坏,不存在修复的问题,但需要纠错、完善和提高。所以,软件维护是指根据实际需要修改部分程序和有关的文档资料。软件维护一般是在原有程序的基础上进行的,这是系统维护工作中困难最大的部分。下面将作进一步说明。

(3) 数据文件维护。数据文件维护是指由于会计业务发生变化,需要对数据文件的结构和内容进行修改。一般来说对文件内容的修改比较简单,如必要时可以对摘要词组文件进行增加、删除、修改,利用系统提供的功能就可以做到。出于某种需要,也可能要对文件结构进行修改。一般来说,文件结构的修改是很复杂的,它的困难不在于文件结构本身的修改,而在于使用文件的程序。因为文件结构的变化,往往需要修改使用文件的程序,这点对一般的高级语言程序尤为麻烦,因为用 FORTRAN、C、COBOL 等高级语言建立的程序和文件,两者之间互相依赖,独立性很差。但 DBASE 一类的数据库管理系统要强得多。

(4) 编码的维护。编码维护是指由于业务的发展,原有编码满足不了需要或不完善时,需要修改或扩充编码体系。例如,需要增加新的会计科目,或者由于下级科目个数超过了最大限度,需要增加科目编码的位数。前者是简单的,会计信息系统本身就提供增加、删除、修改编码的功能;但后者是困难的,也是应该尽可能避免的事情。因为代码结构的变化会引起程序的修改,所以设计时必须考虑到长远需要,尽量避免日后对编码结构的修改。

2. 软件维护的类型

按照维护的目的,软件维护可分为以下三种类型:

(1) 正确性维护。正确性维护是指纠正运行中发现的程序存在的错误。由于会计系统的程序规模很大,在开发阶段产生的错误,测试和试运行阶段不一定都能发现。我们知道,测试只能找出存在错误,但不能证明其不存在错误,有些错误可能会长期潜伏,只在特殊条件下才会暴露出来。例如,遇到输入数据的某种组合,或者由于信息系统和其他系统软件有不正确的界面时,错误才会暴露出来。因此,很难避免系统在运行中不出现错误,这些错误有些不太重要,或者很容易回避,但也有的可能是严重错误,甚至引起系统的瘫痪,这就需要及时地对程序进行正确性维护。

(2) 适应性维护。适应性维护是指当软件的外界环境发生变化时,需要对软件进行适应性维护。外界环境的变化主要是指计算机硬件和系统软件的替换、更新等情况。例如,操作系统新版本的安装或计算机的更替所引起的应用软件的转换、数据库和数据存储介质的变动、新的数据存取方法的添加等,都属于适应性维护。又如更换了新型号的打印机,可能对输出有一些轻微影响,需要及时修改程序。当然,设计软件时,应尽量设计得适应性强一些,不要因为支撑软件版本的升级、输入输出设备的改变而引起不适应,尽可能减少适应性维护工作。

(3) 完善性维护。完善性维护是指因扩充系统的功能或改善性能而对软件进行的修改。例如,为了满足用户的需要,打印新的报表或增加新的查询方式等,都需要修改现有的程序或增加新的程序模块。又如,为了改善查询的响应效率,可以设计新的查询算法,这时就要修改现有的查询程序。一般来说,经常发生的是完善性维护,花在完善性维护的时间和代价往往要超过前两类维护的总和。

此外,还有所谓预防性维护,是指为了减少或避免以后可能需要的前三类维护而对系统配置所进行的工作。预防性维护可以减少以后的维护工作量和维护时间。

3. 软件维护工作的程序

软件维护工作是一项困难的工作,这不仅由于软件是一种劳动和知识密集型产品,既没有严格的标准,又没有足够的文档说明资料,而且维护人员往往不是系统开发人员,对维护对象的结构不十分熟悉。此外,还由于人们对软件维护的重要性、困难性和工作量缺乏足够的认识,没有给予应有的重视,往往不配备较高水平的软件维护人员,这就更增加了软件维护的困难性。因此,我们必须充分认识到软件维护是个长期的代价昂贵的工作,必须有计划、有组织地进行。此外,由于修改程序是十分危险的,稍有不慎,牵一发而动全身,或者顾此失彼，越改越乱，就会导致严重的后果。所以为了保证软件的维护工作顺利进行，防止产生负面影响，除了应有足够的认识之外，还要建立一套严密的工作程序，建立必要的审批、执行制度。尤其是会计软件，由于会计业务的特殊性，一般是不允许随意修改程序的，要修改就要按一定的审批程序进行。

软件维护一般按以下程序进行：

（1）提出维护申请报告。申请报告应包括维护的内容、目的和要求等。例如，当发现软件有错误需要进行正确性维护时，应该在申请报告中写明发生的错误和出现的环境，包括运行的程序名、版本、错误信息、使用的输入输出数据、出错时系统的状态等。

（2）系统主管人员接到维护申请后，对维护工作的性质进行分类，作出是否修改的决定。当需要修改时，要制定维护工作的计划，指明修改的内容、要求和期限，交给程序员修改。然后程序员从资料库中取出系统源程序和有关的文档资料，着手进行具体的修改工作。应该注意，维护不仅仅局限于源程序，还应相应修改文档资料。例如，增加了程序模块，就应将它的设计资料写入系统设计说明书中去，可能还得相应地修改用户使用手册。修改工程完成后，还应组织软件进行单元测试和整体测试。由此可见，测试也是一项经常性的工作，第一次测试时设计的测试用例应该妥为保存，以备再用，而且新旧两次测试还可以进行比较，分析结果是否一致。维护工作完成后，维护执行人员要填制维护记录表，记录对程序和文档的改动情况。

（3）程序员修改完毕后，交由系统主管人员对维护进行复审，确定程序代码和文档的修改是否一致，测试结果是否正确。

（4）通过复审之后，源程序以及修改的文档存入资料库，通知操作员正式启用维护后的新软件。

本 章 小 结

本章简要介绍了会计电算化系统开发的四种方法，即生命周期法、原型法、面向对象法和CASE，对它们的开发思想、基本特征进行分析。以生命周期法的阶段为主线，介绍了系统规划、系统分析、系统设计、系统实施、系统运行和维护等各阶段的任务、方法、使用工具和形成的文档资料。学员通过本章学习，基本了解会计电算化系统的开发方法和开发过程，掌握生命周期法中系统规划、系统分析、系统设计阶段的任务、目标，理解数据流图、数据字典、模块等概念，熟悉系统实施、系统运行和维护的主要内容及流程。

复 习 与 思 考

一、名词解释

1. 软件危机 2. 系统分析 3. 系统设计 4. 生命周期法 5. 结构化方法 6. 总体设计 7. 详细设计 8. 数据流程图 9. 数据字典 10. 模块结构图 11. 耦合度 12. 聚

合度 13. 黑盒法 14.业务流程图

二、单项选择题

1. 从主观上说,导致软件危机的根本原因是(　　)。
   A. 软件本身的复杂性　　　　　　C. 软件规模的庞大
   B. 软件的抽象性　　　　　　　　D. 开发方法不正确
2. 原型法由于利用(　　)和其他原型工具对计算机处理能力要求很高、很昂贵。
   A. 第三代语言　　B. 第四代语言　　C. C语言　　D. 程序语言
3. 容易陷入"头痛医头、脚痛医脚"的被动局面,缺乏系统性的软件开发方法是(　　)。
   A. 生命周期法　　B. 面向对象　　C. CASE　　D. 原型法
4. 由于周期时间过长,以致当系统完成之时,原先的用户需求可能已经有了很大的调整的软件开发方法是(　　)。
   A. 生命周期法　　B. 面向对象　　C. CASE　　D. 原型法
5. 面向对象的开发方法需要有一定的(　　)支持才可应用。
   A. 硬件基础　　B. 语言基础　　C. 软件基础　　D. 经验
6. 严格地讲,CASE只是一种(　　)而不是一种开发方法。
   A. 开发方法　　B. 开发环境　　C. 开发工具　　D. 开发手段
7. 面向对象的开发方法是20世纪90年代使用的重要的软件开发方法,其关键在于强调软件的设计应以(　　)作为思考的核心,并以对象作为软件的模块单元。
   A. 项目　　B. 程序　　C. 硬件　　D. 对象
8. 生命周期法的主要特点是(　　)。
   A. 严格划分系统开发的阶段　　　　B. 对象比较明确
   C. 时间比较确定　　　　　　　　　D. 主要针对大型的时间不确定的项目
9. 软件开发成败的关键是(　　)。
   A. 系统规划　　B. 系统分析　　C. 系统设计　　D. 会计信息规划
10. 开发工作取得成功的关键是(　　)积极参加。
    A. 会计师　　B. 专业人员　　C. 管理人员　　D. 用户
11. 系统设计工作的第一步是(　　)。
    A. 结构设计　　B. 详细设计　　C. 总体设计　　D. 细节设计
12. 会计信息系统代码体系中最重要的设计是(　　)。
    A. 人员和部门代码的设计　　　　B. 会计科目代码的设计
    C. 校验码的设计　　　　　　　　D. 其他
13. 文件结构设计包括(　　)和记录的设计两个步骤。
    A. 内容的设计　　B. 字符的设计　　C. 形式的设计　　D. 字段的设计
14. 系统规划包括战略系统规划和(　　)。
    A. 分析规划　　B. 项目规划　　C. 设计规划　　D. 总体规划

15. 为了适应会计核算业务的要求,方便用户使用,在代码设计时必须遵循的原则是（　　）。
    A. 通用性　　　　B. 简明性　　　　C. 规律性　　　　D. 实用性

16. 程序设计的核心问题是（　　）。
    A. 算法　　　　B. 计算机　　　　C. 数据结构设计　　　　D. 语言

17. 对一个信息系统首先要测试的是它的（　　）,会计信息系统尤其如此。
    A. 正确性　　　　B. 通用性　　　　C. 运行时空性能　　　　D. 易读性

18. 在适用系统较小,且不太重要或时间要求不高的情况下,采用的切换方式是（　　）。
    A. 直接切换　　　　B. 并行切换　　　　C. 逐步切换　　　　D. 分阶段切换

19. 程序应具有较好的容错能力,不仅正常情况下能正确工作,而且在意外情况下应便于处理,不致产生意外的操作,从而造成严重损失。这要求程序具有（　　）。
    A. 可理解性　　　　B. 可靠性　　　　C. 效率性　　　　D. 可维护性

20. 系统完成全面测试后还要做好（　　）系统试运行等项工作,以保证会计信息系统得以顺利投入使用。
    A. 安全管理　　　　B. 制度设计　　　　C. 人员培训　　　　D. 其他

21. 会计核算软件的使用,首先必须对系统进行（　　）。
    A. 试运行　　　　B. 双轨进行　　　　C. 准备进行　　　　D. 初始化

三、多项选择题

1. 软件是计算机系统中与硬件相互依存的不可缺少的另一部分,它包括（　　）。
   A. 程序　　　　B. 相关数据　　　　C. 说明文档　　　　D. 帮助

2. 软件系统常用的开发方法包括（　　）。
   A. 生命周期法　　　　　　　　B. 原型法
   C. 面向对象的开发方法　　　　D. CASE

3. 系统设计由（　　）组成。
   A. 总体设计　　　　B. 详细设计　　　　C. 细节设计　　　　D. 目标设计

4. 系统设计过程是利用结构化设计方法进行系统模块的分解,并对（　　）内容进行具体的物理设计。
   A. 系统的文件结构　　　　B. 输入
   C. 编码　　　　　　　　　　D. 输出

5. 系统规划的主要工作包括（　　）。
   A. 确定系统的目标　　　　B. 可行性分析
   C. 初步调查　　　　　　　D. 制方开发计划

6. 初步调查的主要内容包括（　　）。
   A. 系统开发的条件　　　　B. 新系统的概况

C. 新系统的目标 D. 现行系统的基本情况

7. 可行性一般从( )方面去进行分析。
   A. 经济 B. 技术 C. 组织管理 D. 环境

8. 系统分析是整个系统建设的关键阶段,它对未来系统的质量,能起到决定性作用的是( )。
   A. 阐明了各功能单位之间的相互关系,保证新系统有整体性和优良的结构,作为系统设计的基础
   B. 系统分析帮助用户和开发人员正确认识自己的工作,在此基础上,企业组织可以考虑将来如何调整充实管理体制和组织机构
   C. 根据系统分析的文本,对新系统进行考核和验收
   D. 为系统设计提供数据

9. 数据流程图的基本符号有( )。
   A. 数据流 B. 外部实体 C. 处理逻辑 D. 数据存储

10. 数据字典的条目主要包括( )。
    A. 数据流条目 B. 数据处理条目 C. 文件条目 D. 数据项条目

11. 结构化设计的分解原则为( )。
    A. 分解时把相关问题放在一起,组成一个模块,把互不相关的问题划归为系统的不同部分
    B. 每个模块应有明确的功能,只解决一个问题
    C. 分解时要指出模块间的联结关系,块间联系应尽可能简单,使模块具有独立性
    D. 其他分解原则

12. 会计信息系统的模块设计包括( )。
    A. 总体设计 B. 系统总体功能设计
    C. 各子系统的模块设计 D. 详细设计

13. 在模块分解过程中,应遵循的原则是( )。
    A. 模块的分解只能是树型结构,不能形成网状结构
    B. 提高模块内的聚合度
    C. 降低模块间的耦合度
    D. 降低模块间的依赖度

14. 模块间的耦合度是指模块之间的依赖关系,包括( )。
    A. 控制关系 B. 调用关系
    C. 数据传递关系 D. 聚合度

15. 对于大型程序,人们则倾向于首先强调程序的( )。
    A. 可靠性 B. 可理解性 C. 效率性 D. 可维护性

16. 设计程序一般要经过( )等步骤。
    A. 理解系统设计的要求 B. 确定算法和数据结构

C. 编写和调试程序　　　　　　　　D. 编写程序文档

17. 系统测试的性能测试应包括系统的（　　）。
A. 吞吐量　　　B. 响应时间　　　C. 可靠性　　　D. 安全保密性

18. 会计信息系统的测试要贯穿系统开发的全过程，包括（　　）。
A. 模块测试　　　B. 集成测试　　　C. 总体测试　　　D. 详细测试

19. 会计信息系统的管理制度一般包括（　　）。
A. 岗位责任制度　　　　　　　　B. 安全保密制度
C. 操作管理制度　　　　　　　　D. 数据管理制度
E. 系统维护制度

20. 初始化有关的数据主要包括（　　）。
A. 各种代码体系　　　　　　　　B. 各级科目的期初余额和累计发生额
C. 操作人员的权限和密码　　　　D. 需要输入系统的历史数据

21. 会计信息系统的维护工作一般包括（　　）等方面的内容。
A. 硬件设备维护　　　　　　　　B. 编码的维护
C. 数据文件维护　　　　　　　　D. 软件维护

四、简答题

1. 什么是软件危机？为什么会产生软件危机？怎样消除软件危机？
2. 软件的生命周期包括哪些阶段？分别应编写哪些文档资料？
3. 软件开发一般有哪些方法？
4. 什么是生命周期法？用该方法开发信息系统有哪些优缺点？
5. 什么是原型法？用该方法开发信息系统有哪些优缺点？
6. 如何进行系统开发的可行性分析？
7. 绘制数据流程图包括哪些步骤？
8. 常用的编码方法有哪些？代码设计应遵循什么原则？
9. 简述系统测试的主要内容和主要步骤。
10. 系统切换有哪几种方式？各有何优缺点？
12. 会计信息系统的维护工作包括哪些内容？
13. 业务流程图分成哪几类？

第三章 账务处理子系统分析

 **学习目标**

相关知识	技能目标
1. 账务处理子系统概念、任务、特征	1. 理解账务处理子系统的地位
2. 账务处理子系统与其他系统关系	2. 理解账务处理子系统基本任务
3. 会计核算编码及体系设计	3. 理解会计核算编码,编码体系
4. 账务处理子系统的主要功能	4. 账务处理子系统的主要功能

 **知识结构**

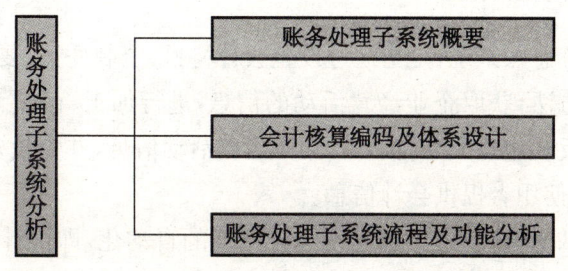

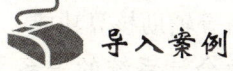 **导入案例**

泸州老窖的总账系统解决方案

泸州老窖集团位于四川泸州国窖广场,拥有400多年酿酒历史。公司以酒业生产为主,集生物科技、房地产、金融、宾馆服务等产业为一体,总资产20.4亿元,员工4 000多人,其中各类专业技术人员占35%以上,生产建筑面积32万多平方米。主导产品有国窖1573、百年泸州老窖及泸州老窖特曲等。业务范围遍及全国以及北美、欧洲、东南亚和东亚地区,是中国规模最大的名酒基地之一。公司产品品种多、业务范围大、发展非常迅速,资金流和物流日益增大以及顾客需求瞬息万变,技术创新不断加速,竞争日趋激烈的形势,对企业的管理提出了更新、更高的需求。

泸州老窖集团清楚地认识到,只有引进先进的管理理念和信息技术,及时、准确地掌握财务业务数据,才能有效控制和管理日益扩大销售网络。经过对几个国内外软件的对比,最终选择了某管理软件进行管理,将客商往来在总账系统进行核算,在分销处应用 Web 财务系统进行输入凭证—输入辅助信息—审核—查账的业务流程。

(1) 分支机构的日常办公支出可直接依据原始票据制作凭证,并予以审核。
(2) 总部财务主管对该凭证进行核对、记账。
(3) 分支机构通过 Web 财务系统可实时查询总账、明细账等账表信息。
(4) 分支机构可以通过 Web 财务系统查询某段期间的凭证及其辅助信息,并可查询包含未记账凭证在内的总账、余额表、明细账、资金日报表等账表信息。

上系统之前,业务员销售后压发票2个月才交财务,财务不能及时对业务员评价;现在每周都可以打印销售和应收款明细,半个月进行一次对账,及时收回货款,有效地降低了坏账的风险,对员工的考核透明化,而且有据可寻。资金占用量由 8 000 万~9 000 万元减少到 7 500 万元左右,资金占用率下降 10 个百分点,可以在相应地减少银行贷款的同时加大相关生产和营销投入。如果仍然使用人工处理数据,再增加 20 个管理人员也无法完成,更谈不上数据的分析,也无法达到管理要求。

第一节 账务处理子系统概要

一、账务处理子系统概述

账务处理系统又称总账系统,是指通过设置会计科目、填制凭证、复式记账、编制会计报表等一系列会计核算方法,获取企业经营活动的信息,进行加工、存储、汇总,并通过会计报告,达到全面、系统地反映企业人财物、供产销等经营活动信息,并为投资者、债权人、经营管理者、政府部门等信息使用者提供会计信息。

账务处理子系统的基本任务:力求实现会计循环的自动化,即由计算机自动实现记账、对账、转账、结账、查账和编制报表。在此基础上还应提供往来、部门、项目等辅助核算功能,以实现会计信息的多元分类。从信息系统角度看,账务处理工作是由会计系统的子系统——账务处理子系统来完成的,账务处理子系统的基本功能是通过采集数据、加工和存储数据、报告财务信息,实现对企业经营活动进行核算和控制,保证会计信息的真实、准确和有效。

账务处理子系统是会计电算化系统的核心,像成本、报表、财务分析等多个系统需要读取账务处理系统的数据进行处理,而采购、销售、存货、应收、应付、薪资、固定资产、成本、资金等系统则将处理结果生成相关票据或记账凭证,送到账务处理子系统进行加工处理。凡是企业进行财务管理和会计核算所需的会计信息,都是由账务处理系统对发生的经济业务活动的数据进行处理后得到的。账务处理系统要涉及整个会计核算中的记账、算账和报账全过程,以及会计数据处理中的凭证、账簿,因此,账务处理系统是会计信息系统的基础和核心,是整个会计信息系统最基本和最重要的内容。

账务处理子系统与其他子系统相比,具有以下几个重要特征。

1. 规范性强,一致性好,易于通用化

账务处理子系统基本工作原理是复式记账法。账务系统采用的会计记账方法——复式记账法,并且满足如下条件:有借必有贷,借贷必相等;资产=负债+所有者权益;总账余额及发生额必等于其下属明细账余额及发生额之和。

2. 综合性强,在整个会计信息系统中起核心作用

账务处理子系统以货币作为计量单位,综合、全面、系统地反映企业供产销的所有方面。因此,账务系统产生的信息具有很强的综合性和概括性。此外,账务处理子系统还要接收其他子系统产生的数据,同时还要向其他子系统传递数据,这样账务系统又是数据交换的桥梁,它把其他子系统有机地结合在一起,形成了完整的会计信息系统,账务处理系统是整个会计信息系统的核心。

3. 控制要求严格,正确性要求高

由于账务处理系统所产生的账表要提供给投资者、债权人、管理人员、财政部门、税务部门,因此,必须保证账务处理数据的正确性,保证结果的真实性。正确的报表来自正确的账簿,正确的账簿来自正确的凭证,只有从凭证开始,对账务处理的各个环节加以控制,才能防止有意或无意的差错发生。

4. 集成性要求高

账务处理的基础是原始凭证,而原始凭证又是来源于采购、生产和销售等业务活动,这就要求总账系统与会计信息系统的其他业务系统保持高度的集成性,不仅能够从其他子系统获取信息,还要能够向其他子系统传递信息,起到数据交换的桥梁作用。总账系统是整个会计信息系统的核心。

二、会计循环

(一) 会计循环的概念

实际工作中,会计人员对日常发生的经济业务进行加工、处理,形成信息使用者需要的会计信息数据,要运用一系列会计核算方法,经过填制凭证、登记账簿、编制会计报表等环节。这些环节依次继起、周而复始、循环往复,称之为会计循环。同样,会计电算化工作过程也同样按照这个过程进行的。

(二) 会计循环的基本步骤

会计循环是会计信息产生的步骤,也是会计核算的基本过程。由于每个企业单位的规模大小、经济业务的繁简各有特点,在具体组织会计核算工作时,其具体要求也就有所不同,但会计处理的基本步骤相同。

1. 手工账务处理系统流程

从信息处理的角度分析,账务处理子系统的处理流程实质上是一种数据流程,它反映了原始会计数据(原始凭证等)经过了哪些步骤的处理后最终形成会计信息。在手工条

件下,由于考虑到每个会计人员能够完成的工作量,因此,不同规模和不同业务量的企业可能采用不同的会计核算形式(也称账务处理流程),这些会计核算形式主要包括:记账凭证账务处理形式、科目汇总表账务处理形式、汇总记账凭证账务处理形式和日记总账账务处理形式。这四种流程有许多共同之处,其差别主要体现在登记总账的方法和依据不同。为了便于分析计算,以科目汇总表账务处理为例来说明手工账务处理流程,如图 3.1.1 所示。

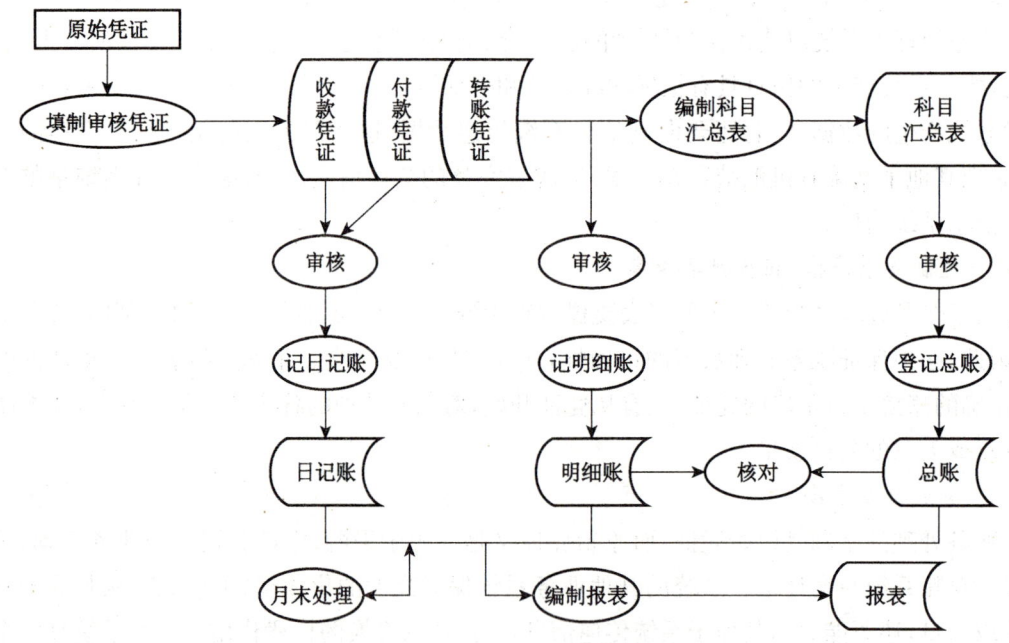

图 3.1.1　科目汇总表账务处理流程图

1) 科目汇总表账务处理形式具体流程:
(1) 根据原始凭证编制收款凭证、付款凭证和转账凭证。
(2) 根据收款凭证、付款凭证登记库存现金日记账和银行存款日记账。
(3) 根据收款凭证、付款凭证、转账凭证登记各种明细账。
(4) 根据收款凭证、付款凭证、转账凭证定期编制科目汇总表。
(5) 根据科目汇总表登记总分类账。
(6) 将总账与日记账、明细账核对相符。
(7) 根据总账和明细账编制会计报表。

通过以上分析可以看出,手工账务处理形式下的核算方式都是围绕如何减少工作量而产生的,因此,也就决定了这些处理形式先天带有手工处理的局限性。

2) 手工账务处理的主要缺陷
(1) 数据大量重复。记账凭证是总账系统的数据源,从一定的意义上讲,它所包含的信息量等于各种明细账、总账以及会计报表所包含的信息量之和。从信息量的角度来看,明细账、总账、报表并没有比凭证增加什么。但考虑到不同的对象需要不同的信息,因此,手工处理设置了登记明细账、总账等环节,使记账凭证上的数据被多次转抄。例如,当一笔反映现金支出业务的记账凭证编制完毕之后,需要由不同财会人员在库存现金日记账、相关的明细分类账、总账上同时转抄凭证上的日期、凭证号、摘要、金额等数据。同一数据的大量重复,不仅造成存储浪费,还极易导致数据的抄写错误。手工会计下的账证不符、账表不符现象与数据的大量重复登记有直接关系。

(2) 信息提供不及时。各种会计账表是账务处理系统的"最终产品",是企业内部管理部门、银行部门及财政等部门了解企业的财务状况和经营成果的重要资料,也是这些部门进行有关决策的依据。但由于总账系统处理的数据量较大,再加上手工处理速度缓慢,往往需要延迟一个相当长的时间才能编制出各种会计账表,严重削弱了会计账表所起的作用。

(3) 准确性差。在长期的账务处理实践中,人们总结出了一套特有的方法来避免和发现错误。例如记账凭证过账之后,一般在它上面加注"√"号以防止重复登账;明细账和总账采用平行登记的方法,以便相互核对发现明细账或总账中的过账错误和计算错误。但无论财会人员的素质如何,在从记账凭证的编制到报表输出的每一个环节中,转抄错误和计算错误都在所难免,而会计账目不允许有一分钱的差错,为此常常因为几分钱的差错,多次进行手工汇总和核对,既费时又费力。特别是在月底,为了尽快报出各种会计报表并保证账表相符,有时不得不根据报表来修改总账。类似做法影响了会计数据的准确性。

(4) 工作强度大。为了达到既要算得快,又要算得准的目标,在其他条件不变的情况下,只能靠加重财会人员劳动强度的方式来实现目标,这是手工进行账务处理的必然结果。

会计电算化系统的操作过程和手工过程有较大的区别,而且会计电算化系统除核算系统外还包含业务流程处理,完成核算系统后,暂缓结账,在分工完成其他子系统的实验后再一并结账。

2. 电算化账务处理系统流程

会计信息系统由于使用了计算机这种具有庞大储存容量、高速运算能力和代替人工进行会计核算的软件系统,极大地扩展了会计信息系统的数据处理和信息生成能力。相对于手工会计处理系统,电算化会计系统能够接受、储存更大容量和更多类别的业务资料,会计软件系统可以更为迅速与可靠地执行既定的会计处理步骤,同时,更为快捷和灵活多样地输出会计信息。电算化会计系统可以把会计人员从烦琐的手工账务处理中解脱出来,使他们把更多的时间和精力用到对会计资料和信息的分析和利用上,重点放到经营决策上。通用会计软件的一般使用流程如下所述。

1) 会计软件的初始设置

(1) 操作人员、口令、权限设置。

(2) 定义基础参数与建账。

(3) 设置业务处理规则。

(4) 输入期初数据。

2) 日常会计业务处理

(1) 应用软件的日常运行。

(2) 通用软件的模块运行流程。

3) 期末会计处理

4) 会计数据备份与恢复

电算化账务处理流程,如图 3.1.2 所示。

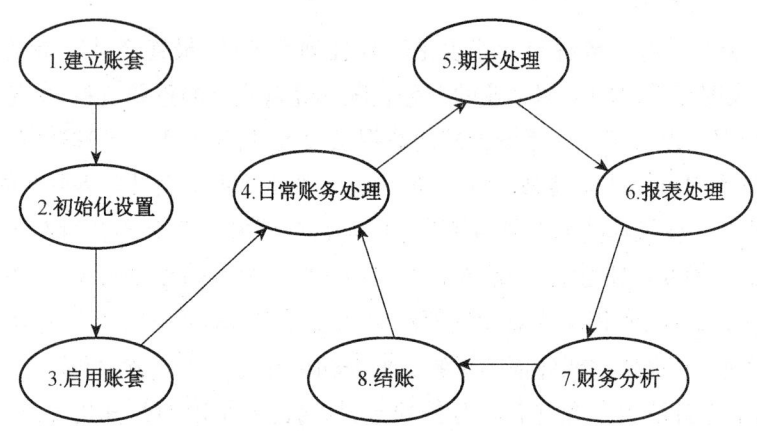

图 3.1.2 电算化账务处理流程图

电算化账务处理流程与手工账务处理流程大致相似,但在数据文件内容、控制方法、操作分工等方面还是有许多差异。这些差异下面再进行详细说明。

(三) 两种账务处理流程的区别

电算化方式和手工方式下的总账系统处理流程有很多不同之处,主要表现在以下几个方面:

(1) 数据处理的起点与终点不同。在手工方式下,会计业务的处理起点为原始会计凭证;而电算化方式下,总账系统可以以记账凭证、原始凭证、机制凭证作为处理起点。手工方式下,会计期间的会计业务以财会人员编制并上报会计报表为工作终点,而在电算化账务处理系统中,则以计算机自动输出账簿为终点,将各种格式变动的内部及外部报表的编制与输出工作,交由单独的会计报表系统来完成。

(2) 数据处理方式不同。在手工方式下,会计数据是通过将记账凭证由不同的财会人员分别登记到不同的账簿中,完成数据处理;在电算化方式下,账务处理系统进行数据处理时,记账只是一个数据处理的过程,不需要人工登记,数据间的运算与归集由计算机自动完成,大大减轻了财会人员的记账工作量。

(3) 数据存储方式不同。在手工方式下,会计数据存储在凭证、日记账、总账、明细账等纸张中;在电算化方式下,账务处理子系统中的数据存储在凭证文件等数据库文件中,在需要时,通过索引后打印机输出。

(4) 对账的方式不同。在手工方式下,按照复式记账的原则,总分类账、日记账、明细分类账必须采用平行登记的方法,根据每张记账凭证登记明细账,而利用汇总数据登记总分类账,然后财会人员定期将总分类账、日记账与明细账中的数据进行核对。当明细账和总账的数据不相符时,说明必然有一方或双方有记账错误。从一定的意义上说,这是手工方式下的一种行之有效的查错方法。在电算化方式下,由于账务处理子系统采用预先编制好的记账程序自动、准确、高速地完成记账过程,明细与汇总数据同时产生。只要预先编制好的程序正确,计算错误完全可以避免,这样就没有必要进行总分类账、日记账、明细分类账的核对。

(5) 会计资料的查询统计方式不同。在手工方式下,财会人员为编制一张急需的数据统计表或查找急需的会计数据,要付出很多劳动;在电算化账务处理子系统中,由于计算机具有高速数据处理能力,财会人员只需通过选择各种查询功能,就可以以很快的速度完成数据的查询统计工作。

(四) 两种环境下的会计循环比较

通过对手工会计循环的回顾和电算化会计系统(软件)为平台的会计循环的简单描述,我们在表 3.1.1 中将手工和电算化会计系统两种环境下的会计循环进行了对比。

表 3.1.1 手工和电算化会计系统的会计循环比较

步骤	手工会计循环	部门级电算化会计系统工作循环
1	分析经济业务	编制记账凭证
2	编制会计分录	(手工编制凭证、机制凭证)
3	登记日记账	登记日记账 ⎫
4	登记分类账	登记明细账 ⎬ 记账一次同时完成
5	编制调整前试算平衡表	登记总分类账
6	编制期末调整分录并登记分类账	处理其他子系统业务(工资固定资产等)
7	编制调整后试算平衡表	期末处理
8	编制结账分录	报表处理、财务分析
9	编制结账后的试算平衡表	结账
10	编制正式的会计报表	打印报出报表

经过表 3.1.1 对比分析可以看出,两种环境下的会计循环所经历的内容基本上是相同的,开始环节的编制会计分录(即编制记账凭证)和最终环节的编制会计报表,是完全相同的。中间环节主要是登记会计账簿到编制会计报表前的这一过程,在具体程序和方式上有所不同。因此,本质上,部门级电算化会计系统所遵循的会计循环与手工会计循环是基本一致的。

三、账务处理子系统的基本功能

账务处理子系统的基本功能包括:系统设置、凭证处理、账簿登记、辅助项目管理和各类账簿输出等任务。有些总账系统还提供往来核算、部门核算、项目核算和备查簿等辅助管理功能,这些都是总账系统处理功能的进一步扩充。账务处理子系统的基本功能如下:

(1) 系统设置:通过严密的制单控制保证填制凭证的正确性。提供资金赤字控制、支票控制、预算控制、外币折算误差控制以及查看科目最新余额等功能,加强对发生业务的及时管理和控制。制单赤字控制可控制出纳科目、个人往来科目、客户往来科目、供应商往来科目,可根据需要增加、删除或修改会计科目。

(2) 账务初始化:根据程序要求和内部管理需要自定义会计科目体系、记账凭证格式、账簿体系的过程。相当于手工状态下设立一套新的账务核算体系,是用计算机建账的过程。凭证处理包括凭证的输入、修改、审核、汇总、打印等内容。

(3) 凭证处理:输入、修改和删除凭证,对机内凭证进行审核、查询、汇总和打印。根据已经审核的记账凭证登记明细账、日记账和总分类账。

(4) 账簿管理:查询,设定查询条件标志,灵活迅速提供多种条件查询总账、日记账、明细账等,具有总账、明细账和凭证联查功能,月末打印正式账簿。例如,寻找特定内容的会计凭证,查找会计科目的发生额或余额等。

(5) 出纳管理:为出纳人员提供一个集成办公环境,加强对现金及银行存款的管理。提供支票登记簿功能,用来登记支票的领用情况;并可完成银行、现金日记账,随时输出最新资金日报表。定期将企业银行日记账与银行出具的对账单进行核对,并编制银行存款余额调节表。

(6) 期末处理:自动完成月末分摊、计提、对应转账、销售成本、汇兑损益、期间损益结转等业务,进行试算平衡、对账、结账、生成月末工作报告。

对账功能,一部分由会计核算软件在设计时由程序自动检查核对,如总账、明细账、日记账之间的账账核对;另一部分则提供给用户进行核对,如与银行对账单核对,与往来账核对,与其他辅助账核对等,并能作出调节表等相关资料。

结账功能,由程序完成,按国家会计制度规定,按会计科目分级进行计算、汇总,结出借贷发生额和余额,结束当期核算,开始下一个会计核算循环。结账还包括会计信息跨年度结转,开始一个新的会计年度的特殊内容。打印输出功能是打印记账凭证、账簿等会计信息资料,以便用户使用和归档保管。

四、账务处理子系统的基本任务

(1) 以记账凭证为原始依据,输入和处理各种会计凭证。
(2) 高效、正确地完成记账、银行对账和结账。
(3) 随时进行账证表的查询与打印,为企业管理提供信息。
(4) 建立账务处理子系统与其他子系统的数据接口。

账务处理子系统模块的任务可概括为两个字"算账"。账务处理子系统模块还包括现金银行、往来管理、项目核算等辅助核算功能。

五、账务处理系统与其他子系统的关系

账务处理子系统是电算化会计信息系统中的一个重要模块,它与各种应收、应付往来核算、薪资核算、进销存核算、固定资产核算、销售核算、会计报表管理等子系统共同组成了电算化会计系统。由于会计核算工作的特殊性,许多会计核算工作不可能都集中在总账管理系统中完成,而是先由各子系统进行专项核算处理,然后将结果汇总并形成会计凭证,传送到总账处理系统中进行集中处理。同时,各子系统在核算中也需要从总账管理系统中提取

一些会计数据进行专项处理。因此,账务处理系统是电算化会计信息系统的关键和核心部分,各系统之间的关系主要表现在数据传递关系上。

从图3.1.3中可以看出账务处理子系统接收应收、应付账款系统、存货核算系统、成本管理系统、资金管理系统、固定资产核算系统、薪资管理等系统生成的记账凭证;向会计报表系统、决策支持系统和财务分析系统提供财务数据,生成财务报表及其他财务分析表等。因此,账务处理系统是电算化会计系统的关键和核心部分,通过它可以集中各项综合性和总结性会计数据,汇集了企业、单位全面的经济活动。

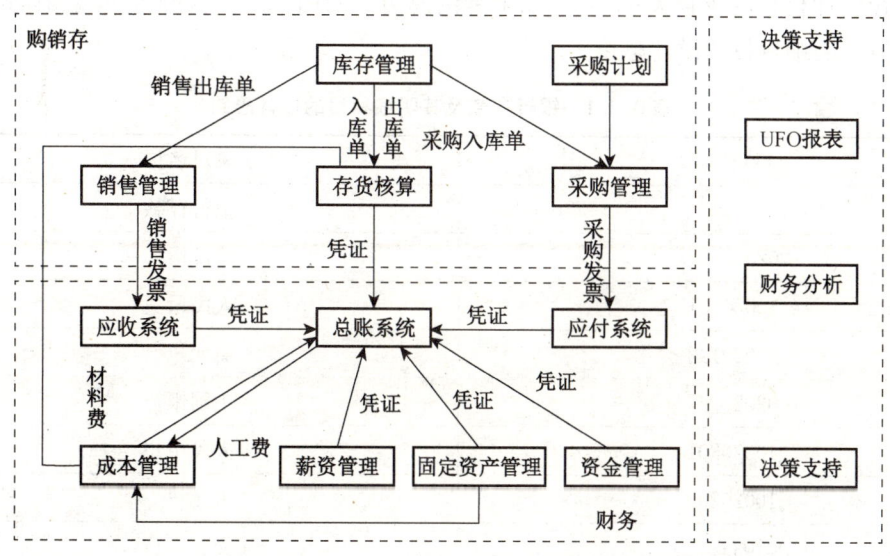

图3.1.3 账务处理系统与其他子系统的关系图

第二节 会计核算编码及体系设计

账务处理系统的管理和编码密不可分,因此,编码体系的设计非常重要。那么,会计系统的编码,首先就是会计科目编码,电算化处理需要,其他会计业务也需要编码,因此,会计编码形成了一定的体系和规律。

一、会计科目编码设计的重要性

所谓编码,是按照一个系统的方案设定数字、字母或其他符号,代表一定实体,借以区别各项目的类别和项别。在信息系统中,大多数对象都需要用编码来反映。

会计科目是对会计业务具体核算内容进行分类的名称或标志。实际上,会计账务处理的所有行为都是围绕着会计科目展开的,会计科目是账务处理中最核心的信息元素。在电算化会计系统中,会计科目的数量和设计不能完全沿用手工会计下的会计科目体系,要结合信息系统的特点和要求重新进行会计科目的制度设计。在会计电算化系统中,由于计算机数据处理代码化,会计科目可以更详细地分类以提供更多的分类信息,会计科目设计中应该更多考虑到会计报表的自动生成的需要，将原来需要根据分析才能填列的报表项目信息通过设置更为明细的会计科目预先加以分类。

会计科目编码设计是根据会计制度的规定及会计科目的具体内容，系统地确定各级会计科目，唯一数字编码的方法。在手工会计环境下，会计科目编码一般不需要使用，但在计算机环境下会计科目编码必须使用，而且设计的好坏直接影响到系统的效率和质量。会计科目编码在会计编码及体系中起到举足轻重的作用。因为：

(1) 采用会计科目编码便于反映会计科目间的逻辑关系。可以通过科目编码的不同位数反映出会计科目的逻辑关系，表3.2.1举例说明了采用422结构的8位编码体系下的银行存款及其明细科目的设计思路。

表3.2.1 银行存款及其明细科目的设计思路

科目编码	科目名称
1002	银行存款
100201	建设银行
10020101	人民币户
10020102	美元户
100202	中国银行
10020201	人民币户
10020202	美元户
100203	交通银行
10020301	人民币户
10020302	欧元户

422结构编码体系下的会计科目如果前四位相同就表明这些科目具有相同的一级科目，前六位相同表明这些会计科目不仅具有相同的一级科目，还具有相同的二级科目。这样编码可以清晰地反映会计科目间的逻辑关系。

(2) 保证会计科目的唯一性。会计科目是进行会计业务分类的标志，要求具有的准确性、确定性和唯一性，保持前后一致。在手工会计处理时，会计人员通过文字科目作为分类标志，通过文字的含义可以辨识其分类并进行记录；但对于计算机来说，文字形式的科目存在二义性，文字中间存在空格、相似含义字符等，计算机都看作是两个不同的科目。采用代码识别会计科目，可以避免会计科目的二义性，保证会计科目的唯一性。

(3) 便于计算机分类处理。将文字的会计科目转变为统一的编码，为计算机按编码所确定的规则分类、检索、汇总提供了便利。

(4) 节省存储空间。会计科目的使用范围很广，许多数据表都要用到会计科目的记录。如果使用文字形式，必将占用大量存储空间。例如，反映欧元户的会计科目如果用中文表示为"银行存款——交通银行——欧元户"，需要二十几个字节的存储空间，用编码表示只要8

个字节的存储空间。

（5）提高处理速度。文字输入的速度及准确性都比较慢，输入科目的数字编码并由计算机调阅文字科目与其相对照，既能提高输入速度又能提高科目使用的准确性。

综上所述，在账务处理系统中，设计一套科学的会计科目体系和会计科目编码方案，对于提高系统数据输入和处理的效率，保证账务处理的正确性，以及输出详细、完整的会计信息都有着极其重要的意义。

不过随着会计信息化水平的进一步提高，简化会计科目的设置成为一种趋势，减少明细科目，增设项目，即明细科目项目化。这在新的用友T+系统里应用更多。但不管怎样，会计科目编码仍然非常重要，电算化系统离不开会计科目编码。

二、会计科目编码设计的基本原则

各个核算单位可以根据自己管理需要设计会计科目具体编码，一个好的会计科目编码设计一般应遵循以下设计原则。

（一）规定性原则

规定性原则是指存在统一规定的，则尽量采用符合规定的科目编码。如财政部对一级会计科目有规定标准，有些单位的主管部门对某些科目分类也有限制性规定，单位在会计科目设计中应尽量参照这些标准，满足这些规定的要求。目前的会计软件有按行业性质预置会计科目的功能，这些预置的会计科目都参照了财政部制定的编码标准，其总体原则是编码中"1"开头的为资产类科目；"2"开头的为负债类科目；"3"开头的为共同类科目；"4"开头的为所有者权益类科目；"5"开头的为成本类科目；"6"开头的为损益类科目。

（二）层次性原则

会计科目存在总账科目和多级明细会计科目，层次性是某一会计科目如果存在上级科目，在编码时要以其直接的上级科目编码作为本级会计科目编码的前部。例如，1601 固定资产，160101 固定资产——A车间，16010101 固定资产——A车间——1号机床 16010102 固定资产——A车间——2号机床；160102 固定资产——B车间。这个设计中，1号机床和2号机床都是A车间使用的机床，"16010101"和"16010102"为同一级别的科目，其直接上级科目为"160101"，而"160101"和"160102"为同一级别会计科目，其直接上级科目为"1601"。

（三）一致性原则

一致性原则是指具有相同核算内容需要的会计科目尽量以相同的编码来反映。比如"管理费用"可以按部门设置二级明细科目，按费用类别设置三级科目，如果"管理费用"编码为6602，按部门"办公室""财务部"编码为"01""02"，对各管理费用项目的科目编码设计如下：管理费用 6602，管理费用——办公室 660201，管理费用——办公室——差旅费 66020101；管理费用——财务部 660202，管理费用——财务部——差旅费 66020201；以此类推。

（四）扩展性原则

扩展性是指在会计科目设计时要考虑到未来可能增加的分类核算的需要，要考虑到未来可能增加分类,在设计时应预留一定的扩展空间。例如,"应收账款"的二级科目如果为客户名称,目前客户数量已经达到 90 个,若采用的二级科目编码长度为 2 位,将来随着业务的拓展,客户数量超过 99 个时,2 位长度的设计就不能满足要求,在设计时应考虑将二级会计科目设计为总长 7 位,即 4+3。扩展性原则的使用,应该统筹考虑所有同级科目的分类数量需求后决定。

(五) 简短性原则

简短性是指在满足会计核算需要的前提下,位数越少越好。这既能方便记忆、加快输入速度、减少输入出错,还能节省存储空间。简短性与扩展性存在矛盾,应该在满足扩展性的前提下使会计科目编码尽量简短。

三、会计科目编码方法

任何对象的编码都可以采用字母编码、数字编码、数字与字母混合编码,这些编码都可以实现编码的目标,但目前流行的会计系统都采用了数字编码方式。目前,一级科目编码要按照会计制度的规定设计,会计科目编码体系的设计分为三类。

(一) 定长定位

所谓定长定位,就是所有同样级别的会计科目编码长度是一样的。比如按 4-2-2-2 定位方式的科目体系设计,如图 3.2.1 所示。

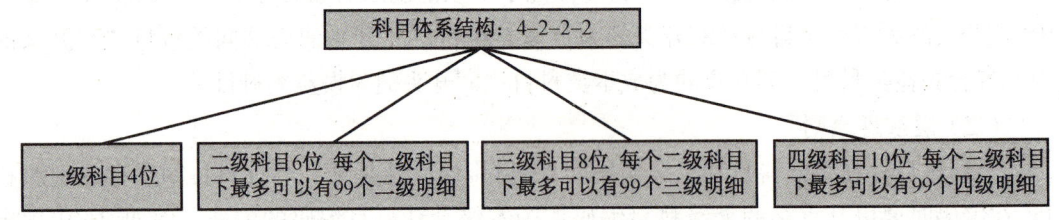

图 3.2.1　定长定位科目编码

(二) 不定长方式

不定长方式是指在科目编码体系不超过总长度的前提下,除一级科目编码长度固定外,其他各级科目编码长度不固定。这种设计虽然能使得会计科目编码简短,但编码级次不清晰,会计科目表中需要专门字段来说明会计科目的级次。这种编码方式不便于计算机分类管理和识别。

(三) 立体科目

立体科目是将大量重复的会计科目从科目体系中分离出来,将具有相同的分类特征单独编码,然后建立会计科目与各特征类别的动态链接,这样就产生了一个立体的分类。立体科目实质是一种分类思想,并不是对传统会计科目逐一重新编码,而是将会计科目编码与其他对象编码连接起来,会计软件的辅助核算功能实质就是这种设计。比如按手工会计科目设置,某企业如果想知道某个客户对象所欠本公司货款的情况就需要在"应收账款"下设置明细会计科目进行核算,如果还想知道这些欠款是由哪些产品销售引起的,应设产品类别三级科目，如某企业的产品种类很多，销售客户也非常多，按传统会计科目体系设置如下：

1131	应收账款	113101	甲公司	11310101	A产品
				11310102	B产品……
		11310102	乙公司	11310201	A产品
				11310202	B产品……

这样的设计会使得会计科目体系十分庞大，而且随着往来单位的增减变化经常需要对科目进行调整。如果将产品和客户单独编码，就只需要在会计科目编码中设计"1131应收账款"一个会计科目就行了。其明细就由辅助账来代替。应收账款与产品、客户之间，建立了一种立体分类，逻辑上是一种立体科目体系。这种设计不但大大减少了编码数量，也可以避免由于往来单位和产品品种的变化而造成对科目的频繁修改，还可以方便软件提供对各个专门类别进行符合其特点的额外信息管理，如设置为客户往来核算类别，软件可以提供账龄分析的功能。在以上的例子中，对应收账款分别设计按客户和产品编码，与应收账款编码一起共同完成会计核算中的分类要求。不仅如此，预收账款也可以建立与客户和产品之间的链接，这就进一步提高了编码设计的效率和数据变更的便利性。

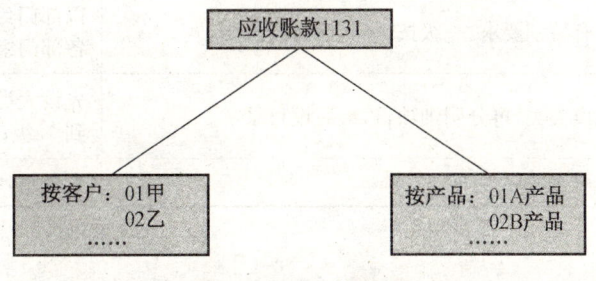

图 3.2.2　立体科目

根据以上编码方法，目前会计科目编码基本多是按定长定位及立体编码结合设计的方法。即以 4-2-2-2-2 为基本，为了简化会计科目，采用了立体科目编码的方法，即很多软件采用了辅助账的设置方法。

四、会计核算业务编码体系

会计核算业务编码体系基本遵循会计科目编码设计的基本原则，也是会计科目编码体系的延续。

会计核算业务主要涉及的编码，如表 3.2.2 所示。

方案一，互联网＋软件以前的软件，按级别设置为主，最大级数、最大长度、单位最大长度都是固定的，每一级可以在这个范围内自行设计。

方案二，互联网＋软件推出后，编码设计更加灵活，可以按方案一进行编码，但是为了方便快捷地处理业务，更多的是采用立体设置辅助账的方法，设置编码部门档案、职员档案、客户档案、供应商档案、存货分类档案、仓库档案、项目分类等。

表 3.2.2 会计编码方案

编码类型	编码方案								
	方案一								方案二
	最大级数	最大长度	单位最大长度	第一级	第二级	第三级	第四级	第五级	
科目编码	9	15	9	4	2	2	2	…	只设一级编码,立体设置辅助账
部门编码	5	12	9	1	2	2			先分组,各小组按序号编码
客户分类编码	5	12	9	2	2	2			设置辅助账,编码自定义
供应商分类编码	5	12	9	2	2	3			设置辅助账,编码自定义
存货分类编码	8	12	9	1	2	2	3		设置辅助账,编码自定义
地区分类编码	5	12	9	2	3	4			设置辅助账,编码自定义
结算方式编码	2	3	3	1	2				自动顺序编码或自定义编码
员工编码	没有特别要求,一级按部门,后面按需要								以部门编码为上级编码,其下各部门组人员按序号编码
项目编码	先设大类,再分明细项目,最后设目录								先设大类;再分明细项目,可以到 N 级;最后设目录
用户编码	一般按顺序编码								先分组,各组人员按顺序编排

第三节 账务处理子系统流程及功能分析

一、账务处理子系统流程分析

一般账务处理子系统流程图,如图 3.3.1 所示。

用友 T+云会计账务处理子系统流程图,如图 3.3.2 所示。

账务处理子系统具体处理流程为:

(1) 建立账套。若使用会计软件系统进行会计业务处理,首先要创建一个核算的环境,这就像手工会计核算工作时要有必要的纸质的证、账、表一样。只不过,在计算机环境下所建立的会计账套是计算机数据库文件,以后的会计资料都将以数据文件的形式存储在计算机中,计算机账套的建立为下一步的会计核算准备了基础条件。

(2) 用户初始化。其主要内容有会计科目编码和名称、初始化期初各账户余额和年累计发生额(如果初始日期不在 1 月份则无需输入)、记账凭证类型、账户格式等,如果是单独的账务处理系统,还需要设置单位基本信息、组织分工、操作人员权限、编码方案等信息,此外不同系统功能不同,可能还需要设置外币核算、辅助核算等。初始设置的内容也将成为记

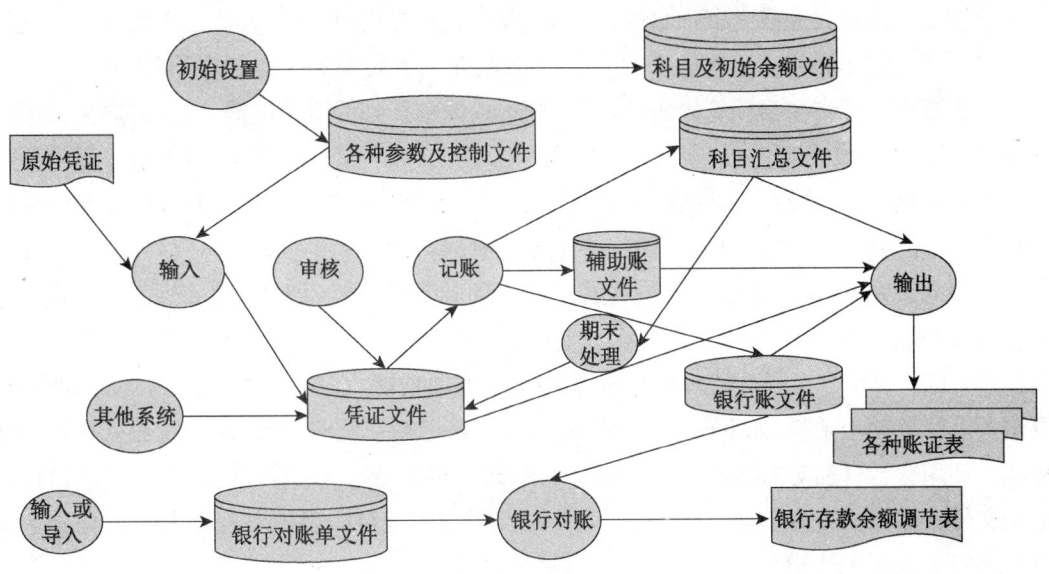

图 3.3.1 一般账务处理子系统流程图

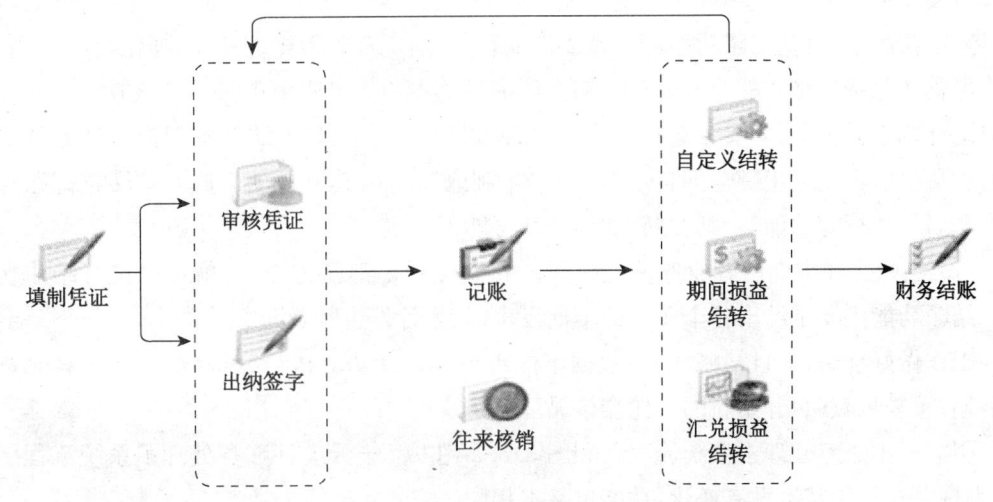

图 3.3.2 用友 T+云会计账务处理子系统流程图

账凭证输入和账簿处理及输出的参照。

（3）启用账套。初始化设置完成后,经过必要的完整性、平衡性检查无误后,就可启用账套进入计算机环境下的会计核算工作,而且,以后的工作会循环往复地进行下去。

（4）日常账务处理。主要账务处理包括:录入或转入(其他系统转来)记账凭证、凭证修改、凭证审核、过账、查看账簿、查看科目余额表、试算平衡表等。

有已审核标志的记账凭证可以记账,启动记账功能后,会产生汇总会计科目发生额和余额文件(又称汇总文件)、日记账文件和辅助账文件,实际上这三个文件只有相关科目的发生数和结余数(金额和数量),查询或打印的各类账是通过调用凭证文件和相关账簿文件由程序合成的,这种设计极大地减少了数据冗余,避免产生数据不一致。

薪资子系统主要完成工资项目的定义、工资计算及公式的定义、各类工资报表格式的设置及工资发放工作和相应记账凭证的生成(机制凭证)，并传递到账务处理子系统中。

固定资产子系统主要核算固定资产的增加、减少、变动、折旧计提等工作，月底生成折旧费用记账凭证，并传到账务处理子系统中。

往来管理系统，也被称作应收应付系统，主要用来处理企业与客户之间应收及预付的往来款项、企业与供应商之间应付及预收的往来款项。

不同的会计软件系统，可能还包含着一些不同的其他功能，如现金出纳管理、银行对账辅助核算功能。

(5) 自动对账。银行自动对账是账务处理的辅助功能，在第一次启用银行对账功能需要输入对账单期初余额，如果该余额与对应的银行日记账余额不一致，还必须输入期初未达账项。使用银行自动对账功能前需要将银行对账单输入或导入计算机内，系统设立专门的数据文件存储银行对账单，由计算机自动将银行账与银行对账单核对并产生银行存款余额调节表及其相应未达账。

(6) 自动转账。自动转账需要用户设置转账相关内容，系统将根据设置内容从相关账表里自动获取数据，生成转账记账凭证并存入凭证数据表中，这些凭证依然需要审核后记账。通常情况下，自动转账功能可以完成借款利息、固定资产大修理费用、摊销待摊费用、摊销无形资产等费用结转的业务处理。期末调汇的基本功能主要用于对外币核算的账户在期末自动计算汇兑损益、生成汇兑损益转账凭证及期末汇率调整。结转本期损益功能将所有损益类科目的本期发生额全部自动转入"本年利润"科目，其他自动生成的结转移记账凭证都过账后再执行此功能，否则，结转的损益数可能不正确。

(7) 结账。在本期所有业务及记账凭证和调整凭证都已过账后，就可以执行结账功能了。结账功能主要是结出各个账户的本期发生额、累计发生额及余额等数据，并为下一会计循环工作做好准备，一旦结账，一切数据不能再更改。此功能执行完毕后，会计核算会进入下一期，重复步骤(4)开始新的一轮会计循环期。

图 3.3.1 账务处理子系统流程图和图 3.3.2 用友 T＋云会计账务处理子系统流程图比较，发现总账流程基本没有变化，功能也基本相同。

二、账务处理子系统功能分析

(一) 账务处理子系统及内部功能模块划分

根据结构化方法，采用"自顶向下，逐步求精"的设计方法，将账务处理系统分解为功能明确、易于修改、大小适中的模块。根据所给的账务处理子系统流程图，目前一般账务系统主要分为七大模块：系统管理、基础设置、凭证管理、出纳管理、往来现金、期末处理及系统维护。系统各模块功能，如图 3.3.3 所示。

(二) 账务处理子系统的功能结构说明

(1) 系统管理：包括账套管理、账套设置、基础档案设置、用户权限、初始化、期初余额和其他设置等模块。

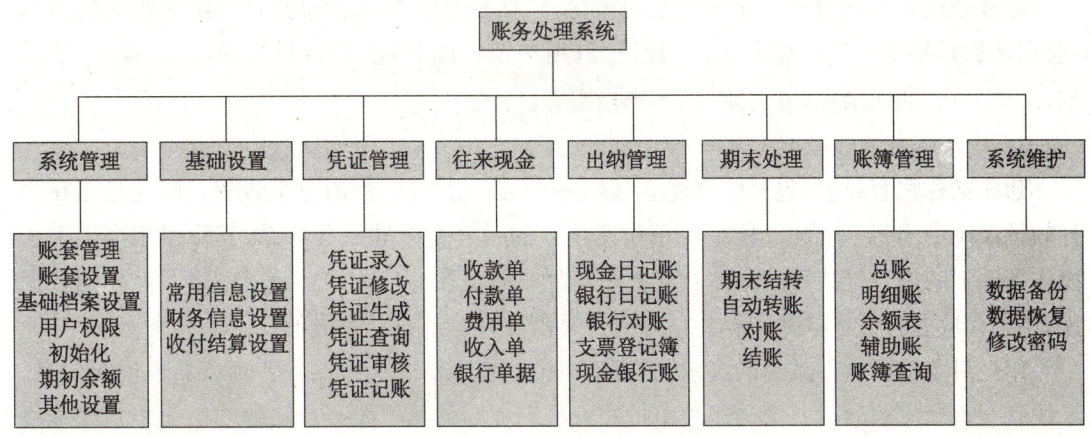

图 3.3.3 系统各模块功能

(2) 基础设置：包括常用信息设置、财务信息设置和收付结算设置等模块。

(3) 凭证管理：包括凭证录入、凭证修改、凭证生成、凭证查询、凭证审核和凭证记账等模块。

(4) 往来现金：包括收款单、付款单、费用单、收入单、银行单据等往来的核算和管理等模块。

(5) 出纳管理：包括现金日记账、银行日记账、银行对账、支票登记簿和现金银行账等模块。

(6) 期末处理：包括期末结转、自动转账、对账和结账等模块。

(7) 账簿管理：包括总账、明细账、余额表和辅助账账簿查询等模块。

(8) 系统维护：包括会计数据备份、数据恢复、修改密码等模块。

三、账务处理子系统模块分析

(一) 系统管理

因为现在很多软件实现财务业务一体化,所以还包含其他设置。

系统管理中最重要也是最先要完成的是系统初始化,即使用软件的单位根据本单位的账务处理和财务管理的具体情况,对通用财务软件进行设置。会计账套初始化简称初始化,是指根据单位自身的业务性质及会计核算与财务管理的具体要求进行的设置,又称为系统初始化。

类似手工方式下选定记账方式,确定会计科目和账户,设计记账凭证,制定记账规则,结转期初余额等初始建账工作。账务系统的初始设置一般由财务主管或财务主管指定的专人进行。初始设置工作在系统投入使用时进行,以后一般不再重新设置或修改,如需修改应在年末结账后进行。因此,初始化工作在使用电算化会计软件过程中占有非常重要的地位,这项工作的好坏直接影响到能否顺利开展会计电算化工作及其质量,必须加以正确对待。

账务处理系统初始设置又称总账初始化,包括建立账套、账套初始化,定义账套的名称(公司名称),基本会计核算方法,参数设置,用户及权限分配、会计科目、外币设置、凭证类别、结算方式、期初余额、分类定义、编码档案等。

1. 建立账套

建账又称账套设置,包括账套建立、财务分工、权限管理、编码方案设置。账套是指在会计软件系统中为每一个独立核算的单位所建立的一套完整的账务体系,其作用相当于手工操作条件下明确会计核算的主体。建立账套的实质是在会计软件环境里创建一系列的数据库,用以存放各种凭证账簿资料。这个过程是由软件系统自动完成的。

用户只要按照软件系统的提示,结合本单位的实际情况选择输入各项参数或说明信息,系统就会自动按照参数要求为用户单位建立一套独立的账簿体系。账簿初始化包括账本格式的定义、会计科目设置、余额输入等。在电算化会计中,这些过程必须得到高度重视,否则不设立科目账户、不启用账簿,会计信息便失去载体,账务处理便无从谈起。

建立账套需要设置的内容:

(1) 设置账套基本信息。包括账套编号、账套名称、账套数据存储路径、账套启用会计期间。

(2) 录入单位一般信息。核算单位的一般概况资料,包括单位全称或简称、办公地址、邮政编码、银行账号、法人代表、通信方式等。

(3) 选择会计核算类型。指定用户单位所属的行业性质,使系统按照所指定行业的特点为该账套预置一套标准的会计科目。

(4) 设置本位币。

(5) 确立代码设置规则。编码规则的设置取决于核算单位经济业务的复杂程度、核算要求与统计需求。经济业务复杂、核算与统计要求精细的单位,其编码的级次可能较多,编码位数也可能较长。

(6) 确定数据核算精度。需要确定数据精度的常有数量、单价、金额、汇率、费率、税率等项目。

2. 用户及权限分配

系统分工及权限管理都属于内部控制的范畴,在手工会计中表现为人员分工、互相牵制,在电算化中则必须用设置口令、权限和密码等方法解决,这是会计信息安全可靠的必要保障。

再则,账务系统一般都有日志管理功能,每时每刻记录系统的具体操作的数据文件,包括操作员、处理、操作的具体时间等,系统自动记录,使管理员一目了然,如果一切正常,一段时间后自动清除留出空间。用户的增删以及权限设置通常由系统管理员控制,或由系统管理员与账套主管分别掌握。

用户权限设置是按照会计内部控制制度中不相容职务分工牵制的原理,对已设置好的用户所进行的权力分配。其目的是实行必要的财务分工,满足内部控制的要求。新增加的用户必须被授权后才拥有对系统的操作权力。在系统管理员和账套主管分别设置的软件系统(如用友),账套主管自动拥有对这一账套的全部操作权限,对账套主管来说,就不存在权限设置的问题了。一个用户可以同时被赋予几个模块的操作权限,也可只被赋予一个模块中的部分操作项目的操作权。

3. 输入期初余额

为了保证新系统的数据能与原系统的数据衔接,保持账簿数据的连续完整,在应用总账系统前,需要将一些基础数据输入系统中。首先将各账户的年初余额或启用月份的月初余额,以及年初到该月的累计发生额计算清楚,然后输入总账系统中。

"期初余额"功能包括:第一步输入科目期初余额,用于年初输入余额或调整余额。第二步核对期初余额,并进行试算平衡。

(1) 确定方向、输入余额。如果是在年初时建账,则期初余额就是年初余额,可直接录入各账户的年初余额。如果科目有辅助核算需要,还应整理各辅助项目的期初余额,以便在录入期初余额时一并录入。

如果是年中启用账务处理系统,则应先将各账户的当前余额和年初到启用期前的借贷方累计发生额一并整理出来,作为启用系统时的期初数据录入账务处理系统中,多数软件都将根据期初余额和累计发生额自动计算出启用期的年初余额。

(2) 试算平衡。期初余额输入后,必须进行上下级科目间余额的试算平衡,以保证初始数据的正确性,检验过程直接由计算机自动进行。

(3) 年初结转。年初结转是在旧的会计年度结束,新的会计年度开始时,为保持会计数据处理的连续性,将上一年度的期末余额结转为新会计年度的期初余额。

第一次使用账务系统或没有上年数据时,不能进行结转。第二年使用账务系统时,首先建立账簿,然后调整会计科目,最后结转上年余额,系统将自动结转各账户余额、往来未达账等。

(二) 基础设置

包括常用信息设置、财务信息设置、收付结算设置。常用信息包含往来信息、部门、员工信息输入、项目设置等,财务信息包括科目设置、凭证类别设置常用凭证等设置。

1. 设置会计科目

会计科目是对会计对象具体内容进行分类核算的目录,它是填制会计凭证、登记会计账簿、编制会计报表的基础。会计科目设置的完整性影响着会计工作的顺利实施,会计科目设置的层次深度直接影响会计核算的详细、准确程度。

本功能完成对会计科目的设立和管理,用户可以根据业务的需要方便地增加、插入、修改、查询、打印会计科目。

(1) 设置会计科目的原则。财务软件中采用的一级会计科目,必须符合国家会计制度的规定,满足会计核算与宏观管理和微观管理的要求,在会计核算时资产、负债、所有者权益、成本、损益等各类科目中所有可能用到的各级明细科目均需设置。

(2) 设置会计科目代码。一般在账套文件设置时,将财政部规定的一级会计科目写入科目文件中,当财会人员设置时,只需设置明细会计科目。由于账务系统运行时计算机只以科目代码来识别账户,因此科目编码正确性非常重要,科目编码时应按第二节里讲到的注意事项设置。

(3) 增加会计科目。如果用户需建立的会计科目体系与所选行业标准会计科目基本一致,则可以在建立账套时选择预置标准会计科目,对缺少或多余的会计科目进行增删处理即可。如果用户需建立的会计科目体系与所选行业标准会计科目相差较多,则可在系统初始设置时,选择不预留行业会计科目,这样可以根据自身的需要自行设置全部会计科目。

(4) 复制会计科目。系统提供了复制会计科目的功能,可以对下级科目或者同级属性相近的科目进行复制,这样只需稍作改动即可完成增加工作。

(5) 修改会计科目。如果需要对原有会计科目的某些项目进行修改,如科目名称、账页格式、辅助核算、汇总打印、封存标识等,我们可以通过"修改"功能完成。

(6) 删除会计科目。如果某些科目目前暂时不需用或者不适合企业科目体系的特点,可以将其删除。

(7) 带辅助核算的会计科目设置。企业还可以设置辅助核算,以更灵活多变的辅助核算形式、统计方法为管理者提供准确、全面的会计信息。辅助账主要包括:数量核算、外币核算、个人往来核算、客户与供应商往来核算、部门核算和项目核算等。

在建立会计科目时,对有辅助核算要求的科目,需要设置相应的辅助核算标识,以便在输入凭证时,系统根据辅助账标识,输入相应的附加业务信息。

(8) 现金、银行及现金流量会计科目设置。确定出纳的专管科目。只有在系统中加以设置,才能执行出纳签字功能,被设为现金、银行总账科目的在出纳功能中可以查询现金、银行日记账,进行银行对账,以及在制单中进行支票控制和资金赤字控制,从而实现现金、银行日记账管理的保密性。在T+之前的软件需要进行单独设置。

2. 凭证类别设置

根据企业管理和核算要求,将会计凭证进行分类编制,系统提供了设置凭证类别的功能,以便于管理、记账和汇总。但是,无论如何分类都不会影响记账结果。

第一次使用账务处理系统,首先应正确选择凭证类别的分类方式。

(1) 选择凭证类别。可供选择的分类方式有"记账凭证"分类方式、"收款、付款、转账凭证"分类方式、"现金、银行、转账凭证"分类方式、"现金收款、现金付款、银行收款、银行付款、转账凭证"分类方式和"自定义凭证类别"分类方式。

(2) 确定限制条件。选择"分类方式"后,可以设置该种凭证的限制条件,以便提高凭证处理的准确性。凭证类别的限制条件是指限制该凭证类别的使用范围,如收款凭证的借方必有现金或银行存款科目、付款凭证贷方必有现金或银行存款科目、转账凭证必无现金或银行存款科目。

3. 结算方式设置

系统提供了设置银行结算方式的功能,用来建立和管理用户在经营活动中所涉及的结算方式。结算方式设置主要内容包括结算方式编码、结算方式名称、票据管理标志等。

4. 分类定义设置

设置分类定义主要包括客户分类、供应商分类和地区分类。

5. 设置编码档案

设置编码档案主要包括部门档案、职员档案、客户档案、供应商档案、项目档案等。此处着重介绍项目目录设置。

一个单位项目核算的种类可能多种多样,如在建工程、对外投资、技术开发、融资成本、在产品成本、课题、合同订单等。

为了满足企业的实际需要,可定义多类项目核算,将具有相同特性的一类项目定义成一个项目大类,一个项目大类可以核算多个项目。为了便于管理,企业还可以对这些项目进行分类管理,如将存货、成本对象、现金流量、项目成本等作为核算的项目分类。

系统要求在建立会计科目时先设置相关的项目核算科目,然后再定义项目目录。

"项目目录"功能用于项目大类的设置、项目目录及分类的维护。企业可以在此增加或修改项目大类、项目核算科目、项目分类、项目栏目结构,以及项目目录。在 T3 系统里按如下设置。

1) 定义项目大类

(1) 项目大类名称:项目大类名称是该类项目的总称,而不是会计科目名称。

(2) 定义项目级次:项目级次即项目编码规则,项目分类最多分 8 级,总级长不超过 22 位,单级级长不能超过 9 位。

(3) 定义项目栏目:编辑项目栏目的名称和各栏目的属性。系统默认的栏目有"项目编号""项目名称""是否结算"及"所属分类码",用户可根据需要,单击"增加""删除"按钮,编辑栏目内容。

2) 指定核算科目

指定核算科目就是具体指定核算此大类项目所使用的会计科目。

指定核算科目之前,必须在总账系统的会计科目设置中,将需要进行项目核算的科目的辅助核算属性设置为项目核算。

3) 定义项目分类

为了便于统计,可对同一项目大类下的项目做进一步划分,这就需要进行项目分类的定义,如工程的项目大类下的分类项目及明细项目。

4) 定义项目目录

定义项目目录是将各个项目大类中的具体项目输入系统。而具体输入的内容又取决于项目栏目中所定义的栏目名称。在项目目录下,系统将列出所选项目大类下的所有项目,其中"所属分类码"为此项目所属的最末级项目分类的编码。

但在 T+系统是在基础设置下的常用信息设置——项目里完成此项,第一步进行项目大类分类;第二步明细分类,可以分多层;最后一层明细下设具体项目。

(三) 凭证管理

1. 凭证录入

这是账务处理系统中使用最频繁的功能,应该通过全屏幕凭证编辑功能输入和修改为审核的凭证数据。会计人员通过键盘输入记账凭证,在此过程中,系统会对会计科目及辅助项目进行正确性检查,凭证录入完毕保存时系统自动对借贷方的金额是否相等进行检查,如果借贷不平衡则会拒绝被保存,等待修改后再进行保存。

2. 凭证修改

在输入凭证过程中,尽管系统提供了多种控制手段,但错误凭证是难免的。对于需要修改的凭证,账务处理系统提供了修改错误凭证的功能,由有修改记账凭证权限的人员进行。账务处理系统针对不同的错误凭证提供了三种不同的修改方法。

(1) 输入但没有审核的记账凭证发现错误,可以直接由录入人员利用凭证修改功能进行修改。这种修改可以不留痕迹。

(2) 输入已通过审核但是还没有记账的记账凭证发现错误,这种情况应该由审核人在凭证审核模块中取消审核,然后由录入人员在凭证修改功能中进行修改。这种修改也可以不留痕迹。

(3) 输入的已经通过审核并记账的凭证发现错误,则不能利用凭证修改模块进行修改。根据会计制度的规定,这种错误凭证的修改必须留有痕迹。因此,只能选择红字冲销法或蓝字补充登记法来进行修正。对于涉及银行存款科目的错误凭证,为了计算机自动对账的需要,最好采用红字冲销法。

3. 凭证生成

这是会计业务一体化系统中,由业务单据:采购入库单、进货单、付款单、费用单、销货单、收入单、收款单等单独或合并生成会计凭证。

4. 凭证审核

审核凭证是实现对输入的会计凭证在计算机中确认审核和取消审核功能。审核人员应该按照会计制度要求对录入人员填制的记账凭证进行审核,主要审核记账凭证是否与原始凭证相符,会计分录是否正确、记账凭证内容是否完整无缺等。审核人员和录入人员不能为同一个人,审核人员不能直接修改会计凭证,若发现有错应先取消审核然后交由录入人员修改。只有经过审核无误的记账凭证才能作为记账的依据。

5. 凭证记账

记账过程是完全由计算机按照指令和程序进行,一般不需要人工干预,其正确性完全取决于记账凭证的录入与审核。

记账凭证是按照经济业务发生的顺序依次录入,也称为序时账簿。如果编制的分录有错误(指计算机难以控制的错误,如人为地增减数字、科目选择错误等),在录入前应排除,否则容易发生不可控制的错误。实现对已审核过的会计凭证进行记账的功能,可单张也可批量。系统根据已审核凭证中的数据分别更新科目余额表、总账、明细账、日记账等相关账簿中的数据。不少软件设置了取消记账的功能,为了安全起见,这个功能是隐藏的,像用友使用"Ctrl+Alt+H"键,也有一些版本有"恢复到记账前状态"。

6. 凭证查询

查询凭证功能是实现以某种查询条件为基础的查询以及系统里存在的任何年月的任何

类型凭证的查询。

（四）往来现金管理

往来现金管理模块主要包括收款单、付款单、费用单、收入单、银行单据等往来的核算和管理功能模块。

（五）出纳管理

1. 模块的内容

由于银行存款和现金非常重要，因此，这个模块是企业应该重点控制和管理的部分。这个模块包括"现金初始余额录入""银行存款初始余额录入""现金日记账管理""银行日记账管理""银行对账"五个部分。

（1）现金初始余额录入，由出纳录入企业现金初始余额。

（2）银行存款初始余额录入，由出纳录入企业银行存款日记账初始余额，并对存在的未达账项进行相应的处理。

（3）现金日记账管理，现金是流动性最强的一种货币性资产，加强现金的管理和控制是至关重要的。企业通过设置库存现金日记账，随时掌握现金收付的动态和库存余额，保证现金的安全，每日终了库存现金日记账的余额数应与实际库存数进行核对，做到账实相符。月份末，库存现金日记账的余额必须与现金总账的余额核对相符。

（4）银行日记账管理，银行存款日记账是用来反映银行存款增减变化和结余情况的账簿。银行日记账由出纳人员进行登记，其依据是银行存款收付款凭证。

（5）银行对账，也是账务处理的一个重要内容。在电算化会计中，系统代替原手工出纳完成这项工作，包括输入对账单、自动对账、输出银行存款余额调节表等内容。

银行对账是指将企业的银行日记账与银行出具的对账单进行核对，银行和企业间由于记账时间不同或其他原因会形成一方已记录另一方未记录的账，即未达账项。可能出现四种类型的未达账项：银行已收企业未收、银行已付企业未付、企业已收银行未收、企业已付银行未付。这些情况有可能是因为时间上的延误或者是记录上的错误。银行对账的目的就是将企业银行账和银行对账单进行核对，找出经济业务相同的进行核销，找出未达账项和造成未达账项的根源。把所有的银行未达账项整理出来就可以产生银行存款余额调节表。

2. 银行对账模式一般包括的内容

（1）输入对账单，将银行给企业的对账单输入计算机，存入"银行对账单"模块。

（2）初始化日记账，将对账前已存在的企业有、银行无的业务，从银行存款余额调节表摘录下来初始化"企业银行日记账"。

（3）自动对账，由计算机自动在"企业银行日记账"和"银行对账单"中寻找完全相同的经济业务进行核对或勾销。

（4）手工核销未达账项，这是对"自动对账"的补充，对于使用完全自动对账后不符合自动对账依据而没有勾销的已达账，由财会人员从"企业银行日记账"或"银行对账单"中挑选出来一笔，计算机自动从对应的文件中挑出金额相同的多笔，财会人员根据自身的判断在对账屏幕上进行手工勾销。

(5)余额调节表输出,把"企业银行对账日记账"和"银行对账单"中没有核销的经济业务整理出来,形成"银行存款余额调节表"。

(六)期末处理

期末处理是指在将本月所发生的经济业务全部登记入账后所要做的工作。期末会计业务与日常业务相比较,数量不多,但业务种类繁杂且时间紧迫。在计算机处理下,由于各会计期间的许多期末业务具有较强的规律性,由计算机来处理这些有规律的业务,不但节省会计人员的工作量,也可以加强财务核算的规范性。

1. 自动转账

自动转账分为内部转账和外部转账。外部转账是指将其他专项核算子系统生成的凭证转入总账系统中;内部转账是指在总账系统内部把某个或某几个会计科目中的余额或本期发生额结转到一个或多个会计科目中。

第一次使用账务处理系统,应先进行"转账定义",即设置自动转账分录。定义完转账分录后,在以后各月只需调用"转账生成"功能,即可快速生成转账凭证。但当某转账凭证的转账公式有变化时,需先在"转账定义"中修改转账凭证内容,然后再转账。

设置自动转账分录就是将凭证的摘要、会计科目、借贷方向以及金额计算方法存入计算机中的过程,相当于设置转账凭证模板,设计金额的计算公式是自动转账的关键。

自动转账分录可分为两类:第一类为独立自动转账分录,其金额的大小与本月发生的任何经济业务无关;第二类为相关自动转账分录,其金额的大小与本月发生的业务有关。

1) 自定义转账设置

由于各个企业情况不同,各种计算方法也不尽相同,特别是对各类成本费用分摊结转方式的差异,必然会造成各个企业这类转账的不同。为了适应各个企业不同转账的需要,用户可以自行定义自动转账凭证。

设置转账分录时,首先设置转账分录的基本内容,如凭证的摘要、会计科目和借贷方向等。

系统在生成自动转账凭证之前,要求将以前的经济业务全部登记入账,方可采用自定义转账分录生成机制凭证。

2) 对应转账设置(在 T3 及以前版本有此功能)

对应转账就是对两个科目进行一一对应结账。对应结账的科目可为非末级科目,但其下级科目的科目结构必须一致(相同明细科目),如有辅助核算,则两个科目的辅助账类也必须一一对应。

3) 销售成本结转设置(在 T3 及以前版本有此功能)

销售成本结转是指将月末商品(或产成品)销售数量乘以库存商品(或产成品)的平均单价计算各类商品销售成本并进行结转。

在账务处理子系统中,建立会计科目时,如果"库存商品""主营业务收入"和"主营业务成本"等科目下的所有明细科目都有数量核算,且这三个科目的下级科目的结构均一一对应,输入完成后,系统自动计算出所有商品的销售成本。

4）期间损益结转设置

期间损益结转主要用于在一个会计期间终了时将损益类科目的余额结转到"本年利润"科目中，从而及时反映企业利润的盈亏情况。其主要是对于"管理费用""销售费用""财务费用""销售收入""营业外收支"等科目的结转。

5）生成机制凭证

在定义完转账分录后，每月月末只需执行本功能，即可由计算机自动生成转账凭证，在此生成的转账凭证，需经审核、记账后才真正完成结转工作。

由于转账是按照已记账的数据进行计算的，所以在进行月末转账工作之前，请先将所有未记账凭证记账，否则，生成的转账凭证数据可能有误。特别是对于一组相关转账分录，必须按顺序依次进行转账生成、审核、记账。下面以期间损益的结转为例讲述机制凭证的生成。

2. 期末结账

结账是在一个会计期结束时，将一些临时性账户，如成本、收入、费用等账户予以结转，生成永久性或辅助文件，正确核算和反映本期企业经营成果。以月为单位期间，将该月的产成品、应摊、已预付的、损益类账户的余额结转及结清。结账后，会计期间的数据就作为档案数据来保存，不能对其进行任何修改，本期漏记的凭证也不能再录入。所以，除非会计期间结束，否则不能随意动用结账功能，不然该月的工作就告结束了。

每月月底都需要进行结账处理，结账实际上就是计算和结转各账簿的本期发生额和期末余额，并终止本期的账务处理工作。在计算机方式下，结账是一种成批数据处理，每月只结账一次，主要是对当月日常处理的限制和对下月账簿的初始化，由计算机自动完成，结账后不能再做凭证的处理工作。在用友T+系统里，把结账分为业务结账和财务结账，应先进行业务结账，最后才进行财务结账。

期末结账应注意的问题：

（1）结账前应将本期所有记账凭证登记入账，否则系统将拒绝执行结账动作。

（2）某一会计期间结账后，表示该期业务全部处理完毕，将不能再输入这一会计期间的记账凭证或其他数据资料，也不能再进行记账。

（3）结账必须按月连续进行，且每月只能结账一次。

（4）年终结账时，必须先进行数据备份或打印输出，以备操作出错时恢复至结账前状态。

（5）年终结账后，计算机会自动将年末余额结转到下年作为下年年初余额。

结账后，如果出现由于非法操作或计算机病毒等原因造成数据被破坏的情况，可使用反结账功能，取消结账。T3反结账的操作方法是：在"结账——开始记账"对话框中，选择要反结账的月份，然后按"Ctrl+Shift+F6"键即可取消结账。T+反结账的操作是：选择财务结账，然后选择取消财务结账就可以了。取消相应的业务结账，需要先取消财务结账。

（七）账簿管理

这个模块主要包括："总账查询与输出""明细账查询与输出""日记账查询与输出""辅助

账查询与输出""余额表查询与输出"五个部分。

（1）总账，数据根据会计人员指定的会计科目、日期等查询条件由系统自动生成。输入查询条件就可显示查询结果。

（2）明细账，一般有三栏式、数量金额式等形式，其格式与手工明细账基本一致。

（3）余额表，这是根据会计人员指定的会计科目、日期等查询条件由系统自动生成的，包含期初余额、本期发生额、期末余额。

（4）辅助账，通过核算项目可以全方位、多角度地反映企业的会计信息，并且核算项目可以在多个会计科目中存在。

（5）账簿查询，根据会计人员设置的条件查询相关账簿。

根据各类账目，计算并输出所需要的财务信息。电算化会计在期初各类账表设置工作后，在完成本月核算后可以自动完成该期的各类账、表，包括常规报表：资产负债表、损益表、财务状况变动表、利润分配表等，还有临时需要的信息，如银行存款余额调节表、费用分配表、内部管理需要的报表、财务信息等。

（八）系统维护

1. 数据备份

数据备份是指将计算机硬盘上的数据复制到各类磁盘、可写光盘或其他存储介质上，以便需要时利用这些数据恢复系统的原来工作状态。数据备份能使系统的初始设置数据、日常业务处理数据、有关自动上机登记记录等重要数据获得安全保障。电算化会计系统的每一个子系统都设有备份功能。

数据备份具有以下基本作用：保留有关会计档案、保护系统数据安全、保留重要操作内容。

备份时需要注意的问题：

（1）日常数据备份应该在每天关机前进行，一般宜采用A、B备份法制作双备份，并将两份备份资料保存在不同的地点。

（2）对于作为会计档案保存的备份资料，要在备份盘标签上写明备份的时间和责任人，以免恢复数据时发生错误。

（3）凡是具有数据输入或系统设置权限的人员都应该有数据备份权；对于网络或多终端系统来讲，数据备份应由专人负责。

2. 数据恢复

数据恢复是指将磁盘或其他存储介质上保存的备份数据复制到计算机的硬盘上，使软件恢复到上次备份时的运行状态。

通常在以下情况下需要进行相应的恢复操作：

（1）硬盘上的数据被非法破坏时。

（2）当需要查询已从机内系统中删除的往年数据时。

恢复功能的运用应非常谨慎，因为万一操作不当，很容易使硬盘中的最新数据被之前的备份数据所覆盖。许多软件将数据恢复操作权限只赋予系统管理员或超级用户，并将数据恢复操作看作是容易导致违规现象的少数关键操作项目之一。

(九) 系统运行次序

由于总账和各模块间存在复杂的数据传递关系,因此,无论是系统启用还是月末结账都需要遵从一定的次序。

1. 系统启用次序

如果在同一月份启用所有的子系统,建议采用以下的启用顺序:

(1) 先启用采购管理和销售管理,然后启用库存管理和存货核算。

(2) 在启用购销存系统和总账之后,再启用应收款管理、应付款管理。

(3) 启用总账后,就可以启用薪资管理、固定资产管理,且不分顺序。

(4) 最后启用成本管理。

2. 月末结账次序

如果所有的子系统均已启用,月末结账时,应遵循以下顺序:

(1) 薪资管理、固定资产管理、采购管理、销售管理先进行月末结账,且不分先后顺序。

(2) 然后库存管理、存货核算和应收款管理、应付款管理进行月末结账。

(3) 除总账系统外的各个系统均进行月末结账后,成本管理才能进行月末结账。

(4) 各个系统均进行月末结账后,总账系统才能结账。

用友T+软件分业务结账和财务结账:先业务结账,后财务结账。

本 章 小 结

本章首先介绍了账务处理子系统概论,第二节介绍了会计业务编码及体系,第三节介绍了处理系统的账务流程和功能。学生通过本章学习,熟悉账务处理子系统的处理流程和功能,熟悉会计业务编码,掌握会计编码体系。

复 习 与 思 考

一、名词解释

1. 账务处理子系统 2. 系统初始化 3. 会计科目代码 4. 项目目录 5. 自动转账 6. 结账 7. 数据恢复

二、单项选择题

1. 总账系统初始设置不包括(　　)。

A. 单据设置　　　B. 结算方式　　　C. 数据权限分配　　　D. 会计科目

2. 下列对于总账系统审核凭证功能的描述,错误的是(　　)。

A. 对于错误的记账凭证,可以通过计算机在凭证上标明有错字样

B. 对于已审核凭证可以由审核人自己或会计主管取消审核签字(只能是审核人自己取消)

C. 审核人和制单人不能是同一人

D. 作废凭证不能被审核和标错

3. 关于总账系统记账凭证录入功能,下列错误的是(　　)。

A. 凭证日期应随凭证号递增而递增,并且大于等于业务日期(业务日期之前)

B. 凭证金额合计栏由计算机自动计算借方科目和贷方科目的金额合计数并显示

C. 对于定义了辅助核算的科目,应在输入每笔分录时,同时输入辅助核算的内容

D. 当前新增的分录完成后按回车键系统可以将摘要自动复制到下一行分录

4. 在总账系统中,用户可通过(　　)功能彻底删除已作废记账凭证。

A. 整理凭证　　　　B. 作废凭证　　　　C. 冲销凭证　　　　D. 删除分录

5. 在总账系统中设置转账分录时无需定义(　　)。

A. 借贷方向　　　　B. 凭证号　　　　C. 凭证类别　　　　D. 摘要

6. 以下关于结账的意义,说法不正确的是(　　)。

A. 结账就是计算和结转各账簿的本期发生额和期末余额

B. 结账就是计算本月各科目的本期借贷方累计发生额和期末余额,不仅是各个科目

C. 结账工作每月进行一次

D. 结账就是终止本月的账务处理工作

7. 在总账系统中,已记账凭证的查询应通过(　　)界面进行。

A. 凭证/查询凭证　　　　　　　　B. 账表/科目账

C. 凭证/填制凭证　　　　　　　　D. 凭证/常用凭证

8. 如果在总账系统的选项中选择了"凭证编号方式"为"系统编号",则系统会将凭证(　　)。

A. 任意编号　　　　　　　　　　B. 按凭证类别按月进行顺序编号

C. 按凭证类别顺序编号　　　　　D. 按月顺序编号

9. 在总账系统中输入凭证时可以不输入或选择的项目是(　　)。

A. 凭证类别　　　　B. 凭证日期　　　　C. 附件张数　　　　D. 凭证摘要

三、多项选择题

1. 总账系统"出纳管理"功能是出纳人员进行管理的一套工具,包括(　　)功能。

A. 银行对账　　　　　　　　　　B. 现金和银行存款日记账输出

C. 支票登记簿管理　　　　　　　D. 长期未达账审计

2. 关于总账系统结账功能,正确的有(　　)。

A. 结账前,一般应进行数据备份

B. 已结账月份不能再填制记账凭证

C. 结账操作只能由会计主管进行(账套主管进行)

D. 结账功能每月可根据需要多次进行

3. 企业在"项目目录"功能中,可以进行(　　)等多项操作。

A. 定义项目目录　　B. 定义项目分类　　C. 定义项目大类　　D. 指定项目核算科目

4. 由于各会计期间的许多转账和期末业务具有较强的规律性,可以通过设定自动转账分录达到快速生成转账凭证的目的,目前总账系统转账定义功能提供(　　)。

A. 期间损益结转设置　　　　　　B. 对应结转设置
C. 自动转账定义　　　　　　　　D. 销售成本结转设置

5. 明光公司财务部于2003年5月启用总账系统,则其建账时需要输入的各科目期初余额数据有(　　)。

A. 2003年年初余额

B. 2003年5月初余额

C. 2003年1～4月借贷方累计发生额

D. 2002年全年借贷方累计发生额

6. 在总账系统中查询现金日记账时,可以根据需要限定(　　)等查询条件选项。

A. 按月查询　　　　　　　　　　B. 按日查询
C. 是否按对方科目展开　　　　　D. 是否包含未记账凭证

四、判断题

1. 在账务处理系统中,只有在"会计科目"功能下通过"指定科目"预先制定的现金类科目,才可以通过"现金日记账"功能查询其日记账。（　　）

2. 在总账系统中,取消出纳凭证的签字既可由出纳员自己进行也可由会计主管进行。（　　）

3. 在总账系统中填制记账凭证时,凭证一旦被保存,其凭证编号和凭证类别不能再进行修改。（　　）

4. 在总账系统中,期初余额试算不平衡时,可以填制凭证,但不能执行记账功能。（　　）

5. 在总账系统"期初余额"功能中,在输入科目期初余额和方向的同时,可根据需要对会计科目进行增、删、改等操作。（　　）

6. 在总账系统中,上月未记账,本月也可以先记账;若上月已记账,则本月更能记账。（　　）

五、简答题

1. 简述账务处理系统的地位,及其与其他子系统的关系。
2. 和手工系统相比,账务系统由哪些特点?
3. 简述账务系统的主要功能。

第四章　薪资管理子系统分析

 **学习目标**

相关知识	技能目标
1. 薪资管理子系统概述	1. 了解薪资管理子系统特点和地位
2. 薪资管理子系统处理流程	2. 熟悉薪资管理子系统处理流程
3. 薪资管理子系统功能分析	3. 熟悉该系统主要功能
4. 薪资管理子系统业务处理难点问题分析	4. 了解公式设置，分摊设置

 **知识结构**

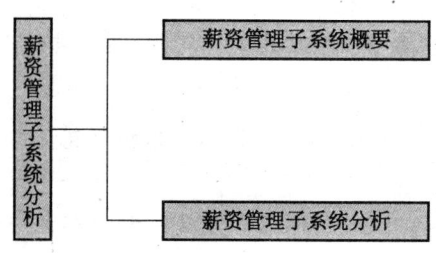

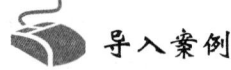 **导入案例**

IBM 公司的工资管理案例

IBM 公司即国际商用机器公司，是美国一个拥有 34 万职工、520 亿美元资产的大型企业。该公司把职工的工资问题作为人事管理的根本工作，他们认为：在工资上如有不合理的地方，会使职工对公司和上司感到失望，影响职工的干劲，因此，必须建立完整的工资体系。IBM 根据各个部门的不同情况，根据工作的难度、重要性将职务价值分为五个系列，在五个系列中分别规定了工资最高额与最低额。假设把这五个系列叫作 A 系列、B 系列、C 系列、D 系列与 E 系列。A 系列是属于最单纯部类的工作，而 B、C、D、E 则是困难和复杂程度依次递增的工作，其职务价值也愈高。A 系列的最高额并不是 B 系列的最低额。A 系列的最高额相当于 B 系列的中间偏上，而又比 C 系列的最低额稍高。

做简单工作领取 A 系列工资的人,如果只对本职工作感兴趣,那么他可以从 A 系列最低额慢慢上升,但只限于到 A 系列的最高额。

领取 A 系列工资的许多职工,当他们的工资超过 B 系列最低额的水准时,就提出"请让我做再难一点的工作吧!"向 B 系列挑战,因为 B 系列最高额比 A 系列最高额高得多。

各部门的管理人员一边对照工资限度,一边建议职工"以后你该搞搞难度稍大的工作,是否会好一些?"从而引导职工渐渐向价值高的工作挑战。

因为有电算化工资管理系统完成工资管理和核算,所以该公司工资体系合理完整。

第一节 薪资管理子系统概要

一、薪资管理子系统概述

人力资源核算和管理是企业管理的重要组成部分,其中对于企业员工的业绩考评和薪酬的确定正确与否更是关系到企业每个职工的切身利益,对于调动每个职工的工作积极性,正确处理企业与员工之间的经济关系具有重要意义。薪资即工资,又称薪酬,是指根据有关法规、合同,以法定的方式,在一定时间内因使用职工的知识、技能、时间和精力而支付给本单位职工的劳动报酬,是企业计提有关费用的依据。薪资核算是每个企事业单位财务部门最基本的任务之一,其不仅关系到每个职工切身利益,也直接影响到产品成本核算的质量。以前手工会计核算薪资通常占用财务人员大量的时间和精力,出错率也比较高,而采用计算机核算薪资可以有效地提高核算的准确性和及时性。

薪资管理系统适用于各类企业、行政事业单位进行工资核算、工资发放、工资费用分摊、工资统计分析和个人所得税核算等;可以与账务系统集成使用,将工资凭证传递到总账中。在 ERP 管理软件中,工资管理系统是人力资源管理系统的一个子系统。

工资核算模块,首先设计工资的项目及项目计算公式,按项目录入职工应发、扣减、实发金额,按使用者的要求计算配发不同面值的零整钱数。

该模块应具备自行定义工资的项目,选择分类方式,灵活修订工资项目,调整职工个人基础资料,定义工资计算公式(如代扣个人所得税计算公式),进行汇总计算。自动制作转账凭证,填制分录,进行工资分配,计算工资福利费。

(一) 薪资管理子系统特点

1. 涉及面广

工资核算涉及面广,体现在它涉及很多部门及系统,如职工个人、人事劳资部门、职工所在部门、总务部门、账务处理系统、人事管理系统;有时还涉及成本核算系统、统计核算系统。此外,代发工资涉及银行,交纳个人所得税涉及税务部门,交纳住房公积金涉及住房公积金中心,交纳社会保险费涉及社保中心,医疗保险、养老保险涉及保险公司等。

2. 时间性强

工资核算时间性强,体现在工资发放受时间限制,通常在某一固定日期发放,同时工资分配必须在成本核算及月末之前完成。

3. 政策性强

工资核算政策性强,体现在它必须执行有关法律、法规及规定,如个人所得税法、职工医疗保险、养老保险规定,国家的工资政策,单位工资发放及工资扣发的有关规定。

4. 重复抄录

工资核算重复抄录体现在工资核算的大量工作是重复抄录各种表格,如编制工资结算单主要抄录工资卡片或上月工资结算单、考勤表、扣款单等。

5. 繁简不一

工资核算繁简不一,在不同核算单位通常具体有所不同,不同单位有不同工资核算项目、核算方式、核算方法、编制依据等。如前所述核算有计时工资制、计件工资制;在计时工资制中有日工资制、月工资制;在核算形式上有一级工资核算、分级工资核算等。

(二) 薪资管理子系统和其他子系统的关系

薪资核算是财务核算的一部分,其日常业务要通过记账凭证反映,薪资管理系统和总账系统主要是凭证传递的关系。工资计提、分摊的费用要通过制单的方式传递给总账系统进行处理。成本系统需要的工资分摊数据由总账系统转递过去。

1. 薪资管理系统与总账系统

薪资管理系统将工资计提、分摊结果自动生成转账凭证,传递到总账系统,如图4.1.1所示。

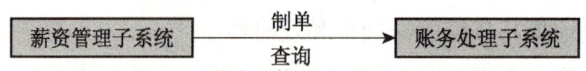

图 4.1.1　薪资管理系统与总账系统

2. 薪资管理系统与报表子系统

薪资管理系统向报表子系统传递数据,如图4.1.2所示。

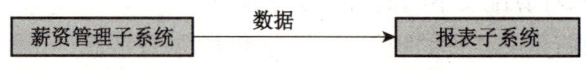

图 4.1.2　薪资管理系统与报表子系统

二、薪资管理子系统处理流程

很多企事业单位存在多种类型的工资核算,因此,薪资系统有单类别核算方式和多类别核算方式两种。

单类别薪资核算内容和方式较为简单,工资管理系统建立流程,如图4.1.3所示。

一般来说,单类别工资核算管理流程如下:

(1) 打开工资子系统。

(2) 设置工资账的参数(选择单个工资类别)。

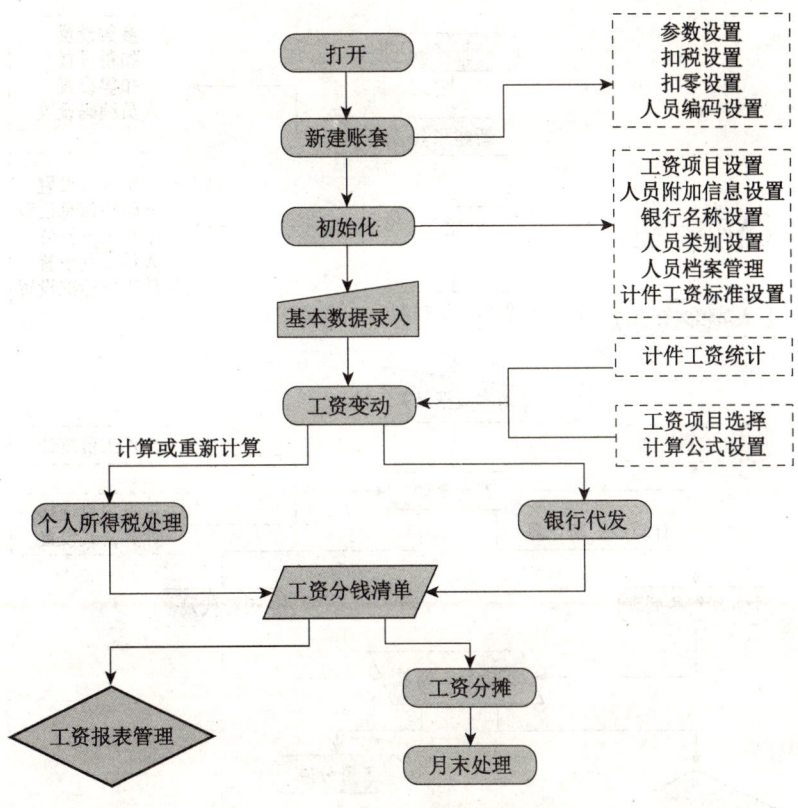

图 4.1.3 单类别工资核算处理流程

(3) 设置部门。

(4) 设置工资项目、银行名称和账号长度、设置人员类别。

(5) 录入人员档案。

(6) 设置计件工资标准和方案(如果只按计件工资)。

(7) 设置工资计算公式。

(8) 录入工资数据。

(9) 进行其他业务处理。

如果单位按周或一月多次发放工资,或者是有多种不同类别的人员,工资发放项目不尽相同,计算公式亦不相同,但需进行统一工资核算管理,则可按下列方法建立多类别的工资管理系统,如图 4.1.4 所示。

(1) 设置工资账参数(选择多个工资类别)。

(2) 设置涉及的所有部门、所有工资项目、人员类别、银行名称和账号长度。

(3) 建立第一个工资类别,即属于什么样类型职工就按什么类型发放工资,再选择所属的部门。

(4) 录入人员档案。

(5) 设置计件工资标准和方案。

(6) 选择第一个工资类别所涉及的工资项目并设置工资计算公式。

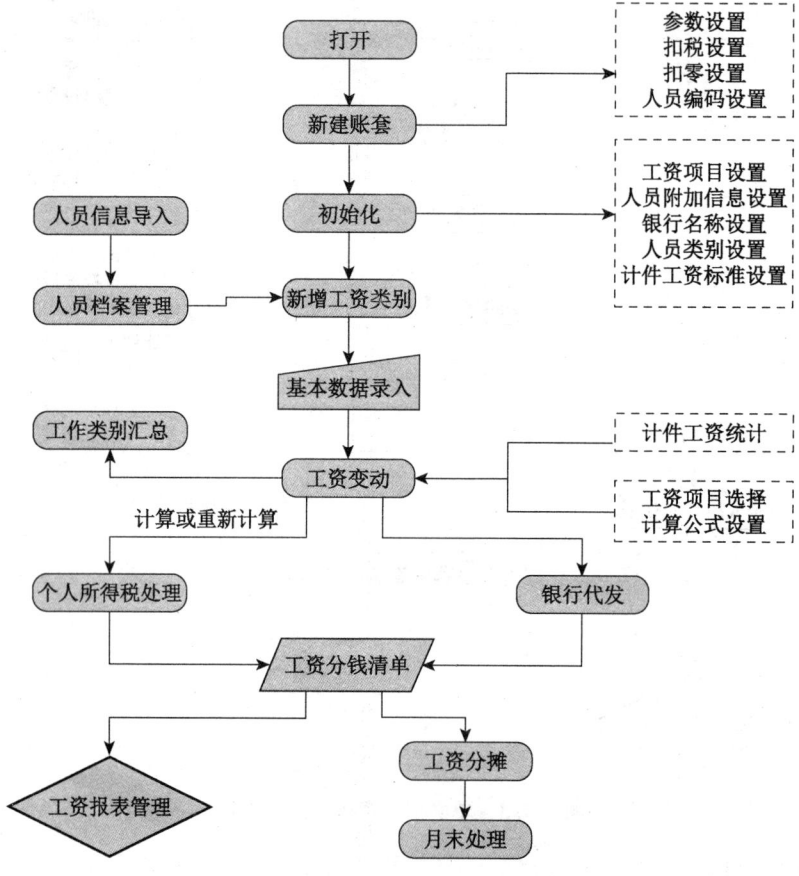

图 4.1.4 多类别工资核算处理流程

(7) 录入工资数据。

(8) 建立第二个工资类别并选择所管理的部门。

(9) 录入人员档案或从第一个人员类别中复制人员档案。

(10) 选择第二个工资类别所涉及的工资项目并设置工资计算公式。

(11) 录入工资数据。

(12) 重复步骤(8)到(11),直至完成所有工资类别的建立。

月末处理前将所要核算的工资类别进行汇总,生成汇总工资类别,然后对汇总工资类别进行工资核算的业务处理。

第二节 薪资管理子系统具体分析

一、薪资管理子系统功能分析

(一) 初始化

在初始化设置中,可设置人员附加信息、人员类别、部门选择设置、人员档案等基础档案;可设置提供银行代发工资的银行名称;可自定义工资项目及计算公式;提供多工资类别核算、工资核算币种、扣零处理、个人所得税扣税处理、是否核算计件工资等账套参数设置;提供计件工资标准设置和工资方案设置。

工资管理系统的初始工作具体设置:在正式使用工资核算系统以前,需要结合企业的实际情况,将通用的工资管理系统改造为适合本企业核算要求的专用系统。工资系统初始化完成这一工作。系统初始化的处理流程,如图4.2.1所示。

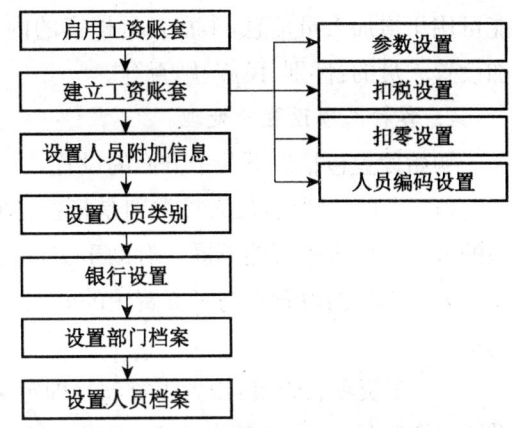

图 4.2.1 系统初始化的处理流程

1. 建立工资账套

建立工资账套是整个工资管理正确运行的基础,将影响工资项目的设置和工资业务的具体处理方式。建立一个完整的工资账套,是薪资系统正常运行的根本保证。

当使用工资管理系统时,如果所选择的账套为初次使用,进行工资系统初始化,系统将自动进入建账向导。系统提供的建账向导分为四个步骤:参数设置、扣税设置、扣零设置和人员编码。

第一步:参数设置。

选择本账套处理的工资类别个数:单个或多个。如单位按周或一月发多次工资,或者是单位中有多种不同类别(部门)的人员,工资发放项目不尽相同,计算公式亦不相同,但需进行统一工资核算管理,应选择"多个"工资类别。如果单位中所有人员的工资统一管理,而人员的工资项目、工资计算公式全部相同,选择"单个"工资类别,可提高系统的运行效率。

选择币种名称和"是否核算计件工资",系统根据此参数判断是否显示计件工资核算的相关信息。

第二步:扣税设置。

选择"是否从工资中待扣个人所得税",选择此项,工资核算时系统会根据输入的税率自动计算个人所得税额。

第三步:扣零设置。

确定是否进行扣零处理。若选择进行扣零处理,系统在计算工资时将依据所选择的扣零类型将零头扣下,并在积累成整时补上。扣零的计算公式将由系统自动定义,无需设置。现在大多数单位都不再发放现金,所以这个功能多数形同虚设。

第四步:人员编码。

按初始设置的界面及企业实际情况建立即可,如企业部门编号为3位,部门中人员最多在百人左右,则按"部门+人员"的代码组合方式,人员的编码位数为6位。除此之外,还可进行人员附加信息设置。除了人员编号、人员姓名、所在部门、人员类别等基本信息外,为了管理的需要还需要一些辅助管理信息,人员附加信息的设置就是设置附加信息名称。本功能可用于增加人员信息,丰富人员档案的内容,便于对人员进行更加有效的管理。例如,增加设置人员的:性别、民族、婚否等。

2. 各种选项设置的处理

初始设置包括以下几个方面的设置:

(1) 人员类别设置:人员类别是指按某种特定分类方式将职员分成若干类型。不同类型的人员工资水平可能不同。有助于实现工资的多级化管理。

人员类别的设置将与工资费用的分配、分摊有关,并能为企业提供不同人员类别的工资信息。

(2) 工资项目设置:设置工资项目即定义工资项目的名称、类型、宽度,可根据需要自由设置工资项目。例如,基本工资、岗位工资、副食补贴、扣款合计等,主要是增加工资项目,不针对具体工资类别。

(3) 定义公式:定义工资项目的计算公式是指对工资核算生成的结果设置计算公式。设置计算公式可以直观表达工资项目的实际运算过程,灵活地进行工资计算处理。具体流程如下:用户可根据已设置的项目设置公式,相同的工资项目可以重复定义公式(即多次计算),但以最后的运行结果为准。利用移动箭头可调整计算公式的次序。

(4) 银行名称设置:当企业发放工资采用银行代发形式时,需要确定银行的名称及账号的长度。银行名称设置可设置多个发放工资的银行,以适应不同的需要。例如,同一工资类别中的人员由于在不同的工作地点,需在不同的银行代发工资,或者不同的工资类别由不同的银行代发工资。

(5) 部门选择设置:设置部门档案是设置人员工资信息的基础,以便按部门核算各类人员工资,提供部门核算资料。一般在账套基础设置时已经设置完成,不再详细解释。

(6) 人员档案的录入:人员档案的设置用于登记工资发放人员的姓名、职工编号、所在部门、人员类别等信息,员工的增减变动都必须先在本功能中处理。人员档案与总账人员档案无缝对接,可以从总账导入。

其中有此项目的说明如下:计税,根据个人所得税税法,对外方人员在中国境内工作其薪金缴纳个人所得税的某些规定,以及某些单位个人所得税扣缴的特殊情况特意为用户设置的。若选择"计税",则在工资变动和扣缴所得税功能中对员工进行扣税计算。

中方人员:主要是为实行个人所得税扣缴且有外方人员的单位而设置的。由于中外方人员个人所得税扣缴的计算方法不同,所以扣税金额也就不同。

(二) 业务处理

业务处理包括以下几部分内容:

(1) 工资数据变动:进行工资数据的变动、汇总处理,支持多套工资数据的汇总。

(2) 工资分钱清单:提供部门分钱清单、人员分钱清单、工资发放取款单。

(3) 工资分摊:月末自动完成工资分摊、计提、转账业务,并将生成的凭证传递到总账系统,实现各部门资源共享。

(4) 银行代发:灵活的银行代发功能,预置银行代发模板,适用于由银行发放工资的企业。可实现在同一工资账户中的人员由不同的银行代发工资,以及多种文件格式的输出。

(5) 扣缴所得税:提供个人所得税自动计算与申报功能。

(6) 计件工资统计:支持"计件工资"核算模式,输入计件工资计件数量和计件单价,自动计算人员计件工资,并完成计件工资统计汇总。

(三) 统计分析报表业务处理

统计分析报表业务处理,提供自定义报表查询功能。提供按月查询凭证的功能包括以下几方面内容。

1. 提供工资表

工资发放签名表、工资发放条、工资卡、部门工资汇总表、人员类别汇总表、条件汇总表、条件明细表、条件统计表等。

2. 提供工资分析表

工资项目分析表、工资增长分析、员工工资汇总表、按月分类统计表、部门分类统计表、按项目分类统计表、员工工资项目统计表、分部门各月工资构成分析表、部门工资项目构成分析表等。

3. 业务处理

业务处理有很多内容,其中最关键的是工资变动和计件工资部分,说明如下:

(1) 工资变动。本功能用于日常工资数据的调整变动以及工资项目增减等。例如,平常水电费扣发、事病假扣发、奖金录入等,都在此进行;而人员的增减、部门变更则必须在人员档案中操作。首次进入本功能前,需先设置工资项目及其计算公式,然后再进行数据录入。

(2) 计件工资核算。使用计件工资核算的前提有两项:一是在设置中有没有选择"是否核算计件工资";二是在人员档案中有没有设置"核算计件工资"。

(3) 工资分摊。财会部门根据工资费用分配表,将工资费用根据用途进行分配,并编制转账会计凭证,供总账系统记账处理之用。

(4) 月末结转。月末结转是将当月数据经过处理后结转至下月。每月工资数据处理完毕后均可进行月末结转。由于在工资项目中,有的项目是变动的,即每月的数据均不相同,因此在每月工资处理时,均需将其数据清为零,而后输入当月的数据,此类项目即为清零项目。

若不进行清零操作,则下月项目将完全继承当前月数据。

二、薪资管理子系统业务处理难点问题分析

(一) 工资公式设置

1. 直接选择输入公式

如

应发合计 = 基本工资 + 奖金 + 交通补贴 - 事假扣款

扣款合计 = 养老保险 + 医疗保险 + 失业保险 + 住房公积金

$$计税工资 = 应发合计 - 扣款合计$$
$$实发合计 = 计税工资 - 代扣税$$

临时工：

$$实发合计 = 基本工资 + 计件工资$$

2. 带有计算公式

选择项目和计算符号生成公式，如

$$事假扣款 = 基本工资 \div 21 \times 事假天数$$
$$养老保险金 = 应发合计 \times 计提比例$$

医疗保险金，失业保险金，住房公积金等以此类推。

3. 函数公式生成的公式

比如公交补贴，经理补贴500元，管理人员补贴150元，销售人员补贴300元，采购人员补贴250元，其他人员补贴100元，设置格式如下：

交通补贴 = iff(人员类别 = "经理",500,iff(人员类别 = "管理人员",150,iff(人员类别 = "销售人员",300,iff(人员类别 = "采购人员",250,100))))

公式里面的符号均为半角。

（二）工资分摊设置

1. 工资分摊设置

按计提费用类型设置分摊公式，按分摊比例计提，计提类型按应付工资，设置养老保险计提项目（医疗保险、失业保险、生育保险、工伤保险和住房公积金、工会经费、教育经费等计提项目的方式相同，唯一的区别是计提的比例不同）。

2. 分摊工资费用

按部门、人员类别进行，计提基数一般按应付工资，一旦设置完成，即可按月、按类型进行工资分摊。

本 章 小 结

本章简要介绍了薪资管理子系统的特点，和其他子系统的关系，工作流程；详细介绍了薪资管理子系统的功能。学生通过本章学习，了解薪资管理子系统的特点，掌握薪资管理子系统的功能。

复 习 与 思 考

一、单项选择题

1. 下列工作中，不属于薪资管理系统初始设置范畴的是（　　）。

A. 工资账套参数设置　　　　　　　　B. 人员档案设置
C. 工资项目设置　　　　　　　　　　D. 计件工资统计

2. 在工资管理系统中,下列内容不能修改的是(　　)。
A. 人员类别名称　　B. 工资项目　　C. 人员附加信息　　D. 银行名称

3. 如果设置某工资项目为数字型,长度为8,小数位为2,则该工资项目中最多可以输入(　　)位整数。
A. 7　　　　　　B. 任意　　　　　C. 6　　　　　　D. 5

4. 在工资管理系统中,人员的增减变动应在(　　)中处理。
A. 人员档案　　　B. 工资变动　　　C. 数据上报　　　D. 人员类别

5. 关于调出人员,以下说法错误的是(　　)。
A. 调出人员当月月结后,不应取消调出标志　　B. 调出人员年中不能删除
C. 已调出人员所有档案信息均不能修改　　　　D. 调出人员的编号不能再使用

6. 系统自动以(　　)作为新建工资类别的启用日期。
A. 系统日期　　　　　　　　　　　　B. 用户自己录入的日期
C. 登录日期　　　　　　　　　　　　D. 工资账套的启用日期

7. 如果本月给所有企业管理人员多发100元奖金,最佳方法是利用系统提供的(　　)。
A. 替换　　　　　B. 筛选　　　　　C. 过滤器　　　　D. 页编辑

8. 员工的当前工资、全年总工资、扣除工资和净工资数据列示在(　　)。
A. 工资册　　　　B. 时间卡　　　　C. 工资支票　　　D. 收入申报

9. 利用工资服务机构可为企事业单位核算工资,下列(　　)功能不能由其来完成。
A. 集成工资和类似作业技能的个人数据　　B. 较低的工资处理成本
C. 减少处理和维护工资税专门技能的需求　　D. 较少的工资职员需求

10. 在工资支票分发之前没有为新员工准备工资支票,下列(　　)控制过程对发现此种情况有效。
A. 在每一时间卡上确认员工号码　　　　B. 提交并处理时间卡的记录数据
C. 平衡检查　　　　　　　　　　　　　D. 使用独立的工资银行账户

11. 下列(　　)对授权的工资费率变动负责。
A. 时间记录岗位　　　　　　　　　　B. 工资造册岗位
C. 人力资源管理岗位　　　　　　　　D. 会计岗位

12. 无人认领的工资应返回到(　　)。
A. 人力资源管理部门　　　　　　　　B. 出纳
C. 工资造册部门　　　　　　　　　　D. 缺席员工的经理

13. e-HR系统适用于(　　)组织形式的人力资源管理。
A. 单体组织　　　　　　　　　　　　B. 集团总部
C. 集团及其下属企业　　　　　　　　D. 小型事业单位

14. 职工工资的变动项目是指每月都会发生变化的工资项目(　　)。

A. 基本工资　　　B. 交通补贴　　　C. 加班工资　　　D. 职务工资

15. 企业对职工已做的工作按每件单价支付的劳动报酬称为（　　）。
A. 计时工资　　　B. 计件工资　　　C. 基本工资　　　D. 病假工资

16. 在工资核算中,会计部门需要接受（　　）提供的人员变动资料。
A. 人事部门　　　B. 生产车间　　　C. 后勤部门　　　D. 都不是

17. 下列各项中,不属于工资核算处理系统流程范畴的是（　　）。
A. 人事变动　　　B. 考勤记录　　　C. 计提福利费　　D. 备用金制度

18. 在工资核算系统中,某一部门中还没有定义任何人员,则这个部门允许（　　）。
A. 修改　　　　　B. 删除　　　　　C. A和B都对　　　D. A和B都不对

19. 某企业的工资项目中,"姓名"项目用于记录职工的姓名,这个项目的类型是（　　）。
A. 字符型　　　　B. 数字型　　　　C. 逻辑型　　　　D. 日期型

20. 某企业的工资项目,"基本工资"的宽度是8,小位数是2,则该企业职工的基本工资的整数部分最多有（　　）位数。
A. 4　　　　　　B. 5　　　　　　C. 6　　　　　　D. 7

21. 企业在使用工资核算系统之前,应对企业的（　　）进行整理、分类和编码。
A. 固定资产　　　B. 部门和人员　　C. 材料　　　　　D. 产品

22. 如果对符合某个条件的人员的统一工资项目进行统一的修改,最适合的修改方法是（　　）。
A. 数据替换　　　B. 逐个修改　　　C. 两种都是　　　D. 两种都不是

23. 工资系统可不提供（　　）的输入。
A. 工资单　　　　B. 工资汇总　　　C. 工资分配表　　D. 职工考勤表

24. 在工资管理子系统中,一般不需要输出（　　）。
A. 工资条
B. 工资数据的磁盘文件
C. 工资汇总表
D. 工资计算公式列表

25. 工资管理子系统中,工资分配数据是由（　　）文件产生的。
A. 工资计算　　　B. 工资汇总　　　C. 工资费用分配　D. 计算公式

二、多项选择题

1. 多工资类别应用方案可以解决的问题有（　　）。
A. 企业存在不同类别的人员,不同类别的人员工资发放项目不同,计算公式不同,但需要进行统一核算管理
B. 企业在不同地区设有分支机构,而工资核算由总部统一管理
C. 企业使用多种货币发工资
D. 企业按周发放工资,月末需要统一核算

2. 下列操作中,必须在打开工资类别的情况下进行的有（　　）。
A. 增加人员类别　B. 增加人员档案　C. 关闭工资类别　D. 增加部门

3. 为缩小人员档案的查询范围,系统提供( )功能。
   A. 筛选　　　　B. 定位　　　　C. 导入/导出　　　D. 数据替换
4. 工资系统正常使用之前必须做好( )。
   A. 人员类别设置　B. 部门设置　　C. 项目大类设置　D. 收发类别设置
5. 工资变动界面中的排序功能,提供( )方式进行排序。
   A. 按基本工资　　B. 按实发工资　C. 按部门　　　　D. 按人员编号
6. 下列功能中,适合于在单工资类别账中使用的有( )。
   A. 人员调动　　　B. 数据采集　　C. 汇总工资类别　D. 数据上报
7. 工资管理系统中,复制人员信息的前提条件有( )。
   A. 工资项目设置必须一致　　　　B. 多工资类别
   C. 人员编号长度一致　　　　　　D. 工资类别必须一致
8. 工资核算系统应具备的特点有( )。
   A. 工资结构的可变性　　　　　　B. 设置灵活方便
   C. 及时性,准确性高　　　　　　D. 具有符合政策性要求的内部控制制度
9. 下列工资数据中,属于独立项的有( )。
   A. 基本工资　　　B. 职务工资　　C. 加班补贴　　　D. 交通补贴

三、判断题

1. 工资管理系统一般只提供计时工资的核算,不提供计件工资的核算功能。( )
2. 工资管理系统只提供以人民币作为发放工资的唯一货币。( )
3. 在工资管理系统中,人员附加信息可以随时修改、删除。( )
4. 每位员工是否从工资中代扣个人所得税是由用户自由选择。( )
5. 计件工资一旦停用,便不能再录入计件工资统计数据。( )
6. 只有启用计件工资标准,才能设置计件工资方案。( )
7. 在工资管理系统中,相同的计件工资项目不能重复定义公式。( )
8. 系统提供的固定工资项目不能进行修改、删除。( )
9. 工资管理系统默认以应发合计作为个人所得税的扣税基数。( )
10. 工资分摊的结果可以自动生成凭证传递到总账系统。( )
11. 修改工资数据时,由系统汇总计算得到的各部门、各人员类别的工资总额会自动更正。( )
12. 工资核算系统在月末结账时,会自动将每月都发生变化的工资项目清零。( )
13. 工资核算系统中,应先设置工资项目,再进行计算公式设置。( )
14. 工资管理子系统中,数据传递关系有:工资子系统中根据转账数据文件自动生成转账凭证传递到财务处理子系统中处理,将工资费用分配数据传递到报表子系统中处理。( )
15. 会计信息系统中总账子系统的权限设置是根据会计内部控制制度的要求来设置会计人员权限的。工资管理子系统也需要提供操作员权限的设置功能。( )

16. 应发工资、实发工资等项目的数据类型应设置成数字型。　　　　（　　）

四、简答题

1. 薪资管理系统主要功能有哪些？
2. 简述薪资管理系统初始化的主要内容。

第五章　固定资产管理子系统分析

 学习目标

相关知识	技能目标
1. 固定资产管理子系统概述	1. 了解固定资产管理子系统特点和作用
2. 固定资产管理子系统处理流程	2. 熟悉固定资产管理子系统处理流程
3. 固定资产管理子系统功能分析	3. 固定资产该系统主要功能
4. 固定资产管理子系统难点问题分析	4. 了解固定资产折旧处理

 知识结构

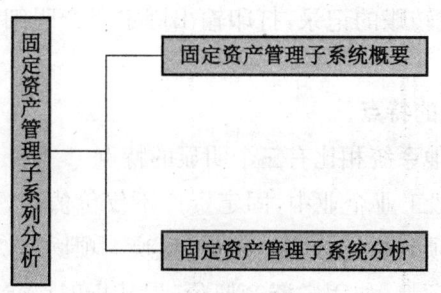

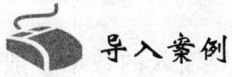 导入案例

北京银行固定资产管理

北京银行是一家新型的股份制商业银行,目前拥有 3 600 名员工和遍布京城的 118 家营业网点,综合实力位居全国银行业前列。随着银行规模不断壮大,资产数量也随之不断增加,银行在办公设备、电子设备等资产的管理方面,逐步暴露出各种问题:①资产购入后,没有对资产整个生命周期进行跟踪管理,也无法为资产的购置等环节提供有效的参考

数据。②资产管理分散,难于统一调配。北京银行下属分行数量众多,营业网点遍布全国,资产下发后,分属于不同部门进行管理,权限分散。③资产价值不实,资产的采购、合同付款等环节没有实现信息化的统一管理,导致资源浪费与资源不足的现象并存,资产流失严重。④资产盘点采用手工记录方式,工作人员的工作量大,层层上报环节复杂,导致盘点周期长,效率低,差错率高,最终导致账实不符。在充分了解客户实际问题和需求的基础上,胜龙科技为客户提供了适合其企业特点的资产管理系统,该系统采用条形码对固定资产进行标识,通过条码技术和移动计算技术的应用,实现了固定资产生命周期和使用状态的全程跟踪,标识后的资产在进行清查或日常管理中显示出条码技术最突出的特点,即方便、快速、准确,大大提高了清查工作的效率,同时保证了信息流和资产实物流的对应。为解决固定资产实物管理中长期存在的工作量大、烦琐、账实不符等问题提供了一个有效的途径。

第一节 固定资产管理子系统概要

一、固定资产管理子系统概述

固定资产系统是一套用于各类企业和行政事业单位进行固定资产核算和管理的软件,能够帮助企业进行固定资产净值、累计折旧数据的动态管理,协助设备管理部门做好固定资产管理工作。

此功能主要是根据财务制度的规定,建立固定资产卡片,确定固定资产计提折旧的系数、方法,录入固定资产增减变动情况,汇总计算固定资产原值、累计折旧及净值。按预先设计自动编制转账分录,完成转账的记录,打印输出固定资产明细账和资料卡片,详细反映固定资产价值状况。

(一) 固定资产子系统的特点

固定资产子系统与其他系统相比有三个明显的特点。

(1) 数据量大。在一般工业企业中,固定资产不仅价值高,而且数量也比较多,同时反映每一项固定资产的信息项目也比较多。例如,反映一项固定资产的信息根据管理的不同少则几个项目多则几十个项目,如固定资产原价、累计折旧、预计使用年限等。在固定资产子系统中,需要为每项固定资产建立卡片,所以存储量大。

(2) 日常数据输入量少。固定资产子系统投入运行之后,日常需要输入的数据一般仅限于固定资产的购入、清理,以及内部调动等情况,除此之外需要输入的数据一般很少。这对于建立固定资产系统非常有利。输入数据少,出错的机会少,需要检测的工作亦较少。而且,一项固定资产的有关数据输入后长期使用,直到报废、售出或转出投资等为止。

(3) 输出内容多。尽管固定资产子系统日常的输入量比较少,但日常的输出量相比之下却大一些。由于使用的目的不同,往往同一项固定资产数据反映在不同账表上。在手工方式上,这种账表编制的工作量不仅很大,而且受手工条件限制,容易出现差错,但是数据由计算机进行处理后,不仅可以提高质量,而且可以不出差错。

(二)固定资产子系统的主要作用

对固定资产进行全面管理,主要作用包括:

(1)严格管理固定资产的增减变化。通过建立固定资产卡片档案,在用固定资产,新增或新减固定资产,一目了然。

(2)计提折旧简便。用户可以按照自定义折旧方法,定期计提折旧,方便快捷。

(3)提高工作效率和管理水平。用户可以通过实时监管和查询固定资产档案及报表,大大提高工作效率和管理水平,减少由于管理不当带来的经济损失。

该系统的主要功能是完成企业固定资产日常业务的核算和管理,生成固定资产卡片,按月反映固定资产的增加、减少、原值变化及其他变动,并输出相应的增减变动明细账,按月自动计提折旧,生成折旧分配凭证,同时输出相关的报表和账簿。

二、固定资产管理子系统处理流程

(一)固定资产管理子系统简介

本系统与财务软件其他模块的接口主要涉及的是账务处理系统。本系统增加资产、减少资产以及原值和累计折旧的调整、折旧计提都要将有关数据通过记账凭证的形式传输到总账系统,同时通过对账保持固定资产账目的平衡。

本系统与账务处埋接口的关系包括:提供批量制单功能,提高效率;提供汇总制单功能;系统自动制作凭证,并传送到账务系统;提供传输到账务系统凭证的查询功能;提供固定资产系统和总账的对账功能。

本系统制作的凭证在本系统可修改和删除,但在总账系统中不允许修改和删除,即如果在总账系统发现固定资产凭证有问题需返回到固定资产系统修改。

与其他子系统接口的关系及为报表子系统提供数据支持,如图 5.1.1 所示。

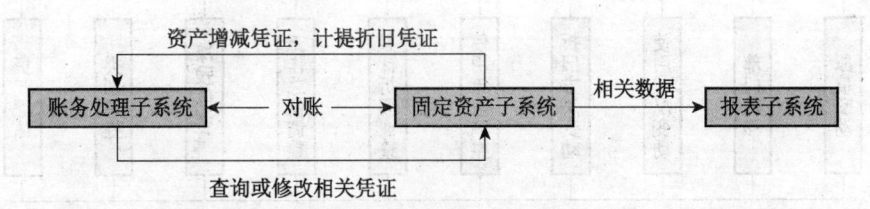

图 5.1.1 固定资产与总账和报表子系统的接口关系

(二)固定资产管理系统的业务处理流程

因为固定资产管理流程相对固定,各不同软件或升级版本软件区别不大,基本流程如图 5.1.2 所示,具体流程如图 5.1.3 所示。

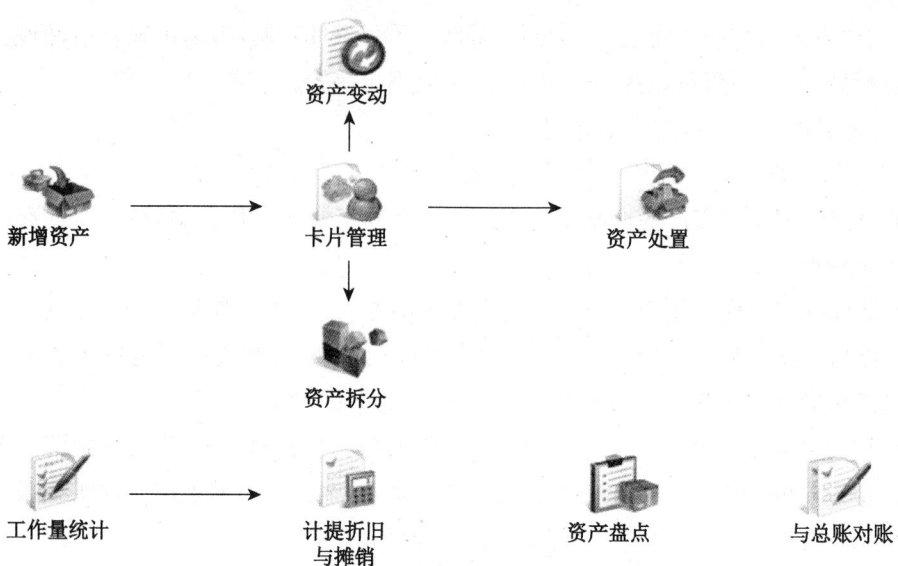

图 5.1.2 固定资产管理系统业务处理流程简图

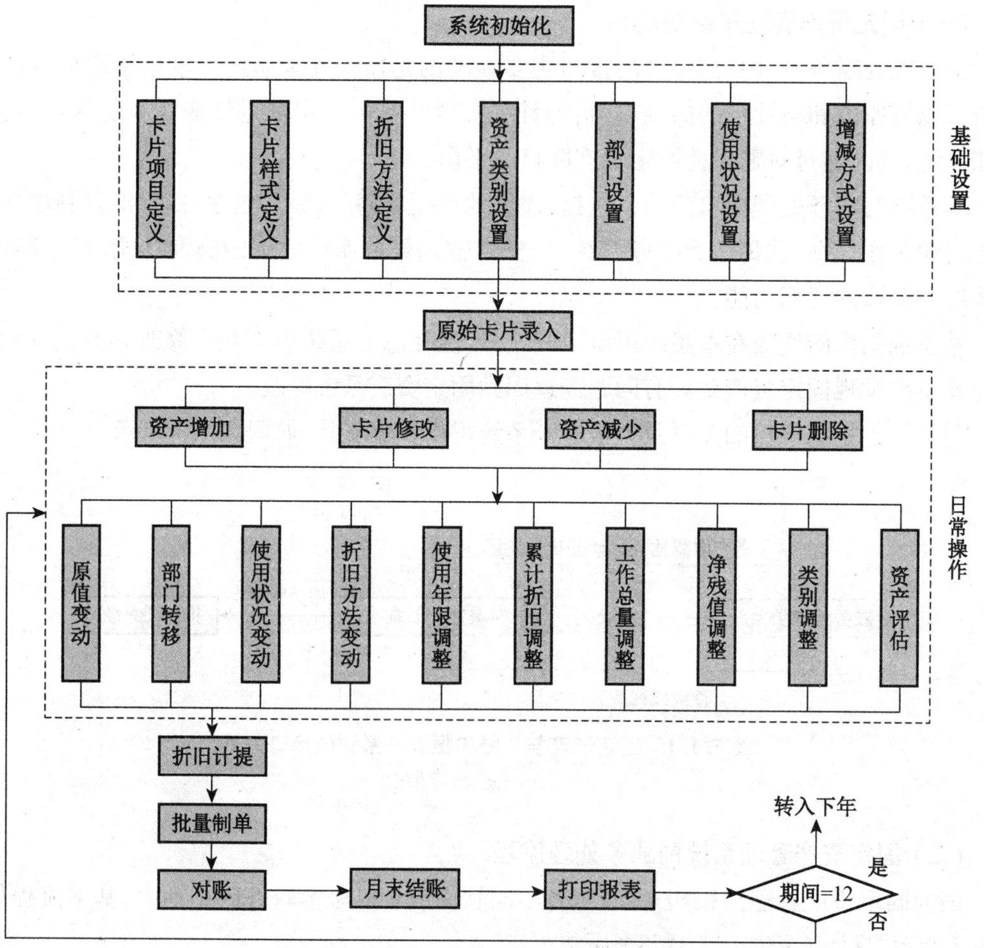

图 5.1.3 固定资产管理系统业务流程图

第二节 固定资产管理子系统具体分析

一、固定资产管理子系统功能分析

(一) 固定资产管理系统初始设置

1. 系统启用

系统启用有两种方法选择：第一种是在建立账套时由系统管理员启用；另一种是账套主管在"设置——基本信息"中启用。

2. 固定资产管理系统初始化

在新建账套初次使用固定资产系统时，系统会提示"这是第一次打开此账套，还未进行过初始化，是否进行初始化"。系统初始化是使用固定资产系统管理资产的首要操作，是根据单位的具体情况，建立一个适合需要的固定资产子账套的过程。要设置的内容主要包括：约定及说明、启用月份、折旧信息、编码方式、账务接口和初始化检查六部分。

（1）约定及说明。在进行初始化之前应认真阅读固定资产管理的基本原则。

（2）启用月份。查看账套固定资产开始使用的年份和会计期间，在此启用日期只能查看不可修改，如要修改，应在系统初始化时修改。要录入系统的期初资料一般是指截止该期间期初的资料。固定资产账的开始使用期间不得大于系统管理中建立该账套的期间。

（3）折旧信息。账套计提折旧：这个参数设置是判断本单位选择何种应用方案。

如果选用的是行政事业单位应用方案，则按照会计制度规定所有固定资产不计提折旧，那么该判断的判断框内不打勾，表示本账套不提折旧。如果选用企业单位应用方案，根据制度规定资产需要计提折旧，请在该判断框内打勾。

主要折旧方法：选择系统常用的折旧方法，以便在资产类别新增设置时系统自动带出主要折旧方法以提高录入速度，但可以修改。系统提供常用的五种方法：平均年限法（一）、平均年限法（二）、工作量法、年数总和法、双倍余额递减法。如果选择"本账套不计提折旧"，则选择的折旧方法为"不提折旧"。

折旧汇总分配周期：企业在实际计提折旧时，不一定每个月计提一次，可能因行业和自身情况的不同，每季度、半年或一年计提一次，折旧费用的归集也按照这样的周期进行，如保险行业每3个月计提和汇总分配一次折旧。所以，系统提供该功能，便可根据所处的行业和自身实际情况确定计提折旧和将折旧归集入成本和费用的周期。具体的处理办法是，每个会计期间均计提折旧，但折旧的汇总分配按这里设定的周期进行，把该周期内各会计月计提的折旧汇总分配。一旦选定折旧汇总分配周期，系统自动提示第一次分配折旧，也是系统自动生成折旧分配表制作记账凭证的期间。

（4）编码方式。资产类别的编码方式：资产类别是单位根据管理和核算的需要给固定资产所做的分类，可参照国家标准或自己的需要建立分类体系。系统类别编码最多可设置4级10位，单位可以设定每一级的编码长度。系统推荐采用国家规定的4级6位（2112）

方式。

固定资产编码方式:固定资产编号是为了方便管理给固定资产确定的唯一标识,有两种输入方法,可以在输入卡片时手工输入,也可以选用自动编码的形式根据编码原则自动生成。如果选择了"手工输入",则在卡片输入时通过手工输入的方式录入资产编号。如果选择了"自动编号",可单击下拉键,从"类别编号+序号、部门编号+序号、类别编号+部门编号+序号、部门编号+类别编号+序号"中根据单位的情况选择一种,系统根据选择的编码原则自动生成固定资产编号。自动编号中序号的长度可自由设定为1～5位。自动编号的好处在于输入卡片时简便快捷,并可根据资产编号了解资产的基本情况,便于资产管理。

(5) 账务接口。对账是指将固定资产系统内所有资产的原值、累计折旧和总账系统中的固定资产科目和累计折旧科目的余额核对,看数值是否相等。

与账务系统对账:只有存在对应的总账系统的情况下才需操作。如果在该判断的判断框内打勾,表示本系统要与总账系统对账,对账的含义是将固定资产系统内所有资产的原值、累计折旧和总账系统中的"固定资产"科目和"累计折旧"科目的余额核对,看数值是否相等。可以在系统运行中任何时候执行对账功能,如果不平,肯定在两个系统中某个或两个都出现偏差,应引起注意,予以调整。如果不想与总账系统对账,可不打勾,表示不对账。

固定资产对账科目:单击参照按钮或F2参照基础设置中的科目选择。因固定资产系统提供要对账的数据是系统内全部资产的原值,所以选择的对账科目应是固定资产一级科目。

累计折旧对账科目:参照基础设置的科目选择。因固定资产系统提供要对账的数据是系统内全部资产的累计折旧,所以选择的对账科目应是累计折旧一级科目。

对账不平允许月末结账:本系统在月末结账前自动执行"对账"功能一次(存在相对应的总账账套的情况下),给出对账结果,如果不平,说明两系统出现偏差,应予以调整。但是偏差并不一定是由错误引起的,有可能是操作的时间差异(在账套刚开始使用时比较普遍,如第一个月原始卡片没有录入完毕等)造成的,因此,给出判断是否"对账不平允许月末结账",如果希望严格控制系统间的平衡,并且能做到两个系统录入的数据没有时间差异,则可在该判断的判断框内打勾,否则不要打勾。

(6) 初始化检查。上述初始化设置已经完成,本界面显示相关已定义内容,请仔细查看,如果无误可点击完成,但请注意系统初始化中有些参数一旦设置完成,退出初始化向导后是不能修改的,如果要改,只能通过"重新初始化"功能实现,重新初始化将清空对该账套所做的一切工作。所以,如果觉得有些参数设置不能确定,返回上一步重新设置。

3. 选项设置

选项中包括在账套初始化中设置的参数和其他一些在账套运行中使用的参数或判断。选项中包括四个页签,其中可修改项包括与账务系统接口、折旧信息、资产类别的编码方式。

4. 基础设置

(1) 部门折旧对应科目。资产计提折旧后必须把折旧数据归入成本或费用项目,根据不同使用者的具体情况,可按部门归集,也可按类别归集。部门折旧科目的设置就是为部门选择一个折旧科目,以便在录入卡片时自动显示折旧科目。在生成部门折旧分配表时,每一部门内按折旧科目汇总,从而生成记账凭证。

(2) 资产类别。固定资产的种类繁多、规格不一,要强化固定资产管理,做好固定资产核算,必须科学地设置固定资产分类,为核算和统计管理提供依据。企业可根据自身的特点和管理要求,确定一个较为合理的资产分类方法。

(3) 增减方式。增减方式包括增加方式和减少方式两类。增加的方式主要有:直接购买、投资者投入、捐赠、盘盈、在建工程转入、融资租入。减少的方式主要有:出售、盘亏、投资转出、捐赠转出、报废、毁损、融资租出等。

(4) 使用状况。从固定资产核算和管理的角度,需要明确资产的使用状况,一方面,可以正确地计算和计提折旧;另一方面,便于统计固定资产的使用情况,提高资产的利用效率。系统预置的使用状况有:使用中、在用、季节性停用、经营性出租、大修理停用;未使用;不需用。

(5) 折旧方法。折旧方法设置是系统自动计算折旧的基础。系统给出了常用的五种方法:不提折旧、平均年限法、工作量法、年数总和法、双倍余额递减法,并列出了它们的折旧计算公式。这几种方法是系统设置的折旧方法,只能选用,不能删除和修改。如果这几种方法不能满足企业的需要,系统提供了定义功能,可以定义自己合适的折旧方法的名称和计算公式。

(6) 卡片项目。卡片项目是固定资产卡片上要显示的用来记录资产资料的栏目,如原值、资产名称、使用年限、折旧方法等是卡片最基本的项目。用友固定资产系统提供了一些常用卡片必须的项目,称为系统项目,但这些项目不一定能满足对资产特殊管理的需要,可以通过卡片项目定义来定义需要的项目,定义的项目称为自定义项目,这两部分构成卡片项目目录。

(7) 卡片样式。卡片样式是指卡片的显示格式,包括格式(表格线、对齐形式、字体大小、字型等)、所包含的项目和项目的位置等。由于不同的企业使用的卡片样式可能不同,即使是同一企业内部对不同的资产也会由于管理的内容和侧重点而使用不同样式的卡片,所以系统提供卡片样式自定义功能,方便用户灵活处理。

(8) 录入原始卡片。原始卡片是指卡片所记录的资产的开始使用日期的月份大于其录入系统的月份。

在使用固定资产系统进行核算前,必须将原始卡片资料录入系统,保持历史资料的连续性。原始卡片的录入不限制必须在第一个期间结账前,任何时候都可以录入原始卡片。

例如,一台计算机是2016年6月3日开始使用,录入系统时是2017年1月15日,则该卡片是原始卡片,该卡片应通过原始卡片录入功能录入系统。

(二) 固定资产变动

固定资产变动包括以下几方面的内容:

(1) 资产增加。在日常使用过程中,可能会购进或通过其他方式增加企业资产,该部分资产通过"资产增加"操作录入系统。资产通过哪种方式录入,在于资产的开始使用日期,只有当开始使用日期的期间与录入的期间相等时,才能通过资产增加录入。

(2) 资产减少。资产在使用过程中,总会由于各种原因,如毁损、出售、盘亏等,退出企业,该部分操作称为"资产减少"。本系统提供资产减少的批量操作,为同时清理一批资产提供方便。

(3) 查看已减少资产。根据会计档案管理规定,原始单据要保留一定时间供查阅,只有过了该期间才可以销毁。系统对已减少的资产的卡片提供查阅,并且在选项中可以定义从系统将这些资料完全删除的时限。

在卡片管理界面中,从卡片列表上边的下拉框中选择"已减少资产"则列示的即是已减少的资产集合,双击任意一行,可查看该资产的卡片。

(4) 撤销已减少资产。资产减少的恢复是一个纠错的功能,当月减少的资产可以通过本功能恢复使用。资产减少的资产只有在减少的当月可以恢复。

(5) 原值增加。资产在使用过程中,除发生下列情况外,价值不得任意变动:①根据国家规定对固定资产重新估价;②增加补充设备或改良设备;③将固定资产的一部分拆除;④根据实际价值调整原来的暂估价值;⑤发现原记固定资产价值有误的;⑥本系统原值发生变动通过"原值变动"功能实现。原值变动包括原值增加和原值减少两部分。

(6) 原值减少。操作方法与原值增加相似。输入卡片编号或资产编号,资产的名称、开始使用日期、规格型号、变动的净残值率、变动前净残值、变动前原值将自动显示。输入减少金额,参照选择币种。系统将自动显示汇率,并自动计算变动的净残值、变动后原值、变动后净残值。

(7) 部门转移。资产在使用过程中,因内部调配而发生的部门变动,通过部门转移功能实现。

(8) 使用状况变动。资产在使用过程中,使用状况发生的变化,通过使用状况变动功能实现。

(9) 折旧方法调整。资产在使用过程中,资产计提折旧所采用的折旧方法的调整通过折旧方法调整功能实现。

(10) 累计折旧调整。资产在使用过程中,由于补提折旧或多提折旧需要调整已经计提的累计折旧,通过累计折旧调整功能实现。

(11) 调整资产的使用年限。资产在使用过程中,资产的使用年限的调整通过使用年限调整功能实现。

(12) 工作总量调整。使用工作量法计提折旧的资产在使用过程中发生的工作总量的变动通过工作总量调整功能实现。

(13) 资产净残值(率)调整。资产在使用过程中,修改原来预计的净残值或净残值率通过净残值(率)调整功能实现。

(14) 资产所属类别的调整。资产在使用过程中,有可能因为企业调整资产分类或其他原因调整该资产所属类别,该操作通过资产类别调整功能实现。

(15) 减值准备期初。在系统启用之前,对于原始卡片,通常都已经计提固定资产减值准备,而且这些减值准备都已经记账,因此,需要在系统中录入固定资产减值准备的期初金额,以便进行正确的统计查询。由于这些减值准备已经登记账簿,所以不需要再记账。

(16) 计提减值准备。企业应当在期末至少在每年年度终了,对固定资产逐项进行检查,如果由于市价持续下跌,或技术陈旧等原因导致其可回收金额低于账面价值的,应当将可回收金额低于账面价值的差额作为固定资产减值准备。固定资产减值准备按单项资产计提。

(三) 计提折旧

1. 工作量输入

当账套内的资产使用工作量法计提折旧时,每月计提折旧前必须录入资产当月的工作量,本功能提供当月工作量的录入和以前期间工作量信息的查询。

2. 计提本月折旧

自动计提折旧是固定资产系统的主要功能之一。系统每期计提折旧一次,根据录入系统的资料自动计算每项资产的折旧,并自动生成折旧分配表,然后制作记账凭证,将本期的折旧费用自动登账。

执行此功能后,系统将自动计提各个资产当期的折旧额,并将当期的折旧额自动累加到累计折旧项目。

3. 折旧计提和分配的基本原则

(1) 系统提供的直线法计算折旧时是以净值作为计提原值,以剩余使用年限为计提年限计算折旧。

(2) 本系统影响折旧计算的因素包括原值变动、累计折旧调整、净残值(率)调整、折旧方法调整、使用年限调整、使用状况调整。

(3) 本系统发生与折旧计算有关的变动后,加速折旧法在变动生效的当期以净值为计提原值,以剩余使用年限为计提年限计算折旧,以前的月折旧额或单位折旧的继承值无效;直线法还以原公式计算(因公式中已考虑了价值变动和年限调整)。

(4) 当发生原值调整、累计折旧调整、净残值(率)调整时,当月计提的折旧额不变,下月按变化后的值计算折旧。

(5) 折旧方法调整、使用年限调整、工作总量调整当月按调整后的值计算折旧。

(6) 使用状况调整当月按调整前的数据判断是否计提折旧,即使用状况调整,下月有效。

(7) 本系统各种变动后计算折旧采用未来适用法,不自动调整以前的累计折旧,采用追溯适用法的企业只能手工调整累计折旧。

(8) 折旧分配。部门转移和类别调整当月计提的折旧分配,分配到变动后部门和类别。

(9) 报表统计。将当月折旧和计提原值汇总到变动后的部门和类别。

(10) 如果选项中"当月初使用月份＝使用年限×12－1 时是否将折旧提足"的判断结果是"是",则除工作量法外,本月月折旧额＝净值－净残值,并且不能手工修改;如果选项中"当月初使用月份＝使用年限×12－1 时是否将折旧提足"的判断结果是"否",则该月不提足,并且可手工修改,但如以后各月按照公式计算的月折旧率或额是负数时,认为公式无效,令月折旧率＝0,月折旧额＝净值－净残值。

4. 折旧清单

折旧清单显示所有应计提折旧的资产所计提折旧数额的列表,单期的折旧清单中列示了资产名称、计提原值、月折旧率、单位折旧、月工作量、月折旧额等信息。全年的折旧清单中同时列出了各资产在12个计提期间中月折旧额、本年累计折旧等信息。

5. 手工修改月折旧额

如果对系统计算的折旧不满意,并且不用自定义折旧方法,可使用折旧修改功能把系统计算的折旧额手工改为希望的值。在期间选择列表中选择附有"最新"字样的期间。执行快捷键"Ctrl＋Alt＋G",工具栏上显示修改。双击要修改的单元格,把系统自动计算的月折旧额改为要计提的月折旧额。确定是否以后每次计提折旧继承该值。选择"是",则以后该资产每次计提折旧不按公式计提,按修改后的值计提折旧;选择"否",则以后每次计提还按折旧方法公式计算月折旧额。

6. 折旧分配表

折旧分配表是编制记账凭证,把计提折旧额分配到成本和费用的依据。什么时候生成折旧分配凭证根据在初始化或选项中选择的折旧分配汇总周期确定,如果选定的是1个月,则每期计提折旧后自动生成折旧分配表;如果选定的是3个月,则只有到3的倍数的期间,即第3、第6、第9、第12期间计提折旧后才自动生成折旧分配凭证。折旧分配表有两种类型:部门折旧分配表和类别折旧分配表,只能选择一个制作记账凭证。

(四) 转账凭证

固定资产系统向总账系统传递转账凭证,本系统需要制作记账凭证的情况包括:资产增加(录入新卡片)、资产减少、卡片修改(涉及原值或累计折旧时)、资产评估(涉及原值或累计折旧变化时)、原值变动、累计折旧调整、折旧分配。

1. 立即制单

在资产增加、卡片修改(当涉及原值或累计折旧时)、资产评估、原值变动、累计折旧调整、折旧分配表、资产减少完成后,自动调出有部分缺省内容的不完整凭证由用户完成;如果在选项设置选择"不立即制单",选择"处理"菜单下的凭证子菜单,进入凭证窗口。界面显示的凭证是根据不同的制单业务类型和在选项中设置的默认资产科目、折旧科目等生成的不完整的凭证,需要完善。

立即制单的限制是:所有本系统制作的凭证,必须保证借方和贷方的合计数与原始单据的数值是相等的。

2. 批量制单

在完成任何一笔需制单的业务的同时,可以通过单击"制单"按钮制作记账凭证传输到账务系统,也可以在当时不制单(选项中制单时间的设置必须为"不立即制单"),而在某一时间(比如月底)利用本系统提供的另一功能:批量制单完成制单工作。可以把本系统的各种业务连续制作凭证传输到账务系统,避免了多次制单的烦琐。而且没有立即制单的限制,修改凭证比较方便。

(五) 查询凭证

本系统所制作传输到账务系统的记账凭证,可通过凭证查询功能查看和删除。本系统可在两种情况下查看凭证:在查看已制作凭证的原始单据(卡片、变动单、分配表、评估单)时,从"处理"菜单中单击"凭证"可查看该单据的记账凭证;选择"凭证"菜单,显示出系统制作传输到账务的所有凭证的列表,双击任一行,可查看该凭证。

(六) 月末结账

月末结账每月进行一次,结账后当期的数据不能修改。12月底结账时系统要求完成本年应制单业务,也就是说,必须保证批量制单表是空的才能结账。

二、固定资产管理子系统难点问题分析

(1) 折旧计提时间节点和手工有所不同。手工业务中如果发生固定资产减少,如报废、出售、投资等情况,每一笔业务发生则必须先计提折旧,然后再进行结转、清理核算等,月末再对其他在用固定资产计提折旧。而电算化处理当月首次发生固定资产减少,就立即要求对所有在用固定资产计提折旧,然后才能进行该资产减少的其他处理,如果后面还有固定资产减少,则因为在第一笔减少业务发生时已经对所有固定资产进行了折旧计提,从第二笔固定资产减少开始就不再重复计提折旧了,月末也不需要再重复计提折旧了。

(2) 固定资产减少的处理一定要谨慎,一旦进行处理次月就不能再恢复,资产减少卡片在删除模块里可保存5年。

本 章 小 结

本章简要介绍了固定资产管理子系统的特点和其他子系统的关系,工作流程;详细介绍了固定资产管理子系统的功能。学生通过本章学习,了解固定资产管理子系统的特点,掌握固定资产管理子系统的功能。

复 习 与 思 考

一、单项选择题

1. 固定资产变动包括( )。
   A. 部门转移　　　　　　　　　　B. 净残值调整
   C. 工作量调整　　　　　　　　　D. 三者都不是

2. 固定资产核算的主要任务包括计算、汇总和分配固定资产的( )。
   A. 生产成本　　B. 工作时间　　C. 原值　　D. 以上全部

3. 固定资产核算系统中,执行( )操作后,才能开始处理下一个月的业务。
   A. 生成凭证　　B. 账簿输出　　C. 结账　　D. 对账

4. 在固定资产子系统中折旧方法一旦确定一般不允许随意改动,通常系统中内置的折旧方法是(　　)。

A. 直线法　　　　　　　　　　　B. 先进先出法
C. 个别计价法　　　　　　　　　D. 双倍余额递增法

5. 固定资产子系统中,根据(　　)汇总生成转账数据文件,然后再生成转账凭证。

A. 固定资产折旧文件、固定资产变动文件和固定资产卡片文件
B. 固定资产折旧文件、固定资产内部调动文件和固定资产卡片文件
C. 固定资产折旧文件、固定资产内部调动文件和固定资产变动文件
D. 固定资产内部调动文件、固定资产变动文件和固定资产卡片文件

6. 固定资产子系统中初始设置一般不包括(　　)。

A. 折旧计算　　　B. 转账分配　　　C. 折旧方法定义　　　D. 变动信息录入

二、多项选择题

1. 关于固定资产类别的下列说法中,正确的有(　　)。

A. 非明细级类别编码不能修改或删除
B. 使用过的类别的计提属性不能修改;未使用过的明细类别编码修改时只能修改本级编码
C. 使用过的类别的卡片样式修改后会影响已录入系统该类别的卡片的样式
D. 系统已使用(录入卡片时选用过)的类别不允许删除

2. 关于固定资产增减管理,下列说法错误的有(　　)。

A. 不管增加的资产通过哪种方式录入,只有当开始使用日期的期间与录入的期间相等时,才能通过资产增加录入
B. 新卡片原值录入时,由于第一个月不提折旧,折旧额为空或零
C. 固定资产减少的处理在计提了当月的固定资产折旧之前进行
D. 如果资产减少操作已制作凭证,必须删除凭证后才能恢复

3. 关于计提折旧,下列说法正确的有(　　)。

A. 执行此功能后,系统将自动计提各个资产当期的折旧额,并将当期的折旧额自动累加到累计折旧项目
B. 如果上次计提折旧已制单把数据传递到总账系统,则必须删除凭证才能重新计提折旧
C. 计提折旧后又对账套进行了影响折旧计算或分配的操作,必须重新计提折旧
D. 如果自定义的折旧方法月折旧额或月折旧率出现负数,自动中止计提

4. 固定资产核算系统除了具有系统初始化、维护、输出功能之处,还必须具有(　　)等功能。

A. 科目汇总并输出总账　　　　　B. 处理固定资产的增减变动
C. 固定资产的卡片管理　　　　　D. 计提固定资产折旧并分配

5. 在固定资产核算系统中,对计提折旧有影响的数据有(   )。
A. 资产原值　　　B. 折旧方法　　　C. 使用状态　　　D. 增加方式

6. 固定资产系统的下列操作中,需要进行资产变动处理的有(   )。
A. 变更资产编号　　　　　　　B. 净残值(率)调整
C. 工作总量调整　　　　　　　D. 累计折旧调整

7. 为了确保每月增加的资产当月不计提折旧而每月减少的资产当月还要计提折旧,会计软件可以采取的方法有(   )。
A. 每月计算折旧应在月中进行
B. 每月有资产减少变动资料前先提取折旧
C. 每月计算折旧应在月末进行
D. 将下月折旧并到前月的月末结账一起进行

8. 固定资产子系统可以根据固定资产折旧分配表,自动编制机制凭证,将其自动传递到(   )。
A. 账务处理子系统　　　　　　B. 成本子系统
C. 存货子系统　　　　　　　　D. 报表子系统
E. 销售子系统

三、判断题

1. 固定资产日常处埋的业务主要有固定资产的增加、减少和变动。(   )
2. 固定资产模块主要是根据手工操作下的固定资产卡片输入的。(   )
3. 进行固定资产明细分类核算通常按每个独立的固定资产项目设置固定资产名片。(   )
4. 若自定义的折旧方法月折旧率或月折旧额出现负数,系统自动中止计提。(   )
5. 当初次启动固定资产系统时,参数设置中选择了"与账务系统对账"参数,才可使用本系统的对账功能。(   )
6. 当用户在使用过程中发现卡片录入有错误,或需要修改卡片内容时,通过使用卡片修改功能修改卡片内容后能在变动清单和查看历史状态时查看到修改前的内容。(   )
7. 卡片删除功能就是将卡片资料彻底从系统内清除,和资产清理或减少功能一样。(   )
8. 固定资产系统制作的凭证传递到总账系统后可直接在总账系统修改和删除。(   )
9. 电算化后,根据固定资产卡片中有关信息和规定选用折旧方法,可自动计算折旧,而不需要人工计算和填列。(   )
10. 电算化后,如果又对每项固定资产均建立了固定资产卡片,则还要再设立固定单价表。(   )
11. 固定资产核算系统中,新增固定资产都是通过"初始数据录入"功能录入系统。(   )

12. 固定资产系统中折旧方法的设置是在初始设置中,它可以由企业自行设定。（   ）

13. 固定资产子系统中,由于计算机的运行效率高,计算固定资产折旧非常快,所以可以根据管理的要求随时更新固定资产的折旧方法。（   ）

第六章 供应链管理子系统分析

 **学习目标**

相关知识	技能目标
1. 供应链管理系统概要	1. 了解供应链管理子系统概念和作用
2. 供应链管理系统处理流程	2. 熟悉供应链管理系统处理流程
3. 供应链管理系统功能分析	3. 理解供应链管理系统主要功能
4. 供应链管理子系统日常业务处理	4. 了解供销存日常处理中出现的问题

 **知识结构**

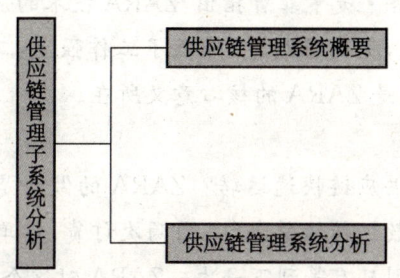

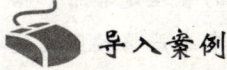 **导入案例**

ZARA 脱颖而出成功的原因——"快速"供应链

一、一体化供应链

每个 ZARA 专卖店就是一个流行情报侦测点。每销售出去一件商品,店面工作人员就将消费者身份、商品特征录入联机计算机,同时在巴黎、米兰、纽约等时装时尚发布地建立了完备的时尚情报站。总部收到信息后,经过 ZARA 精心打造的一体化供应链,实现对客户需求的快速反应。ZARA 一体化供应链的特点包括:一是掌握从设计到销售的整条供应链;二是精简供应链;三是应用信息系统,将服装设计、生产加工、物流配送和门店销售四个主要环节融为一体,实现供应链协同管理;四是进行了相应的组织变革。一体化供应链是 ZARA 快速供应链的主体。

"三位一体"的产品设计,ZARA 通过由设计师、市场专家和采购专家组成"三位一体"的开发设计团队来解决。一体化供应链恰恰能提供人们正需要的时装。

二、垂直整合的生产管理

一旦设计完成,公司就立刻开始生产。ZARA的制造工厂是一个垂直整合的团体,拥有染色、设计、裁剪和服装加工"一条龙"式的最新设备,采用延迟制造的策略,提前采购白坯布和标准化的半成品,保持对染色和加工领域的控制。所有这些大大缩短了ZARA的产品生产周期,使得ZARA具有按需生产的能力,能为新的款式提供所需的布料。

三、自建的高效物流体系

为确保物流的快捷、高效、按质。ZARA有一个基于Web的供应商管理平台,通过这个平台,总部可监测从发货、出关、运输、通关到门店的全过程,甚至能跟踪物流公司的动态,可见,ZARA物流是小批量、多批次,对时要求非常苛刻,一切为了快速反应。

四、提高业务速度的信息系统和技术

为了快速反应,ZARA的各个环节融为一体,各个环节信息共享、共同支撑。ZARA耗费巨资,逐步建立起一套独特的系统和技术。通过系统,ZARA使最新的信息能快速地送到产品设计团队和决策者那里,通过标准化的产品信息,设计团队可以相对轻松地在掌握数以千计的布料、各种规格的装饰品、设计清单和库存商品信息的同时,完成任意一款服装的设计。一旦设计完成,设计师就会通过设计系统对颜色和材质进行优化,接着把各种规格的服装数据传输到工厂的剪裁设备系统及其他系统中。被裁剪后的衣料配备了标准化的条形码,在生产、配送、运输到专卖店的整个过程中,这个条形码一直保持不变。

著名信息技术教授安德鲁·麦卡菲曾指出,ZARA技术的应用有两大妙处:一是信息技术提高了生产率,加快了速度,提高了质量,降低了工作强度;二是ZARA能够让管理者按照自己的想法去设计公司,这是ZARA的核心意义所在。

五、控制节奏的供应链

如何让构架好的一体化供应链快速运转?ZARA的做法是控制节奏。例如,每个门店每天用标准化的信息把销售数据传给总部,每周两次订货,订单必须在规定时间前下达,如果错过了最晚的下订单时间则只有等到下一次。ZARA对这个时间限制的管理是非常严格的,因为它将影响整条供应链。设计在3天之内,运往欧洲各个连锁店的卡车严格按照固定的时刻表运行,距离西班牙本土较远的连锁店商品主要靠空运。在48小时内运到中国,在72小时内运到日本。如果有产品超过周期还没销售出去就会被送到所在国某专卖店里进行集中处理。ZARA控制节奏,严控供应链上的每个环节,使得整个供应链能够快速运行。

第一节 供应链管理系统概要

一、供应链管理系统概述

供应链管理(Supply Chain Management,SCM)是指在满足一定的客户服务水平的条件下,为了使整个供应链系统成本达到最小而把供应商、制造商、仓库、配送中心和渠道商等

有效地组织在一起来进行的产品制造、转运、分销及销售的管理方法。供应链管理包括计划、采购、制造、配送、退货五大基本内容,覆盖了从订单、生产到发货,从供应商的供应商到顾客的顾客的每一个环节。供应链是企业赖以生存的商业循环系统,是企业电子商务管理中最重要的课题。

供应链管理系统以企业购销存业务环节中的各项活动为对象,不仅记录各项业务的发生,还跟踪其发展过程,为财务核算、业务分析、管理决策提供依据,实现财务业务一体化全面管理,实现物流、资金流管理的统一。

供应链管理系统主要包括采购管理、销售管理、库存管理和存货核算、GSP质量管理等几个模块,主要功能在于增加预测的准确性,减少库存,提高发货供货能力;缩短工作流程周期,提高生产效率,降低供应链成本;减少总体采购成本,缩短生产周期,加快市场响应速度。同时,这些模块还提供了对采购、销售等业务环节的控制,对库存资金占用的控制,完成对存货出入库成本的核算。

二、供应链管理系统的作用

第一,深入考虑供应商和客户。供应链管理把产品在满足客户需求的过程中对成本有影响的各个成员单位都考虑在内了,包括从原材料供应商、制造商到仓库再经过配送中心到渠道商。不过,实际上在供应链分析中,有必要考虑供应商的供应商以及顾客的顾客,因为它们对供应链的业绩也是有影响的。

第二,追求整个供应链的整体效率和整个系统费用的有效性,总是力图使系统总成本降至最低。因此,供应链管理的重点不在于简单地使某个供应链成员的运输成本达到最小或减少库存,而在于通过采用系统方法来协调供应链成员以使整个供应链总成本最低,使整个供应链系统处于最流畅的运作中。

第三,把供应商、制造商、仓库、配送中心和渠道商作为有机整体进行问题的展开,因此它包括企业许多层次上的活动,有战略层次、战术层次和作业层次等。

三、供应链管理系统处理流程

(1) 采购业务及核算流程,如图6.1.1和图6.1.2所示。

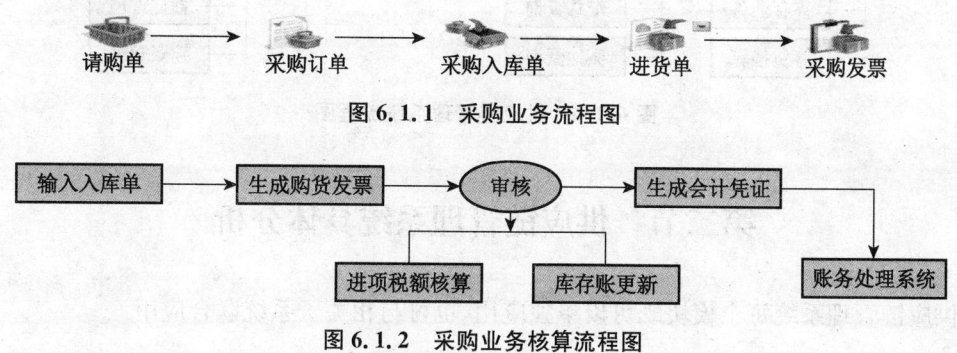

图 6.1.1 采购业务流程图

图 6.1.2 采购业务核算流程图

(2) 销售业务及核算流程,如图 6.1.3 和图 6.1.4 所示。

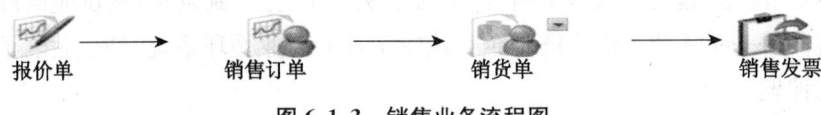

图 6.1.3　销售业务流程图

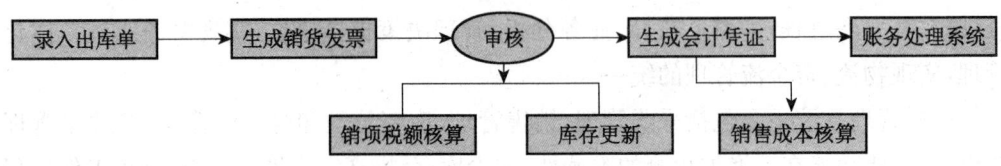

图 6.1.4　销售业务核算流程图

(3) 库存管理核算流程,如图 6.1.5 所示。

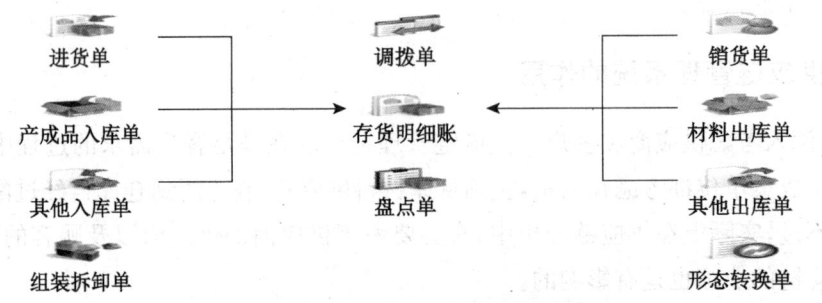

图 6.1.5　库存管理核算流程图

(4) 供应链管理系统流程,如图 6.1.6 所示。

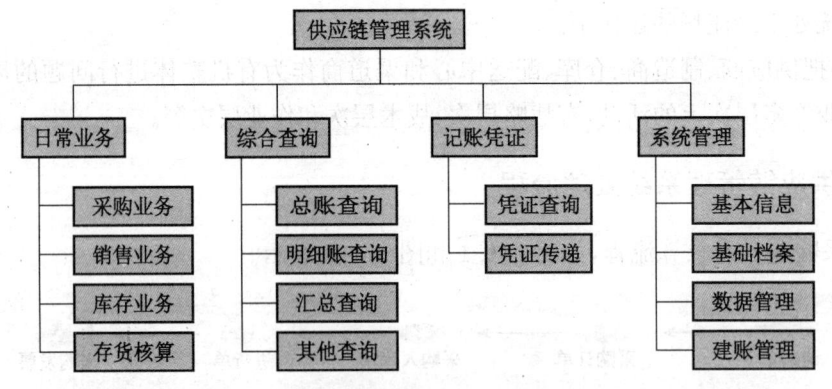

图 6.1.6　供应链管理系统流程图

第二节　供应链管理系统具体分析

供应链管理系统每个模块既可以单独应用,也可与相关子系统联合应用。

一、各模块主要功能简述

（一）采购管理

采购管理帮助企业对采购业务的全部流程进行管理，提供请购、订货、到货、入库、开票、采购结算的完整采购流程；支持普遍采购、受托代销、直运等多种类型的采购业务，支持按询价比价方式选择供应商，支持以订单为核心的业务模式。

（二）销售管理

销售管理帮助企业对销售业务的全部流程进行管理，提供报价、订货、发货、开票的完整销售流程；支持普通销售、委托代销、分期收款、直运、零售、销售调拨等多种类型的销售业务，支持以订单为核心的业务模式，并可对销售价格和信用进行实时监控。

（三）库存管理

库存管理主要从数量的角度管理存货的出入库业务，能够满足采购入库、销售出库、产成品入库、材料出库、其他出入库、盘点管理等业务需要，提供多计量单位使用、仓库货位管理、批次管理、保质期管理、出库跟踪、入库管理、可用量管理等全面的业务应用。通过对存货的收发存业务处理，及时、动态地掌握各种库存存货信息，对库存安全性进行控制，提供各种储备分析，避免库存积压占用资金或材料短缺影响生产。

（四）存货核算

存货核算是从资金的角度管理存货的出入库业务，掌握存货耗用情况，及时、准确地把各类存货成本归集到各成本项目和成本对象上。存货核算主要用于核算企业的入库成本、出库成本、结余成本，反映和监督存货资金的占用情况，动态地反映存货资金的增减变动，提供存货资金周转和占用分析。

二、供应链管理系统初始化分析

供应链管理系统初始化包括供应链系统建账、基础信息设置及期初数据录入等几项工作。

（一）供应链管理系统建账

建账过程在系统管理一章已有描述，在这里只需启用供应链相关子系统即可。系统启用有两种方法：一种是在系统管理中创建账套时启用；另一种是如果在创建账套时未设置系统启用，也可以在企业门户中进行企业设置。其具体步骤如下：

(1) 打开账套，输入账套主管姓名或编号、账套号、操作日期等。

(2) 打开系统启用窗口，选择要启用的系统：采购管理、销售管理、库存管理、存货核算，选择各系统启用会计日期，完成系统启用。

（二）基础信息设置

供应链系统除了财务会计系统的通用基础设置外，还需要增设与业务处理、查询统计和财务连接相关的基础信息。

1. 基础档案信息

使用购销存系统之前，应做好手工基础数据的准备工作，如对存货合理分类，准备存货的详细档案,进行库存数据的整理及与账面数据的核对等。供应链管理系统需要增设的基础档案信息包括以下几项。

1) 存货分类

如果企业存货较多,需要按照一定的方式进行分类管理。存货分类是指按照存货固有的特征或属性将存货划分为不同的类别,以便于分类核算与统计,如工业企业可将存货划分为原材料、产成品、应税劳务;商品流通企业可以将存货划分为商品、应税劳务等。

应税劳务是指在企业日常购销业务中发生的一些劳务费用,如运输费、装卸费等,它们也是构成企业存货成本的一个组成部分,并且它们可以拥有不同于一般存货的税率。为了能够正确反映和核算这些劳务费用,一般在存货分类中单独设置一类,如"劳务费用"。

2) 计量单位

企业中存货种类繁多,不同的存货存在不同的计量单位。有时存货的财务计量单位、库存计量单位和销售发货计量单位可能是一致的,如自行车的三种计量单位均为"辆"。有时同一种存货用于不同的业务,其计量单位却可能不同,如对某种药品来说,其核算单位可能是"板",财务上按板计价;而其库存单位可能按"盒"计量,1盒=20板;对客户发货时可能按"箱"计量,1箱=100盒。因此,在开展企业日常业务之前,需要定义存货的计量单位。

3) 存货档案

在"存货档案"窗口中包括五个选项卡:基本、成本、控制、其他和质检。

在"基本"选项卡中,有六个复选框,用于设置存货属性。设置存货属性的目的是在填制单据参照存货时缩小参照范围。六个复选框为:①销售,用于发货单、销售发票、销售出库单等与销售有关的单据参照使用,表示该存货可用于销售;②外购,用于购货所填制的采购入库单、采购发票等与采购有关的单据参照使用,在采购发票、运费发票上一起开具的采购费用,也应设置为外购属性;③生产耗用,存货可在生产过程被领用、消耗,生产产品耗用的原材料、辅助材料等在开具材料领料单时参照;④自制,由企业生产自制的存货,如产成品、半成品等,主要用在开具产成品入库单时参照;⑤在制,指尚在制造加工中的存货;⑥应税劳务,指在采购发票上开具的运输费、包装费等采购费用及开具在销售发票或发货单上的其他应税劳务、非应税劳务等。

在"控制"选项卡中,有三个复选框:①批次管理,对存货是否按批次进行出入库管理,该项必须在库存管理系统账套参数中选中"有批次管理"复选框后,方可设定;②保质期管理,有保质期管理的存货必须有批次管理,因此,该项也必须在库存管理系统账套参数中选中"有批次管理"复选框后,方可设定;③是否呆滞积压,存货是否呆滞积压,完全由用户自行决定。

4) 仓库档案

存货一般是存放在仓库保管的。对存货进行核算管理,就需建立仓库档案。

5) 收发类别

收发类别用来表示存货的出入库类型,便于对存货的出入库情况进行分类汇总统计。

6) 采购类型/销售类型

定义采购类型和销售类型,能够按采购、销售类型对采购、销售业务数据进行统计和分析。采购类型和销售类型均不分级次,根据实际需要设立。

7) 产品结构

产品结构用来定义产品的组成,包括组成成分和数据关系,以便用于配比出库、组装拆卸、消耗定额、产品材料成品、采购计划和成本核算等引用。产品结构中引用的物料必须首先在存货档案中定义。

8) 费用项目

销售过程中有很多费用发生,如代垫费用、销售支出等,在系统中将其设置为费用项目,以方便记录和统计。

9) 设置存货系统业务科目

存货核算系统是供应链管理系统与财务系统联系的桥梁,各种存货的购进、销售及其他出入库业务,均在存货核算系统中生成凭证,并传递到总账。为了快速、准确地完成制单操作,应事先设置凭证上的相关科目。

(1) 设置存货科目,存货科目是设置生成凭证所需要的各种存货科目和差异科目。存货科目既可以按仓库分类也可以按存货分类分别进行设置。

(2) 设置对方科目,对方科目是设置生成凭证所需要的存货对方科目,可以按收发类别设置。

10) 供应链管理系统期初数据

(1) 录入采购管理系统期初数据。采购管理系统有可能存在两类期初数据:一类是货到票未到即暂估入库业务,对于这类业务应调用期初采购入库单录入;另一类是票到货未到即在途业务,对于这类业务应调用期初采购发票功能录入。

(2) 采购管理系统期初记账。采购管理系统如果不执行期初记账,就无法开始日常业务处理,库存管理系统和存货核算系统就不能记账,因此,即使没有期初数据,也要设置期初记账。

11) 录入销售系统期初数据

销售系统期初数据是指销售系统启用日期之前已经发货、出库,但财务还未开具销售发票的存货,一般在销售模块中录入期初发货单。如果企业有委托代销业务,则已经发生但未完全结算的存货也需要在期初数据中录入,则必须先录入期初委托代销发货单。录入完成,均必须审核已录入单据。

2. 录入库存/存货期初数据

各个仓库存货的期初余额既可以在库存管理系统录入,也可以在存货核算系统中录入。因涉及总账对账,因此建议在两个系统中同时录入,并进行对账工作,对账结束,还必须进行期初记账工作。

三、采购管理系统的日常业务处理分析

采购管理系统可以对采购业务的全部流程进行管理,提供请购、订货、到货、入库、开票、采购结算的完整采购流程,可以处理普通采购业务、受托代销业务、直运业务等业务类型,并

且可以根据实际情况进行采购流程的定制。

采购管理系统既可以单独使用,也可以与库存管理、存货核算、销售核算、应收应付管理系统集成使用。

(一)普通采购业务处理

其具体步骤如下所述。

1. 采购请购

采购请购是指企业内部向采购部门提出采购申请,或采购部门汇总企业内部采购需求提出采购清单。请购是采购业务处理的起点,在此描述和生成采购的需求,如采购什么货物、采购多少、何时使用;同时,也可以为采购订单提供建议内容,如建议供应商、建议订货日期。采购请购单是可选单据,可以根据业务需要使用。

2. 采购订单

采购订货是指企业与供应商签订采购合同或采购协议,确认要货需求。供应商根据采购订单组织货源,企业依据采购订单进行验收。在采购业务处理流程中,订货环节也是可选的。

以订单为中心的采购管理是标准、规范的采购管理模式,订单是整个采购业务的核心,整个业务流程的执行都会写到采购订单,故通过采购订单可以通过采购订单的关联查询请购、订货、到货、入库、开票、结算、付款的全部信息,可以跟踪采购的整个业务流程。如果在初始设置的采购选项中选择了订单必有模式,则采购到货单,采购发票不能单独录入,必须参照采购订单才能生成。

3. 采购到货

采购到货是采购订单和采购入库的中间环节,企业可以在到货环节对货品进行质检。采购到货单是可选单据,可根据实际业务需要决定是否设置采购到货环节。注意:采购到货单可以人工输入。但以订单为中心采购业务时,采购到货单必须参照采购订单生成,不可人工输入。到货单可以被采购到货退回单参照。到货单保持后可以被库存管理的采购入库单参照。

特殊业务:采购到货退回。到货退回单是采购到货后没有检验通过,将货物退回厂家后在系统中填写或生成到货单的红字单据。采购退回单可以手工填制。但如果是以订单为中心的采购业务,则必须参照采购订单、原采购到货单。

4. 入库处理

采购入库时通过采购到货、质量检验等环节,对合格到货的存货进行入库验收。在采购业务处理流程中,入库处理是必须的。当采购管理系统与库存管理系统集成使用时,入库业务即可在库存管理系统中进行处理。当采购管理系统不与库存管理系统集成使用时,入库业务则可在采购管理系统中进行处理。

采购入库单是仓库管理员根据采购到货签收的实际数量填制的入库单据。采购入库单既可以直接填制,也可以由复制采购订单或采购到货单生成。

按货物和发票到达的先后,可将采购入库业务划分为单货同行、货到票未到(暂估入库)

和票到货未到(在途货物)三种类型,不同的业务类型相应的处理方式有所不同。

(1) 单货同行。当采购管理、库存管理、存货核算、应付款管理、总账集成使用时,单货同行的采购业务处理流程(省略请购、订货、到货等可选环节)。

(2) 货到票未到(暂估入库)。暂估是指本月存库已经入库,但采购发票尚未收到,不能确认存货的入库成本,月底时为了正确核算企业的库存成本,需要将这部分存货暂估入库,形成暂估凭证。对暂估业务,系统提供三种不同的处理方法。

第一种是月初回冲,进入下月后,存货核算系统自动生成与暂估入库单完成相同的"红字回冲单",同时登录相应的存货明细账,冲回存货明细账中上月的暂估入库。对"红字回冲单"制单,冲回上月的暂估凭证。步骤如下:收到采购发票后,录入采购发票,对采购入库单和采购发票做采购结算。结算完毕后,进入存货核算系统,执行"暂估处理"功能。进行暂估处理后,系统根据发票自动生成一张"蓝字回冲单",其上的金额为发票上的报销金额,同时登录存货明细账,使库存增加,用"蓝字回冲单"制单,生成采购入库凭证。

第二种是单到回冲,下月月初不做处理,采购发票收到后,在采购管理系统中录入并进行采购结算,再到存货核算系统中进行"暂估处理",系统自动生成红字回冲单、蓝字回冲单,同时据此登记存货明细账。红字回冲单的入库金额为上月暂估金额,蓝字回冲单的入库金额为发票上的报销金额。在"存货核算""财务核算""生成凭证"中,选择"红字回冲单""蓝字回冲单(报销)"制单,生成凭证,传递到总账。

第三种的单到补差,下月月初不做处理,采购发票收到后,在采购管理系统中录入并进行采购结算,再到存货核算系统中进行"暂估处理"。如果报销金额与暂估金额的差额不为零,则生成调整单,一张采购入库单生成一张调整单,确认后,自动记入存货明细账;如果差额为零,则不生成调整单。最后对"调整单"制单,生成凭证,传递到总账。

(3) 票到货未到(在途存货)。如果先收到了供货单位的发票,而没有收到供货单位的货物,则可以先对发票进行压单处理,待货物到达后,再一起输入计算机做报账结算处理。但如果需要实时统计在途货物的情况,就必须将发票输入计算机,待货物到达后,再填制入库单并做采购结算。

5. 采购发票

采购发票是供应商开出的销售货物的凭证,系统根据采购发票确认采购成本,并据此登记应付账款。采购发票按业务性质分为蓝字发票和红字发票;按发票类型分为增值税专用发票、普通发票和运费发票。

6. 采购结算

采购结算也称采购报账,是指采购核算人员根据采购入库单、采购发票核算采购入库成本。采购结算的结果是采购结算单,它是记载采购入库单与采购发票对应关系的结算对照表。

采购结算从操作处理上分为自动结算、手工结算两种方式。另外,运费发票可以单独进行费用折扣结算。

自动结算是由系统自动将相同供货单位,存货相同且数量相等的采购入库单和采购发票进行结算。使用"手工结算"功能进行采购结算,包括蓝字入库单与蓝字发票结算,蓝字发票与红字发票结算,蓝字入库单与红字入库单结算,费用发票单独核算。手工结算时可拆单拆记录,一行入库记录可以分次结算;支持三角债结算,即甲单位的发票可以结算乙单位的货物。

(二) 直运采购业务

直运采购业务是指产品无须入库即可完成的购销业务。它由供应商直接将商品发给企业的客户,没有实物的入库处理,财务结算由供销双方通过直运销售发票和直运采购发票分别与企业结算。直运业务适用于大型电器、汽车和设备等产品的购销。直运采购业务类型有两种:普通直运业务和必有订单直运业务。

直运业务包括直运销售业务和直运采购业务。直运业务没有实物的出入库,货物的流向是直接从供应商到客户,财务结算通过直运销售发票、直运采购发票解决。

(三) 采购退货业务

由于材料质量不合格、企业转产等原因,企业可能发生退货业务。针对退货业务发生的不同时机,有以下不同的解决方法:

(1) 货已到但未办入库手续,如果尚未录入采购入库单,此时只要把货退还给供应商即可,不做任何处理。

(2) 入库单已录入的处理,从入库单记账角度来看,分为以下两种情况:一种情况是入库单未记账,即已经录入"采购入库单",但尚未记入存货明细账。此时又可分为以下三种情况。①未录入"采购发票",如果是全部退货,删除"采购入库单";如果是部分退货,直接修改"采购入库单"。②已录入"采购发票",但尚未结算,如果是全部退货,可删除"采购入库单"和"采购发票";如果是部分退货,可直接修改"采购入库单"和"采购发票"。③已录入"采购发票"并执行了"采购结算",如果结算后的发票没有付款,此时可取消采购结算,再删除或修改"采购入库单"和"采购发票";如果结算后的发票已付款,则必须录入退货单。

另一种情况是入库单已记账,此时无论是否录入"采购发票","采购发票"是否结算,结算后的"采购发票"是否付款,都需要录入退货单。

付款采购发票的处理:从采购发票付款角来看,分为以下两种情况:①采购发票未付款,当入库单尚未记账时,直接删除"采购入库单"和"采购发票";已结算的"采购发票"需先取消结算再删除。当入库单已经记账时,必须录入退货单。②采购发票已付款,此时无论入库单是否记账,都必须录入退货单。

四、销售管理系统的日常业务处理分析

销售业务管理主要处理销售报价、销售订单、销售发货、销售开票、销售调拨、销售退回、发货折扣、委托代销、零星业务等,并根据审核后的发票或发货单自动生成销售出库单,处理随同货物销售所发生的各种代垫费用和在货物销售过程中发生的各种销售支出。

(一) 销售业务类型

在销售管理系统中,可以处理普通销售、委托销售、直运销售、分期收款销售、销售调拨、

零售业务六种业务类型。

（二）业务模式

不同的业务模式业务处理流程不同。企业的销售业务可以有不同的业务模式，常用的有以下几种业务模式。

1. 先发货后开票

即根据销售订单或其他销售合同向客户发出货物，发货之后根据发货单开票并结算。先发货后开票业务适用普通销售、分期收款、委托代销业务。

2. 开票直接发货

即根据销售订单或其他销售合同向客户开具销售发票，客户根据发票到指定仓库提货。开票直接发货业务适用于普通销售、销售调拨、零售日报业务。

3. 销售退订业务

即客户因货物质量、品种、数量等不符合要求而将已购货物返回给本单位的业务。

4. 必有订单业务

即标准、规范的销售管理。订单是整个销售业务的核心，整个业务流程的执行都会用到销售订单。通过销售订单可以跟踪销售的整个业务流程。

（三）普通销售业务处理

普通销售业务模式支持正常的销售业务，适用于大多数企业的日常销售业务，与其他系统一起，提供对销售报价、销售订货、销售发货、销售出库、销售开票、销售收款结算、结转销售成本全过程处理。

1. 销售报价

企业向客户提供货品、规格、价格、结算方式等信息，双方达成协议后，销售报价单转为有效的销售合同或销售订单。企业可以针对不同客户、不同存货、不同批量提出不同的报价、扣率。

2. 销售订单

销售订单是指由购销双方签订销售合同，在系统中体现为销售订单。销售订单是反映由购销双方确认的客户要货需求的单据，它可以是企业销售合同中关于货物的明细内容，也可以是一种订货的协议。若客户经常购买某产品或客户是企业的经销商，则销售部门无需经过报价环节即可输入销售订单。如果前面已有对客户的报价，可以参照报价单生成销售订单。在销售业务处理流程中，订货环节也是可以省略的。

3. 销售发货

当客户订单交货期来临时，相关人员应根据订单进行发货。销售发货是企业执行与客户签订的销售合同或销售订单将货物发往客户的行为，是销售业务的执行阶段。除了根据销售订单发货外，销售管理系统也有直接发货的功能，无需事先录入销售订单即随时可以将产品发给客户。在销售业务处理流程中，销售发货是必须的。

先发货后开票模式为：发货单由销售部门根据销售订单填制或手工输入，客户通过发货单取得货物所有权。发货单审核后，可以生成销售发票、生成销售出库单。

开票直接发货模式为：发货单由销售发票产生，发货单只作浏览，不能进行修改、删除、弃审等操作，但可以关闭、打开；销售出库单根据自动生成的发货单生成。

参照订单发货时，一张订单可多次发货，多张订单也可一次发货。如果不做"超订量发货控制"，可以超销售订单数量发货。

4. 销售开票

销售开票是在销售过程中，企业给客户开具销售发票及其所附清单的过程。它是销售收入确认、销售成本计算、应交销售税金确认和应收账款确认的依据，是销售业务的重要环节。

销售发票既可以直接填制，也可以参照销售订单或销售发货的生成。参照发货单开票时，多张发货单可以汇总开票，一张发货单也可拆单生成多种销售发票。

5. 销售出库

销售出库是销售业务处理的必要环节。在库存管理系统核算货物出库数量，在存货核算系统可核算货物出库成本（如果存货核算销售成本的选择依据为销售出库单）。

根据参数设置的不同，销售出库单可在销售管理系统生成，也可以在库存管理系统生成。如果由销售管理系统生成出库单，只能一次销售全部出库；而库存管理系统生成销售出库单，可实现一次销售分次出库。

6. 结转销售成本

销售出库（开票）之后，要进行出库成本的确定。对于先进先出、移动平均、个别计价这三种计价方式的存货，在存货核算系统进行单据记账时进行出库成本的核算；而对全月平均、计划价/售价法计价的存货，则在期末处理时进行出库成本核算。

7. 销售收款结算

及时进行应收账款确认及收款处理，是财务核算工作的基本要求。此项由应收款管理系统完成。应收款管理系统主要完成对经营业务转入的应收款项的处理，提供各项应收款项的相关信息，以明确应收款项来源，有效掌握应收款核销情况，提供适时的催款依据，提高资金周转率。

（四）其他业务处理

在销售业务中，有的企业随货物销售有代垫费用产生，如代垫运杂费、保险费等。代垫费用属于需要向客户收取的费用项目，实际上形成了用户对客户的应收款。

对代垫费用的处理有两种方法：一种是以应税劳务的方式直接录入在销售发票中，这样做的好处是能将代垫费用和销售发票直接关联起来，代垫的费用还可以随同发票的核销分摊到货物中。另一种是代垫费用如果不通过发票处理，就要通过销售管理系统中提供的代垫费用单单独录入，再到应收款系统中进行收款处理。

代垫费用的处理步骤如下：①填制代垫费用。在"销售发票"的界面中录入的代垫费用单可与发票建立关系，也可在"代垫费用单"的界面直接录入。②审核代垫费用单。③审核后的代垫单自动传递至应收款管理系统，生成其他应收单。④其他应收单经审核，形成应收款。

（五）综合查询

灵活运用销售管理系统提供的各种查询功能，可以有效提高信息利用和销售管理水平。

1. 单据查询

通过"销售订单列表""发货单列表""委托代销发货列表""发票列表""销售调拨单列表"和"零售日报列表"可以分别对销售订单、发货单、委托代销发货单、销售发票、销售调拨单、零售日报进行查询。

2. 账表查询

通过查询销售管理系统提供的销售明细表、销售统计表、余额表及销售分析表，实现对销售业务的事中控制、事后分析的管理。

3. 月末处理

月末处理是将当月的数据封存，结账后不允许再对该会计期间的销售单据进行增加、修改、删除处理。

五、库存管理系统的日常业务处理分析

（一）库存参数的详细设置与说明

系统选项也称系统参数、业务处理系统参数，是指在企业业务处理过程中所使用的各种控制参数。库存参数的设置将决定如何使用库存的业务流程、业务模式、数据流向。

特别注意：如果选择允许超出可用量出库，只是提示，但单据仍可保存。如果选择不允许超可用量出库，则单据不能保存，并显示哪些可用量不足。如果选择批次管理存货不允许超可用量出库，则出库时批次参照窗中只显示可用量大于零的记录；如果选择批次管理存货允许超可用量出库，则出库时批次参照窗中增加三个选项，即大于0、等于0、小于0，可以组合选择，系统默认大于零。

几个常用的名词概念：

可用量：指企业实际上可以使用的存量。

现存量：指仓库的实际库存量，每次办理实物出入库后更改现存量。

冻结量：指企业为了进行质量控制，对已入库还需要定期进行检验的商品，在检验结果出来之前需要将这部分商品进行冻结，以便检验结果出来后再进行相应的处理。

已请购量：指已审核的采购请购单未生成采购订单的量。

采购在途量：指已审核的采购订单未入库或未到货量。

到货在检量：只企业采购或销售退货的商品已到达企业，但还未检验或未办理实物入库的量，或生产入库的产品处于在检状态未入库的量。

生产订单量：指企业已下达生产计划，准备生产或正在生产过程中但还未完工入库的量。

调拨在途量：指企业已开具调拨单。调拨存货已发出，正在运输途中，调拨入库方还未收到的存货量。

已订购量：指已开具销售订单承诺给客户但还未发货的量。

待发货量:指已开具发货单但未实际出库的量。

备料计划量:指已开具限额领料单但未实际领用的量。

调拨待发量:指已开具调拨单,但未发货的量。

(二) 入库业务处理

仓库收到采购或生产的存货,仓库报关员需验收存货的数量、质量、规则型号等,确认验收无误后入库,并登记库存账。

库存管理的入库业务主要包括以下几方面。

1. 采购入库业务

采购入库业务主要是指处理采购业务员将采购回来的存货交到仓库时,仓库保管员对其所购存货进行验收确认及进行相应账簿登记。采购入库单的审核是仓库保管员对采购存货业务的实际到货进行质量、数量的检验和签收。

采购入库单按进出仓库方向可分为蓝字采购入库单和红字采购入库单。

(1) 蓝字采购入库单。蓝字采购入库单主要是指在采购日常业务生成时,仓库保管员对采购入库的存货进行验收后,在计算机系统中将数据信息体现出来,是系统提供给企业进行单据查询、账表处理以及将该数据进行统计分析等操作的基本数据来源之一。

采购入库单的生成方式有四种,分别是参照采购订单、参照采购到货单、检验入库和直接填制。

(2) 红字采购入库单。红字采购入库单是采购入库的逆向单据。在采购业务中,如果发现已入库的存货因质量等原因需要退货,则需要在采购系统管理中进行退货处理。如果发现已审核的入库单数据有错误(多填数量等),也可以填制退货单(红字入库单)冲销原入库单数据。

2. 产成品入库业务

产成品入库单是工业企业入库单据的主要部分,只有工业企业的核算类型才有产成品入库单,商业企业核算类型没有此单据。另外,产成品在入库时,一般无法确定产品的总成本和单位成本,所以在填制产成品入库单时,一般只有数量,没有单价和金额。

3. 其他入库业务

其他入库单是指除采购入库、产成品入库以外的其他入库业务,如调拨、盘盈、组装拆卸、形态转换等形成的入库单。其他入库单一般由系统根据其他业务单据自动生成,也可手工填制。

(三) 出库业务处理

1. 销售出库

销售出库单反映存货销售的出库情况,体现在库存管理系统主要是管理存货的出货数量,而在存货核算系统则核算出库的出货成本。

如果没有销售管理系统,销售出库单需要手工增加。

如果启动了销售管理系统,则在销售管理系统中填制的销售发票、发货单、销售调拨单、零售日报,经复核后均可以参照生成销售出库单。根据选项设置,销售出库单可以在库存管理系统填制、生成,也可以在销售管理系统生成后传递到库存管理系统,库存管理系统再进行审核。

只启用库存管理系统而手工填制销售出库单的销售出库业务数据流程的操作步骤如下:

(1) 在库存管理系统中,手工填制销售出库单。

(2) 在库存管理系统中,对销售出库单进行审核处理。

(3) 审核后的销售出库单可以在此核算系统中进行记账,确认销售成本。

2. 材料出库

(1) 材料出库单是工业企业领用材料时所填制的出库单据,也是进行日常业务和记账的主要原始单据之一。只有工业企业才有材料出库单,商业企业没有此单据。材料出库单可以根据生产车间的需要手工填制,也可以根据定义的产品结构使用配比出库方式自动计算材料出库的相关信息。

材料出库业务数据流程操作步骤如下:

在库存管理系统,填制材料出库单,审核材料出库单;审核后的材料出库单可以在存货核算系统中进行记账,确认原材料领用的成本。

(2) 配比出库。配比出库是工业企业特有的业务,是根据生产的产成品的数量来确定领料的数量。使用配比出库可以提高领料出库的准确性和效率,特别适用于生产车间按照销售订单进行生产领料。

(四) 其他出库业务处理

其他出库是指除销售出库、材料出库之外的其他出库业务,如维修、办公耗用、调拨出库、盘亏出库、组装拆卸出库、形态转换出库、不合格品记录单等。

1. 库存调拨

库存管理系统中提供了调拨单用于处理仓库之间存货的转库业务或部门之间的存货调拨业务。同一张调拨单上,如果转出部门和转入部门不同,则表示是部门之间的调拨业务;如果转出部门和转入部门相同,但转出仓库和转入仓库不同,则表示是仓库之间的转库业务。

2. 盘点单

为了保证企业库存资产的安全和完整,做到账实相符,企业必须对存货进行定期或不定期的清查。查明存货盘盈、盘亏、损毁的数量以及造成的原因,并据以编制存货盘点报告表,按规定程序报有关部门审批。

系统提供多种盘点方式,如按仓库盘点、按批次盘点、按类别盘点、对保质期临近多少天的存货进行盘点等,还可以对各仓库或批次中的全部或部分存货进行盘点,盘盈、盘亏的结果自动生成其他出入库单。

3. 组装拆卸

有些企业中的某些存货既可单独出售,又可与其他存货组装在一起销售。

组装是指将多个散件组装成一个配套件的过程。组装单相当于两种单据,一种是散件出库单,一种是配套件入库单。配套件和散件之间是一对多的关系,配套件和散件之间的关系在产品结构中设置。

拆卸是指将一个配套件拆卸成多个散件的过程。拆卸单相当于两种单据,一种配套件出库单,一种是散件入库单。配套件和散件之间是一对多的关系,配套件和散件之间的关系在产品结构中设置。

用户在组装、拆卸之前应先进行产品结构定义,否则无法进行组装拆卸。

4. 形态转换

由于自然条件或其他因素的影响,某些存货会由一种形态转换成另一种形态,如煤块由于风吹、雨淋,天长日久变成了煤渣,活鱼由于缺氧变成了死鱼等,从而引起存货规则和成本的变化,因此仓库管理员需根据存货的实际状况填制形态转换单,报请主管部门批准后进行调账处理。

形态转换单仅支持形态转换前后均是一种状态的存货,如出现转换前后为多种状态,只能通过录入其他入库单和其他出库单来处理。

(五) 账表查询

库存管理系统可以提供多角度、多方位的综合查询的分析。

通过库存账查询功能,可以了解现存量、流水账、库存台账、代管账、委托代销备查账、不合格品备查账、呆滞积压备查簿、供应商库存、入库跟踪表等相关数据。通过对批次台账、批次汇总表、保质期预警等账簿的查询,可了解某一批次所有存货的收发存情况或某一存货所有批次的收发存情况。通过货位卡片、货位汇总表,可以查询各存货各货位的详细收发存情况。

库存管理系统还能对各种数据进行分析,主要有安全库存预警、超储存货查询、短缺存货查询、呆滞积压分析、库龄分析、缺料表等数据分析。

(六) 月末处理

1. 对账

库存管理系统中的对账包括库存与存货对账、库存账与货位账对账。通过对账来保证库存管理系统与存货核算系统收发存数据及库存账与货位账的一致。

(1) 库存与存货对账。库存与存货对账指的是在库存管理系统与存货核算系统之间核对某月份各仓库各存货的收发存数量是否一致。

(2) 库存账与货位账对账。库存账与货位账对账指的是库存台账与货位卡片对账的功能,其核对表可显示库存台账的结存数量及件数、货位的结存数量及件数,以及两者之间的差额。

2. 整理现存量

一般在库存管理系统结账时,系统会自动进行现存量的整理。在日常操作时,若发现系统的现存量数据不太正确,可随时进行现存量的整理,以确保数据的正确性。

3. 月末结账

库存管理系统完成日常业务后,就可以进行月末结账。如果是集成应用模式,必须在采购管理、销售管理结账后,库存管理才能结账。

六、存货核算系统日常业务处理分析

存货是保证企业生产经营过程顺利进行的必要条件。为了保障生产经营过程连续不断地进行,企业要不断地购入、耗用或销售存货。存货是企业的一项重要的流动资产。其价值在企业流动资产中占很大的比重。

存货核算是从资金的角度管理存货的出入库业务,核算企业的入库成本、出库成本、结余成本,反映和监督存货的收发、领退和保管,以及存货资金的占用情况。存货核算系统的日常业务主要是进行日常存货核算业务数据的录入和进行成本核算。在与采购、销售、库存等系统集成使用时,该系统主要完成从系统传过来的各种不同业务类型下的各种存货的出入库单据、调整单据的查询及单据部分项目的修改、成本计算;在单独使用时,完成各种出入库单据的增加、修改、查询及出入库单据的调整、成本计算。

存货核算系统与其他系统之间的数据关系,如图 6.2.1 所示

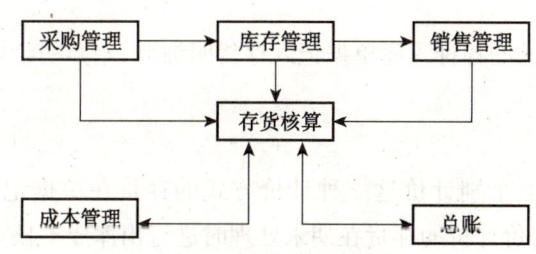

图 6.2.1　存货系统与其他系统的关系

(1) 存货核算系统可对采购管理系统生成的采购入库单进行记账,对采购暂估入库单进行暂估报销处理。

(2) 存货核算系统可对库存管理系统生成的各种出入库单据进行记账核算。

(3) 企业发生的正常销售业务的销售成本可以在存货核算系统,根据所选的计价方式自动计算;企业发生分期收款业务和委托代销业务时,存货核算系统可以对销售管理系统生成的发货单的发票进行记账并确认成本。

(4) 存货核算系统可对已记账的出入库单据生成一系列物流凭证,传入总账系统,实现财务和业务的一体化。

(5) 存货核算系统中核算出的材料出库单的出库成本,可以作为成本核算时的材料成本;成本核算系统完成成本计算后,存货核算可以从成本管理系统读取成本计算的产成品成本,并且分配到未记账的产成品入库单中,作为产成品入库单的入库成本。

(一) 存货出入库成本的核算

存货核算系统提供了按仓库、按部门、按存货三种成本核算方式,并提供了先进先出、移动平均、全月平均、个别计价、计划价/售价五种计价方式。在实际应用中,可选择不同的核算方式和计价方式。

1. 入库成本的核算

入库业务包括采购入库、产成品和其他入库。

采购入库单在库存管理系统中录入,在存货核算系统中可以修改采购入库单上的入库金额。采购入库单上"数量"的修改,只能在该单据填制的系统进行。

产成品入库单在填制时一般只填写数量,单价与金额既可以通过修改产成品入库单直接填入,也可以由存货核算系统的产成品成本分配功能自动计算填入。

大部分其他入库单都是由相关业务直接生成的,如果与库存管理系统集成使用,可以通过修改其他入库单的操作,对盘盈入库业务生成的其他入库单的单价进行输入或修改。

2. 出库业务处理

出库单据包括普通销售出库、分期收款发出商品出库、委托代销发出商品出库、材料出库和其他出库。可在存货核算系统修改出库单据上的单价或金额。系统对销售业务的出库成本核算是通过存货计价方式核算出存货的出库成本,取销售发票或销售出库单数量,确认出库成本。

(二) 单据记账

单据记账是将所输入的各种入库单据记入存货明细账、差异明细账、受托代销商品明细账等。

1. 正常单据记账

先进先出、移动平均、个别计价这三种计价方式的存货在单据记账时进行出库成本核算;全月平均、计划价/售价计价的存货在期末处理时进行出库成本核算。

2. 发出商品记账

(1) 分期收款发出商品记账:只有销售系统启用时,存货系统才能对分期收款发出商品业务进行核算。

(2) 委托代销商品记账:提供委托代销业务的两种处理方式:①一种视同普通销售,②另一种按发出商品核算。用户若在存货核算的系统选项中选择按普通销售核算,则在正常单据记账中进行成本核算;若选择按发出商品核算,在此进行单据记账,进行成本核算。

(3) 直运销售记账:对直运销售业务进行核算。只有销售系统启用时,存货才能对直运销售进行核算。对直运业务采购发票记账,会增加直运商品;对直运业务销售发票记账,则减少直运商品,并结转销售成本。

(4) 特殊单据记账:特殊单据记账主要是提供用户对组装单、调拨单、形态转换单进行成本计算,记入存货明细账。

单据记账应注意以下几点:无单价的入库单据不能记账,因此,记账前应对暂估入库的成本、产成品入库单的成本进行确认或修改。各个仓库的单据应该按照实际顺序记账。已记账单据不能修改和删除。如果发现已记账单据有错误,在本月未结账状态下可以取消记账,但如果已记账单据已生成凭证,就不能取消记账,除非先删除相关凭证。

(三) 调整业务

出入库单据记账后,可能会发现单据金额有错误。如果是录入错误,通常采用修改方式进行调整，但如果遇到的是由于暂估入库后发生零出库业务等原因所造成的出库成本不准确或库存数量为零而仍有库存金额的情况，就需要利用调整单据进行调整。

调整单据包括入库调整单和出库调整单。它们都只针对当月存货的出入库成本进行调整，并且只调整存货的金额，不调整存货的数量。

出入库调整单的保存即为记账，因此已保存的单据不可修改和删除。

（四）暂估成本处理

1. 暂估冲销方式的设置

存货核算系统中对采购暂估入库业务提供了月初回冲、单道回冲和单道补差三种方式。

月初回冲是指每月将上个月的暂估库单进行冲销，系统会自动生成对应的红字回冲单；当月收到采购发票并进行结算后，系统会根据发票中所列示的金额生成相应的蓝字回冲单。

单道回冲是指在收到发票并结算的时候将暂估入库单进行冲销，系统会自动生成对应的红字回冲单，并根据发票中的有关信息生成蓝字回冲单。

单道补差是指在收到发票并结算时，如果发票金额与暂估金额不等，系统会将它们之间的差额进行调整。

暂估处理方式一旦选择即不可修改。

2. 暂估方式的业务处理

暂估方式的业务处理无论采用哪种方式，都要遵循以下步骤：

发票达到后，在采购管理系统填制发票并进行采购结算。本系统支持部分结算情况，无论是全部结算完毕，还是已结算未进行暂估处理的单据，都会显示在暂估处理界面上，然后在存货核算系统中，完成暂估入库业务成本处理。

（五）月末处理

存货核算系统的月末处理工作包括期末处理和结账两部分。

（1）期末处理。当存货核算系统日常业务全部完成后，即可进行期末处理，系统可自动计算全月平均单价及本会计月出库成本，自动计算差异率及本会计月的分摊差异/差价，并对已完成日常业务的仓库/部门作处理标志。

（2）月末结账。存货核算系统期末处理完成后，就可以进行月末结账。如果是集成应用模式，必须在采购管理、库存管理、销售管理全部结账后，存货核算系统才能结账。

（3）与总账系统对账。

（4）为保证业务与财务数据的一致性，需要进行对账，即把存货核算系统记录的存货明细账数数，与总账管理系统存货科目和差异科目的结存金额和数量进行核对。

（六）常见问题及解决方法

（1）单据录入时，出现有些单据可以参照存货，有些单据不可以参照存货。

原因：存货属性设置不正确。

解决方法：正确设置存货属性，若该存货需销售，则属性必须将销售前的"√"打上；若该存货是自制的，则还必须同时加上自制的属性。

(2) 有时存货中单据记账后,成本未自动回填到出库单上。

原因:可能是存货成本的计价方法是全月平均法,还未进行期末处理。

解决方法:单据记账,再进行期末处理。

(3) 存货期末处理后,销售出库单回填金额、单价错误。

原因:在销售出库单上原已有单价、金额。

解决方法:先恢复记账,将原有单据上的单价、金额清空,再重新记账,进行期末处理。

(4) 存货无法作期末处理,选择按存货计算成本,期末处理时报错。

原因:存货档案中的存货名称可能有非法字符。

解决方法:将存货名称改为正确的状态。

(5) 库存管理不能做出库单,提示零出库控制。

原因:数据问题。

解决方法:录单据的时候选错了仓库,入的是一个仓库,出的是另一个仓库。现存量为零,当然不能出库。注意入库单的现存量修改是在单据保存时还是审核时。

本 章 小 结

本章介绍供应链的作用、功能、处理流程,分析了供应链系统中采购、销售、库存、存货核算管理系统的初始化、日常业务及期末处理,为供应链系统实验打下基础。

复 习 与 思 考

一、单项选择题

1. 应收账款核算和管理的一个主要任务是防止(　　)。

　　A. 欠款发生　　　　B. 坏账损失　　　　C. 企业负责　　　　D. 信誉破坏

2. 应收账款是指因为(　　)而发生的欠款。

　　A. 外单位借款　　　　　　　　　　　B. 职工借款

　　C. 赊销商品　　　　　　　　　　　　D. 对外投资

3. 在应收账款核算系统初始化中,需要录入每笔(　　)的往来业务单据。

　　A. 未核销　　　B. 已发生　　　C. 将要发生　　　D. 所有

4. 应收账款核算系统中录入的销售发票的发票号在本年内不能(　　)。

　　A. 跳号　　　B. 重复　　　C. 跳号或重复　　　D. 可跳号重复

5. 应收账款核算系统中,可以查询到每一个客户的应收账款(　　)。

　　A. 明细账　　　B. 汇总表　　　C. 对账表　　　D. 三者都可

6. (　　)是购买和使用产品的任何组织。

　　A. 服务商　　　B. 消费者　　　C. 分销商　　　D. 生产商

二、多项选择题

1. 应收账款系统的制单方式是指计算机根据原始单据编制任何记账凭证，一般有（　　）。
   A. 按客户制单方式　　　　　　　　B. 按商品制单方式
   C. 按单据制单方式　　　　　　　　D. 按金额制单方式

2. 应收账款系统初始化的主要工作包括（　　）。
   A. 设置账套参数与核算规则　　　　B. 设置初始档案
   C. 设置初始商品档案　　　　　　　D. 输入期初未核销的应收款业务

3. 应收账款系统初始化必须录入期初数据，这些数据往往要按单据种类分别录入，其中，主要单据有（　　）。
   A. 销售发票　　　B. 应收单　　　C. 应付票据　　　D. 应收票据

4. 在应收账款系统中，收款单记账的主要处理内容包括（　　）。
   A. 查询或打印输出收款单　　　　　B. 计提坏账准备
   C. 更新客户、商品等总账　　　　　D. 自动生成对应的记账凭证

5. 下列单据中，可以配比出库单的有（　　）。
   A. 材料出库单　　　　　　　　　　B. 销售出库单
   C. 其他出库单　　　　　　　　　　D. 盘点单

6. 供应链管理是对（　　）进行核算和管理。
   A. 采购　　　B. 销售　　　C. 库存　　　D. 存货

三、判断题

1. 应收账款核算系统处理的各项业务均应生成相应的记账凭证，在账务处理系统中记录和核算。（　　）
2. 客户档案管理功能存在于销售核算模块之中。（　　）
3. 应收账款核算系统业务处理的起点是录入发货票据或应收单据。（　　）
4. 应收账款处理流程通常包含了按一定条件计提坏账准备的功能。（　　）
5. 供应商管理不是购销存管理的内容。（　　）
6. 对于设置单位往来核算的科目，在凭证录入时，其往来单位可从已有单位中选择，也可在界面中按业务实际情况增设。（　　）

第七章　报表子系统分析

 学习目标

相关知识	技能目标
1. 会计报表子系统概述	1. 理解会计报表子系统含义、特征
2. 会计报表子系统功能	2. 了解会计报表子系统功能分析

 知识结构

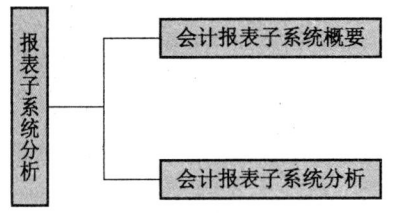

 导入案例

某集团报表中心系统案例分析

公司具有多级组织架构,搭建此系统主要是解决报表中心统一管理,解决数据的传递、收集、汇总等问题,同时还要解决与其他业务系统的集成问题,搭建企业级的数据管理平台。

待解决的问题有如下几个方面:

(1) 改变手工上报方式,手工录入 Excel 方式存在上报汇总不及时,差错率高,效率低下等诸多问题。

(2) 解决日益迫切的统计分析需求,基于业务数据进行查询统计分析,有效利用业务数据,提升工作效率。

(3) 实现多级流程化数据上报,搭建总公司、子公司、各部门三级架构的数据上报流程,实现数据上报的自动化流程化管理。

(4) 解决数据壁垒问题,有效处理从已有业务系统利用和获取数据存在困难,并且已有的业务数据存在不规范,数据缺失等问题。

解决方案：

基于集团数据系统搭建集团性质的报表中心系统项目，利用集团产品化的功能实现数据报送系统的各功能需求，搭建支撑总公司、子公司、各部门间的多级架构的数据报送和分析系统，实现流程化的数据上报和审计，数据汇总分析；并利用产品自带配套管理功能轻松完成系统管理和维护工作。同时，能兼容现有系统数据，完成报表集成系统，形成一个符合用户需求的一体化应用平台。

1. 平台管理

基于集团数据系统一体化管理功能，轻松完成系统管理和维护工作。组织机构管理功能，建立总公司、子公司、各部门之间的多层级组织架构，为平台中的权限控制和流程填报控制提供保障；全面管理各类分散异构数据，打破信息孤岛，从 OA、SAP 等多个业务系统中获取数据，建立数据分析和应用的基础；资源权限管理，资源分目录、分层级管理，同时支持权限分配，轻松实现为用户分配不同的资源访问权限。

2. 数据采集和流程填报

利用产品本身提供的流程填报和数据填报功能，实现基于流程的填报，实现业务数据的流程化管理，替代手工录入 Excel 后再汇总录入数据库的传统录入方式，及各类型业务表单数据采集上报和审核汇总工作。

本账务系统流程根据实际业务需求定制，逻辑控制和功能较为复杂，包含了任务的数据审核汇总、条件分支流转、多级分发上报、流程处理权限控制、任务周期性自动生成等。

第一节 会计报表子系统概要

一、会计报表子系统概述

会计报表是企业财务报告的主要部分，是企业向外传递会计信息的主要手段。会计报表是根据日常会计核算资料定期编制的，综合反映企业某一特定日期财务状况和某一会计期间经营成果、现金流量的总结性书面文件，是企业向外传递会计信息的主要手段，同时它也是企业内部管理人员进行管理，提高企业经济效益的重要参考资料。

我国现行会计制度规定，企业向外提供的会计报表包括资产负债表、利润表、现金流量表、资产减值准备明细表、利润分配表、股东权益增减变动表、分部报表和其他有关附表。会计报表子系统（UFO）既可以编制对外报表，也可以编制各种内部报表。它的主要任务是设计报表的格式和编制公式，从总账系统或其他业务系统中取得有关会计信息，自动编制各种会计报表，对该报表进行审核、汇总，从而生成各种分析图，并按规定格式输出各种会计报表。

会计报表子系统是会计电算化系统中的一个独立子系统，它为企业内部各管理部门及外部相关部门提供综合反映企业一定时期财务状况、经营成果和现金流量的会计信息。

会计报表子系统的特点表现在：

(1) 输入数据量少。会计报表的编制不需要输入数据，使用的是账务处理子系统的账簿文件数据。

(2) 不设置报表数据直接修改功能。财政部会计法规规定："对根据机内会计凭证和据以登账的相应账簿生成的各种机内会计报表数据，会计核算软件不能提供直接修改功能。"

(3) 输出信息规定性强。会计报表的格式和内容应当符合国家统一会计制度的规定。

(4) 通用性更强、适用面更广。会计报表子系统完全采用自定义的方法编制会计报表和进行报表分析。

(5) 图、表并用进行报表分析。利用图形对报表中的数据进行分析和控制。

二、报表种类

会计报表可以按照不同的标准进行分类。

（一）按服务对象分

按服务对象，可以分为对外报表和内部报表。

(1) 对外报表是企业必须定期编制、定期向上级主管部门、投资者、财税部门等报送或按规定向社会公布的会计报表。这是一种主要的、定期的、规范化的会计报表。它要求有统一的报表格式、指标体系和编制时间等，资产负债表、利润表和现金流量表等均属于对外报表。

(2) 内部报表是企业根据其内部经营管理的需要而编制的，供其内部管理人员使用的会计报表。它不要求统一格式，没有统一指标体系，如成本报表属于内部报表。

（二）按报表所提供会计信息的重要性分

按报表所提供会计信息的重要性，可以分为主表和附表。

(1) 主表即主要会计报表，是指所提供的会计信息比较全面、完整，能基本满足各种信息需要者的不同要求的会计报表。现行的主表主要有三张，即资产负债、利润表和现金流量表。

(2) 附表即从属报表，是指对主表中不能或难以详细反映的一些重要信息所做的补充说明的报表。现行的附表主要有利润分配表和分部报表，是利润表的附表；应交增值税明细表和资产减值准备明细表，是资产负债表的附表。主表与有关附表之间存在着勾稽关系，主表反映企业的主要财务状况、经营成果和现金流量，附表则对主表进一步补充说明。

（三）按编制和报送的时间分

按编制和报送的时间，可分为中期会计报表和年度会计报表。

(1) 广义的中期会计报表包括月份、季度、半年期财务报表。狭义的中期会计报表仅指半年期会计报表。

(2) 年度会计报表是全面反映企业整个会计年度的经营成果、现金流量情况及年末财务状况的会计报表。企业每年年底必须编制并报送年度会计报表。

（四）按编报单位分

按编报单位不同，分为基层会计报表和汇总会计报表。

(1) 基层会计报表是由独立核算的基层单位编制的会计报表，是用以反映本单位财务状况和经营成果的报表。

（2）汇总报表是指上级和主管部门将本身的会计报表与其所属单位报送的基层报表汇总编制而成的会计报表。

（五）按编报的会计主体分

按编报的会计主体不同，分为个别报表和合并报表。

（1）个别报表是指在以母公司和子公司组成的具有控股关系的企业集团中，由母公司和子公司各自为主体分别单独编制的报表，用以分别反映母公司和子公司本身各自的财务状况和经营成果和现金流量情况。

（2）合并报表是以母公司和子公司组成的企业集团为一个会计主体，以母公司和子公司单独编制的个别会计报表为基础，由母公司编制的综合反映企业集团经营成果、财务状况及其资金变动情况的会计报表。

（六）按会计报表子系统分

按会计报表子系统的分类，分为专用会计报表子系统、通用会计报表子系统和电子报表系统三类。

1. 专用会计报表子系统

专用会计报表子系统是对每张报表单独编程，即对每张报表的生成分别编写独立的计算机程序，用户只需进行简单的操作，掌握较少的会计报表知识就能使用的会计报表处理系统。这种系统常用在定点开发的会计软件中。其缺点是难以适应报表的各种变化和修改，每张报表的微小变化都要修改计算机程序，会计报表软件的后期维护工作量大。

2. 通用会计报表子系统

通用会计报表子系统为用户提供一个辅助设计表格结构的工具，由用户根据自己的实际情况，按通用会计报表子系统提供的自定义方式设计本单位所需要的每张报表的格式、定义编制方法，由计算机根据用户的定义从现有的其他子系统（如总账子系统、工资管理子系统、成本管理子系统等）提供的数据库中提取数据自动生成。

3. 电子报表系统

电子报表系统是一种纯粹的报表处理系统，目前很多通用会计软件都为 Excel 或 Lotus1-2-3 提供公开的数据接口或取数函数，使用户可以方便地在 Excel 或 Lotus1-2-3 中通过数据接口或使用取数公式从总账子系统以及其他系统中调取会计数据生成会计报表。

（七）按报表格式结构分

按报表格式结构来分，可分为简单表和复合表。

简单表是由若干行和列组成，如资产负债表、利润表等。复合表是由多个简单表组合形成的，还可以出现表中套表的现象。

三、会计报表子系统处理流程

（一）手工会计报表编制流程

在手工操作方式下，填制凭证、登记账簿、编制会计报表是一个完整的财务处理系统。

会计报表的编制是由会计人员在上级主管部门统一下发的规定表格中填写内容,也就是说,只要求会计人员填写数字,而不要求建立表格结构。表中的数字来源可分为三类:①根据会计账簿得到数据;②从会计账簿以外的资料得到数据;③利用账簿或报表中有关数字,通过计算而产生数据。以资产负债表、利润表、现金流量表三大报表为例,其业务流程,如图7.1.1所示。

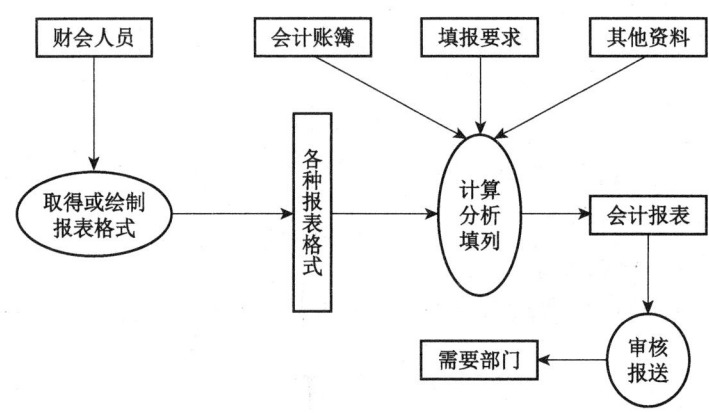

图 7.1.1　手工会计报表编制流程图

(二) 电算化会计报表处理流程

会计报表子系统利用事先定义的报表公式从账簿、凭证和其他报表等文件中采集数据,经过分析、计算填列在表格中,再将生成的报表输出,如图 7.1.2 所示。

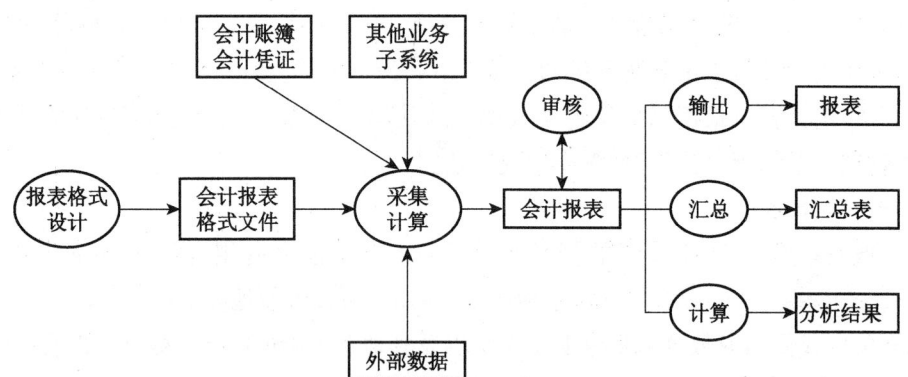

图 7.1.2　会计报表子系统处理流程图

会计报表子系统的工作过程一般分为报表的格式和公式设置、报表的数据处理、报表输出等过程。模板生成会计报表过程,如图 7.1.3 所示。

(三) 会计报表子系统的基本工作过程

会计报表子系统的工作过程一般分为报表的格式定义、公式设置、数据处理、报表输出等过程,如图 7.1.4 所示。

报表模板操作流程

报表数据操作流程

图 7.1.3　用模板生成会计报表流程图

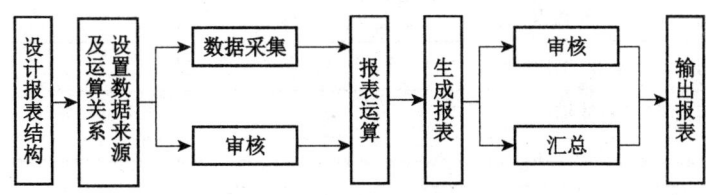

图 7.1.4　会计报表子系统的基本工作过程

制定报表的流程是：①启动并建立报表；②设计报表的格式；③定义各类公式；④报表数据处理；⑤报表图形处理；⑥打印报表；⑦退出。

第二节　会计报表子系统分析

一、会计报表子系统功能分析

（一）会计报表格式结构分析

从报表格式结构来看，可分为简单表和复合表。但是无论是简单表还是复合表，其格式一般都由四个基本要素组成：标题、表头、表体、表尾。表 7.1.1 是一张利润表的基本格式。

表 7.1.1　　　　　　　　　　利 润 表　　　标题

编制单位：　　　　　　　　　　年　月　　　　　　　单位：元　　表头

项　　目	本年累计数	上年同期数
一、营业收入		
减：营业成本		
税金及附加		
销售费用		
管理费用		

(续表)

项　　目	本年累计数	上年同期数
财务费用		
资产减值损失		
加：公允价值变动收益（损失以"－"号填列）		
投资收益（损失以"－"号填列）		
其中：对联营企业和合营企业的投资收益		
二、营业利润（亏损以"－"号填列）		
加：营业外收入		
其中：非流动资产处置利得		
减：营业外支出		
其中：非流动资产处置损失		
三、利润总额（亏损总额以"－"号填列）		
减：所得税费用		
四、净利润（净亏损以"－"号填列）		
五、其他综合收益的税后净额		
（一）以后不能重分类进损益的其他综合收益		
1. 重新计量设定受益计划净负债或净资产的变动		
2. 权益法下在被投资单位不能重分类进损益的其他综合收益中享有的份额		
（二）以后将重分类进损益的其他综合收益		
1. 权益法下在被投资单位以后将重分类进损益的其他综合收益中享有的份额		
2. 可供出售金融资产公允价值变动损益		
3. 持有至到期投资重分类为可供出售金融资产损益		
4. 现金流量套期损益的有效部分		
5. 外币财务报表折算差额		
……		
六、综合收益总额		
七、每股收益		
（一）基本每股收益		
（二）稀释每股收益		

公司法定代表人：　　　　主管会计工作负责人：　　　　会计机构负责人：

1. 标题

标题是用来表示报表的名称,如"资产负债表""利润表"等,报表的标题可能不止一行,有时会有副标题、修饰线等。

2. 表头

表头包括报表的编制单位名称、编表日期、编制计量单位、报表栏目名称等。报表栏目名称是表头中最重要的内容,它定义了报表的列,决定了会计报表表体项目的内容和形式。

3. 表体

表体是会计报表的主体,纵向上表体可分为若干栏目,横向上表体可分为若干行,横向和纵向表格线交叉间的方格用于填报数据,称为报表表元。表元反映了报表各栏目的具体内容,是构成报表的基本单元。报表纵、横向行列的划分使得表元可以由二维坐标来定义,即以 XY 来表示报表第 X 列和第 Y 行交叉形成的表元。

4. 表尾

表尾是报表表格线以下对报表主体内容进行辅助说明的部分。一般报表都有责任人签章和报出日期,有些报表表尾还有一些实质性或说明性的内容。

(二)报表系统的功能分析

1. 文件管理功能

报表系统提供了各类文件管理功能,除能完成一般的文件管理外,报表的数据文件还能够转换为不同的文件格式,如 *.TXT 文本文件、*.MDB 文件、*.DBF 文件、EXCEL 文件。此外,通过报表系统提供的"导入"和"导出"功能,可以实现和其他流行财务软件之间的数据交换。

2. 格式设计功能

格式设计功能可以设置报表尺寸、组合单元、画表格线(包括斜线)、调整行高列宽、设置字体和颜色、设置显示比例等,制作各种形式的报表。同时,报表系统还内置了 11 种套用格式和 19 个行业的标准财务报表模板,方便用户用标准格式制作报表。对于用户单位内部常用的管理报表,报表系统还提供了自定义模板功能。

3. 数据处理功能

数据处理功能可用固定的格式管理大量数据,不同的表页,能将多达 99 999 张具有相同格式的报表资料统一在一个报表文件中管理,并在每张表页之间建立有机联系。

此外,还提供了排序、审核、舍位平衡、汇总功能;提供了绝对单元公式和相对单元公式,可以方便、迅速地定义计算公式;提供了种类丰富的函数,在系统向导的引导下轻松地从账务及其他子系统中提取数据,生成财务报表。

4. 图表功能

报表系统可以很方便地对数据进行图形组织和分析,制作包括直方图、立体图、圆饼图和折线图等多种分析图表,并能编辑图表的位置、大小、标题、字体、颜色、打印输出。"图文混排"使财务报表的数据更加直观。

5. 打印功能

报表系统提供"所见即所得"和"打印预览",可以随时观看报表或图形的打印效果。

6. 二次开发功能

报表系统还能进行二次开发。它提供了批命令和自定义菜单,自动记录命令窗中输入的多个命令,可将有规律性的操作过程编制成批命令文件,进一步利用自定义菜单可以开发出适合本企业的专用系统。

二、会计报表子系统模块分析

(一) 基本概念

1. 格式状态和数据状态

报表管理系统将含有数据的报表分为两部分,即报表格式与报表数据。这两种处理工作在不同状态下进行,实现状态切换的是"格式/数据"选项,通过这两个选项可在格式状态和数据状态间切换。而对于一些通用的报表控件而言,报表格式和数据往往集成为一体。

(1) 格式状态:在格式状态下进行报表格式设计,包括表的尺寸、行高和列宽、单元格属性、单元格风格、组合单元格、关键字、可变区等。报表子系统中包括三类公式:单元公式(计算公式)、审核公式、舍位平衡公式。在格式状态下所设计的报表格式和公式对本报表所有的表页都发生作用,但不能进行数据的录入、计算等操作;由于格式状态下只能设计报表格式和公式,因而在格式状态下只能看到报表的格式,看不到报表的数据。

(2) 数据状态:在数据状态下可以进行报表的数据处理,如输入或产生数据、增加或删除表页、审核、舍位平衡、制作图形、汇总、合并报表等。在数据状态下,可以看到报表的全部内容,包括格式和数据,但不能修改报表的格式。

2. 单元和单元类型

(1) 单元:单元是组成报表的最小单位,单元名称可以由其所在行、列组合来标识。行号用数字1~9 999表示,列标用字母A-IU表示(IU是英文数字,如数字序列:A,B,C,D,…,Z,AA,AB,AC,…,AZ,BA,BB,BC,…,BZ,…,IA,IB,IC,…,IU)。例如:E25表示第5列第25行所定位的单元格。

(2) 单元类型:单元包括以下三种类型:

数值单元:在数据状态下输入。报表数值单元的内容可以是$1.7\times(10E-308)$到$1.7\times(10E+308)$之间的任何数(15位有效数字),数字可以直接输入或由单元中设置的单元公式运算生成。当建立一个新报表时,所有单元格的类型默认为数值型。

字符单元:在数据状态下输入。字符单元的内容可以是汉字、字母、数字及各种可输入的符号组成的字符串,报表的一个单元格中最多可输入255个字符。字符单元的内容也可由单元公式生成。

表样单元:是定义一个没有数据的空表所需的所有文字、符号或数字。一旦单元被定义为表样,那么在其中输入的内容对所有表页都有效。表样在格式状态下输入和修改,在数据状态下不允许修改。一个单元中最多可输入255个字符。

(3) 组合单元:组合单元由相邻的两个或多个单元格组成,这些单元必须属于同一种单元类型(表样、数值、字符),在处理报表时将组合单元视为一个单元。可以组合同一行相邻的多个单元,也可以组合同一列相邻的多个单元,还可以把一个多行多列的平面区域设为一个组合单元。组合单元的名称可以用区域的名称或区域中单元的名称来表示。例如把 B1 到 B3 定义为一个组合单元,这个组合单元可以用"B1""B3"或"B1:B3"表示。

3. 表页和区域

(1) 表页:一般报表最多可容纳 99 999 张表页,每一张表页由许多单元组成。一个报表中的所有表页具有相同的格式,但其中的数据是不同的。表页在报表中的序号在表页的下方以标签形式出现,称之为"页标"。页标可以用"第 1 页"~"第 99 999 页"表示。任何一种报表控件也都有默认的最大标签页数目。

(2) 区域:由一张表页上的一组单元组成,自起点单元至终点单元是一个完整的长方形矩阵。区域是二维的,最大的区域是一个二维表的所有单元,最小的区域是一个单元。

4. 多维表

确定某一数据位置的要素称为"维"。在一张有方格的纸上填写一个数,这个数的位置可通过行和列(二维)来描述。如果将一张有方格的纸称为表,那么这个表就是二维表,可以通过行(横轴)和列(纵轴)找到二维表中的任何位置的数据。如果将多个相同的二维表叠在一起,找到某一个数据的要素需增加表页号。这一叠表称为一个三维表。如果将多个不同的三维表放在一起,要从这多个三维表中找到一个数据,需增加表名。三维表中的表间操作即称为"四维运算"。多数报表软件中的报表大小都有一定限制。一般情况下,行数:1~9 999;列数:1~255;行高:0~160 毫米;列宽:0~220 毫米;表页数:1~99 999。

5. 固定区及可变区

固定区是指一个区域的行和列的数量是固定的。一旦设定好后,固定区域内其单元总数是不变的。可变区是指一个区域的行数或列数是不固定的,可变区的最大行数或最大列数是在格式设计中设定的。

一般而言,在一个报表中只能设置一个可变区,或是行可变区或是列可变区。顾名思义,行可变区是指可变区中的行数是可变的;列可变区是指可变区中的列数是可变的。设置可变区后,屏幕只显示可变区的第一行或第一列,其他可变行列隐藏在表体内。在以后的数据操作中,可变行列数随需要而增减。有可变区的报表称为可变表;没有可变区的表称为固定表。

6. 关键字

关键字是游离于单元之外的特殊数据单元,可以唯一标识一个表页,用于在大量表页中快速选择表页。关键字的显示位置在格式状态下设置,关键字的值则在数据状态下录入,每个报表可以定义多个关键字。一般提供六种关键字:

(1) 单位名称:字符(最大 28 个字符),为该报表表页编制单位的名称。

(2) 单位编号:字符型(最大 10 个字符),为该报表表页编制单位的编号。

(3) 年:数值型(1980—2099),为报表表页反映的年度。

(4) 季:数值型(1~4),为报表表页反映的季度。

(5) 月:数值型(1~12),为报表表页反映的月份。

(6) 日:数值型(1~31),为报表表页反映的日期。

除此之外,报表管理软件都提供自定义关键字功能,可以用于业务函数中。

(二) 会计报表子系统的基本工作过程

会计报表子系统的工作过程一般分为报表的格式和出式设置、报表的数据处理和报表的输出等过程,如图7.1.5所示。

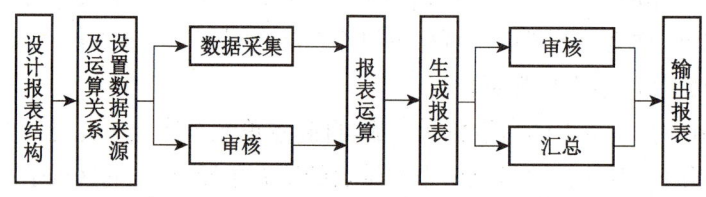

图7.1.5 报表子系统基本工作过程

编制报表流程:①启动系统,新建报表;②设计报表的格式;③定义各类公式;④报表数据处理;⑤报表图形处理;⑥打印报表;⑦退出报表系统。

三、会计报表子系统的应用

(一) 报表定义及报表模板

报表定义是依据会计软件,建立一个新的报表体系所做的工作。它主要包括:定义报表名称,设计空白表格的格式,定义报表项目填写内容的数据来源和报表项目及运算关系,确定表格项目审核校验及报表间项目的勾稽关系,检查公式以及汇总报表的汇总范围等步骤。经过报表定义之后,就可以按规定计算或汇总产生所需要的会计报表,通过审核校验确认后,可以打印、复制、查询、输出会计报表。

1. 报表格式定义

会计报表操作是从报表格式设置开始的。报表的格式设计是在格式状态下进行的,格式对整个报表有效,具体包括以下操作:

(1) 设置表尺寸:即设定报表的行数和列数。报表的尺寸设置完之后,还可以单击"格式"菜单中"插入"或"删除"选项增加或减少行或列来调整报表大小。

(2) 定义行高和列宽。如果报表中某些单元的行或列要求比较特殊,则需要调整该行的行高或列的列宽。

(3) 画表格线。报表的尺寸设置完成之后,在数据状态下,该报表是没有任何表格线的,所以为了满足查询和打印的需要,还需要画上表格线。

(4) 设置单元属性:把固定内容的单元,如"项目""行次""期初数""期末数"等定为表样单元;把需要输入数字的单元定为数值单元;把需要输入字符的单元定为字符单元。

(5) 设置单元风格:设置单元的字形、字体、字号、颜色、图案等。

(6)定义组合单元:即把几个单元作为一个使用。有些内容,如标题、编制单位、日期及货币单位等信息可能一个单元容纳不下,所以为了实现这些内容的输入和显示,需要定义组合单元。

(7)设置可变区:即确定可变区在表页上的位置和大小。

(8)确定关键字在表页上的位置:关键字主要有六种:单位名称、单位编号、年、季、月、日,关键字在格式状态下定义,其值则在数据状态下录入。另外,还可以根据自己的需要自定义关键字,每个报表可以定义多个关键字。

设计报表的格式之后,可以输入表样单元的内容,如"项目""行次""期初数""期末数"等。

2. 报表公式定义

公式的定义是在格式状态下进行,主要有单元公式、审核公式和舍位平衡公式。

单元公式定义了报表数据之间的运算关系,在报表数值单元中键入"="就可直接定义计算公式,所以称为计算公式。

企业常用的会计报表数据一般来源于总账系统或报表系统本身。计算公式一般在总账账簿中取数,还可以取本表页的数据,取其他表页上的数据,取其他报表的数据。

(1)自总账系统取数的公式又称为账务函数。

账务函数的基本格式为:函数名("科目编码",会计期间,["方向"],[账套号],[会计年度],[编码1],[编码2],)

上述函数式中相关参数的含义为:

科目编码:账务系统中的科目代码,也可以是科目名称,且必须用双引号括起来。

会计期间:可以是"年""季""月"等变量,也可以是具体数字表示的年、季、月。

方向:指会计账簿中栏目数据的方向,即"借"或"贷"。

账套号:用数字表示,如001,002等。缺省时系统默认数据来源为第一套账。

会计年度:即数据取数的年度。

[编码1][编码2]:是与科目编码和核算账类有关,可以取科目的辅助账,如职员编码,项目编号等,如无辅助核算则省略。

例如:"资产负债表"中的"货币资金"项期末数(D6单元)的取数公式为:

D6=QM("1001",月,"借",001)+ QM("1002",月,"借",001)+ QM("1009",月,"借",001)

其含义是:D6单元(货币资金期末数)的数值来源于账务处理系统第001套账中"1001"("库存现金"科目)、"1002"("银行存款"科目)以及"1009"("其他货币资金"科目)当月期末余额之和。

以下是使用较为频繁的用友财务函数。

取某科目期初数　　　　　　　　　　　　　　　　　QC( )

取某科目期末数　　　　　　　　　　　　　　　　　QM( )

取某科目本期发生数　　　　　　　　　　　　　　　FS( )

取某科目借、贷方发生净额　　　　　　　　　　　　　　JE( )
取某科目累计发生额　　　　　　　　　　　　　　　　　LFS( )

（2）自本表表页取数的函数。自本表表页取数的函数主要有：

数据合计　　　　　　　　　　　　　　　　　　　　　　PTOTAL( )
平均值　　　　　　　　　　　　　　　　　　　　　　　PAVG( )
最大值　　　　　　　　　　　　　　　　　　　　　　　PMAX( )
最小值　　　　　　　　　　　　　　　　　　　　　　　PMIN( )

（3）"本表他页取数函数"：用于从同一报表文件的其他表页中采集数据。

很多报表数据是从以前的历史记录中取得的，如本表其他表页。当然，这类数据可以通过查询历史资料而取得，但是，查询既不方便，又会由于抄写错误而引起数据的失真。而如果在计算公式中进行取数设定，既减少工作量，又节约时间，同时，数据的准确性也得到保障。这就需要用到表页与表页间的计算公式。

首先，"取确定页号表页的数据"：当所取数据所在的表页页号已知时，用以下格式可以方便地取得本表他页的数据：<目标区域>=<数据源区域>@<页号>。例如，下面单元公式令各页 B2 单元均取当前表第一页 C5 单元的值。B2=C5@1

其次，"按一定关键字取数"：SELECT( )函数常用于从本表他页取数计算。例如，在"利润表"中，本年累计数=本月数+同年上月累计数，"主营业务成本"中的本年累计数的公式定义为：D6=？C6+select(？D6,年@=年 and 月@=月+1)

（4）"从其他报表取数函数"：当我们从他表取数时，已知条件并不是页号，而是希望按照年、月、日等关键字的对应关系来取他表数据，就必须用到关联条件。用以下格式可取得已知页号的他表表页数据：<目标区域>="<他表表名>"-><数据源区域>[@<页号>]。

审核公式是为了确保报表数据的准确性，经常用这种报表之间或报表之内的勾稽关系对报表进行勾稽关系检查。一般来讲，我们称这种检查为数据的审核。将报表数据之间的勾稽关系用公式表示出来，我们称之为审核公式。用户只要将报表数据之间的勾稽关系用审核公式表示出来，计算机会在生成报表时自动按照审核公式对指标间的勾稽关系进行验证。

审核公式的格式：

<算术或表元表达式>　<比较运算符><算术或表元表达式>[mess "说明信息"]

比较运算符有：=，>，<，>=，<=，<>

例如，对资产负债表的"资产总计"年初数和"负债和所有者权益总计"年初数的平衡关系审核公式可定义为：

C42=G42 MESSAGE"资产总计年初数与负债和所有者权益总计年初数不相等"

其中：C42 单元为"资产总计"项年初数，G42 单元为"负债与所有者权益总计"项年初数；"C42=G42"是勾稽关系条件表达式，参数"MESSAGE"后面的字符串是当条件不满足时出现在屏幕上的提示信息。

整个公式的含义是：报表 C42 单元的值必须等于 G42 单元的值，否则，在屏幕上显出"资产总计年初数与负债和所有者权益总计年初数不相等"的提示信息。

舍位平衡公式，用于报表数据进行进位或小数取整时调整数据。在报表汇总中，各种报表的数据计量单位有可能不统一，这时，需要将报表的数据进行位数转换，将报表的数据单位由个位转换为百位、千位或万位，这种操作叫进位操作。

进位操作以后，原来的平衡关系可能会因为小数位的四舍五入而被破坏，因此，还需要对进位后的数据平衡关系重新调整，使舍位后的数据符合指定的平衡公式。这种用于对报表数据舍位及重新调整（舍位之后）平衡关系的公式称为舍位平衡公式。

定义舍位平衡公式需要指明要舍位的表名、舍位范围以及舍位位数，并且必须输入平衡公式。

3. 报表模板

用友系统中提供了 19 个行业的标准财务报表模板。报表模板即建立了一张标准格式的会计报表。如果用户需使用系统内的报表模板，则可以直接调用。新开发的用友 T+ 系统仍然采用模板方式生成报表。

用户除了使用系统中的会计报表模板外还可以根据本单位的实际需要自定义内部报表模板，并将自定义的模板加入系统提供的模板库内，也可以根据本行业的特征，增加或删除各个行业及其内置的模板。自定义报表模板主要需要定义报表的所属行业及报表名称。

（二）报表数据处理

录入数据并进行处理，报表数据处理在数据状态下进行，包括以下操作：

（1）因为新建的报表只有一张表页，需要追加多个表页。

（2）如果报表中定义了关键字，则录入每张表页上关键字的值。

（3）在数值单元或字符单元中录入数据。

（4）如果报表中有可变区，可变区初始只有一行或一列，需要追加可变行或可变列，并在可变行或可变列中录入数据。

（5）数据录入，当前表页的单元公式将自动运算并显示结果。如果报表有审核公式和舍位平衡公式，则执行审核和舍位。

（三）报表输出

为了满足企业的管理者、投资人、债权人、财政部门、税务部门管理和了解财务信息的需要，报表系统提供了报表输出功能。

在输出报表时，一般有以下四种方式：

（1）屏幕显示，是指将会计报表显示到屏幕上，报表使用者可以通过屏幕查看报表。这种输出主要是为用户检查报表设置和编制是否正确使用。

（2）打印输出，是指将会计报表从打印机上打印到打印纸上，供报表使用者查看。打印输出是将报表进行保存、报送有关部门而不可缺少的一种报表输出方式。但在打印之前必须在报表系统中做好打印机的有关设置，以及报表打印的格式设置，并确认打印机已经和主机正常连接。

（3）磁盘输出，是指将会计报表以文件的形式输出到磁盘上，上级主管部门可以直接用磁盘中的报表进行不同单位的报表汇总。

（4）网络传输，是指通过计算机网络将各种报表从一个工作站传送到另一个或另几个工作站的报表传输方式。使用计算机网络进行报表传输，可在各自的计算机上方便、快捷地查看相关会计报表，大大提高了会计数据的时效性和准确性，又有很好的安全性，并且可以节省报表报送部门大量的人力、物力、财力。随着计算机网络的日益普及，网络传输方式的优势越发明显，正在逐步取代其他的报送方式。

（四）图表功能

报表生成以后，为了对报表数据进行直观的分析和了解，方便对数据的对比，可以将报表数据所包含的经济意义利用图表的方式直观地反映出来。

用友报表图标格式提供了直方图、圆饼图、折线图、面积图四大类共十种格式的图表。

图表是利用报表文件中的数据生成的，图表与报表数据存在着密切的联系。报表数据发生变化时，图表也随之发生变化；报表数据删除后，图表也随之消失。

用友 T+报表不再提供图表功能，也不用公式定义，只需要套用报表模板即可完成主要报表。如果需要图表，可以按 Excel 格式导出报表，在 Excel 中进行图表分析。

本 章 小 结

本章第一节介绍了报表子系统的相关概念和功能，第二节介绍了报表子系统的处理流程。学生通过本章学习，熟悉报表子系统的处理流程和功能，掌握报表的处理方法和技巧。

复 习 与 思 考

一、名词解释

1. 表体　2. 数据状态　3. 表页　4. 关键字　5. 可变区　6. 舍位平衡公式　7. 格式状态　8. 单元公式

二、单项选择题

1. UFO 报表不提供（　　）关键字的录入。

A. 年　　　　　　B. 月　　　　　　C. 季　　　　　　D. 周

2. 在 UFO 系统中，（　　）技术参数不正确。

A. 行数：1～9 999（缺省为 50 行）

B. 一个 UFO 报表最多可容纳 99 999 张表页

C. 列数：1～255（缺省为 7 列）

D. 行高：0～255（缺省为 15）

3. 下列各项中不属于UFO报表功能的是（　　）。
A. 导入标准财务数据
B. 可管理多达99 999张相同格式的报表表页
C. 制作10种图式的分析图表
D. 联查有关凭证

4. 下列各项中，不属于单元属性内容的是（　　）。
A. 行高　　　B. 字体颜色　　　C. 表线　　　D. 对齐方式

5. 欲将关键字位置向左调整10时，需输入（　　）种形式的数据。
A. 左10　　　B. —10　　　C. 10　　　D. 0

6. 函数QM("5301",月,"借","778",,,,,,)中的"778"表示（　　）。
A. 778号总账账套　　　　　　B. 778号固定资产账套
C. 778号工资账套　　　　　　D. 778号科目

7. 如果总账账套的科目为新会计制度，且账套性质为工业企业，用UFO报表模板生成财务报表时，应选择（　　）模板。
A. 工业企业下的报表　　　　　B. 外商投资企业下的报表
C. 新会计制度科目行业下的报表　D. 对外合作行业的报表

8. UFO编制报表时，通过（　　）让计算机自动完成取数计算。
A. 输入单位名称　　　　　　　B. 录入关键字
C. 输入单位编号　　　　　　　D. 输入日期

9. 在UFO中欲查找某一时间的损益表数据，需要在（　　）下进行查询。
A. 格式状态　　B. 打印输出　　C. 导出文件　　D. 数据状态

10. 报表系统的处理流程是（　　）。
A. 格式设计→数据处理→打印输出　B. 数据处理→格式设计→打印输出
C. 数据输入→数据处理→数据存储　D. 数据处理→数据采集→数据输出

11. 报表按其设置和处理方式大体可分为（　　）。
A. 预置报表和对外报表　　　　B. 对内报表和自定义报表
C. 预置报表和自定义报表　　　D. 对内报表和对外报表

12. 通用报表系统的操作流程一般是（　　）。
A. 设计报表→定义数据→定义框架→修饰报表→设置打印参数
B. 设计报表→定义框架→修饰报表→定义数据→设置打印参数
C. 设计报表→定义框架→定义数据→修饰报表→设置打印参数
D. 设计报表→修饰报表→定义框架→定义数据→设置打印参数

13. 编制会计报表是（　　）信息。
A. 分类　　　B. 取得　　　C. 汇总　　　D. 反馈

14. 会计核算软件应当提供会计报表的自定义功能，但不包括定义会计报表的（　　）。
A. 格式　　　　　　　　　　　B. 项目

C. 各项目的数据来源　　　　　　　　D. 数据项

15. UFO报表处理系统是一个(　　)。
   A. 一维报表　　B. 二维报表　　C. 三维报表　　D. 四维报表

16. 如果发现UFO生成的财务报表中有公式的单元数据错误,(　　)。
   A. 直接键入正确的数据　　　　　　B. 返回格式状态修改数据
   C. 返回格式状态修改公式　　　　　D. 直接修改公式

17. UFO编制报表时,通过(　　)让计算机自动完成取数计算。
   A. 输入单位名称　　　　　　　　　B. 录入关键字
   C. 输入单位编号　　　　　　　　　D. 输入日期

18. 在UFO中欲查找某一时间的利润表数据,需要在(　　)下进行查询。
   A. 格式状态　　B. 打印输出　　C. 导出文件　　D. 数据状态

三、多项选择题

1. 报表格式的修改有(　　)方式。
   A. 表头的修改　　　　　　　　　　B. 表体的修改
   C. 报表整体格式的修改　　　　　　D. 报表数据格式的修改

2. 报表中的数据来源包括(　　)。
   A. 手工输入　　　　　　　　　　　B. 账簿中数据
   C. 表内与表间数据　　　　　　　　D. 记账凭证取得

3. 报表数据输出的方法包括(　　)。
   A. 屏幕显示　　B. 打印输出　　C. 网络输出　　D. 磁盘输出

4. 下列有关预置报表的叙述中,正确的有(　　)。
   A. 预置报表由软件预先在程序中设置好具体报表的格式和计算公式
   B. 使用时系统按规定的途径取得数据并输出由系统设定格式的报表
   C. 预置报表使用较方便,适用于格式和数据来源都固定的报表
   D. 由于修改不方便,所以会计软件几乎不提供预置报表

5. 在通用报表系统中定义报表的主要工作包括(　　)。
   A. 设置打印参数　　　　　　　　　B. 定义报表框架
   C. 定义报表数据　　　　　　　　　D. 修饰报表

四、判断题

1. 报表的数据处理功能能够完成设置关键字的操作。　　　　　　　　　(　　)
2. 设置列宽和表页重算必须在数据状态下完成。　　　　　　　　　　　(　　)
3. 报表不能以关键字的值作为表页汇总条件。　　　　　　　　　　　　(　　)
4. 报表可以以单元的值作为表页汇总条件。　　　　　　　　　　　　　(　　)
5. 对于字符型单元不能在数据状态下输入数据。　　　　　　　　　　　(　　)

6. 需要设置组合的单元必须具有相同的单元类型。　　　　　　　　　（　　）

7. 只有在报表格式中已设置了关键字，数据处理中已为不同表页录入了不同关键字，关键字才能在计算公式中起到作用。　　　　　　　　　　　　　（　　）

8. 报表可直接在格式状态下获取总账数据。　　　　　　　　　　　（　　）

9. 在报表中单元的数据类型只有表样型、数值型和字符型三种。　　（　　）

10. 报表可直接在格式状态下获取总账数据。　　　　　　　　　　（　　）

五、简答题

1. 和手工编制报表相比，报表系统子系统的特点是什么？
2. 会计报表子系统的管理方式是什么？

第八章　会计电算化管理

 学习目标

相关知识	技能目标
1. 会计电算化运行管理	1. 了解如何进行会计电算化运行管理
2. 会计电算化系统内部控制及风险管理	2. 掌握电算化会计系统内部控制内容,了解风险管理

 知识结构

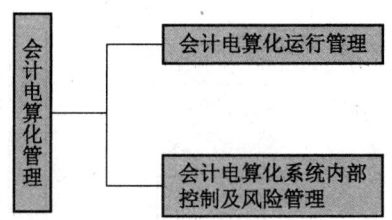

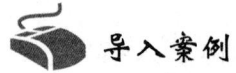 导入案例

杰赛科技公司财务管理信息系统重建

2004年,叶桂梁接受了一项重任,身为广州杰赛科技股份有限公司(以下简称杰赛科技)财务部和资金结算中心的总经理,他要负责杰赛科技财务管理信息系统的重新建设。

此时,杰赛科技的年营业额近5亿元,即将筹备上市,对财务信息及时地汇总、发布需求特别迫切,公司管理层面也需要更及时全面的数据作决策支持,而在2000年建设的财务系统已经无法提供有效支持,杰赛科技财务管理信息系统的建设成为首要的任务。

一、从会计电算化开始

杰赛科技是中国电子科技集团公司第七研究所民品部门转制组建的国有控股股份企业,公司于2000年转制,注册资本5 330万元,主要从事通讯设备和电子信息与通信领域的产品开发、生产和销售,是广东省高新技术企业和软件企业。

杰赛科技下设若干职能管理部门和技术中心、进出口部、通信规划设计院和7个事业部（对外称分公司），业务涵盖电子信息和通信领域，可以提供包括电子元器件、通信产品、信息系统、软件产品和系统集成等产品或者服务。各事业部和技术中心都采取分公司的运作模式，具有自己的独立账户，而这些部门和机构的财务信息都要通过总部进行数据集中管理，以保障数据安全、方便数据维护和提供决策信息。

叶桂梁介绍，杰赛科技的信息化建设，首先是从解决财务信息化入手的。杰赛科技早在2000年成立之初，就采用了金算盘6F版本的财务管理软件系统，解决了会计手工核算的问题，把财务人员从烦琐的手工账中解放出来。同时，6F系统可以提供灵活的数据挖掘、查询等功能，使数据收集传递更准确、及时，加快了资金流的周转速度。

杰赛科技凭借自身的技术队伍和研发实力，并同中山大学建立战略合作关系，不断推出新的信息产品和技术解决方案，取得了快速的发展。2000年，杰赛科技的营业额大约1亿元，而2004年，营业额已将近5亿元，拥有1 100多名员工。

为了寻求更高的发展，杰赛科技的管理当局决定将公司筹备上市，这要求财务系统能够及时提供财务信息的汇总、发布，为公司管理层提供决策支持，而6F系统已经无法提供有效支持，在数据库、远程查询等方面显露出了众多限制。因此，杰赛科技财务管理信息系统的建设成为首要的任务。

二、企业发展带来新的问题

杰赛科技的所有分公司原先全部是与总部在同一个大院办公，距离较近，财务管理系统只在公司内部的局域网上运行，财务数据的汇总、提供的查询功能等都运行良好，有力地支持了公司的发展。

2003年，随着业务和规模的发展，杰赛科技属下的部分分公司开始往外搬迁，分布在广州各处，这对财务系统的网络架构和管理提出了新的要求。原来的系统主要运行在局域网上，对远程支持不足，因此，要求新的平台可以提供解决远程数据联网的问题，并能提供快速的输入和查询。

同时，旧系统只能支持小型数据库，随着业务发展，数据量的急剧增大，在数据处理上也表现出了众多问题。

杰赛科技的7个分公司分别承担研发、生产等工作，7家分公司的业务种类都有所不同，从订单、研发、采购、生产、入库、销售、回款等财务制度，各个公司都有不同，有些具备全部流程，有些只具有其中几个环节。同时，其业务统计的数据量非常巨大，比如一个电路板，包含了20多道工序，要应用不同的电子元器件，材料品种多。随着业务的扩大，一份完整的进、销、存信息，从2000年数十MB容量，达到几个GB。每次数据备份，都要备份3～4G的数据资料。这对数据类型的要求和管理上的自定义都提出了要求。

面对上市的要求，以完成对外出具会计报告为目的的核算型系统已经无法满足公司对财务管理提出的要求，公司管理当局更关心的是用财务语言来描述企业全面获利能力和竞争能力。如何及时、准确地提供企业竞争管理所需的成本、资金资料，满足管理当局战略决策所需的各种管理信息已成为目前财务管理工作的重中之重。杰赛科技的财务系统面临全面的升级和变革。

三、全面建立管理信息系统

根据企业规模壮大、分公司外迁、公司上市的需求,杰赛科技进行了新的财务管理信息化规划,提出:该系统不但必须符合集团化的企业财务管理需要,而且还需适应外部财务会计和内部管理会计体系的不同要求,总公司和分公司之间能构筑统一的会计体系,并且实现分公司的财务系统与业务管理系统的无缝链接,从而保证整个系统资金信息、物流信息及其他信息能及时、顺畅地在公司内部流动和传递,并能对这些信息进行各种加工分析处理,最终实现及时的财务分析和决策支持。

在此,外部财务会计体系所指的是,杰赛科技的业务包含研发、生产和销售各个流程,公司要通过财务会计体系对进、销、存各个环节的账目进行全面的管理。内部管理会计体系指的是从业务流程上,对订单信息分析,对成本费用、资金管理、实施动态等进行跟踪,并做出及时的分析处理,进一步通过信息系统规范业务流程。

为实现以上目标,2004年5月,杰赛科技全面推进财务业务一体化信息管理,公司经过对四家软件提供商相关产品的评估,最后从易操作性、价格等方面综合考虑,决定采用金算盘软件推出的基于VP平台的VPS/SCM企业管理软件套件作为基础框架,基于Internet技术,首先解决外迁事业部数据联网问题,并以此为基础初步建立起一个适用、规范、高效、先进的杰赛科技财务管理信息网络系统,全面实现公司财务核算与管理的网络化、信息化。

在实施人员前期的调研工作及培训工作的基础上,2004年5月和6月,杰赛科技全体软件操作人员分次参加了软件的系统培训;6月份在金算盘软件公司的实施人员协助下开始实施对业务部门的调研及初始化指导;7月份各业务部门操作人员已开始处理日常业务单据,通过系统软件的应用并结合本身业务流程的特点,初步达到了优化公司的内部管理及业务处理的要求。

四、新系统功能总结

杰赛科技现采用的新系统是由总账、采购、库存及存货、销售、应收及应付等模块组成,该系统平台运作采用了集团式的管理模式,立足于数字化管理,数据传递首先由各分公司财务集中进、销、存各个环节的业务数据,主要反映以下几个环节:第一个环节(采购—入库—应付—总账):通过采购模块的应用,采购入库的信息传递到库存模块,同时产生供应商的应付账款台账信息,并传递到应付模块进行下一步的追踪,最终将信息传递到总账系统进行归集;第二环节(销售—出库—应收—总账):通过销售模块的应用,销售出库的信息传递到库存模块,同时产生客户的应收账款台账信息,传递到应收模块进行下一步的追踪,最终将信息传递到总账系统进行归集;第三环节(库存—入库及出库—成本核算—总账):通过库存模块处理除采购入库或销售出库以外的出入库业务,月末进行成本核算,最终传递到总账系统进行核算。通过三大环节的核算,总公司再将各分部的报表数据进行汇总处理。

第一节 会计电算化运行管理

一、开展会计电算化工作的必要条件

目前,我国企事业单位应用财务软件,存在效果不好甚至不成功的情况。要保证财务软件在实施过程中的正常、正确地运行,必须保证一定的实施条件,这些条件概括起来有实施条件、人员条件和资金条件。

(一) 会计电算化系统实施的条件

企业决定应用电子计算机来替代手工会计,这是一项系统工程,应该事先做好领导工作、总体规划和机构构建工作。

1. 企业决策者的决心

会计电算化系统开发有风险,企业决策者要能把握全局,认清会计电算化的重要意义和必然趋势,有接受新事物、采用新技术以及实现管理现代化、决策科学化的意识,同时,要对全体员工进行动员,有效地调动并组织业务人员参与系统开发,消除员工中的抵触情绪,激发员工积极参与的热情,提高开发与应用的成功率。

2. 制定会计电算化系统总体规划

企业建立会计电算化系统,需要做的第一个工作是进行系统的规划。在建立企业会计电算化的过程中,对于规模较大的系统,可采用制定总体规划和分段实施相结合的方法进行,这样一方面降低企业的资金压力和投资风险,另一方面可以通过当期系统的实施获得利益并培养一支会计信息化队伍。总体规划重点在于会计电算化系统的战略目标。

3. 会计电算化系统的项目组织机构

合理设置会计电算化系统的组织机构是单位开展会计电算化系统工作的重要保证。单位会计电算化系统的组织机构有三种设置形式:①集中管理形式;②分散管理形式;③一体化管理形式。企业必须根据自身实际情况合理设置适宜的组织形式。

4. 会计电算化系统的软件咨询

软件开发和经销一般由软件开发商完成,而软件实施、技术支持与运行维护则需要专业化咨询服务队伍,这些咨询专家组成独立的管理咨询公司为企业应用软件提供专业化咨询服务。这不仅是系统"实施"过程复杂性所要求,也符合企业管理软件国际发展经验以及现代化发展的分工细化原则。

(二) 会计电算化系统实施的人员条件

会计电算化系统是人机系统,在这一系统中,除了有高质量的系统软件和应用软件,为了使会计电算化系统能真正发挥作用,还需要一支由对计算机会计系统熟悉的管理人员、维护人员、操作人员组成的队伍。因此,在进行会计电算化系统的实施过程中一般需要以下类型的人才:系统分析员、项目经理、硬件工程师、网络架构师、数据管理工程师、软件工程师、系统管理员、系统操作员等。其具体措施如下所述。

1. 进行会计电算化岗位培训,配备相应的会计电算化工作人员

在准备应用财务软件之前,要完成会计电算化岗位人员的培训。其他暂时不符合上岗条件要求的会计人员,在并行期间,也应参加会计电算化软件应用培训,做好上岗准备。

2. 培训或引进人才

网络条件下的计算机系统,情况更为复杂,故障也更多。如果不培训或不引进计算机专业人才,一旦计算机系统崩溃,不但会造成硬件的损失,更为可怕的是将会永远丢失会计数据,造成巨大的、不可弥补的损失。

(三) 会计电算化系统实施的资金条件

1. 投资准备

进行投资准备时,认识会计电算化系统的价值构成是非常必要的。计算机软件的投资在整个系统投资也占了较大比例,投入预算和建设规模必须符合本企业的要求,满足企业决策、管理的需要。投资的比例视企业的规模和性质而定,按占产值的百分比来算。亿元以下的企业投资比例一般为 8‰~12‰,产值 1 亿~5 亿元的企业投资比例一般为 4‰~8‰,产值 5 亿~10 亿元的企业投资比例为 2‰~3‰,产值 10 亿元以上的企业可视实际情况而定,基本在 2‰左右。

2. 费用计划

企业需要有一个长期、全局的信息系统建设规划,而不只是针对低级阶段的系统建设。

根据本单位的财力作出预算,考虑可能发生的其他费用,尽可能以最小的代价达到预期的目标。费用应该包括场地投资、硬件费用、软件费用、维护费用和培训费用等。

二、会计电算化工作的组织与计划

(一) 会计电算化的战略规划

我国于 2006 年出台了《2006—2020 年国家信息化发展战略》,提出了到 2020 年我国信息化发展的战略目标,作为企业,也必须按照企业实际情况和发展趋势以及市场竞争形势,作出相应的电算化方面的发展战略。

对于每个企业来说,由于各自的特点不同,实现进度安排有所差异。确定企业会计电算化系统工作的目标,按时间划分为长期目标、中期目标和短期目标。长期目标是带有战略性的目标,为会计电算化系统工作发展指出方向。中长期目标主要是针对当前的会计电算化系统的工作需要,并结合长期目标和任务制定的。短期目标主要是企业制定的有关近期工作的目标,有助于提高财会工作效率,利用计算机技术的特点,把繁杂的记账、结账、报账工作交给高速的计算机处理,减轻财会人员的劳动强度,及时记录、汇总、分析、传送,保证向企业管理者准确、及时地提供会计信息。

根据企业发展总目标和企业会计信息化目标,确定会计电算化系统的子目标。企业的目标是追求价值最大化,在企业生产经营过程中,对物流、资金流、人力资源、设备的有机结合,生产出用户满意的商品,并通过销售产品、提供顾客服务来实现企业价值最大化。会计电算化系统的目标是向企业内外部的决策者提供需要的会计信息及对会计信息的利用有重

要影响的其他非会计信息,包括对企业生产经营全过程的资金运动进行及时记载、分析、控制和决策,加快资金周转速度,降低生产成本,提高利润。为实现这个核算和管理的职能,会计电算化系统主要包括会计核算系统、会计管理系统和会计决策系统,并且它又与企业的信息化紧密相连。

(二) 企业会计电算化实施的组织机构

合理设置会计电算化系统的组织机构是单位开展会计电算化系统工作的重要保证。单位会计电算化系统的组织机构有三种设置形式。

1. 集中管理形式

实质:集中管理形式就是在单位内部增设了一个与财会等职能部门平级的计算机中心,会计工作是由财会部门和计算机中心两个部门共同完成的,这种组织机构在会计电算化系统发展的初期采用较多,现在很少使用。

职能:在集中管理形式下,计算机中心除进行会计数据处理的主要工作外,还要负责会计电算化系统的管理与维护工作;财会部门没有安装计算机设备,只是负责收集并定期按规定要求向计算机中心提供核算和管理所需的各种原始会计数据。

优缺点:这种会计机构形式将会计电算化信息的管理、开发、使用和维护等工作都集中到计算机中心来统一领导、规划和组织,提高了数据的共享程度。但不利于带动会计人员学习和掌握信息化会计知识的积极性,也不便于会计业务的及时处理,加之计算机中心技术人员不熟悉会计业务,有时还会影响信息化会计工作的质量。

2. 分散管理形式

实质:分散管理形式就是在财会等职能部门内部增设会计信息应用小组,单独配置计算机硬件设备和机房设施及有关专业人员。会计信息应用组与会计其他专业小组一起接受财会部门的领导,共同来完成会计核算和管理工作,这种组织机构是我国目前应用最普遍的一种形式。

职能:在分散管理形式下,会计信息应用组主要负责会计数据的处理、机房设施与硬件设备的管理以及软件的维护工作,是日常会计工作的核心和主体;其他专业小组主要负责有关会计数据的收集、整理和管理工作,会计工作全部由财会部门完成。

优缺点:这种会计机构形式能够方便地组织和协调会计工作,也有利于会计人员学习和掌握会计电算化系统知识和技能,从而保证了会计工作的质量。但由于计算机分散在各个职能部门自行管理,不利于各职能部门之间共享数据,维护水平较低而且会影响系统正常运行。

3. 一体化管理形式

实质:一体化管理形式就是上述两种组织形式的有利结合,即设置一个与厂部各业务职能部门平级的信息管理中心,各个业务职能部门内部同时也设置计算机应用小组,这种组织机构是一种比较理想的组织形式,目前我国相对应用较少。

职能:在一体化管理形式下,财会部门不仅要完成会计工作,而且还能通过信息管理中心与其他职能部门共享数据。会计电算化系统小组在业务上不仅归属于财会部门领导,而且还要接受信息管理中心的指导。

优缺点:这种会计机构形式必须依托于单位建立的网络系统,才能实现业务管理与财务管理一体化,它是企业会计电算化系统现代化的一种初级形式。

例如,在大中型企业实施会计电算化系统的过程中的组织机构,如图8.1.1所示。

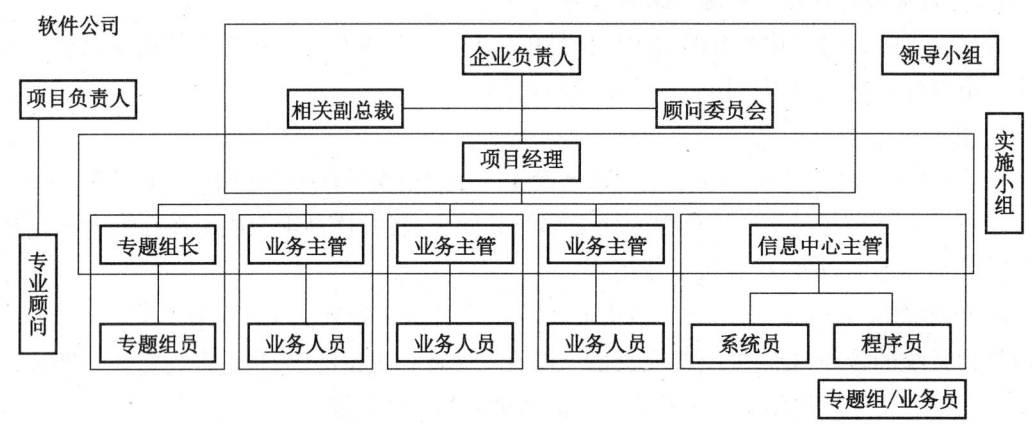

图 8.1.1 会计电算化系统实施的组织机构(一体化管理形式)

其中,项目负责人选的条件:项目负责人是为项目的成功策划和执行负总责的人。项目负责人是项目团队的领导者,项目负责人首要职责是在预算范围内按时优质地领导项目小组完成全部项目工作内容,并使客户满意。为此,项目负责人必须在一系列的项目计划、组织和控制活动中做好领导工作,从而实现项目目标。更重要的是项目负责人是连通领导与实施小组的纽带,所以必须具备这些条件:熟悉企业的业务流程,有管理工作经历;有改革创新精神,渴求学习新知识;思维敏捷,条理清楚,精力充沛,富有百折不挠的精神;善于表达和以理服人,能与人合作共事;有较强的组织和领导能力,在企业中有一定的威望;用100%精力和时间投入项目实施。

三、会计电算化的配置

会计电算化是一个人机相结合的系统,其基本构成包括硬件资源、软件资源、信息资源、规程和会计人员等基本要素。因此,企业会计电算化的配置实际上是根据会计核算与管理的需要合理确定上述要素相结合的方式。一般而言,以会计软件的取得方式最为重要,以会计软件取得方式分,可以分为以下几种配置策略。

1. 自主开发

自主开发是指企业依靠自身的力量,独立完成信息系统的需求分析、系统设计、程序代码编写、测试、系统维护、升级等阶段的工作。企业对开发的软件拥有全部版权,享有全部收益,同时也承担全部风险。

2. 委托开发

委托开发是指企业委托开发单位,根据本企业的实际业务进行系统开发。委托开发的软件版权一般来讲归委托企业所有。

3. 联合开发

联合开发是指企业和其他单位共同组成开发机构,发挥各自优势和资源,共同完成本企业信息系统的开发工作。联合开发的产品版权一般归双方共同拥有。

4. 购买商品化软件

购买商品化软件是指企业在市场上选购适合或基本适合本企业需要的商品化软件,经过实施(含二次开发)后建立本企业信息系统。大型软件由于产品较为复杂,实施工作一般由供应商或第三方(如咨询公司等)完成。软件的版权归供应商所有。选择软件的注意事项在第一章已经讲述,这里不再赘述。

5. 租用应用服务供应商(ASP)的系统

租用应用服务供应商(ASP)的系统是指企业无须再花钱购买和维护复杂的应用软件系统,而是通过高速网络向应用服务供应商(ASP)租赁其应用软件系统和服务。企业只要将自己的业务数据上传到 ASP 的系统中,经过 ASP 应用软件系统的处理后就可以得到需要的信息和分析结果,如同在企业自己的办公室处理一样高效快捷。ASP 现在已经发展为 SAAS(软件即为服务)。

上述几种方式,各有优缺点。以自主开发方式开发的软件比较适合企业的需要,实施难度也不大,但自主开发容易模仿手工管理,缺乏先进的管理思想指导,起点低,不利于企业管理水平的提高;同时,存在开发周期较长,人员流动较大,文档不易规范,开发质量难以保障,产品维护和升级困难等问题。自主开发方式在信息系统发展的早期较为流行,比较合适大型的、有一定开发和维护实力的企业选用。

如果企业对信息系统有特殊要求,市场上已有的商品化软件不能满足,又没有足够的力量自主开发,可以采用委托开发或联合开发模式。如果没有特殊的需求,企业应尽量选用成熟的、稳定的、能满足企业需求的商品化软件。

租用 ASP 方式是近几年来伴随着因特网技术的发展而出现的一种最新的企业信息系统建立方式,目前在西方发达国家开始流行,也是未来我国中小企业信息系统建设发展的方向。从企业的规模和经营周期来考虑,初创型企业由于规模和经营上的不稳定,而且会计和计算机方面的人才比较欠缺,以采用 ASP 方式比较合理,而且根据企业需要选择若干单项功能模块,花费小、见效快;处于发展期的企业(成长型企业)虽然潜力大,但资金、人才、市场等竞争比较激烈,可采用 ASP 方式,或购买商品化会计软件(如适合成长型企业的 ERP 软件)等,花费小同时配置快;处于成熟期的企业,如果资金、技术力量雄厚或企业属于 IT 方面的,可以采用开发或合作开发的方式;出于降低成本,共享资源的目的,目前企业普遍采用购买商品化软件的形式。

从信息应用集成的角度考虑,硬件、通信、软件必须相结合,目前已经从单机版发展到网络型会计电算化系统,根据企业是否跨地区,配置 C/S 或 B/S 的 IT 平台及相应的会计电算化软件;从集团企业管理的角度,从是否实时管理、集中控制的要求下,网络型 IT 平台还可以划分为实时集中、定期集中、混合集中三种。实时集中 IT 平台是在 B/S 应用体系结构下,管理中心与各分支机构之间建立实时的网络通信系统,只在管理中心设立服务器,整个单位只使用一套会计软件;定期集中IT平台是在C/S或B/S应用体系支持下,上级主管单位与其下属分支单位都运行统一的会计软件,但各单位分别设立数据库服务器,定期上报数据,这种方式按集中的方式包括账集中和表集中两种具体方式;混合集中是前两种方式的混合。

四、会计电算化管理制度的建立

会计电算化的管理和制度建设密不可分,这两项内容在一个专题中阐述。

会计电算化系统的管理包括宏观管理和微观管理两部分内容。

(一)会计电算化系统的宏观管理

会计电算化系统的宏观管理,是指各级财政部门对全国和本地区、本系统、本行业的会计电算化系统工作实施的组织推动、制定规划、培训人员、制定制度等管理活动。它是相对于基层单位会计电算化系统的组织与计划工作,即微观管理而言的。

会计电算化系统宏观管理主要包括:发展规划和管理制度的制定、会计软件的评审、甩掉手工记账的审批、人才培养和理论研究等。

1. 确定会计电算化系统发展规划

根据经济管理和新技术革命的要求,制定全国以及各地区、各行业的会计电算化系统发展规划并组织实施,以统一领导、组织和协调全国的会计电算化系统工作,是会计电算化系统宏观管理的主要内容。

2. 制定会计电算化系统宏观管理制度

加强会计电算化信息系统制度建设,是会计电算化系统宏观管理的主要任务之一。建立健全会计电算化系统各项规章制度并认真组织实施,是各级财政部门和业务主管部门的主要任务。

3. 搞好会计核算软件的评审

会计核算软件是一种比较特殊的技术产品,它的使用关系到财务会计制度是否正确贯彻执行和会计信息是否合法、安全、准确、可靠。因此,财政、财务部门应在会计核算软件投入使用或进行销售之前,对其进行评审,以确定它的合法性和可用性。

目前,我国在会计软件开发、评审及销售管理方面,正在执行的主要是《跨级电算化管理办法》和《会计核算软件评审规则》(以下简称《管理办法》和《评审规则》)两项制度。《管理办法》规定,在我国销售的会计核算软件必须通过评审并取得评审合格证,通过评审的软件在我国销售不受地区限制,开发单位必须为用户培训操作人员、提供软件维护和版权更新等售后服务,软件及其输出的会计资料要符合我国相关法律的规定等。《评审规则》规定的评审依据主要是《会计核算软件基本功能规范》,评审分为部和省两级。申请评审软件的功能模块数量为省级3个、部级6个以上,并且都包括账务和报表系统,试用单位的数量省级3个、部级10个,并且省级2个、部级5个以上单位使用了软件的全部功能模块并已达到替代手工记账的条件。通过省级评审1年以上,并经省级财政部门推荐的软件可参加部级评审。文件中还规定会计软件开发单位必须是在我国注册的经济实体,有与开发规模相适应的售后服务人员；软件经销单位（包括分支及代理机构）有与销售规模相适应的服务人员，并都须依法经营。《评审规则》同时对参加评审应提交的书面资料内容、软件开发和经销单位售后服务的义务和责任、财政部门如何通过评审后的软件进行管理和监督，以及违反规定收回评审合格证处罚措施等内容，也都作出了具体规定。

4. 搞好会计电算化单位甩掉手工记账的审批

会计电算化系统的最终目的和表现形式就是用计算机全部替代手工操作，即实现通常所说的"甩掉手工账"。但甩账问题是一个比较复杂的问题，若处理不好，就可能使会计工作产生混乱或造成数据丢失，给经营管理和国家、集体利益带来损失。财政、财务部门负责基层单位的会计工作，负责审查和批复基层单位的会计决算，由他们来对这些单位需要甩账的工作进行审批，并认可用计算机打印的决算报表等，是十分必要的。

5. 抓好会计电算化系统人员培训和考核管理

大力抓好各类会计电算化系统人才的选拔培训，造就一批高素质的会计电算化系统开发、使用和高层次的财会管理人员，才能加快会计电算化系统进程和提高财会工作整体水平。因此，统一组织全国会计人员的培训，正确划分培训层次，如划分单位领导和一般会计人员；信息化系统操作员；系统管理员、维护员和程序员。还应统一组织编写和选好教材；统一组织考试、命题、评卷；并与会计人员的上岗、晋升职称联系起来，这是推动会计电算化系统工作健康发展必不可少的措施。

6. 推动会计电算化系统理论研究

会计电算化系统事业的发展，离不开会计电算化系统理论的指导。各级财政部门在管理工作中应支持理论研究和学术团体活动，吸收理论研究的成果，培养理论研究人才。会计电算化系统理论研究，要坚持四项基本原则，坚持百花齐放、百家争鸣，实行切实有力的政策和措施，积极鼓励和扶持开展深层的会计电算化系统理论研究，使理论研究领先于实践，正确引导会计电算化系统工作逐步深入健康发展。

（二）会计电算化系统的微观管理

良好的会计管理工作是会计电算化系统工作顺利进行的重要保障，制定和严格执行会计电算化系统内部管理制度，是会计电算化系统工作成功的基础，这也是会计电算化系统微观管理的要求。

1. 建立健全会计电算化岗位责任管理制度

会计工作信息化的工作岗位可分为基本会计岗位和电算化会计岗位。

基本会计岗位可分为会计主管、出纳、会计核算各岗、稽核、会计档案管理等工作岗位。电算化会计岗位是直接管理、操作、维护计算机及会计软件系统的工作岗位，可设立会计电算化系统主管、软件操作员、审核记账员、系统管理员、档案保管员、审查稽核员等岗位。

根据会计电算化系统在企业应用的范围不同，会计基本岗位和电算化会计岗位互有交叉，如会计主管同时兼任会计电算化系统主管。在那些完全抛开手工处理，会计工作全部实现计算机处理的单位，基本会计岗位和电算化会计岗位则相应地合二为一。

新机构设置各企业之间做法不尽相同。下面介绍一种可行的机构设置方案。这种方案在总会计师和财务处长的领导下,将财务部门分为三个组,即数据准备组、信息处理组和财务管理组。它们的分工如下所述。

1) 数据准备组

数据准备组主要负责电算化前会计的手工处理工作,即负责与财务有关的外来原始凭证的审核以及本单位原始凭证的设计、汇集、审核工作,记账凭证的填制、审核工作等。

数据准备组可以设数据收集和稽核、凭证编制、凭证审核等工作岗位。

2) 信息处理组

信息处理组主要负责计算机系统的日常运行工作,完成所有会计数据的录入、校验和登账,按时打印输出各种会计报表和必要的账簿,定期做好数据的备份、存档和管理工作,随时提供会计信息的查询服务,以及负责系统有关的软、硬件的日常维护工作。

信息处理组一般设系统管理员、系统操作员、数据审核员、档案管理员、系统维护员等职能岗位。岗位设置与作业量大小有关,数据处理量小的单位,可以相应地由一人负责多项工作,如由系统操作员兼档案管理工作等。但是,有些工作是不应由一人兼任的,如数据录入与审核就应分别由两人担任。单位必须对各类人员的职责划分清楚,并对他们的权限、资格进行控制,以保证会计系统的安全、有效、正常运转,防止各种舞弊行为的发生。

各类岗位的职责和权限的参考意见:

(1) 系统管理员。系统管理员负责信息系统的管理工作,一般由财务部门负责人担任,也可指定专人担任,但不能由系统开发人员担任。系统管理员必须精通本单位财务会计业务,有一定的计算机知识,并应熟悉所用会计软件的使用和维护方法。系统管理员对整个系统的运行负责,主要职责是:负责系统的日常管理工作,监督并保证系统的正常运行;负责系统运行的安全性、正确性、及时性检查,发生故障时,及时监督与组织有关人员进行系统恢复;负责组织和监督系统运行环境的建立,以及系统建立时的各项初始化工作;负责系统资源(包括设备、软件、数据及文档资料等)的调用、修改和更新的审批;负责计算机输出的账表、凭证数据正确性和及时性的检查和审批;负责分配工作人员的操作权限,并考评各类人员的工作。

(2) 系统操作员。系统操作员是指有权进入会计系统并操作全部或部分功能的人员。操作员可以兼任数据录入的工作。他应熟悉本单位的财会业务,有一定的计算机知识,熟练掌握会计软件的使用方法。系统操作员一般由经过计算机训练的会计人员担任,其主要职责包括:负责系统数据的登录、备份和存档、账表的打印等工作。操作员要对录入数据的正确性负责,为此操作员必须按照数据准备组提供的数据进行录入,当发现凭证有疑问或错误时,应向数据准备组反映,不得擅自处理。数据录入完毕必须认真进行核对,核对无误之后才提供数据审核员复核。操作员必须做到当日账当日清,当天的凭证当天登账,并打印当天的日记账、科目汇总表。此外,月底要打印必需的明细账、总分类账和各种会计报表,并进行月末结账。系统操作员是系统运行中的关键人员,不能由系统开发人员担任。

(3) 数据审核员。数据审核员负责对录入数据和输出数据的正确性的审核工作,他应熟悉会计业务,并掌握会计软件中数据审核部分的操作方法。数据审核员应由会计人员担任,其主要职责是:负责对输入的数据凭证的审核工作,包括各类代码的准确性、摘要的规范性和数据的正确性;负责输出数据正确性的审核工作;对不符实、不合法、不完整、不规范的凭证退还各有关人员更正、补齐;对于不符合要求的凭证和不正确的输出账表数据,不予签章确认。

(4) 系统维护员。系统维护人员负责系统的运行管理与维护工作,他应懂得较多的计算机知识,以及与系统有关的会计业务知识,了解会计软件的结构及其编程语言。系统维护人员可由软件开发人员或相应的人员担任,其主要职责是:定期检查软、硬件设备的运行情况,负责软件故障的排除,并按规定的程序维护会计软件。由于系统维护人员了解会计软件的内部结构,所以不能从事系统的任何操作使用工作。

3) 财务管理组

财务管理组负责会计信息的分析、整理、管理以及参与决策等工作。具体来说,就是负责编制财务计划、成本计划和货币收支计划;定期检查和分析财务计划执行情况;进行经济活动分析、检查资金占用情况,考核资金的使用效果;定期检查和分析成本计划执行情况以及成本变动因素;根据产品销售利润的信息,分析市场占有情况以及产品销售价格;做好资金、成本的指标分解和日常和管理控制工作;参与企业投资决策、经济效益分析、目标利润、目标成本的决策工作。财务管理组可设立财务预测决策员、内部银行管理员、专项资金管理员、销售利润管理员、成本管理员、资金管理员、出纳员等岗位。

以上机构设置方案分工明确、信息流程清晰,数据准备组和信息处理组主要负责数据处理等会计核算工作,而财务管理组则负责管理。这种机构设置一般适合于业务量较大的大中型企业,对于小型企业,则可将数据准备组合并进财务管理组,这时财务管理组可按管理职能再分为资金管理、成本管理和销售管理三个小组,每个小组都有数据准备和管理的职能,这样既便于管理者直接掌握原始数据,又便于控制和分析。

一般说来,各电算化会计岗位的职责如下:

(1) 会计主管。负责会计电算化账套的日常管理工作,监督会计电算化系统的正常运行,保证整个系统的合法、安全、保密、可靠和可审计;在系统出现问题时,组织有关人员尽快恢复系统的正常运行。组织各单位软件系统的运行,协调本系统中各类人员之间的工作关系。负责对本系统各岗位人员的工作质量的考评,合理调整人员分工。检查计算机输出账表数据的正确性和及时性。完善现有管理制度,制定岗位责任制和考核制度。

(2) 软件操作员。负责所分管财务业务的原始凭证的审查、汇集工作,按会计核算工作的要求和会计电算化系统的要求对凭证进行预处理,编制记账凭证。通过计算机输入记账凭证和原始凭证等会计数据。在输入过程中,如发现输入凭证有错误时,应及时向系统管理员或会计主管反映,不得擅自作废或修改;数据输入完毕后,进行自检核对工作,无误后交审核员复核。对审核员提出的会计数据输入错误,应及时修改。对所分管业务的会计数据处理工作,打印输出有关记账凭证、会计账簿、报表。严格按照操作程序操作计算机和会计软件。每天操作结束后,应及时做好数据备份工作。当天的日记账数据,做到当天输入,登录后即打印出当天的账表,做到当日账当日清。现金出纳每天都必须将现金日记账的余额与库存现金进行核对。银行出纳每月都必须将银行存款账户的余额与银行对账单进行核对。注意安全保密,各自的操作口令不得随意泄露,定期更换自己的密码。每次操作软件后,应按照有关规定填写上机记录。离开机房前,或因故长时间离开计算机,应执行相应命令退出会计软件系统。

(3)审核及记账人员。负责对输入系统的记账凭证和原始凭证数据进行审核,包括各类代码的合法性、摘要的规范性和数据的正确性。对不符合财务会计制度和有关规定的不真实、不合法的凭证退还各有关人员更正、补齐。对填制的不符合要求、不完整、不规范的凭证,包括金额错误、会计科目错误和分录错误的凭证,要求操作人员查明原因并进行修改。对操作人员输入的凭证进行审核、及时记账,并打印出有关账表。对不符合要求的凭证和输出的账表不予签章确认。审核记账人员不得兼任出纳工作。结账前检查已审核签字的记账凭证是否全部记账。

(4)系统管理员。负责会计电算化系统运行环境的建立,对软硬件设备运行情况进行定期检查,排除故障,确保系统正常运行。按规定的程序负责对会计数据及程序实施完整性、适应性和正确性的维护。做好本系统操作运行情况的总结工作,并提出改进会计电算化系统的管理、操作、维护报告。对本系统有关资源(包括硬件设备、网络设备、软件、数据、文档资料)的调用、修改和更新提出报告。负责具体账套的建立和维护,操作人员的监督和管理。

(5)档案管理员。负责管理存档的会计系统的数据软盘(磁带)、程序软盘(光盘)及各类账表、凭证、资料的备份和打印的会计账表、凭证和各种资料的保管工作。做好各类数据、资料、凭证的安全保密工作,不得擅自出借。经批准允许借阅的会计资料,应认真进行借阅登记。按规定的期限,向各类有关人员催交备份数据和存档资料。

(6)审查稽核员。负责监督计算机及会计软件系统的运行,防止利用计算机进行舞弊。审查本系统内各类人员的工作岗位设置是否合理,制定的内部牵制制度是否合理,各类人员是否越权使用软件。发现系统的问题或隐患,应及时向会计主管反映,提出解决办法。

2. 建立健全会计档案管理制度

会计电算化系统档案工作是重要的会计基础工作。会计工作信息化后,会计档案和传统档案具有很大的不同,具有磁性化和不可见的特点。因此,建立会计档案管理制度必须考虑这些特点。

(1)信息化会计档案。信息化会计档案的内容包括存储在计算机及相关介质(如磁带、磁盘、光盘、缩微胶片等)中的会计数据和打印出来的呈书面形式的会计数据。会计数据是指记账凭证、会计账簿、会计报表等数据,以及会计电算化系统开发运行中编制的全套文档资料。不论哪种形式,都应当作为会计档案保存,其保存期限按照《会计档案管理办法》的规定执行。

(2)会计账簿、报表的生成与管理。现金日记账和银行存款日记账要每天登记并打印输出,做到日清月结。科目汇总表、总分类账和各种明细账每月打印一次。一般账簿可以根据实际情况和工作需要按月或按季、按年打印。发生业务少的账簿,可以满页后打印。每年年末必须将全部账簿打印输出，装订成册，作为会计档案保存。在确保凭证、账簿清晰的前提下，打印输出的凭证，账簿中的表格线可适当减少。

由原始凭证直接录入系统并打印输出的情况下，机制记账凭证上应有录入员（或制单人）、审核人、记账人、会计主管的签名和盖章。收付款记账凭证还应有出纳员的签名和盖章。打印生成的记账凭证视同手工填制的记账凭证，按有关规定立卷归档保管。事先手工编制记账凭证，然后再录入会计电算化系统后进行处理的情况下，保存手工记账凭证或打印出的机制凭证均可。

会计报表、分析表等应按管理要求及时打印输出，经有关人员审核无误签字盖章后方可生效。每年形成的会计档案，都应由财务部门按照归档的要求，负责整理立卷或装订成册。当年的会计档案，在会计年度终了后，可暂由本单位财务会计部门保管1年。期满后，原则上应移交本单位档案部门保管。

（3）数据备份管理。由于会计核算数据的重要性，必须制定数据备份制度，以避免意外和人为错误造成数据的丢失。发生会计数据丢失时，必须及时用备份数据进行恢复。

数据备份可以周或月为单位循环实施。如以周为单位，则星期一至星期五每天制作备份，下星期一的数据覆盖上星期一的数据，下星期五的数据覆盖上星期五的数据。如此循环往复，保证任何时候本会计电算化系统都保留最近5天的数据。

备份数据应至少在计算机硬盘内和移动硬盘上同时保留。备份刻盘应注明备份日期、内容，存放在安全、洁净、防热、防潮、防磁的场所。

（4）安全保密措施。对存档的会计资料要检查记账凭证上是否由制单人、审核人、记账人、会计主管的签名和盖章。对会计档案的管理要做好防磁、防火、防潮、防尘、防虫蛀、防霉烂、防鼠咬等工作。重要的会计档案应准备双份，存放在不同地点，最好在不同的建筑物内。采用磁性介质保存的会计资料，要定期进行检查，定期进行复制，防止由于磁性介质损坏，而使会计档案丢失。大中型企业应采用磁带、光盘、缩微胶片等介质存储会计数据，尽量避免使用软盘存储会计档案。存有会计信息的介质，在未打印成书面形式前，应妥善保存并留有副本。

严格执行安全和保密制度，会计档案不得随意堆放，严防毁损、散失和泄密。各种会计资料，未经主管领导同意，不得外借和拿出单位。经领导同意借阅会计资料，应该履行相应的借阅手续，经手人必须签字。存放在磁性介质上的会计资料借阅归还时，还应该认真检查病毒，防止感染病毒。

3. 建立健全会计电算化操作管理制度

会计电算化操作管理制度包括计算机系统使用管理制度、上机操作管理制度和会计业务处理程序管理制度等三个方面。

1）系统使用管理制度

在会计电算化系统投入使用前，由会计主管会同系统管理员确定本系统合法使用人员及其操作权限。运行过程中需要增减使用人员，按同样手续办理。尤其是在原使用人员离开本单位或部门前，必须及时删除该用户账号和权限。对各使用人员，本着既分工合作，又相互牵制的原则,仔细划分操作权限。建立内部控制制度:出纳人员不允许进行系统性操作;系统管理员不得兼任出纳工作;操作人员应在规定范围内对系统进行操作。

设立"计算机使用登记簿",任何人均需登记方可用机。使用不间断电源,避免因断电破坏会计数据。需存档或备份的数据,由系统管理员按规定指派专人负责复制、核对,并交会计档案管理员保管。系统管理员必须做好日常检查监督工作,发现不规范使用应及时制止,并采取措施避免同样情况再次发生。

2) 上机操作管理制度(规程)

操作人员必须是合法的、有权使用会计电算化系统的人员。操作人员必须经过正式培训合格后才能上机操作。操作人员上机前后,应进行上机操作登记,必须填写真实姓名、上机时间、操作内容等。操作人员的操作密码应注意保密,不能随意泄露,且密码应定期更换。操作人员必须严格按所分配的权限操作会计软件,不得越权或以其他操作人员的名义操作计算机。操作人员应严格按照原始凭证的数据编制凭证并输入系统中。

审核记账人员应及时检查操作人员输入计算机的凭证数据与原始数据的一致性、合法性。如果在记账前发现错误,可要求凭证填制人员进行修改;在记账后发现的,要求凭证填制人员另作凭证,以红字冲销纠正,再输入计算机内。

每天上机完毕后,都要做好数据备份工作,防止发生意外事故。在系统运行过程中,操作人员如果要离开工作现场,必须在离开前退出系统,以防止其他人员越权操作。防止计算机病毒传播。严禁使用来历不明的U盘和各种非法拷贝的软件在财务专用的服务器和终端机上运行;严禁在专用计算机上玩游戏。

3) 会计业务处理程序管理制度

所谓会计业务处理程序,涉及账务处理、财务分析、会计决策等领域,本书在此主要说明账务处理程序。

(1) 账务处理子系统初始化。在初次建立会计电算化系统时,需要进行初始化工作,需要根据财务主管的授权设置账套、会计科目、凭证类型和期初余额等项内容。

(2) 账务处理子系统更改。系统正常运行期间,任何对账务处理子系统的初始设置的修改,必须得到会计主管的同意。

4. 凭证处理

会计电算化系统中记账凭证分为两种:机制凭证和手工编制的记账凭证。记账凭证要严格按照国家财务会计制度规定编制,对不真实、不合理的原始凭证不予受理;对记载不准确、不完整的原始凭证应予退还,并要求更改和补充。记账凭证编号必须连续。现金日记账和银行存款日记账可以由系统自动生成。为了工作方便,出纳人员可自设备查辅助账。

编制记账凭证应做到:机制凭证编制前,要认真审核原始凭证的合法性、正确性;输入计算机及打印出的记账凭证必须做到科目使用正确、数字准确无误;打印出的记账凭证需加盖制单人、审核人、记账员、会计主管的签章,连同所附的原始凭证装订成册妥善保管。

手工记账凭证的编制必须做到:原始凭证必须是合法凭证,经济业务内容、摘要应规范,措辞要确切;账户使用正确;借贷方金额相等;原始凭证同记账凭证金额一致;摘要内容简洁、扼要。

(1) 记账凭证的审核与记账。记账凭证必须经审核人员严格审核,确认准确、合法后方可进行记账处理。输入计算机的凭证或单据,应有制单人、审核人、记账人、会计主管签字后方为有效凭证。已输入计算机的凭证或打印输出的凭证应装订成册后,交会计档案保管员保管。同一张凭证,制单人和审核人不能是同一个人。

(2) 账簿的打印和结账。现金、银行存款日记账要每天打印,并与出纳保管的库存现金核对无误。银行存款余额调节表每月打印一次。科目汇总表、总分类账和各种明细分类账每月打印一次。在结账前按有关规定做好当月各类账务数据和报表的备份工作。每年年末必须将全部账簿打印输出,装订成册,作为会计档案保存。

5. 会计报表

系统自动生成的会计报表应和会计账簿相关数据一致。系统打印输出的各种正式报表,经财务主管审核无误后签字盖章方可生效。

第二节 会计电算化系统内部控制及风险管理

一、会计电算化内部控制

企业为了保证计划的实现,在其内部采取的对生产经营活动和财务会计工作的控制程序、制度总称为内部控制。即一个组织为查错防弊、加强管理、提高效益、保证企业财产完整无损而采取的一切制度和措施。

会计电算化系统的应用给企业带来了与手工环境不同来源、不同性质的风险,从而对企业内部控制造成了多种影响。比如,大部分交易几乎没有直接的纸质"痕迹";手工会计系统中原有的证、账、表之间的数据勾稽关系在计算机系统中已经失去原来意义;计算机系统中交易的授权、记录、执行、保管等权责划分与手工系统不同;由于计算机系统中嵌入内部控制程序,使得内部控制对计算机技术具有一定的依赖性,并增加了差错反复发生的可能性;用户对信息处理的复杂性认识不够,在一定程度上增加了控制的风险。这些变化向企业的内部控制提出了新的挑战,手工环境下原有的内部控制观念和手段已不适用,需要我们改变内部控制观念,使用新的内部控制手段,特别是信息技术手段。

信息技术对内部控制五个组成要素的影响程度是不同的。由于控制活动是实现控制目标的规章制度和岗位设置等具体措施,依赖于企业的业务流程,所以业务流程的自动化必然对控制活动产生较大影响。随着企业业务流程自动化程度的提高,对业务的传统控制活动逐渐被嵌入计算机程序中或者消失。信息系统代替员工来完成对业

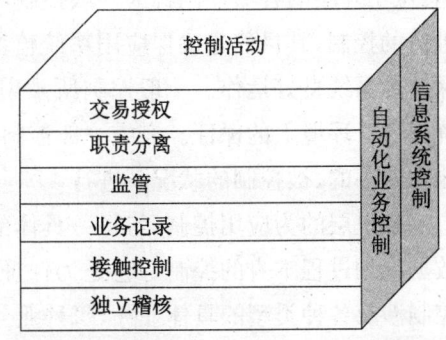

图 8.2.1 信息技术环境下的控制活动结构

务的各种控制。由此，信息技术环境下的传统控制活动分离出两个分支：自动化业务控制和信息系统控制，如图8.2.1所示。

1. 自动化业务控制

自动化业务控制就是以信息技术实现的控制活动。它以计算机程序的形式嵌入企业信息系统之中，对业务的控制由计算机自动执行。它的控制目标与传统控制活动的控制目标一致，都是为了达到营运的效率效果、财务报告的可靠性和相关法令的遵循性等目标。自动化业务控制的控制对象与传统业务控制的控制对象也是一致的，都是企业的生产经营过程。

2. 信息系统控制

信息系统控制是企业为了保证信息系统的效率、完成一致性和安全性而采取的控制措施。信息系统控制的控制目标包括：

（1）效率。信息系统的相关资源应该被充分开发利用，在信息系统投资不变的条件下尽量提高信息处理的效率。信息系统的效率与营运的效率效果相关。

（2）安全性。信息系统的硬件、软件资源应该得到有效的保护，敏感的信息应该防止未经授权人员的接触。信息系统的安全性与营运的效率效果和财务报告的可靠性相关。

（3）完整一致性。信息系统的完整一致性是指信息系统的处理逻辑应该符合企业的商业规则，所输出的信息精确而有效。信息系统的完整一致性与营运的效率效果、财务报告的可靠性、相关法令的遵循性都相关。

信息系统控制的对象是信息系统，包括计算机硬件和软件资源、应用系统、数据和相关人员等信息系统的组成要素。

二、会计电算化内部控制体系的建立

在国际上，针对企业信息系统的应用情况，信息系统审计与控制协会（Information Systems Audit and Control Association，ISACA）提出了一套建立企业内部控制体系的框架，如图8.2.2所示。在实践中，该控制框架有以下主要作用：①可以为组织建立健全信息技术环境下的内部控制体系提供指导；②可以为信息系统审计师调查和评价被审计单位的内部控制提供参考。

从信息系统的控制框架中，我们可以看出信息系统的控制由里到外，具有一定的层次结构：位于外层的各项控制称为一般控制，是指对信息系统的开发、实施、维护和运行的过程所进行的控制，其目的是确保应用系统恰当地开发与实施、确保程序和数据文件的完整性、确保信息系统良好运作。一般控制所采用的控制措施普遍适用于所有的应用系统，为应用系统提供了环境上的保证。实施一般控制的主要目的是为了确保信息系统的开发、实施、运行能在有序的、被控制的状况下进行。

最里层的为应用控制，与每一具体的应用系统有关，适用于单个应用程序的处理，是对数据处理过程本身的控制。它是为保证数据处理的完整、准确和可靠而建立的控制。应用控制涉及各种类型的具体业务，每种业务及其数据处理有其特定的要求，这就决定了应用控制的设计要结合具体业务。从信息技术的角度来看，每一应用系统的数据处理过程都具有

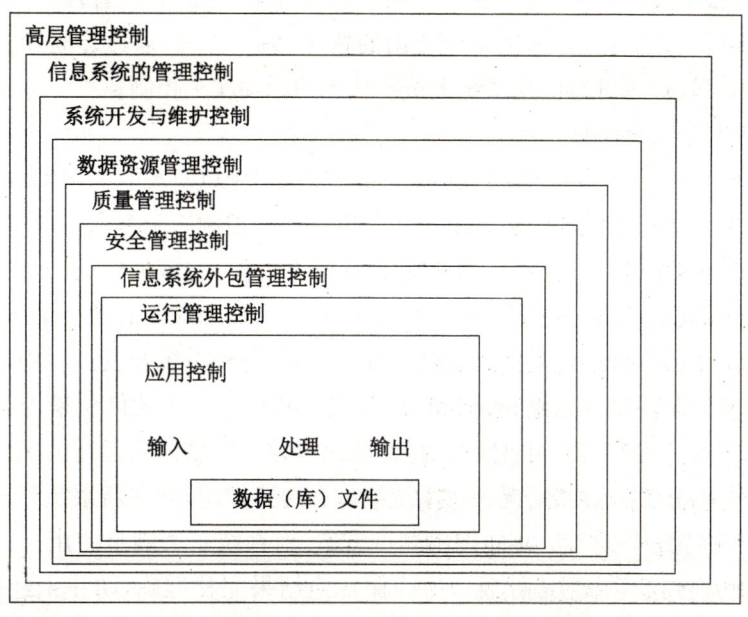

图 8.2.2　企业电算化系统内部控制框架

输入、处理、输出以及存储功能,从这一共性出发,每一具体的应用系统的控制项目都应具有输入控制、处理控制、输出控制和数据存储控制。

(一) 一般控制

一般控制是面向整个系统的控制,是对信息系统构成要素的控制。一般控制是应用于一个单位信息系统全部或较大范围的内部控制,其基本目标为保证数据安全、保护计算机应用程序、防止系统被非法侵入、保证在意外中断情况下的继续运行。

一般控制主要包括:高层管理控制、系统开发与维护控制、数据资源管理控制、质量管理控制、安全管理控制、信息系统外包管理控制、运行管理控制。

1. 高层管理控制

高层管理控制主要包括三方面内容:

(1) 信息系统规划。信息系统规划确定了一个组织信息系统的建设目标。高层管理者应负责制订信息系统的总体规划,包括长期战略规划和短期运作计划。战略规划涉及确定目前状况、战略方针、开发策略等方面;运作计划包括进展情况汇报、将要采取的行动、将要开发的系统、软硬件平台的改变、人力资源的获得与培养、资金的取得、实施计划表等。

(2) 信息系统组织。信息系统组织是指筹集、分配与组织实现信息系统目标所需要的资源,包括硬件、软件、人员、资金和各种设施等。高层管理者应按照信息系统的规划,负责筹集充足的资金,并对其进行合理分配,以支持各种资源的取得与开发。同时,还要建立信息管理机构,明确其工作人员的职责与分工,有效管理信息系统人员;对人员的取得、培养和辞退建立必要的控制,从而达到对信息系统的控制。

(3) 信息系统总体控制。一方面,因为信息系统项目的投资会涉及许多问题,如大量的无形资产、具有很快过时的风险、出现不可预见的例外情况等,高层管理者应按照企业的总体规划,认真进行投资分析,合理确定应支出的费用;另一方面,通过建立和实施各项政策、标准和规程,高层管理者可对信息系统人员所从事的活动实施控制。

2. 系统开发与维护控制

系统开发与维护控制是指对新系统的分析、设计、实施以及现有系统的改进与维护实施的控制,应考虑新系统开发控制、系统维护控制以及文档控制三个方面。

(1) 新系统开发控制。新系统开发控制包括以下方面:①审批控制,即在信息系统的开发过程中,从项目建议、系统分析、设计到实施的每一阶段,都应经有关人员审批。②内部审计控制,即内部审计人员(最好是信息系统审计人员)参与到系统开发过程中,就新系统的整个开发过程及各个阶段是否达到预期目标进行审查和评价。③软件质量控制,即在新系统开发过程中,应指派至少1名质量监督人员专职负责监督质量体系运行情况、资源使用情况以及基本质量策略和方针落实情况。④系统测试和转换控制,即在新系统开发后期,由内部审计人员、用户和系统开发人员共同提出测试方案,对系统是否满足使用目标进行测试;对旧系统的数据转换到新系统实施控制,为确保转换结果完整准确,防止未经授权而更改数据。⑤验收控制,是指新系统付诸运行后,参与信息系统开发的有关管理人员、用户和内审人员应该对系统进行验收评审,以验证系统是否符合预期的目标和要求。

(2) 系统维护控制。系统维护控制主要包括:维护的授权与批准,即对系统有任何修改要求时,都必须有正式的维护或修改的请求、授权形式和程序;维护的标准规程与文档控制,系统维护工作应该有严密的标准规程,并建立有关文档;系统测试与文档更新控制。

(3) 文档控制。信息系统文档既是控制要求又是控制的证据,主要的文档包括可行性研究报告、项目开发计划、系统分析说明书、系统设计说明书、程序设计报告、测试计划、系统测试报告、用户手册、操作手册、运行维护记录等。文档控制的常见措施有:文档的制度化管理,文档的标准化、规范化,文档的保管、维护制度,等等。由于信息系统的开发、运行过程中会有多个版本,因此,文档的版本管理也要有相应的制度。

3. 数据资源管理控制

数据资源是企业的重要资源,特别是数据库的正确使用及其数据的完整性、安全性是整个信息系统运行和为企业提供决策的重要环节。为此,应实施下列控制:其一,访问控制,即对数据的接触和访问进行控制,包括密码、身份鉴别和存取权限控制;其二,建立数据备份和恢复制度。一方面,数据库中的数据应定期或不定期地按需要转储;另一方面,计算机系统的硬件故障、软件故障、操作员的失误以及故意的破坏都会影响数据库中数据的正确性,甚至造成数据库部分或全部数据的丢失,为此,数据库管理员必须定义和实施适当的后备和恢复策略。

4. 质量管理控制

质量管理控制主要包括:制订信息系统的质量目标;制定、发布和维护信息系统标准;监控质量标准的执行情况,识别应当改进的方面,向管理者定期报告各项标准的执行情况;对有关管理者和信息系统人员进行质量标准和规程的培训。

5. 安全管理控制

安全管理控制包括以下几个方面：

（1）实体安全控制。实体安全控制是指为保障信息系统安全可靠的运行，保护系统硬件和附属设备及记录信息载体不致受到人为或自然因素的危害而实施的控制。比如，合理选择计算机房的场地，制定对磁介质的管理制度，制定应急计划和购买保险，等等。

（2）软件安全控制。软件安全控制主要针对系统的软件，主要措施包括：选择、安装和运行安全可靠的操作系统和数据库管理系统；严格按照操作规程运行软件，对信息系统中所有的软件都应规定安全属性，并且进行登记注册；系统软件和应用软件都应妥善安全的保管，建立安全备份，等等。

（3）数据安全控制。数据安全控制措施包括：建立数据安全规程，对于系统中的数据应规定各种人员的使用权限，防止合法用户有意或无意的越权访问以及非法用户的入侵；数据备份及安全管理。

（4）系统入侵防范控制。为防止非法用户对网络化的应用系统入侵，可采取设置外部访问区域、建立防火墙等措施。

（5）通信安全控制。通过对数据加密，将数据转化为对非法用户无意义的形式，可以保证通信的安全。对数据加密一般可以使用密钥。为增加数据的安全性，密钥一定要做到难以被非法用户推断出来，并且要妥善管理和经常更换。

（6）计算机病毒防范控制。防范病毒的具体措施包括：在系统的每个台式机上要安装台式机的反病毒软件；在服务器上要安装基于服务器的反病毒软件；加强员工教育，使每一个员工都做到个人使用的台式机不受病毒感染，从而保证整个企业网不受病毒感染。

6. 信息系统外包的管理控制

许多组织将相关的信息系统业务委托给外部的专业信息服务机构处理，简称外包。必须要有特定的人员来负责管理和外包合同，其主要职责是：评价外包供应商的财务能力；监督外包合同条款的执行；定期审查，确保外包商提供安全可靠的信息系统资源；建立外包灾难恢复控制，并定期评价有关控制。

7. 运行管理控制

运行管理控制是对信息系统中硬件和软件设施的日常运行而实施的控制，主要包括：①对访问计算机中心的控制，包括设立安全入口、使用身份识别卡或编码卡、进入计算机中心签名制度、使用监视器等手段。②计算机操作控制，可以分人工操作控制和自动操作控制两类。对于人工实施的操作活动，主要是通过使用说明书和一系列的标准规章或规程来实施控制；对于自动操作活动，则可通过事先的设置启动或终止程序、制作备份。③文件服务器控制，如文件服务器应放在安全地带；选择受过严格培训、诚信度高并具有丰富经验的高级操作员使用文件服务器来管理网络的运行；对文件服务器的访问应经过授权，等等。此外，还有硬件设备维护控制、文档资料与存储媒介的控制、技术支持活动的控制、监控软硬件的性能等。

（二）应用控制

应用控制是对电算化会计系统的具体数据处理活动所进行的控制，一般包括输入控制、处理控制和输出控制三个方面。它可以是人工实施的基础,也可以是由计算机程序实施的自动化控制。应用控制与具体的应用系统有关,这就决定了应用控制的设置需要结合具体业务。从应用控制对数据处理的共性出发,我们可将应用控制分为输入控制、处理控制、输出控制和数据存储(文件)控制。

1. 输入控制

在数据被输入计算机的过程中,对其准确性和完整性进行的控制是信息系统最重要的控制之一,因为没有哪种信息处理控制和文件控制能纠正输入时不完整或不准确的数据。常见的输入控制有:

(1) 原始单证审核控制。业务处理人员应根据审核无误的单证输入有关业务数据,既不能重复,也不能遗漏,更不能擅自修改。

(2) 输入数据的正确性控制。可以采用人工目测核对和计算机校验两种方式。

(3) 输入数据的完整性控制。常见的有批总数控制,即对处理的一批业务单证,在数据输入前先以某种特征为基础(如凭证张数、金额)计算总数,输入该批业务后,由计算机程序自动计算该批的总数,对两者进行核对来判断该批业务数据是否全部输入系统。

(4) 错误纠正控制。

2. 处理控制

处理控制是为了保证数据处理的正确性、完整性而实施的控制,常用的控制措施:

(1) 处理权限控制。只有经过授权批准的人员才能执行处理操作。

(2) 业务时序控制。违反顺序的处理应通过预先设置的检查来发现。

(3) 参照检查控制。这是利用某些数据的处理结果应当与另一组数据的处理结果相等,或具有其他某些对应关系而对数据处理的正确性实施控制。例如,在工资系统中,我们可以计算所有员工的净发放工资总额,又可根据所有应发放总额减去总扣除额得到净发放工资总额,两者进行对比,看是否一致。

(4) 数据合理性检验控制。由计算机程序/数据库为数据处理结果确定一个合理范围,如果数据处理结果溢出范围,则系统应自动报警提示。

(5) 审计线索控制。在数据处理过程中,应当产生必要的审计线索,以便对各项交易进行追踪审查。对于成功处理的交易应记录在交易日志中,交给适当的用户核对;未能成功处理的交易应记录在错误文件中,交给适当的用户纠错并重新提交。

(6) 备份及恢复控制。

3. 输出控制

输出控制的主要目的是保证输出的正确性以及确保输出信息只能提供给经过授权的使用者,主要手段包括:

(1) 输出数据正确性控制。例如,总数控制、数据稽核控制、抽样统计控制、对照检查控制等。

(2) 输出数据审核控制。业务职能部门要对其收到的机制单证数据进行审核,与自己保存的原始凭证清单逐一核对,确定输出数据的完整性和正确性。对于与实物有关的数据应核对实物,对于发出的输出信息差错必须予以调查和纠正。同时,内部审计人员也要定期对输出数据与报告进行审核。

(3)输出权限控制。只有经过授权批准的人员才可执行输出操作。

(4)输出资料的分发控制。信息系统产生的输出资料只能分发给有权接受资料的使用者。

(5)差错更正控制。需要设计专门的更正程序以及设置相应的控制日志,以督促和保证错误更正工作顺利、正确地完成。

4. 数据存储(文件)控制

数据存储(文件)控制确保只有经过授权的处理才能存储和访问数据。主要的控制措施有:

(1)设置交易日志。交易日志记录所有的交易行为,包括时间、用户 ID 号、终端号、交易处理前后数据映象记录和报告等,以便为审计提供线索。

(2)数据文件保存控制。数据文件应根据需要保存足够长的时间,以确保可以重新查询、分析或检查数据。数据文件应专门保存,并使用标签等标志,只有经授权的人才能调阅。

(3)版本管理。对数据文件应标识版本号,以确保处理时使用的是正确版本的数据。

三、会计电算化安全风险及防范

会计电算化系统是现代经济管理活动的一个重要组成部分,它借助计算机,运用收集、记录、分类、计算、汇总等方法,对企业经济活动的全过程进行完整、连续、系统、综合的核算和控制,提供经济管理上所需要的各种信息,分析经济行为,控制经济活动的发生过程,并预测未来的各项经济活动。会计电算化影响到了企业的多个方面,在提升企业管理质量的同时,计算机技术的更多应用也带来了传统会计工作中未曾遇到的各种风险,如果不能很好地控制并防范风险,将有可能带来巨大的损失。因此,加强会计电算化系统的安全监控,切实防范各种风险,将成为会计电算化面临的一项重要工作。

(一)会计电算化的风险

会计电算化系统风险是指系统在运行过程中,可能由于内在或外在的各种因素而导致会计电算化或企业遭受损失的各种不确定因素。

1. 硬件环境存在风险

会计电算化系统中硬件配置不当或硬件出现故障时,会影响会计信息的传递,严重时会导致系统瘫痪,威胁系统中会计信息的完整性,甚至使信息丢失,造成不可估量的损失。

(1)硬件配置不当所存在的风险。计算机的处理能力、运算能力、存储能力配置不合理,将会使计算机系统运行效率低下,或导致系统死机、崩溃。

(2)硬件结构不合理所存在的风险。会计信息系统的硬件结构是采用 C/S 结构还是采用 B/S 结构,均要根据企业及软件的情况来确定,若配置不合理,可能导致信息传递速度慢、信息丢失或损坏等后果。

(3)硬件故障率高所存在的风险。**各硬件设备如果存在较高的故障率,特别是关键设备如果经常出现故障，则会导致系统运行失败。

（4）没有配备不间断电源遭遇突然停电时存在的风险。没有配备不间断电源的系统，若在进行数据处理时遭遇瞬间停电，则可能会损坏数据，或导致数据丢失。

（5）备份设备不健全所存在的风险。备份是应对风险的重要手段，但若备份设备不健全，导致备份数据丢失，则可能在企业系统崩溃后无法恢复而造成巨大损失。

2. 软件开发和设计存在的风险

在会计软件的开发过程中，由于开发人员考虑问题有限，致使软件存在错误，而这些错误并没有在软件测试过程中发现，当用户使用时，若触发了这些错误，则可能造成系统各种损坏。

（1）数据处理准确性的风险。数据处理的准确性是会计软件最基本要求，但一个会计软件的内部处理过程纷繁复杂，设计人员难免会有疏忽，如果出现操作人员输入数据准确，但经软件内部处理后，却得到了错误的信息，则会给系统造成很大的破坏。有会计软件出现过记账凭证输入正确却生成错误账簿的情况。

（2）内部信息处理设计不合理而造成的及时性风险。由于系统内部设计不合理，造成信息处理缓慢，不能及时提供有用的会计信息，导致会计电算化系统运行缓慢，甚至停滞或停止，给系统造成损失。

（3）由于内部控制功能设计不合理导致的风险。如果软件的功能设计或是企业的组织结构造成内部控制功能不合理，就会给不法人员可乘之机，直接导致企业用户的损失。

（4）功能设计不合理导致的风险。由于某些功能设计不合理（如备份功能）将会导致企业备份不全面，或备份失败，最终导致用户的损失。

3. 人为的误操作和有意破坏所导致的风险

（1）由于系统内的工作人员素质不高，或责任心不强等原因造成的数据录入错误，操作步骤失误、监控力度不够等，使会计数据录入或处理出现错误，从而导致会计信息的不真实、不完整。

（2）在操作不规范、控制措施不严的情况下，系统的内部工作人员为了达到窃取或泄露商业秘密、非法转移资金、掩盖各种舞弊行为等非法目的，或有意协助竞争对手获取和破坏会计数据，从而对会计软件、数据等进行非法篡改、删除，从而造成严重的损失。

4. 来自网络的攻击

在采用 B/S 结构的系统中，开放互联网是一个必要的条件。在互联网下，系统会受到网络上的各种攻击，这些攻击的目的主要是破坏数据，将会给系统造成不可估量的损失。这方面的实例数不胜数。

5. 计算机病毒的破坏

随着计算机网络和计算机技术的发展，计算机病毒呈现多样化、传播速度快、破坏力强、传播途径多和难以防范等特点，它通过破坏计算机系统程序、数据，甚至破坏硬件，严重威胁计算机系统信息的安全。计算机病毒的入侵使合法的用户不能正常访问网络资源，系统服务不能得到正常的响应，甚至篡改和毁坏数据，造成会计信息失真。

6. 计算机系统维护不当酿成的风险

由于系统维护人员缺乏计算机专业技术,对系统缺乏科学的管理,以及在出现问题时处理不当或处理方式错误等,会直接导致数据的损坏。

(二) 会计电算化系统安全风险的防范对策

1. 从技术上加强会计电算化系统的安全管理

会计电算化系统的数据安全分为静态数据安全和动态数据安全。前者是指系统中集中存储在中央数据和各分布式数据库中的数据安全。后者是指数据在通讯和传递过程中对完整性、保密性、有效性和真实性的保证。因此,技术上安全防范涉及三个内容:数据加密算法和数字签名技术。具体有以下几个方面:

(1) 建立系统硬件安全的防范措施。硬件安全涉及机房的环境和各种技术安全要求、光和磁介质等数据存储体的存放和保护。①应充分满足防电磁干扰、防火、防水、防潮、防盗、恒温等技术条件,系统用电和供电线路应分开,防电磁波干扰等设备。②磁介质注意防潮、防尘、防磁,定期备份,和纸质文件异地存放,磁介质定期转移。

(2) 使用安全的会计软件平台,从软件技术上确保会计信息的安全。①在软件功能上增加必要的提示功能、检查功能和限制功能,要有防止操作失误而导致数据破坏的纠错功能。②操作人员进入系统要设置口令,并对系统操作人员进行授权,防止无权人员的操作。③在系统中应建立起"系统日志",记录所有人员对系统所做的操作,包括操作的时间、操作人员信息、操作内容等,一旦出现问题,可以依据"系统日志"所提供的线索,对有关人员的操作进行检查。

(3) 建立预防病毒的安全措施。为了防止病毒的侵袭,要建立有效的计算机病毒防范体系。①要坚持使用正版软件,不能使用盗版或来路不明的软件。②杜绝外来的数据源进入系统,对于必须要进入系统的数据源要先进行病毒检测,再放入系统中使用。③在系统中装入防病毒软件,并对系统进行实时监控,对系统数据文件进行病毒检测,及时发现并清除病毒。④定期备份数据和文件。⑤不打开和阅读来历不明的电子邮件。

(4) 加强技术防护措施,建立网络漏洞监测和攻击防范系统。①为了防止非法用户和黑客的侵入,可以通过设置防火墙,安全数据通讯协议,身份识别系统等技术防护措施,将非法用户拒之网络之外。②将软件的重要信息采用安全性强的数据加密,以防止重要信息在传播过程中被泄露。

2. 建立科学有效的制度保障机制

建立科学有效的制度保障机制是防止会计信息失真,防范和化解风险的重要手段和有效途径。要求每一项技术应用都有相应的安全防范制度出台,做到技术开展和制度建设并举、技术应用和制度保障同步;做到制度建设为业务开展保驾护航、制度建设和业务创新相适应,在技术创新的同时不断补充和完善各项制度,使制度更加科学和规范。

应定期安排专业审计人员,对会计电算化系统的相关活动进行全面系统的安全审计,并对系统的安全状况作出相应的评价。它包括安全控制目标审核、安全漏洞评估、安全控制措施检验和安全性测试四个方面。通过安全测试可以全面评估系统的安全状况,预测会计信息失真的风险,并有针对性地指导企业完善相应的安全措施,建立应急处理机制。

3. 加强会计电算化系统使用人员的安全教育与专业技术知识培训

在现代科学技术飞速发展的今天,人的素质显得特别重要。一方面通过教育,提高财会人员特别是系统操作人员的思想认识,提高安全防范意识和职业道德水准,严格执行各种操作规章制度和操作规程,防止工作中出现不必要的失误;另一方面要加强计算机、通讯和网络理论等专业知识的学习和培训,不断提高系统操作人员的安全防范手段。

四、数据备份与灾难恢复

(一) 数据备份的概念和特点

会计电算化系统的数据备份是指由会计软件提供的,将系统的相关数据备份至系统以外的存储设备上的一种功能,它是一种数据安全策略,是所有会计软件必须提供的功能。在一般人脑海里,往往把备份和拷贝等同起来,把备份单纯看作是更换磁带、为磁带编号等一个完全程式化的、单调的操作过程。其实不然,因为除了拷贝外,还包括更重要的内容,即管理。备份管理包括备份的可计划性、磁带机的自动化操作、历史记录的保存以及日志记录等。事实上,备份管理是一个全面的概念,它不仅包含制度的制定和磁带的管理,而且还能决定引进备份技术,如备份技术的选择、备份设备的选择、介质的选择乃至软件技术的挑选等。

备份按照用途可以划分为热备份和数据备份,热备份主要解决系统的可用性问题,**数据备份**则用于防止数据丢失、系统灾难和历史数据保存和查询等用途。数据存储管理中的备份概念,主要是指数据备份。热备份和数据备份是两个容易混淆的概念。

数据备份的目标一般是可移动的磁性介质,如可读写光盘、移动硬盘等。会计电算化系统备份有如下特点:

(1) 数据备份一般一式两份,并要求异地存放。

(2) 会计软件应提供强制备份功能,数据备份应定期强制进行,不得忽略。

(3) 数据备份的介质应专门用于会计电算化系统备份,不应在专用介质上存放其他信息,备份介质除用于会计电算化系统的计算机外,不应在另外的计算机上使用。

(4) 数据备份的介质应注意存放环境,长期存储的备份资料应该定期检查,并做好转存工作。

(二) 数据备份的方式

数据备份的方式主要有人工备份、软件备份和硬件备份三种。

(1) 人工备份。人工备份是指用人工的方式进行备份,主要是指人工转存相关的**数据文件**至备份介质上。会计电算化系统数据量大、数据范围广,人工备份很容易造成备份不全面的情况,而且人工备份数据恢复起来有一定难度,所以,在会计电算化系统中少有人工备份。

需要说明的是,我国要求所有企业必须打印所有的凭证、账册和报表,这也是备份,但如果发生数据灾难,用打印的资料进行系统恢复将会非常困难。

（2）软件备份。软件备份是指会计软件提供专门的备份功能，运行该功能可以自动将系统的所有数据备份至存储介质上。

（3）硬件备份。硬件备份是指用冗余的硬件来实现系统的连续运行，在采用硬件备份的方式下，当系统出现问题时，备用系统马上投入使用，该方式除了可以完成数据的备份外，还可以应付硬件故障。但它无法解决由于数据出现逻辑错误而出现的系统故障，因为硬件备份只是将系统所有的内容进行复制，在保存有效数据的同时，也保存了系统原有的错误。所以，硬件备份方式一般主要用于应对计算机的硬件故障，需要较多的硬件投入，对于小型的会计电算化系统，应用成本较高，经济上不划算。

（三）数据备份的策略

1. 数据备份的策略类型

数据备份的策略一般有全备份、增量备份、差分备份和备份介质轮换等。

（1）全备份。全备份是指备份时将系统内的所有数据进行备份，当系统出现故障时，有一份全备份即可恢复整个系统的数据。由于全备份每次均要备份所有数据以及系统，备份量较大，备份时间也较长。

（2）增量备份。增量备份是指在前一份备份的基础上存储新增和修改的数据信息。这种备份方式不再备份重复数据，既节省存储空间，也节约备份时间。但这种备份在恢复时需要找出每一份备份资料，才能将系统恢复，一旦某个环节出现问题，整个系统将无法恢复。

（3）差分备份。差分备份是指仅备份前一次全备份基础上新增和修改的数据信息，如每月一次全备份。每周将修改或新增数据信息进行一次差分备份，差分备份节约时间，节省空间，一旦系统需要恢复，可以先将全部备份恢复，再恢复每周的差分备份即可，如果某一份差分备份出现故障，不能恢复，系统最多只损失一小段时间的数据，不会导致整个系统的瘫痪。

（4）备份介质轮换。备份介质轮换是指企业在备份时，轮流使用几份备份介质完成备份工作。

2. 数据备份与系统备份的差异

数据备份和系统备份容易混淆，因此，也要弄清数据备份和系统备份的差异。

系统备份是指用户操作系统因磁盘损伤或损坏，计算机病毒或人为误删等原因造成的系统文件丢失。从而造成计算机系统不能正常引导，因此，系统备份是将操作系统应用系统储存起来，用于故障后的后备支援。所以，拷贝、硬件备份、数据备份都不等于系统备份。

（1）拷贝≠系统备份。备份不等于单纯的拷贝，因为系统的重要信息无法用拷贝的方式备份下来，而且管理也是备份的重要组成部分。管理包括自动备份计划、历史记录保存、日志管理、报表生成等，没有管理功能的备份，不能算是真正意义上的备份，因为单纯的拷贝并不能减轻繁重的备份任务。

（2）硬件备份≠系统备份。硬件备份属于系统备份的一个层次，可以有效地防止物理故障。但对于那些由于人为错误或故意破坏而引起的数据丢失，硬件备份则无能为力。因此，硬件备份不能完全保证系统数据的安全，只有系统备份才能为我们提供真正的数据保护。

（3）数据文件备份≠系统备份。有很多人认为备份只是对数据文件的备份，系统文件与应用程序无需进行备份，因为它们可以通过安装盘重新进行安装。实际上，这是对备份的误解。在网络环境中，系统和应用程序安装起来并不是那么简单：我们必须找出所有的安装盘和原来的安装记录进行安装，然后重新设置各种参数、用户信息、权限等，这个过程可能要持续好几天。因此，最有效的方法是对整个网络系统进行备份。这样，无论系统遇到多大的灾难，都能够应付自如。

（四）灾难恢复

灾难恢复是指自然或人为灾害后，重新启用信息系统的数据、硬件及软件设备，恢复正常运作的过程。灾难恢复规划是涵盖面更广的业务连续规划的一部分，其核心即对企业或机构的灾难性风险作出评估、防范，特别是对关键性业务数据、流程予以及时记录、备份、保护。数据备份与恢复是防灾的基础，只是为防止系统出现操作失误或系统故障导致数据丢失，而将全部或部分数据集合从应用主机的硬盘或阵列复制到其他存储介质的过程。而与系统备份对应的概念才是灾难恢复。灾难恢复同普通数据恢复的最大区别在于，在整个系统都失效时，用灾难恢复措施能够迅速恢复系统。而普通数据恢复则不行，如果系统发生了失效，在开始数据恢复之前，必须重新装入系统。也就是说，数据恢复只能处理狭义的数据失效，而灾难恢复则可以处理广义的数据失效。

国内的各个机构以及企业的灾难备份基本上都在投入和计划投入阶段。一个合理的规划对系统建设的成功、周期，以及资金的利用率都是非常重要的。

灾难恢复的主要方式如下所述。

1. 全自动恢复方式

全自动恢复是指当灾难发生时，系统能自动将所有的处理和数据转移至容灾处理中心进行处理，不会造成系统运行的中断。或者是系统将即时数据存储至容灾备份中心，当发生灾难时，能很快将备份的数据取回，继续系统的运转。

这种方式需要容灾中心的技术和硬件的支撑，虽然使用起来非常简单和方便，但需要较大投入和容灾服务的支持，由于我国目前容灾服务的普及率不高，所以一般会计电算化系统对这一方式的使用率较低。

2. 人工恢复

人工恢复是指当发生灾难时，完全由人工进行系统恢复。这种方式效率较低，时间较长，系统不能马上恢复运行，适用于对实时性要求不高且数据量较小的系统。

3. 备份恢复

备份恢复是指平时做好备份，当灾难发生后，用备份进行恢复。对于会计电算化系统而言，由于会计软件均提供了备份恢复的功能，所以，这种方式很方便，虽然不能使系统马上运行，但是会计电算化系统对实时性要求并不太高，所以，这种方式的采用可以让系统在恢复后和原系统一样持续运行，会计信息的处理虽然有中断，但不会影响到会计期间内会计信息的提供。

这种方式除要求软件提供相应的功能外，还必须保证灾难发生后备份数据的安全性，如果备份也在灾难中损坏了,就不能采用此方式,所以,企业备份数据的安全性至关重要。

本 章 小 结

学生通过本章学习,了解企业会计电算化工作开展的环境要求、规划、管理、制度等一系列的工作,为企业会计电算化工作奠定扎实的基础。

复 习 与 思 考

一、名词解释

1. 电算化会计系统的实施　2. 风险防范　3. 内部控制　4. 一般控制　5. 应用控制　6. 数据备份　7. 灾难恢复　8. 系统备份

二、不定项选择题

1. 系统管理是对(　　)的管理。
   A. 计算机   B. 整个信息系统
   C. 计算机软件   D. 计算机硬件

2. 会计电算化系统的管理制度一般包括(　　)。
   A. 岗位责任制度   B. 安全保密制度
   C. 操作管理制度   D. 数据管理制度
   E. 系统维护制度

3. 会计电算化系统管理内容包括(　　)。
   A. 对人员和机构的管理 B. 日常运行的管理
   C. 数据管理   D. 安全保卫管理

4. 会计电算化系统的维护工作一般包括(　　)等方面的内容。
   A. 硬件设备维护   B. 软件维护
   C. 数据文件维护   D. 编码的维护

5. 数据备份的策略有(　　)。
   A. 全备份   B. 增量备份
   C. 差分备份   D. 备份介质转换

三、简答题

1. 建立信息系统的方式有哪些?
2. 什么是信息系统的实施?信息系统的实施有哪些步骤?
3. 什么是信息系统的内部控制?简述电算化会计的内部控制体系。
4. 什么是会计电算化系统风险?是哪些因素引起的?

第九章　会计电算化发展的相关知识

 学习目标

1. 相关技术前沿	1. XBRL,云计算,会计大数据
2. ERP 的基础知识	2. 理解会计电算化向 ERP 发展趋势,掌握 ERP 基本思想
3. 管理与网络技术的发展	3. 了解管理系统对会计电算化的影响
4. 管理咨询、价值管理与评价相关知识	4. 了解管理咨询、价值管理与评价对会计电算化的重要性

 知识结构

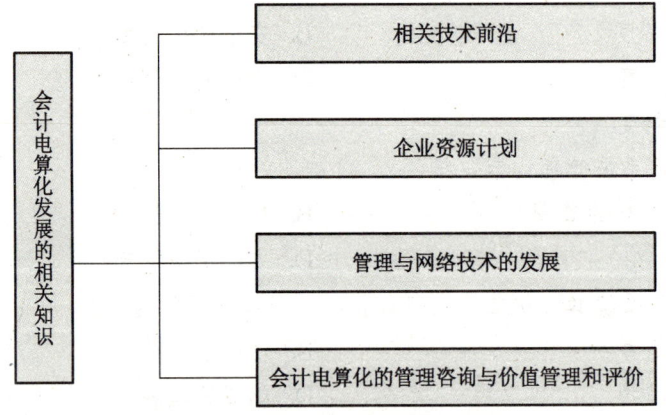

 导入案例

日常事务中的 ERP 故事

一天中午,丈夫在外给家里打电话:"亲爱的老婆,晚上我想带几个同事回家吃饭可以吗?"(订货意向)

妻子:"当然可以,来几个人,几点来,想吃什么菜?"

丈夫:"6 个人,我们 7 点左右回来,准备些酒、烤鸭、番茄炒蛋、凉菜、蛋花汤……你看可以吗?"(商务沟通)

妻子:"没问题,我会准备好的。"(订单确认)

妻子记录下需要做的菜单(MPS 计划)。

具体要准备的东西:鸭、酒、番茄、鸡蛋、调料……(BOM 物料清单)

发现需要:1 只鸭蛋、5 瓶酒、4 个鸡蛋……(BOM 展开)

炒蛋需要 6 个鸡蛋,蛋花汤需要 4 个鸡蛋(共用物料)。

打开冰箱一看(库房),只剩下 2 个鸡蛋(缺料)。

来到自由市场,妻子:"请问鸡蛋怎么卖?"(采购询价)

小贩:"1 个 1 元,半打 5 元,1 打 9.5 元。"

妻子:"我只需要 8 个,但这次买 1 打。"(经济批量采购)

妻子:"这有一个坏的,换一个。"(验收、退料、换料)

回到家中,准备洗菜、切菜、炒菜……(工艺线路)

厨房中有燃气灶、微波炉、电饭煲……(工作中心)

妻子发现拔鸭毛最费时间("瓶颈"工序,关键工艺路线)。

用微波炉自己做烤鸭可能来不及(产能不足)。

于是在楼下的餐厅里买现成的(产品委外)。

下午 4 点,电话铃又响:"妈妈,晚上几个同学想来家里吃饭,你帮忙准备一下。"(紧急订单)

"好的,你们想吃什么,爸爸晚上也有客人,你愿意和他们一起吃吗?"

"菜你看着办吧,但一定要有番茄炒鸡蛋,我们不和大人一起吃,6:30 左右回来。"(不能并单处理)

"好的,肯定让你们满意。"(订单确定)

鸡蛋又不够了,打电话叫小贩送来。(紧急采购)

6:30,一切准备就绪,可烤鸭还没送来,急忙打电话询问:"我是李太,怎么订的烤鸭还不送来?"(采购委外单跟催)

"不好意思,送货的人已经走了,可能是堵车吧,马上就会到的。"

门铃响了。"李太太,这是您要的烤鸭。请在单上签一个字。"(验收、入库、转应付账款)

6:45,女儿的电话:"妈妈,我想现在带几个朋友回家吃饭可以吗?"(呵呵,又是紧急订购意向,要求现货)

"不行呀,女儿,今天妈已经需要准备两桌饭了,时间实在是来不及,真的非常抱歉,下次早点说,一定给你们准备好。"(哈哈,这就是 ERP 的使用局限,要有稳定的外部环境,要有一个起码的提前期 Lead Time)

送走了所有客人,疲惫的妻子坐在沙发上对丈夫说:"亲爱的,现在咱们家请客的频率非常高,应该要买些厨房用品了(设备采购),最好能再雇个小保姆。"(连人力资源系统也有接口了)

丈夫:"家里你做主,需要什么你就去办吧。"(通过审核)

妻子:"还有,最近家里花销太大,用你的私房钱来补贴一下,好吗?"(最后就是应收货款的催要)

从以上案例可以看到,会计电算化正向着多元化的 ERP 发展。

第一节 相关技术前沿

一、XBRL 相关概述

(一) XBRL 概念

XBRL 是可扩展商业报告语言的简称,是基于互联网、跨平台操作,专门用于财务报告编制、披露和使用的计算机语言,基本实现数据的集成与最大化利用,会计信息数出一门,资料共享,是国际上将会计准则与计算机语言相结合,用于非结构化数据,尤其是财务信息交换的最新公认标准和技术。通过对数据统一进行特定的识别和分类,可直接为使用者或其他软件所读取及进一步处理,实现一次录入、多次使用。

XBRL 主要是为企业决策者提供经营管理信息。XBRL 最初称为 XFRL(XML based Financial Report Mark-up Language),即基于 XML 的会计报表标记语言,主要是为投资人士、交易方提供财务信息披露用的,但是,后来发现,该语言更可以用于企业内部等更多情况,所以改称为"商业报告语言"。

(二) 特点

它根据财务信息披露规则,将财务报告内容分解成不同的数据元(Data Elements),再根据信息技术规则对数据元赋予唯一的数据标记,从而形成标准化规范。以这种语言为基础,通过对网络财务报告信息的标准化处理,可以编制出比现行网络财务报告更加先进的报告,可以将网络财务报告的不能自动读取的信息转换为一种可以自动读取的信息,大大地方便信息使用者对信息批量需要和批量利用。

与传统的网络财务报告相比,以 XBRL 为基础的网络财务报告具有以下特点:

(1) 降低信息交换成本、提高财务信息的可获得性、间接增加了财务信息可比性。

(2) 通过互联网提供具时效性的信息,提高信息的相关性,提高财务信息的利用效率。

(3) 可自动交换并摘录财务信息而不受个别公司软件和信息系统的限制,为投资者或分析者使用财务信息提供方便。

(4) 可以减少为了不同格式需求的资料而重复输入的问题。

(5) 降低了信息供给成本,有利于信息供给者提高财务报表编制效率。

与条形码和 EDI 一样,XBRL 是一种信息交换标准;是在商业报告信息交换方面的一种应用,是一种将非结构化数据转换结构化数据的解决方案;是基于一套公开、免费的标准体系,由非营利国际组织(XBRL 国际联合会)开发;其主要是为计算机自动处理设计的,不是为人工处理设计的;必须遵从特定会计准则,企业采纳的会计准则吻合度决定了 XBRL 实例档案的可比程度;具有灵活、开放、高效、强大的信息搜索能力;便于商业信息在现代网络环境下的存储、交流和分析。

(三) XBRL 的发展及主要运用

XBRL 的运用很广泛,企业的各种信息,特别是财务信息,都可以通过 XBRL 在计算机互联网上有效地进行处理。信息发布者一旦输入了信息,就无需再次输入,通过XBRL就可以很方便地转换成书面文字、PDF文件、HTML页面,或者其他相应的文件格式。而且,通过XBRL获取到的信息,也无需打印或再次输入,就可以方便快捷地运用于各种财务分析等领域。

XBRL是由XBRL国际指导委员会倡导并推动其发展的。世界各国共有450多个机构参加了该组织。XBRL国际指导委员会由美国注册会计师协会,德勤、安永和毕马威国际会计公司,富士通(FUJITSU)、微软、IBM、J. D. Edwards、SAP以及其他技术与金融公司资助。

自从1998年XBRL诞生时起,XBRL就获得了迅速的发展,尤其作为财务信息处理的最新标准和技术,XBRL增加了公司财务报告披露的透明度,同时极大地提高了财务报告信息处理效率和能力。以金融行业为例,国际上许多交易所、会计师事务所和金融服务与信息供应商等机构已采用或准备采用该项标准和技术,如东京交易所的TD net系统采用了XBRL技术报送财务数据,澳洲交易所正在研究并准备使用XBRL,德国德意志银行将XBRL用于处理贷款信息并使其信用分析过程更加流畅。中国已于2008年11月12日成立了XBRL中国地区组织,XBRL已得到应用。上海证券交易所和深圳证券交易所都使用了XBRL技术。

XBRL在经济活动中有广泛的应用空间,归纳起来主要体现为以下六大领域:

(1) 企业管理领域。企业管理层可以通过XBRL迅速地收集分析各部门以及相关公司的财务状况。同时,可以将这些信息迅速地发布,以获得市场的支持。作为信息提供者,企业也可以应用XBRL技术,将原本需要进行书面财务报表报备、网络财务信息的发布或上传至相关主管单位的工作都可由专门的格式转换应用程序,一次完成XBRL的格式转换,不需要分多次进行数据处理作业。

(2) 审计领域。可以改进财务报表的制作和检查过程。对于审计机构,企业财务报告采用XBRL统一披露企业财务信息的最主要的好处,即不再需要以人工方式判读不同格式的资料,而可直接通过标准应用程序取得客户公开的财务资料的内容,如果能够进一步与企业统一以XBRL格式储存的经济业务数据库联结,各事务所只要在确定该系统各方面控制良好且逻辑无误后,便可直接通过网络进行连续性的实时审计和非现场审计,如此可减少大量人工操作,提高审计效率和质量。

(3) 企业信用等级评估领域。企业、银行、信用评价机构可以比从前更快地获得相关进货商、销售商以及融资机构的信用等级状况。

(4) 证券市场领域。首先,一般投资者可以更快、更准、更方便地获得企业的财务信息。而对于专业的投资分析师来讲,网络上所获取的资料可直接用于分析,同时也可以选择其所需的输出格式,提高资料汇总和分析的效率,可使分析师省去大量重复的数据处理的时间和成本。对于证券管理机构而言,若各上市公司统一采用XBRL格式统一替代证监委规定的PDF格式为电子档案,则书面资料与资料上传都只需同样步骤即可完成,且各公司所上传之档案具有相同的格式,更可直接对其进行检查、比较与分析,可以最小成本达到信息公开透明化与公平化。

（5）贸易与纳税领域。通过 XBRL 的应用，各企业的报税资料可直接由公司编制财务报表的同一资料库直接产生，不必另外进行数据的整理准备，并可以从网上直接传给各税务部门，实现纳税申报的无纸化、信息化。这样除了可以有效避免人为的数据输入错误，提高税务部门工作效率外，还可以减除申报期间报税人必须亲至税务单位报税之麻烦。实现更多信息与文件的无纸化。

（6）金融行政领域。金融管理部门在研究金融机构的财务动向和风险分析时也可以有效地利用 XBRL。对各个政府机关与非营利组织来讲，政府可以规划标准 XBRL 的窗体及文件的格式，放置于政府公开网站上，以供企业填写或提交资料，政府机关与非营利组织内部许多财务性文件及窗体，统一规划为 XBRL 的标准文件，可以更加简化政府或非营利组织公文流程处理作业。XBRL 将简化现有的电子保税手续，实现企业财务数据与税务部门数据接口统一。此外，以 XBRL 文档格式保存会计文件和相关法规等资料只要利用一般的 Web 浏览器即可解读，同时具有较高的易维护性和自动检索效率。

（四）XBRL 原理

1. 技术框架

XBRL 技术框架主要由三个部分组成：XBRL 规范（Specification）、XBRL 分类标准（Taxonomy）和 XBRL 实例文档（Instance）。

1) XBRL 规范

这是一份由官方制定的技术说明书，它是 XBRL 分类标准产生的依据，是 XBRL 技术的总纲。规范定义了 XBRL 的各种专业术语，规范了 XBRL 文档的结构，说明了如何建立分类标准以及实例文档，并对 XBRL 标签作出统一的规定，要求文件开发者共同使用，以利于实现标准资料的互换。最新的标准是由 XBRL 国际组织不久前制定的 XBRL Specification2.1 版。它相比以前的版本，更加符合当前网络时代企业特定的财务状况。XBRL 实例包含了报表中的具体事实（Concrete Facts），而分类标准则是对具体事实的定义，包括它的语法、它的形式以及属性。XBRL 实例中封装了具体的商业事实。

2) 分类标准

一个 XBRL 分类标准包括一个 Taxonomy Schema(.xsd)文件，和计算、定义、标签、展示、引用这五个数据库链接文件。分类文件声明了一系列要素，包括要素命名、ID 属性、要素类型等内容，描述了要素之间的数学和定义关系，对每一个数据都可以通过"语境标签、计算关系、表现形式、规则定义、参考关系"进行约束和规范。计算数据库链接文件定义从数据计算角度理解项目与项目之间的关系。例如，"税后利润"的概念和以由"税前利润"的概念减去"所得税"概念得到。定义数据库链接文件从概念角度理解项目与项目之间的关系；标签数据库链接文件确定了项目在财务报告中实际显示的名称；展示数据库链接文件定义在财务报告中，统一父项目下所有子项目的显示顺序。引用数据库链接文件定义项目的参考信息，通过该信息可以让使用者准确理解项目的实际意义，这一点同标签数据库链接文件比较相似。

由于 XBRL 是一个基于 XML 的跨平台的数据传输标准,只要用户的浏览器支持 XML,就可以像浏览 HTML 格式的网页一样,浏览和下载 XBRL 格式的财务报告,当前的浏览器都支持 XBRL。一些软件开发商,如 SAP、ORACLE 和 AC-CPAC 等,已经将生成 XBRL 实例文档的功能嵌入其软件产品中。如果企业所采用的软件不支持 XBRL,也可以通过自行研制或使用第三方软件,生成 XBRL 财务报告,如 Excel。

3) XBRL 文件

XBRL 文件有两类:XBRL 实例文档(XBRL Instance Documents)和 XBRL 内部文件(XBRL Inline Documents)

(1) XBRL 实例文档。包含商业报告信息元素的 XBRL 文件,也是基于一个或多个分类标准所定义概念的 XBRL 事实值的集合,还可看成是遵循特定分类标准的事实值的数据库。如果把分类标准看作是提供术语的"字典",那么实例文档则像是基于分类标准而定义的事实值的"数据库"。简而言之,如果一个企业根据 XBRL 技术规范和分类标准编制了一份 XML 格式的财务报表,此报表满足了 XBRL 技术规范的要求和分类标准的定义,则其可以称是 XBRL 实例文档。

(2) XBRL 内部文件。XBRL 内部文件是另一种可供选择的方法,当它用来呈现 XBRL 格式信息时,很容易被识别。XBRL 内部文件能够提供人类可读的格式,如 HTML(即通过网页浏览器来展示);同时,结构化 XBRL 信息内容能被再利用。XBRL 内部文件技术规范是 2008 年被开发的。

2. XBRL 实例文档的生成

1) 生成模式

一般来说,制作 XBRL 实例文档有以下几种模式:

(1) 以电子文档的形式转换成 XBRL 格式。会计电算化系统本身可以生成各种财务报表。这些报表大多以电子文档的形式存在,如 Excel 表格或 Word 文档。在需要 XBRL 格式的报表时,可以通过 XBRL 格式转换器进行转换,转换过程依照分类标准和实例文档的要求完成,最后形成 XBRL 实例文档。

该模式的转换过程是自动完成的,成功的转换一般不会造成数据的丢失或出错,能够保证 XBRL 格式的财务报表信息与系统内部的数据一致。不足之处在于只有企业 ERP 系统生成电子文档之后才能进行转换,有一定的滞后性。

(2) 按照 XBRL 格式要求手工输入来形成 XBRL 实例文档。有些企业的信息系统(如 ERP 系统)对外输出的是不可直接转换或利用的打印版文档,如 PDF 格式文件。这种情况需要按照 XBRL 格式要求进行手工输入来制作实例文档。

该模式的手工输入过程增加了数据错误或误差的风险。这种风险和人工输入的高成本造成了这种模式在实际中的应用价值较小。

(3) 由信息系统实时输出 XBRL 实例文档。由企业本身的信息系统(如 ERP 系统)加上集成的 XBRL 适配器,在进行信息处理过程中就可以直接依据 XBRL 标准来完成财务报表阶段的工作;实时输出 XBRL 实例文档。

该模式的应用需要开发内嵌 XBRL 适配器的新版本 ERP 系统，即在业务处理的各个环节将 XBRL 的数据要素进行标记、提取和转换，并按照 XBRL 技术规范和分类标准，实时生成标准的 XBRL 实例文档。这种模式是最佳的 XBRL 财务报告应用模式，能最大限度地发挥 XBRL 的优势，迅速地提供实时的、便于交流的各类财务信息。该模式的推广需要软件供应商根据 XBRL 的特性对原有系统进行升级，并内嵌 XBRL 适配器或转换器。

（4）开发全新的 XBRL 系统。如果完全脱离现有系统的束缚，直接开发全新的基于 XBRL 标准的应用系统。该模式的无需改动现有系统，但是开发投入成本较高。

2）数据输入方法

根据 XBRL 实例文档的生成模式，可以衍生出多种数据输入的方法。

（1）手工输入。由用户手工输入数据，工作量最大，但也可以通过复制粘贴的方法减少工作量。这种方法只要系统提供数据输入界面即可。

（2）Excel 粘贴。以 Excel 为数据源的表格数据输入时，可以从 Excel 中复制某些特定的单元格区域；从而实现单个表单的录入，避免了逐项输入数据的过程。

（3）预设基本信息。对于财务报告中一些基本固定的、不具即时性的数据，可以在系统的内容管理平台预设好。对于基本数据项目的预设可以提高效率，这些数据一般不需要在制作报告时修改。

（4）直接导入 Excel 文件。通过直接导入 Excel 文件，可以一次性输入报告需要的所有数据。这种导入的方法可能要求按照特定的模板格式来准备 Excel 电子表格文件。

（5）通过接口从数据库中获取数据。当 Excel 系统需要的数据由第三方数据库来提供时，在取数逻辑已知或接口功能完善的情况下可以从第三方数据库中抓取所需数据。

（6）直接读取数据库。通过接口功能的完善不但可以从数据库中获取某个页面需要的数据，也可以一次性地获取报告所需要的全部数据。

以上几种数据输入方法各有优势，可以根据实际情况组合使用。只要是系统提供的组合方式皆可使用。目前，主要的 XBRL 软件工具提供商有 J2R、DynAccSys、Fujitsu、UBmatrix 等；可以使用这些商业软件生成 XBRL 实例文档。这些应用软件主要提供的功能模块有：分类标准编辑器、实例文档生成器、XBRL 转换器、数据校验器等。

随着 XBRL 分类标准的建立和应用软件的成熟，越来越多的企业和机构使用 XBRL 格式的财务信息，并从中受益；成为新的创建财务报表的工具，可能会带来财务报表本身格式方面的革命。

二、会计云计算与移动应用

（一）云计算相关概述

1. 概念

所谓云，就是基于广域网（包括公共云 Public Cloud 和私有云 Private Cloud 和混合云 Hybrid Cloud）的软件和服务平台。

云计算（Cloudcomputing）是基于互联网的相关服务的增加、使用和交付模式，通常涉及通过互联网来提供动态易扩展且经常是虚拟化的资源。

1983年,太阳电脑(Sun Microsystems)提出"网络是电脑";2006年3月,亚马逊推出弹性计算云(Elastic Compute Cloud;EC2)服务;2006年8月9日,Google首席执行官埃里克·施密特(Eric Schmidt)在搜索引擎大会(SES San Jose 2006)首次提出"云计算"(Cloud Computing)的概念。

云计算是通过计算分布在大量计算机上的数据,而非本地计算机或远程服务器,企业数据中心的运行与互联网更相似。这使得企业能够将资源切换到需要的应用上,根据需求访问计算机和存储系统。

2. 特点

(1) 超大规模。"云"具有相当的规模,Google云计算已经拥有100多万台服务器,Amazon、IBM、微软、Yahoo等的"云"均拥有几十万台服务器。企业私有云一般拥有数百上千台服务器。"云"能赋予用户前所未有的计算能力。

(2) 虚拟化。云计算支持用户在任意位置、使用各种终端获取应用服务。所请求的资源来自"云",而不是固定的有形的实体。应用在"云"中某处运行,但实际上用户无需了解,也不用担心应用运行的具体位置。只需要一台笔记本或者一个手机,就可以通过网络服务来实现我们需要的一切,甚至包括超级计算这样的任务。

(3) 高可靠性。"云"使用了数据多副本容错、计算节点同构可互换等措施来保障服务的高可靠性,使用云计算比使用本地计算机更可靠。

(4) 通用性。云计算不针对特定的应用,在"云"的支撑下可以构造出千变万化的应用,同一个"云"可以同时支撑不同的应用运行。

(5) 高可扩展性。"云"的规模可以动态伸缩,满足应用和用户规模增长的需要。

(6) 按需服务。"云"是一个庞大的资源池,你按需购买;云可以像自来水、电、煤气那样计费。

(7) 极其廉价。由于"云"的特殊容错措施可以采用极其廉价的节点来构成云,"云"的自动化集中式管理使大量企业无需负担日益高昂的数据中心管理成本,"云"的通用性使资源的利用率较之传统系统大幅提升,因此用户可以充分享受"云"的低成本优势,经常只要花费几百美元、几天时间就能完成以前需要数万美元、数月时间才能完成的任务。

云计算可以彻底改变人们未来的生活,但同时也要重视环境问题,这样才能真正为人类进步做贡献,而不是简单的技术提升。

(8) 潜在的危险性。云计算服务除了提供计算服务外,还必然提供了存储服务。但是云计算服务当前垄断在私人机构(企业)手中,而他们仅仅能够提供商业信用。对于政府机构、商业机构(特别像银行这样持有敏感数据的商业机构)对于选择云计算服务应保持足够的警惕。一旦商业用户大规模使用私人机构提供的云计算服务,无论其技术优势有多强,都不可避免地让这些私人机构以"数据"(信息)的重要性挟制整个社会。对于信息社会而言,"信息"是至关重要的。另外,云计算中的数据对于数据所有者以外的其他云计算用户是保密的,但是对于提供云计算的商业机构而言确实毫无秘密可言。所有这些潜在的危险,是商业机构和政府机构选择云计算服务,特别是国外机构提供的云计算服务时,不得不考虑的一个重要前提。

(二) 会计云计算

会计云计算(Cloud Accounting)就是在线会计软件,区别于安装在一台电脑或局域网上的会计软件。云会计工作流程图,如图9.1.1所示。

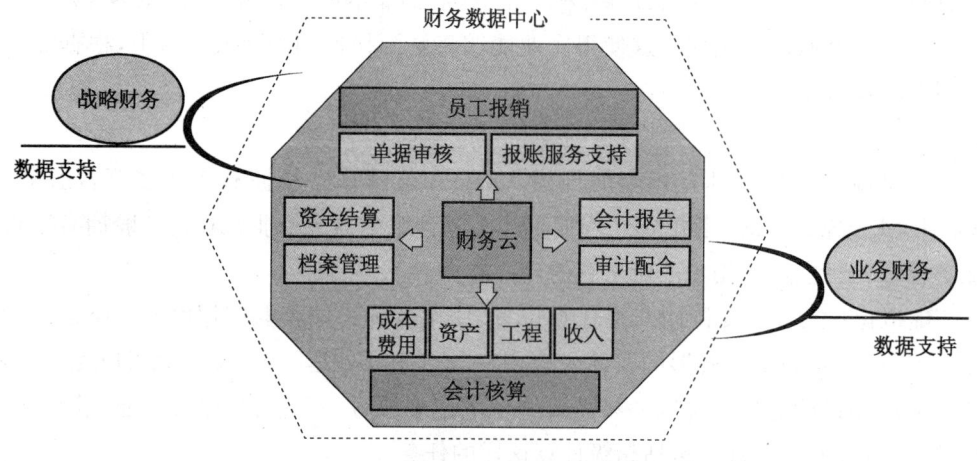

图9.1.1 云会计工作流程图

会计云计算的主要特征就是云。基于云的会计系统主要特征包括:

(1) 网络化访问。目前流行的解决方案都是完全依赖网络连接的,会计计算的消费者不知道也无须了解会计计算在网络上的具体位置,只通过网络访问服务。

(2) 实时协作。无论是公司的内部会计人员,还是外部会计师、审计师,都可以同步读写信息,公布更新内容。

(3) 订阅试付费模式。区别于传统的买软件一次性投资,会计云计算的收费方式一般都是按月交费,不交费无法继续使用。

(4) 会计计算能力与存储能力以服务形式提供。消费者以消费服务的形式向会计计算的提供者购买会计计算,并按量进行付费。

(5) 资源聚合成池。会计云计算提供的服务由一组资源组成,会计云计算的服务提供商可以把这些被池化的资源租赁给多个租户。

会计云计算与传统会计软件的相同点:会计云计算与传统会计软件两者都是会计软件,都是用来记账的工具。无论使用哪种工具,最终达到的目的都是一样的——记账。会计软件都使用复式记账法为原则,关系型数据库为基础,一般都包括以下几个模块:总账、应收、应付、银行现金账、薪资模块等。这在会计云计算和传统会计软件中都是相同的。

云计算时代的到来,使得企业信息化这一话题又有了新的生命。在云端不断增强的服务性能之外最显著的特征就是在端的精彩表现。单纯用PC来使用ERP的时代将一去不复返。以手机、平板电脑介质为代表的移动终端应用将为企业信息化带来巨大变革。

(三) 移动应用

移动应用 Mobile Application 的缩写是 MA。广义移动应用包含个人以及企业级应用。狭义移动应用指企业级商务应用。移动应用不只是在手机上运行软件那么简单，它涉及企业信息化应用场景的完善、扩展，带来 ERP 的延伸，让 ERP 无所不在，通过广泛的产业链合作为用户提供低成本整体解决方案。移动应用将带来企业信息化商业模式的创新变革，实现"掌上会计核算"。

移动应用的特征非常明显：

(1) 可用优先。移动应用要想引人注目其界面就必须注重可用性。而实现可用性的最好方式就是遵循 Facebook，Instagram 以及 Twitter 等流行应用的应用层次。当然，如果界面同时还可以做得很好看，那无疑就是锦上添花了。

(2) 保持简单。放眼 App 的大千世界总会有各种各样很酷很好看但很琐碎的小功能让你有抑制不住想要添加进自己 App 中去的冲动。但找出用户所需的最基本的东西，然后实现那几个功能就够了。

(3) 手机为本。如果你是做实体的小企业，手机让客户具备在与你的移动应用交互时通过电话与你联系的能力，对于提供一流的客户服务会很有帮助。

(4) 优化速度。保持应用流畅非常重要。用户对应用速度的耐受力很低。应用加载时不需要用户空等至关重要。

三、会计大数据

(一) 大数据相关概述

1. 概念

大数据（Big Data）是指无法在一定时间范围内用常规软件工具进行捕捉、管理和处理的数据集合。

研究机构 Gartner 给出了这样的定义：是需要新处理模式才能具有更强的决策力、洞察发现力和流程优化能力的海量、高增长率和多样化的信息资产。

麦肯锡全球研究所给出的定义是：一种规模大到在获取、存储、管理、分析方面大大超出了传统数据库软件工具能力范围的数据集合，具有海量的数据规模、快速的数据流转、多样的数据类型和价值密度低四大特征。

大数据技术的战略意义不在于掌握庞大的数据信息，而在于对这些含有意义的数据进行专业化处理。换而言之，如果把大数据比作一种产业，那么这种产业实现盈利的关键，在于提高对数据的"加工能力"，通过"加工"实现数据的"增值"。

从技术上看，大数据与云计算的关系就像一枚硬币的正反面一样密不可分。大数据必然无法用单台的计算机进行处理，必须采用分布式架构。它的特色在于对海量数据进行分布式数据挖掘。但它必须依托云计算的分布式处理、分布式数据库和云存储、虚拟化技术。

随着云时代的来临，大数据也吸引了越来越多的关注。分析师团队认为，大数据通常用来形容一个公司创造的大量非结构化数据和半结构化数据，这些数据在下载到关系型数据库用于分析时会花费过多时间和金钱。大数据分析常和云计算联系到一起,因为实时的大型数据集分析需要像 MapReduce 一样的框架来向数十、数百或甚至数千的电脑分配工作。

大数据需要特殊的技术,以有效地处理大容量的数据。适用于大数据的技术,包括大规模并行处理(MPP)数据库、数据挖掘、分布式文件系统、分布式数据库、云计算平台、互联网和可扩展的存储系统。

2. 特征

即 5V1C:

容量(Volume)大:从 TB 跃升到 PB。

种类(Variety)多:数据类型的多样性。

速度(Velocity)快:指获得数据的速度。

真实性(Veracity):数据的质量高。

价值(Value)高:合理运用大数据,以低成本创造高价值。

复杂性(Complexity):数据量巨大,来源多渠道。

3. 分类

大数据根据来源,不同分为:

(1)互联网的大数据。互联网上的数据每年增长 50%,两年便会翻一番。目前世界上 90%以上的数据是最近几年才产生的。据 DIC 预测,到 2020 年全球将总共拥有 35ZB 的数据量。

(2)政府的大数据。政府部门掌握着构成社会基础的原始数据。例如,气象数据、金融数据、信用数据、电力数据、煤气数据、自来水数据、道路交通数据、客运数据、安全刑事案件数据、住房数据、出入境旅游数据、医疗数据、教育数据、环保数据等,这些数据在每个政府部门里看起来是单一静态的。但是,如果政府可以将这些数据关联起来,并对这些数据进行有效的关联分析和统一管理,这些数据必将重获新生,其价值是无法估量的。

(3)企业的大数据。企业经营管理者最关注的是报表背后的信息,应该做出怎样的决策,而这一切都需要通过数据来传递和支撑。例如,提供产品或服务的企业需要分析大量消费者行为数据来完成精准营销。

(4)个人的大数据。个人用户在互联网上注册的相关信息,可以存储在个人数据中心;由用户来确定哪些信息可以被第三方采集,这可能成为保护个人信息隐私的方式之一。

(二) 会计大数据

随着大数据时代的来临,企业应重视对大数据价值的深入分析与挖掘。大数据,尤其是会计大数据,会成为企业的利润之源;掌握了大数据也就掌握了竞争力。

值得注意的是,会计大数据并不是会计信息。当前很多企业认为,只要是数据就要收集、存储,就能获益。然而,数据不是信息,更远非智慧。企业大量收集海量数据(尤其是海量业务数据)的同时,也面临着数据的处理、使用、保管和安全等方方面面的新挑战。以银行为例,一家银行每天会产生海量的有关交易的数据;如果只是将这些数据自收集后存在服务器内,即有很大一部分数据是处于休眠或者半休眠状态,不仅不产生任何价值(未能帮助企业做出有效的管理决策),而且耗费大量存储和管理成本。

由此可见,如果企业将大数据(包含会计大数据)用于增强其核心竞争力,需要针对数据的产生、发展到使用者一周期合理规划数据战略。既然数据是企业非常重要的资产,应该把它看作是企业内部资产的一个组成部分,一定要对这个资产有一个战略性的规划。数据战略的建立可以从以下三个方面着手。

(1) 数据管理——主要解决的是从数据的产生到数据管理的问题。例如,数据产生后怎么记录下来?如何存储?

(2) 数据挖掘——企业业务发展产生的数据越来越多,数据的来源越来越多,种类越来越多,需要使用各种工具和技术,包括数据仓库、数据集市、数据挖掘等,推动企业决策机制从"业务驱动"向"数据驱动"转变,并构建企业会计大数据分析平台。

(3) 数据驱动——要把数据变成驱动业务的行动指针,用从数据中挖掘出来的价值,直接能够驱动企业业务。

实施数据战略时,企业可以通过云平台实现业务数据和财务数据大集中,首先形成企业、资产,这是企业利用大数据资源的重要基础。在此之上,可以对数据资源的价值进行进一步挖掘,促进企业数据的资产化。企业在深度挖掘大数据的价值之后,推动企业智能决策。

第二节 企业资源计划

一、ERP的概念及发展过程

(一) ERP的概念

ERP是由美国加特纳公司(Gartner Group Inc.)在20世纪90年代初期首先提出的,ERP是一种面向企业供需链的管理,可对供需链上的所有环节进行有效的管理,这些环节包括订单、采购、库存、计划、生产制造、质量控制、运输、分销、服务与维护、财务管理、人事管理等。

ERP(Enterprise Resources Planning)即企业资源计划,是以市场和客户需求为导向,以实行企业内外资源的优化配置,最大限度消除生产经营过程中的一切无效劳动和资源,实现信息流、物流、资金流、价值流和业务流的有机集成和提高客户满意度为目标,以计划与控制为主线,以网络和信息技术为平台,集客户、市场、销售、采购、计划、生产、财务、质量、服务、信息集成和业务流程重组(Business Process Reengineering,BPR)等功能为一体,是一种面向供应链管理(Supply Chain Management,SCM)为核心的现代企业管理思想和方法。

ERP的内涵可以从管理思想、软件产品、管理系统三个层次上对其进行理解。

(1) 它是一整套企业管理系统体系标准,其实质是在MRPⅡ基础上发展而成的面向供应链的管理思想。

(2) 是综合应用了客户服务器体系、关系数据库结构、面向对象技术、图形用户界面、第四代语言(4GL)、网络通讯等信息产业成果,以 ERP 管理思想为灵魂的软件产品。

(3) 是整合了企业管理理念、业务流程、基础数据、人力物力、计算机硬件和软件于一体的企业资源管理系统。

(二) ERP 的发展过程

20 世纪 40 年代,起步阶段。由于计算机系统还没有出现,不可能利用计算机解决库存问题,为解决库存控制问题,人们提出了可以手工核算完成的订货点法。

到了 60 年代,物料需求计划系统(Material Requirements Planning,MRP)或称基本 MRP 系统。随着计算机的发展,使得短时间内对大量数据的复杂运算成为可能,人们为解决订货点法的缺陷,提出了一种库存订货计划方法。

到了 70 年代,出现了闭环 MRP 系统(Closed-loop MRP)。随着人们认识的加深及计算机系统的进一步普及,MRP 的理论范畴得到了发展,为解决采购、库存、生产、销售的管理,发展了生产能力需求计划、车间作业计划以及采购作业计划理论,作为企业的一种生产计划与控制系统。

到了 80 年代,发展成了 MRP II 理论,即制造资源计划系统(Manufacture Resource Planning,MRP II)。伴随着计算机网络技术的发展,企业内部信息得到充分共享,闭环 MRP 集合了采购、库存、生产、销售、财务、工程技术等子系统,作为一种企业经营生产管理信息系统。

进入 90 年代,ERP 企业资源计划阶段。随着计算机网络技术的迅猛发展,统一的国际市场已经形成。针对国际化的销售和采购市场以及全球的供需链环境,企业 MRP II 面临着需求的挑战。由于 MRP II 系统仅仅包括制造资源,而不包括面向供需链管理的概念,因此无法满足企业对资源全面管理的要求。在这种环境下,80 年代 MRP II 主要面向企业内部资源全面计划管理的思想,逐步发展成为 90 年代有效利用和管理整体资源的管理思想,企业资源计划系统随之产生。

二、ERP 的管理思想及作用

(一) ERP 的管理思想

ERP 的核心管理思想是供需链管理。供需链管理的基本思想就是以市场需求为导向,以客户需求为中心,以核心企业为龙头,以提高市场占有率、提高客户满意度和获取最大利润为目标,以协同商务、协同竞争和双赢原则为运行模式,通过运用现代企业管理思想、方法和手段,达到对供需链上的信息流、物资流、资金流、价值流、工作流的有效规划和控制,从而将客户、分销商、供应商、制造商和服务商连成的一个完整的网络结构,形成一个极具竞争力的战略联盟。

其中,供需链管理是通过接收信息流(需方向供方流动,如订货合同、加工单、采购单等)和反馈的物料流与信息流(供方向需方的物料流及伴随的供给信息流,如提货单、入库单、完工报告等),将供应商、制造商、分销商、零售商直到最终用户连成一个整体的模式。供需链既是一条从供应商到用户的物流链,又是一条价值的增值链。企业为了保持和扩大市场份额,先要有相对稳定的销售渠道和客户,为了保证产品的质量和技术含量,必须有相对稳定的原材料和配套件以及协作件的供应商。企业同其销售代理、客户和供应商的关系,已不再简单地是业务往来对象,而是利益共享的合作伙伴关系,这是现代管理观念的重大转变。这种合作伙伴关系组成了一个企业的供需链,是"精益生产"的核心思想。当遇到有特定的市场和产品需求时,企业的基本合作伙伴不一定能满足这类新产品开发生产的要求,这时,企业会组织一个由特定的供应和销售渠道组成的短期或一次性的供需链,形成"动态联盟"(或称"虚拟工厂"),把供应和协作单位(包括产品研究开发)看成是企业的一个组成部分,运用"同步工程",用最短的时间将新产品打入市场,这是"敏捷制造"的核心思想。当前,企业之间的竞争已不再是一个企业对一个企业的竞争,而是已经发展成为一个企业的供需链同竞争对手的供需链之间的竞争。ERP 系统正是适应这种竞争形势的需求发展起来的。

在供需链上除了人们已经熟悉的"物资流""资金流""信息流"外,还有容易为人们所忽略的"增值流"和"工作流"。也就是说,供需链上有五种基本"流"在流动。供需链还有增值链的含义。信息、物料、资金都不会自己流动,物料的价值也不会自动增值,要靠人的劳动来实现,要靠企业的业务活动——工作流或业务流程,它们才能流动起来。工作流决定了各种流的流速和流量,是企业业务流程重组研究的对象。

总之,ERP 所包含的管理思想是非常广泛和深刻的,这些先进的管理思想之所以能够实现,又同信息技术的发展和应用分不开。ERP 不仅面向供需链,体现精益生产、敏捷制造、同步工程的精神,而且必然要结合全面质量管理以保证质量和客户满意度;结合准时制生产以消除一切无效劳动与浪费、降低库存和缩短交货期;它还要结合约束理论来定义供需链上的"瓶颈"环节、消除制约因素来扩大企业供需链的有效产出。

(二) ERP 的作用

ERP 带来的效益可以分定量和定性两方面。

1. 定量的效益

各种报道列出的项目很多,综合美国生产与库存控制学会的统计,使用一个 ERP 系统,一般可以为企业带来如下的效益:

(1) 降低库存投资。包括原材料、在制品和产成品的库存。在使用 ERP 系统之后,由于有了好的需求计划,使得可以在恰当的时间得到恰当的物料,从而可以不必保持很多的库存。根据统计数字,在使用 ERP 系统之后,降低库存资金占用 15%～40%;提高库存周转次数 50%～200%;降低库存盘点误差,控制在 1%～2%。

(2) 提高生产率。使用 ERP 系统之后,由于减少了生产过程中的物料短缺,从而减少了生产和装配过程的中断,使生产率得到提高。有资料表明,生产线生产率平均提高 5%～10%;装配线生产率提高 25%～40%;加班时间可以减少 50%～90%。

(3) 降低成本。ERP 把供应商视为自己的外部工厂。通过采购计划法与供应商建立长期稳定、双方受益的合作关系。采购计划法既提高了采购效率,又降低了采购成本。由于生产周期缩短、库存减少而降低成本 7%～12%,增加利润 5%～10%。

(4) 提高客户服务水平。ERP 系统作为计划、控制和通信的工具,使得市场销售和生产制造部门可以在决策级以及日常活动中有效地相互配合。从而可以缩短生产提前期,迅速响应客户需求,并按时交货。一般按期交货履约率可达90%以上,接近100%。

(5) ERP系统同财务系统集成,可减少财务收支上的差错或延误,减少经济损失。准确核算成本,迅速报价,赢取市场业务。

2. 定性的效益

主要有:

(1) 企业领导和各级管理人员可随时掌握市场销售、生产和财务等方面的运行状况,不断改进经营决策,提高企业的应变能力和竞争地位。

(2) 采用计算机处理业务数据,数据处理量和速度都大大提高,而且企业的决策有了及时的、全方位的数据依据。

(3) 由于进行了ERP的种种培训和业务操作,业务人员的素质普遍得到了提高。

(4) 管理人员从事务处理中解脱出来,致力于实质性的管理工作,实现规范化管理。

(5) 由于及时调整业务操作需求和上下流程的约束,企业员工的全局观念明显地增强了,能动性也提高了。

(6) 企业还可以取得一定的市场宣传效益。由于企业的行业、产品类型、生产规模和原有管理基础不同,实施效益会有很大的不同。据有关调查表明,实施ERP后,不论企业处于哪种应用级别,都会有一定的效益,只是程度不同而已。

三、ERP的主要模块

(一) 财务管理模块

它可将由生产活动、采购活动输入的信息自动计入财务模块生成总账、会计报表,取消了输入凭证烦琐的过程,替代以往传统操作。

(二) 生产控制管理模块

这一部分是ERP系统的核心所在,它将企业的整个生产过程有机地结合在一起,使得企业能够有效地降低库存,提高效率。同时,各个原本分散的生产流程的自动连接,也使得生产流程能够前后连贯地进行,而不会出现生产脱节,耽误生产交货时间。生产控制管理是一个以计划为导向的先进的生产管理方法。首先,企业确定它的一个总生产计划,再经过系统层层细分后,下达到各部门去执行,即生产部门以此生产,采购部门按此采购等。主要包括主生产计划、物料需求计划、能力需求计划、车间控制、制造标准。

1. 主生产计划

它是根据生产计划、预测和客户订单的输入来安排将来的各周期中提供的产品种类和数量,它将生产计划转为产品计划,在平衡了物料和能力的需要后,精确到时间、数量详细的进度计划,是企业在一段时期内的总活动的安排,是一个稳定的计划,是以生产计划、实际订单和对历史销售分析得来的预测数据。

2. 物料需求计划

在主生产计划决定生产多少最终产品后,再根据物料清单,把整个企业要生产的产品数量转变为所需生产的零部件数量,并对照现有的库存量,可得到还需加工多少,采购多少的最终数量。这才是整个部门真正依照的计划。

3. 能力需求计划

它是在得出初步的物料需求计划之后,将所有工作中心的总工作负荷,在与工作中心的能力平衡后产生的详细工作计划,用以确定生成的物料需求计划是否是企业生产能力上可行的需求计划。能力需求计划是一种短期的、当前实际应用的计划。

4. 车间控制

这是随时间变化的动态作业计划,是将作业分配到具体各个车间,再进行作业排序、作业管理、作业监控。

5. 制造标准

在编制计划中需要许多生产基本信息,这些基本信息就是制造标准,包括零件、产品结构、工序和工作中心,都用唯一的代码在计算机中识别。

(三) 物流管理模块

1. 分销管理

分销管理是从产品的销售计划开始,对其销售产品、销售地区、销售客户各种信息的管理和统计,并可对销售数量、金额、利润、绩效、客户服务做出全面的分析,这样在分销管理模块中大致有三方面的功能:对于客户信息的管理和服务、对于销售订单的管理、对于销售的统计与分析。

2. 库存控制

用来控制存储物料的数量,以保证稳定的物流支持正常的生产,但又最小限度地占用资本。它是一种相关的、动态的及真实的库存控制系统。它能够结合、满足相关部门的需求,随时间变化动态地调整库存,精确地反映库存现状。

3. 采购管理

确定合理的订货量、优秀的供应商和保持最佳的安全储备。能够随时提供订购、验收的信息,跟踪和催促对外购或委外加工的物料,保证货物及时到达。建立供应商的档案,用最新的成本信息来调整库存的成本。

(四) 人力资源管理模块

人力资源近年来被视为企业的资源之本。人力资源管理作为一个独立的模块,被加入到了ERP的系统中。它与传统方式下的人事管理有着根本的不同,主要包括人力资源规划的辅助决策、招聘管理、工资核算、工时管理等。

1. 辅助决策

对于企业人员、组织结构编制的多种方案,进行模拟比较和运行分析,并辅之以图形的直观评估,辅助管理者做出最终决策。

2. 招聘管理

人才是企业最重要的资源。优秀的人才才能保证企业持久的竞争力。招聘系统一般从以下几个方面提供支持:①进行招聘过程的管理,优化招聘过程,减少业务工作量。②对招聘的成本进行科学管理,从而降低招聘成本。③为选择聘用人员的岗位提供辅助信息,并有效地帮助企业进行人才资源的挖掘。

3. 薪资核算

能根据企业跨地区、跨部门、跨工种的不同薪资结构及处理流程,制定与之相适应的薪资核算方法。与时间管理直接集成,能够及时更新,对员工的薪资核算动态化。

通过和其他模块的集成,自动根据要求调整薪资结构及数据。

4. 工时管理

根据本国或当地的日历,安排企业的运作时间以及劳动力的作息时间表。

运用远端考勤系统,可以将员工的实际出勤状况记录到主系统中,并把与员工薪资、奖金有关的时间数据导入薪资系统和成本核算中。

四、ERP 与会计软件的关系

总的来说,会计软件是 ERP 软件的一部分,但这里面又分为多种情况,使它们之间又存在很大差别。就小单位来讲,财务软件也是指账务、报表、薪资、固定资产等最基本的模块,一般称为会计核算软件。在规模稍大一点的单位,则要用到进销存模块和应收应付模块的软件,但这里的进销存主要还是立足于财务角度,一般把账务、报表、薪资、固定资产、进销存、应收应付等一起叫做财务软件或会计软件。ERP 软件则还要包含生产制造等模块,ERP 软件也称为企业管理软件。实际上,独立的会计软件和 ERP 软件在设计思想、功能、技术、实施、应用、维护等方面存在很大不同,对管理的提升也大大不同。下面就主要方面进行说明。

(1) 从软件的应用来看,分为两种情况。一种是先做生产管理方面的软件,然后引入会计软件,形成 ERP 软件。另一种是先做会计软件,然后再扩展到生产管理等模块,形成 ERP 软件。

(2) 从范围上看,财务软件是 ERP 的一部分。ERP 软件一般按照模块可以分成财务管理、销售管理、后勤管理(即采购管理、售后服务管理和库存管理)、生产管理和人力资源管理等。因此,ERP 涵盖的管理范围比会计软件广,它对企业的全部资源进行有效的整合,使企业的资源能够得到最有效的利用。会计软件是 ERP 中的一个组成部分,可以单独使用或与其他模块紧密集成使用。

(3) 从工作原理来看,会计软件因为主要是针对企业业务进行核算和管理,因此,核算前提是对各项业务单据编制凭证手工输入系统,系统再进行汇总和分析。会计人员大部分的时间仍然要面对烦琐的凭证录入工作而无法将时间用在管理工作上。而 ERP 中企业的业务是以流程为导向,会计模块通过 ERP 中的自动凭证制作系统将这些流程紧密集成在一起,针对不同的业务类型自动触发会计业务事件,而这些会计业务事件对应的凭证已经预先定义会计科目和相关参数,所以当业务发生时,系统自动产生会计凭证,并自动记录有关账簿。会计人员的工作内容就是对这些凭证进行审核或由系统自动审核,这样就大量地减轻了会计人员的工作量,以便将时间集中在管理工作中。

(4) 从会计软件与 ERP 的核心来看,财务软件的核心是总账,以此为中心设置了许多分类账,如往来账、存货账、销售账等,它从财务的角度将企业的活动资金化。财务信息十分重要,它是经营的成果数据,体现了一个企业的业绩和价值。财务信息的"结果"来源于供、产、销等活动。制造企业的核心价值是将低价值的原料通过生产加工,产出较高价值的符合市场需求的产品,通过市场的分销渠道以适当的营销方式使用户接受其产品。制造企业通过物流的增值来体现自身的价值,围绕整个物流增值过程的供应链管理的核心基础是产品的属性(有关生产、计划、成本、财务、库存等)、产品的结构和产品的生产工艺。ERP 软件正是以此为核心,进行整个供应链的管理和规划,并通过凭证接口等方式与财务集成,将供、产、销等业务数据及时、准确地转化为会计上所需要的信息,从而对企业的经营过程进行控制。

(5) 从功能上来看,目前会计软件主要是以核算为基本目的,从表面上看已经能够满足企业的会计核算要求。但是从深层次和管理角度上来看,管理人员或决策高层更需要的是对各项业务进行的分析。如通过财务提供的销售收入、成本和销售毛利希望能从多角度(如客户类型、产品、销售流向区域、销售部门、业务员业绩、计划等)来分析销售情况,如果单纯从会计数据加工就无法完全满足要求。ERP 软件则是以业务流程为导向,因此各种发生的会计数据能够与业务联系在一起,在分析时就能够与业务联系起来,进行不同层次的分析。

(6) 从实施难度看,会计软件实施相对较为简单,一般是开发商的分支机构或代理实施,或者用户直接实施,实施周期也短,一般 1 个月或 2 个月就可完成。而 ERP 的实施则很复杂,一般由咨询服务机构等第三方实施,实施时间少则几月,多则半年、一年甚至几年,实施费用很高,甚至往往超过购买 ERP 软件本身的费用。从实施的风险看,会计软件由于规范性较强,变化相对较小,所以实施的成功率很高,一般只存在应用深度问题,而不存在无法应用的问题。但 ERP 软件则不同,由于涉及企业的各种业务,而且关联性非常强,业务的变化往往引起整个应用模式的变化,实施的风险就很大。就算是现在应用起来了,由于市场、业务、管理的变化也可能导致 ERP 软件无法运行下去。当然 ERP 软件也在发展,如以平台等具备良好二次开发和定制的软件,则能够较好地动态地适应客户不断变化的需求,使软件适应管理的变化和发展。

在实施中遇到的阻力也不同,由于会计制度很规范,涉及的部门、人员较少,在实施过程中遇到的阻力不大。但 ERP 的实施在调研、培训、实施过程中将遇到很大的阻力,因为 ERP 涉及企业内部的诸多部门利益,甚至涉及一些部门的存在,还需要企业内部的业务流程重组,甚至因为这些原因而中途夭折。

(7) 从应用角度看,会计软件一般是区间性要求,如 1 天、1 月、1 年,而 ERP 软件则是实时性要求。例如,生产是 24 小时的连续生产,则要求各环节也要同步。在实际应用过程中对人员的要求也不一样,会计软件涉及的人员较少,要求操作人员对计算机和自己的业务比较熟悉就可以了。而 ERP 涉及的基本上是整个企业的员工,还要求使用者对企业的整体情况有所了解,才能实现内部的协同工作。在应用成本上,会计软件应用费用主要是消耗材料和较少的服务费。而 ERP 软件一般要按年收取软件更新费用,服务费用也比会计软件高得多。

从以上不同的角度可以看到会计软件与 ERP 软件的异同,在具体工作中还要结合自己的应用深度、规模大小、使用的软件情况不同来做更深入分析,以适应从会计软件到 ERP 软件的转换。

第三节 管理与网络技术的发展

一、人工智能与专家系统

(一) 人工智能(Artificial Intelligence, AI)

所谓智能,一般指人类在认识和改造世界的活动中,由脑力劳动表现出来的能力,它包括感知、理解、抽象、分析、推理、判断、学习和对变化环境的适应等。也可以说,人工智能是研究怎样使计算机模仿人脑所从事的感知、推理、学习、思考、规划等思维活动,来解决需要用人类智能才能解决的问题。对于人工智能,目前学术界尚没有统一的说法和定义,可以理解为它是研究用人工的方法(以计算机为主要工具)来完成能表现出人类智能的任务的学科,主要包括计算机实现智能的原理和如何制造类似于人脑的智能机器或智能系统。人工智能是计算机科学的一个分支,它企图了解智能的实质,并生产出一种新的能以人类智能相似的方式做出反应的智能机器,该领域的研究包括机器人、语言识别、图像识别、自然语言处理和专家系统等。

人工智能研究内容主要有:

(1) 知识表示,是将知识转换成计算机能识别或运用的形式,知识表示是相当重要的。知识表示方法主要有逻辑、产生式、语义网络、框架等。

(2) 启发式搜索理论,搜索的方法很多,如回溯、图搜索、启发式等,主要是给定一些经验做指导,提高搜索效率。该方面的研究已经有了比较成熟的技术。

(3) 推理方法,按常识推理会有知识不完全、不够用等问题,如鸟会飞,但是鸵鸟不会飞。

(4) 人工智能语言和工具,Lisp 语言主要在美国使用,Prolog 语言主要在欧洲使用比较广泛。

可以形象地将人工智能的研究内容理解为:利用计算机模拟人的行为,利用计算机构造智能系统(如研究鸟飞行原理研究制造飞机)。

人工智能目前在计算机领域内得到了愈加广泛的重视,并在机器人、经济政治决策、控制系统、仿真系统中得到应用。目前人工智能的应用主要有以下方面:

(1) 专家系统。计算机中存有人类专家的知识并具有推理能力,从而可解决诊断、规划、调度、预报、决策等,要靠人类专家才能完成的任务,如探矿等。

(2) 自然语言理解,使计算机理解人们交流所用的自然语言以达到和人灵活自如的交流,也包括用计算机实现不同语种的翻译。

(3) 机器人学和智能控制。涉及的知识领域广泛,已取得了很多实质性的成果,是应用前景最好的分支之一。

（4）感知，即计算机视觉、听觉、触觉等。

（5）自动程序设计。

此外，还有博弈、定理证明、组合调度、决策支持等。

（二）专家系统(Expert System，ES)

专家系统是一个智能计算机程序系统，其内部含有大量的某个领域专家水平的知识与经验，能够利用人类专家的知识和解决问题的方法来处理该领域问题。也就是说，专家系统是一个具有大量的专门知识与经验的程序系统，它应用人工智能技术和计算机技术，根据某领域一个或多个专家提供的知识和经验，进行推理和判断，模拟人类专家的决策过程，以便解决那些需要人类专家处理的复杂问题，简而言之，专家系统是一种模拟人类专家解决领域问题的计算机程序系统。根据人们在某一领域内的知识、经验和技术而建立的解决问题和决策的计算机软件系统，它能对复杂问题给出专家水平的结果。

1. 专家系统特点

专家系统是一个基于知识的系统，它利用人类专家提供的专门知识，模拟人类专家的思维过程，解决对人类专家都相当困难的问题。一般来说，一个高性能的专家系统应具备如下特征：

（1）启发性。不仅能使用逻辑知识，也能使用启发性知识，它运用规范的专门知识和直觉的评判知识进行判断、推理和联想，实现问题求解。

（2）透明性。它使用户在对专家系统结构不了解的情况下，可以进行相互交往，并了解知识的内容和推理思路，系统还能回答用户的一些有关系统自身行为的问题。

（3）灵活性。专家系统的知识与推理机构的分离，使系统不断接纳新的知识，从而确保系统内知识不断增长以满足商业和研究的需要。

2. 专家系统构造

专家系统的基本结构，如图9.3.1所示。其中，箭头方向为数据流动的方向。专家系统通常由人机交互界面、知识库、推理机、解释器、综合数据库、知识获取等六个部分构成。

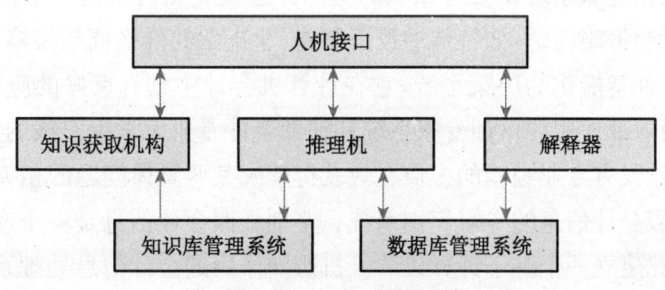

图9.3.1　专家系统结构

知识库用来存放专家提供的知识。专家系统的问题求解过程是通过知识库中的知识来模拟专家的思维方式的，因此，知识库是专家系统质量是否优越的关键所在，即知识库中知识的质量和数量决定着专家系统的质量水平。一般来说，专家系统中的知识库与专家系统程序是相互独立的，用户可以通过改变、完善知识库中的知识内容来提高专家系统的性能。专家系统中运用得较为普遍的知识是产生式规则。产生式规则以 IF…THEN…的形式出现，就像 BASIC 等编程语言里的条件语句一样，IF 后面跟的是条件(前件)，THEN 后面的是结论(后件)，条件与结论均可以通过逻辑运算 AND、OR、NOT 进行复合。在这里，产生式规则的理解非常简单：如果前提条件得到满足，就产生相应的动作或结论。

推理机针对当前问题的条件或已知信息，反复匹配知识库中的规则，获得新的结论，以得到问题求解结果。在这里，推理方式可以有正向和反向推理两种。正向推理是从前件匹配到结论，反向推理则先假设一个结论成立，看它的条件有没有得到满足。由此可见，推理机就如同专家解决问题的思维方式，知识库就是通过推理机来实现其价值的。

人机界面是系统与用户进行交流时的界面。通过该界面，用户输入基本信息、回答系统提出的相关问题，并输出推理结果及相关的解释等。

综合数据库专门用于存储推理过程中所需的原始数据、中间结果和最终结论，往往是作为暂时的存储区。解释器能够根据用户的提问，对结论、求解过程做出说明，因而使专家系统更具有人情味。

3. 专家系统应用的领域

最初的专家系统是人工智能的一个应用，但由于其重要性及相关应用系统的迅速发展，它已是信息系统的一种特定类型。专家系统以知识为基础，这种系统应用计算机中储存的人类知识，解决一般需要用到专家才能处理的问题，它能模仿人类专家解决特定问题时的推理过程，因而，可供非专家们用来提高问题解决的能力，同时，专家们也可把它视为具备专业知识的助理。由于在人类社会中，专家资源相当稀少，有了专家系统，则可使珍贵的专家知识获得普遍的应用。

近年来，专家系统技术逐渐成熟，广泛应用在工程、科学、医药、军事、商业等方面，而且成果相当丰硕，甚至在某些应用领域，还超过人类专家的智能与判断。

4. 会计专家系统

会计专家系统是专家系统在会计领域的应用。它主要支持某些灵活的、不经常重复出现的非结构化的财会策略问题(如特殊的投资策略，非正常的价格调整策略等)的专家系统。会计专家系统是一种智能化的决策系统，它在计算机会计中具有良好的应用前景。如国际上一些大会计公司内部使用的培训专家系统和辅助会计专业大学生实践的专家系统实践证明，这些系统可以让没有专业经验的人员有效获得解决某些具体问题的相关知识。

此外，还有虚假会计信息的专家识别系统。鉴别虚假会计信息是一个专业性强、复杂程度极高的问题，为此建立一个基于计算机的人机协同作用的会计信息处理系统，即虚假会计信息的专家识别系统。它是一个具有大量专门知识与经验的程序系统，可以应用人工智能技术，根据财务专家提供的特殊领域知识、经验进行推理和判断，通过科学的决策程序和决策方法，利用会计数据和模型，对会计数据进行不同层次、不同角度、不同时期的观察和分析，从而得到财务结果产生的内在原因，揭示会计数据之间隐含的关系，达到识别虚假会计信息的目的。

企业会计专家系统是一种基于财务知识的系统,能够获取企业财务方面的专业知识,通对各种财务问题进行推理而得出相应的结论,或者提出合适的建议,适用于对企业财务状况况进行诊断或对企业的财务管理发出相应的指令,为企业分析"发生了什么问题?"和回答"该做什么?"等,相当于会计信息系统的财务决策分析和选择阶段。

会计专家系统主要由专家知识库、推理机系统及人机接口三大部分组成。构建会计专家系统,首先就要构建系统的知识库与推理机。知识库要将各项会计专业知识分门别类地储存在会计专家系统的知识库中,以供推理机在进行具体会计工作时调用。这些知识是目前可能获得的所有会计法律、法规和制度,如《会计法》《企业会计准则》《注册会计师法》和《公司法》等,更应包括会计专家在长期实践中积累的会计经验。知识库中储存的信息可以通过人机对话界面得到会计专家的进一步确认,也可以通过数据接口定期更新。推理机是根据系统知识库的信息对单位的会计资料(包括各种凭证、账簿和报表)进行分析与判别,得出会计决策的结论。所以,推理机是整个系统的关键。系统能否顺利地执行人工智能功能,推理机起到了决定作用。

(三) 决策支持系统(Decision Support System, DSS)

它是辅助决策者通过数据、模型和知识,以人机交互方式进行半结构化或非结构化决策的计算机应用系统。它是管理信息系统向更高一级发展而产生的先进信息管理系统。它为决策者提供分析问题、建立模型、模拟决策过程和方案的环境,调用各种信息资源和分析工具,帮助决策者提高决策水平和质量。

1. 决策支持系统的种类

(1) 结构化决策,是指对某一决策过程的环境及规则,能用确定的模型或语言描述,以适当的算法产生决策方案,并能从多种方案中选择最优解的决策。结构化决策问题相对比较简单、直接,其决策过程和决策方法有固定的规律可以遵循,能用明确的语言和模型加以描述,并可依据一定的通用模型和决策规则实现其决策过程的基本自动化。早期的多数管理信息系统,能够求解这类问题。例如,应用解析方法,运筹学方法等求解资源优化问题。

(2) 非结构化决策,是指决策过程复杂,不可能用确定的模型和语言来描述其决策过程,更无所谓最优解的决策。其决策过程和决策方法没有固定的规律可以遵循,没有固定的决策规则和通用模型可依,决策者的主观行为(学识、经验、直觉、判断力、洞察力、个人偏好和决策风格等)对各阶段的决策效果有相当影响,往往是决策者根据掌握的情况和数据临时作出决定。

(3) 半结构化决策,是介于以上两者之间的决策,这类决策可以建立适当的算法产生决策方案,使决策方案中得到较优的解决。其决策过程和决策方法有一定规律可以遵循,但又不能完全确定,即有所了解但又不全面,有所分析但又不确切,有所估计但又不确定。这样的决策问题一般可适当建立模型,但无法确定最优方案。

非结构化和半结构化决策一般用于一个组织的中、高管理层,其决策者一方面需要根据经验进行分析判断，另一方面也需要借助计算机为决策提供各种辅助信息，及时做出正确有效的决策。

2. 决策支持系统的发展过程

自20世纪70年代决策支持系统概念被提出以来，决策支持系统已经得到很大的发展。1980年，Sprague提出了决策支持系统三部件结构（对话部件、数据部件、模型部件），明确了决策支持系统的基本组成，极大地推动了决策支持系统的发展。

20世纪80年代末90年代初，决策支持系统开始与专家系统相结合，形成智能决策支持系统（Intelligent Decision Support System，IDSS）。智能决策支持系统充分发挥了专家系统以知识推理形式解决定性分析问题的特点，又发挥了决策支持系统以模型计算为核心的解决定量分析问题的特点，充分做到了定性分析和定量分析的有机结合，使得解决问题的能力和范围得到了一个大的发展。智能决策支持系统是决策支持系统发展的一个新阶段。20世纪90年代中期出现了数据仓库（Data Warehouse，DW）、联机分析处理（On-Line Analysis Processing，OLAP）和数据挖掘（Data Mining，DM）新技术，DW+OLAP+DM逐渐形成新决策支持系统的概念，新决策支持系统的特点是从数据中获取辅助决策信息和知识，完全不同于传统决策支持系统用模型和知识辅助决策。传统决策支持系统和新决策支持系统是两种不同的辅助决策方式，两者不能相互代替，更应该是互相结合。

把数据仓库、联机分析处理、数据挖掘、模型库、数据库、知识库结合起来形成的决策支持系统，即将传统决策支持系统和新决策支持系统结合起来的决策支持系统是更高级形式的决策支持系统，成为综合决策支持系统（Synthetic Decision Support System，SDSS）。综合决策支持系统发挥了传统决策支持系统和新决策支持系统的辅助决策优势，实现更有效的辅助决策。综合决策支持系统是今后的发展方向。

由于Internet的普及，网络环境的决策支持系统将以新的结构形式出现。决策支持系统的决策资源，如数据资源、模型资源、知识资源，将作为共享资源，以服务器的形式在网络上提供并发共享服务，为决策支持系统开辟一条新路。网络环境的决策支持系统是决策支持系统的发展方向。

知识经济时代的管理即知识管理与新一代Internet技术即网络技术，都与决策支持系统有一定的关系。知识管理系统强调知识共享，网络技术强调资源共享。决策支持系统是利用共享的决策资源（数据、模型、知识）辅助解决各类决策问题，基于数据仓库的新决策支持系统是知识管理的应用技术基础。在网络环境下的综合决策支持系统将建立在网络技术的基础上，充分利用网络上的共享决策资源，达到随需应变的决策支持。

3. 决策支持系统的基本特征

(1) 对准上层管理人员经常面临的结构化程度不高、说明不充分。

(2) 把模型或分析技术与传统的数据存取技术检索技术结合起来。

(3) 易于为非计算机专业人员以交互会话的方式使用。

(4) 强调对用户决策方法改变的灵活性及适应性。

(5) 支持但不是代替高层决策者制定决策。

4. 决策支持系统(DSS)的结构特征

(1) 数据库及其管理系统。
(2) 模型库及其管理系统。
(3) 交互式计算机硬件及软件。
(4) 图形及其他高级显示装置。
(5) 对用户友好的建模语言。

二、管理会计与会计决策支持系统

(一) 管理会计的要求

生产经营的发展和企业管理的需要,对传统的会计核算提出了以下几方面的要求。

1. 参与企业经营决策

会计除了对日常的经济业务进行记录、整理、汇总,定期以书面形式编制会计报表,提供企业在一定时期内资金、成本、利润等主要财务指标增减变动情况的资料外,还要对企业有关的资金、成本、利润等方面进行大量的加工处理,给企业管理人员决策提供有用的经济信息,帮助他们正确地确定经营目标,制定经营决策,编制实施计划,控制业务活动,不断提高企业的经营管理水平。

2. 变"事后"算账为"事前"控制

会计核算不仅对企业已经发生的经济业务进行历史性的记录和汇总,对过去已发生的生产经营活动进行客观的反映和监督。而且,还要求会计通过对大量完备的历史数据进行加工、整理,采用科学的方法对未来作出客观的、切合实际的预测,以便帮助企业对未来的生产经营进行正确的计划、控制与决策。会计的职能、核算手段发生了根本的变化:核算型向管理型转变,数学方法复杂化,采用现代运筹学、统计学、预测学、决策科学等定量化技术。由于核算职能的转变和核算方法的复杂化,管理会计中应用计算机已成为必然。把计算机应用于管理分析与会计决策是会计电算化所不可缺少的环节,也是今后会计电算化发展的必然方向。

(二) 会计决策系统

1. 会计决策系统概念(Accounting Decision Support System,ADSS)

会计决策支持系统以管理科学、运筹学和行为科学等为基础,以人工智能和信息技术为手段,充分利用会计信息系统提供的各种信息,辅助高级决策者进行决策。如构造各种经济模型,对未来财务状况进行预测等。会计决策可以按不同的标准进行分类。例如,按照企业资金运动所处的不同环节,可分为资金筹措决策与资金运用决策等;按照企业资金运动的确定性程序,可分为确定性决策、风险性决策与不确定性决策等;按决策支持系统的种类,会计决策支持系统主要解决半结构化决策和非结构化决策问题。

2. 会计决策系统原理

会计决策支持系统以管理科学、运筹学和行为科学等为基础,以人工智能和信息技术为手段,充分利用会计信息系统提供的各种信息,辅助高级决策者进行决策。如构造各种经济模型,对未来财务状况进行预测等决策分为结构化决策、半结构化决策和非结构化决策三类。结构化决策是日常重复性的决策,有一定的规律可循,可预先做出有序的安排而达到预期的结果或目标,如财务管理中的最优库存模型的确定、求解等;非结构化决策是指以前从未出现过,或其决策过程过于复杂以至毫无规律可循,或特别关键,一旦出现必须立即予以解决的问题,一般用常规的数学方法难以描述或解决,必须借助人工智能技术,如国家颁布了对企业有重大影响的政策等;半结构化决策介于结构化决策和非结构化决策之间,如原材料价格变动等。

3. 会计决策支持系统构造

会计决策支持系统主要解决半结构化决策和非结构化决策问题,它由数据库、模型库、方法库和知识库四个基本部分构成。其中,数据库提供会计数据,来源于会计核算系统;模型库存放管理模型,如预测模型、筹资模型等;方法库存放常用的计算方法,如量本利分析方法、各种成本计算方法等;知识库存放日常会计核算知识,包括有关定义、规则等。ADSS的基本构成和解决过程如,图9.3.2所示。

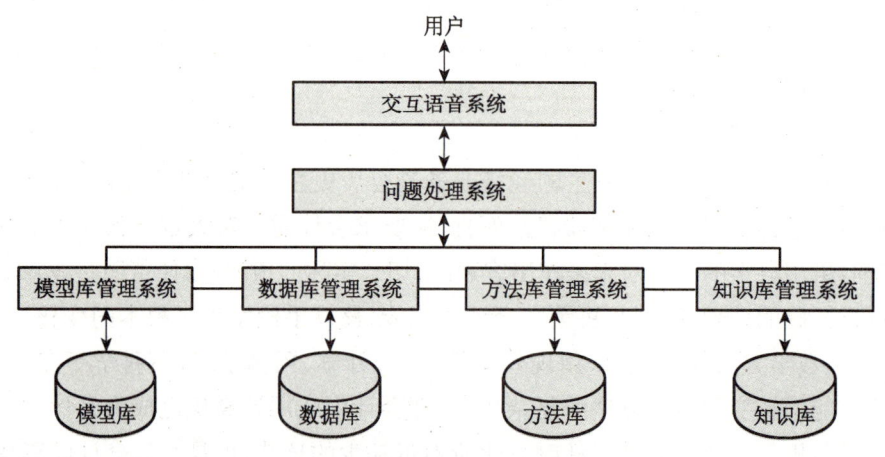

图9.3.2 ADSS基本构成和解决过程

4. 会计决策支持系统所支持的决策

从实际应用角度出发,会计决策支持系统所支持的决策包括:

(1) 目标利润预测与决策。企业利润是反映和衡量企业财务成果的综合指标。在企业总体经营规划中,目标利润是企业生产经营活动所要达到的利润目标,是预计未来的一种理想利润,是企业必须经过努力才能达到的利润。它与预计的销售收入和成本有密切的关系,所以目标利润的预测与决策是企业经营管理决策的核心,是会计决策支持系统所支持的主要会计决策问题。

(2) 筹资决策。资金筹措是企业资金运动的准备阶段,对企业资金运动的流向、流量、流速和效益均有重大的影响,正确进行筹资决策是现代企业会计决策的重要任务。企业要筹集资金,首先要确定需要筹集资金的数量,还要根据资金的预计使用去向与相应的预期投资效益率、可能的筹资渠道与相应的资金成本,比较预期投资收益率与资金成本的大小,确定投资、筹资是否经济可行。

(3) 经营决策。经营决策是指影响企业的收支和盈亏的决策,它是在现有的技术装备和经营条件的基础上,就如何经济、有效地开展生产经营活动,争取最佳经济效益所作的决策。

(4) 投资决策又称"资本支出决策"。长期对企业的生产经营活动产生重要影响,决定着企业长远的发展方向,属于战略性决策,必须高度重视。进行投资决策要考虑货币的时间价值、风险因素、现金流量、回收期、报酬率等。

(5) 风险性与不确定性会计决策。企业未来的资金运动具有一定的风险性与不确定性。风险与不确定性会计决策主要是指利用有关资料确定或核算出事件发生的概率,来预计未来的期望利润,或与其他期望经营成果进行比较,以选择最佳决策方案,提高决策的效果。

5. 智能会计决策支持系统(Intelligence Accounting Decision Supporting System, IADSS)

智能决策支持系统是以信息术为手段,应用计算机科学、管理科学及有关学科的理论和方法,针对半结构和非结构化的决策问题,通过提供背景材料、协助明确问题、修改完善模型、列举可能方案、进行分析比较等方式,为管理者决策提供帮助的智能型人机交互信息系统。它是人工智能 AI 技术与 DSS 相结合的结果。

智能会计决策支持系统是智能决策支持系统在会计领域中的具体应用,是会计信息化由传统的核算转变为管理、决策到智能决策的必然发展趋势。特别是近年来,企业经营环境的国际化、网络化、信息化发展趋势,要求企业必须更快、更准确地做出决策,而传统信息系统远远不能满足复杂问题的求解要求。为了使系统更加有效地工作,利用计算机领域的相关新兴技术,如数据库系统、决策支持系统、神经网络、模糊系统、面向对象的技术以及基于事例的推理、数据仓库及数据挖掘等,研究和设计智能化会计决策支持系统,以辅助决策者进行战略决策和战术决策,实现财务决策的动态化、智能化。数据仓库与数据挖掘技术可以实现从海量数据中提取隐含在其中的、人们事先不知道的有用信息和知识,而人工智能则可以实现专家求解复杂问题所利用的知识和推理能力的模拟。这些技术为财务分析和会计系统的创新提供了强有力的支持,利用它们建立相应的智能会计决策支持系统,是实现会计系统由核算型向经营决策型转变的有效途径。

智能会计决策支持系统的主要特点是:

(1) 允许决策者能自始至终地介入系统的决策过程,并要求系统有一定的学习能力,可以逐步做到使决策者与决策支持系统的决策能力在实际的决策过程中同步提高。

(2) 实现知识推理和数值运算相结合,从而提供比初级的决策支持系统更有力的决策支持能力。

(3) 建立更为通用的决策支持系统的结构,以扩大系统的服务领域,也使系统对环境的变化和决策方式的变化具有一定的适应性。

智能会计决策支持系统应实现的主要功能有:财务分析、财务计划与控制、投资决策、筹资决策、成本决策、销售决策、存货决策、利润分配决策等。

我国在智能会计决策支持系统开发应用方面,近几年也取得了一定的进展,用友、金蝶相继推出海博龙(Hyperion)和Brio商业智能软件,上海博科财务智能仓(BI-FIW)(商业智能软件)。商业智能继ERP/ERPⅡ之后,又将成为我国管理软件市场的又一个应用新热点。而目前国内的智能财务系统还大多局限在利用图表对现有状况进行描述,解决企业普遍的管理与决策问题仍然处于研究探索阶段。

三、网络技术与电子商务

(一) 网络技术

1. 网络的概念

网络是信息传输、接收、共享的虚拟平台,通过它把各个点、面、体的信息联系到一起,从而实现这些资源的共享。它是人们信息交流、使用的一个工具。随着其发展,功能越来越多,内容也越来越丰富。网络会借助文字阅读、图片查看、影音播放、下载传输、游戏聊天等软件工具从文字、图片、声音、视频等方面给人们带来极其丰富和美好的使用享受。网络也是交流、资源共享的通道,但它毕竟是人类的一个工具,相信有一天,网络会借助软件工具的作用带给人们极其美好甚至超越人体本身所能带来的感受。现在的网络一般指"三网":电信网络、有线电视网络、计算机网络。狭义的网络即因特网。

计算机网络是指将地理位置不同的具有独立功能的多台计算机及其外部设备,通过通信线路连接起来,在网络操作系统,网络管理软件及网络通信协议的管理和协调下,实现资源共享和信息传递的计算机系统。计算机网络的功能主要表现在硬件资源共享、软件资源共享和用户间信息交换三个方面。

2. 网络的组成及分类

计算机网络的分类与一般的事物分类方法一样,可以按事物的属性分类。计算机网络是由多台计算机(或其他计算机网络设备)通过传输介质和软件物理(或逻辑)连接在一起组成的。总的来说,计算机网络的基本组成包括计算机、网络操作系统、传输介质以及相应的应用软件四部分。

虽然网络类型的划分标准各种各样,但是从地理范围划分是一种大家都认可的通用网络划分标准。按这种标准可以把各种网络类型划分为局域网、城域网、广域网和互联网四种。局域网一般来说只能是一个较小区域内,城域网是不同地区的网络互联,不过在此要说明的一点就是这里的网络划分并没有严格意义上地理范围的区分,只能是一个定性的概念。在现实生活中,我们真正用得最多的还是局域网,因为它可大可小,无论在单位还是在家庭实现起来都比较容易,也是应用最广泛的一种网络。

(二) 电子商务(Electronic Commerce)

1. 电子商务的概念

电子商务通常是指在全球各地广泛的商业贸易活动中,在因特网开放的网络环境下,基于浏览器/服务器应用方式,买卖双方不谋面地进行各种商贸活动,实现消费者的网上购物、商户之间的网上交易和在线电子支付以及各种商务活动、交易活动、金融活动和相关的综合服务活动的一种新型的商业运营模式。电子商务是利用计算机技术、网络技术和远程通信技术,实现整个商务过程中的电子化、数字化和网络化。

广义上讲,电子商务一词源自 Electronic Business,是指利用简单、快捷、低成本的方式,在买卖双方不谋面的情况下,所进行的商务和贸易活动。通俗地讲,电子商务是指利用互联网为工具,使买卖双方不谋面地进行的各种商业和贸易活动。电子商务是以商务活动为主体,以计算机网络为基础,以电子化方式为手段,在法律许可范围内所进行的商务活动过程。电子商务涉及的三个方面是:企业间的商务活动、企业内的业务运作以及个人网上服务。

2. 电子商务的特征

(1) 普遍性。电子商务作为一种新型的交易方式,将生产企业、流通企业以及消费者和政府带入了一个网络经济、数字化生存的新天地。

(2) 方便性。在电子商务环境中,人们不再受地域的限制,客户能以非常简捷的方式完成过去较为繁杂的商务活动,如通过网络银行能够全天候地存取资金账户、查询信息等,同时使企业对客户的服务质量得以大大提高。

(3) 整体性。电子商务能够规范事务处理的工作流程,将人工操作和电子信息处理集成为一个不可分割的整体,这样不仅能提高人力和物力的利用,也可以提高系统运行的严密性。

(4) 安全性。在电子商务中,安全性是一个至关重要的核心问题,它要求网络能提供一种端到端的安全解决方案,如加密机制、签名机制、安全管理、存取控制、防火墙、防病毒保护等,这与传统的商务活动有着很大的不同。

(5) 协调性。商务活动本身是一种协调过程,它需要客户与公司内部、生产商、批发商、零售商间的协调,在电子商务环境中,它更要求银行、配送中心、通讯部门、技术服务等多个部门的通力协作,全过程一气呵成。

3. 电子商务的分类

电子商务按照商业活动的运行方式分类,可分为完全电子商务和非完全电子商务;按照开展电子交易的范围分类,可分为本地电子商务、远程国内电子商务、全球电子商务;按照使用网络的类型分类,可分为基于专门增值网络的电子商务、基于因特网(Internet)网络的电子商务、基于 Intranet(企业内部网)网络的电子商务;按照交易对象分类,可分为企业对企业的电子商务(Business-to-Business, B to B)、企业对消费者的电子商务(Business-to-Consumer, B to C)、企业对政府的电子商务(Business-to-Government, B to G)、消费者对政府的电子商务(Consumer-to-Government, C to G)、消费者对消费者的电子商务(Consumer-to-Consumer, C to C)和企业、消费者、代理商三者相互转化(ABC)。

电子商务常见营销方式主要有如下几种:

网络媒体:门户网站广告、客户端软件广告;SEM(搜索引擎营销):竞价排名、联盟广告;EDM(邮件营销):内部邮件群发、第三方平台、数据库整合营销等方式;社区营销:BBS 推广(发帖和活动)SNS;CPS\代销:销售分成(一起发,成果网,创盟)、SEO(搜索引擎优化);积分营销：积分兑换、积分打折、积分购买等；DM（快讯商品广告）目录：传统单张目录，如麦考林、红孩子、凡客、PPG；线下活动：会展、体验店等；传统媒体：电视电台、报纸杂志。

交易模式：B2B、B2C、C2C、O2O（即 Online To Offline）、B2M、M2C（即 BMC）、M2E（厂商与电子商务）、B2A（即 B2G）、C2A（即 C2G）、SNS-EC（社交电子商务）、ABC 模式等 12 类电子商务模式。

B2B 模式是商家（泛指企业）对商家的电子商务，即企业与企业之间通过互联网进行产品、服务及信息的交换。通俗的说法是指进行电子商务交易的供需双方都是商家（或企业、公司）使用了 Internet 的技术或各种商务网络平台，完成商务交易的过程。这些过程包括：发布供求信息，订货及确认订货，支付过程及票据的签发、传送和接收，确定配送方案并监控配送过程等。有时写作 BtoB，但是为了简便，用其谐音 B2B（2 即 to）。B2B 的典型有生意宝、中国供求网、环球市场、阿里巴巴、中国制造网、中国 114 黄页网、中国供应商等。B2B 按服务对象，可分为外贸 B2B 及内贸 B2B；按行业性质，可分为综合 B2B 和垂直 B2B，垂直 B2B 有，中国化工网、中国医药网、中国纺织网、中国服装网等。

B2C 是 Business-to-Customer 的缩写，而其中文简称为"商对客"。"商对客"是电子商务的一种模式，也就是通常说企业的直接面向消费者销售产品和服务商业零售模式。B2C 即企业通过互联网为消费者提供一个新型的购物环境——网上商店。天猫经历了淘宝分拆，更名天猫；京东经历了 C 轮融资 15 亿美元，组建大物流体系，大战各电商巨头；凡客经历了凡客体广告狂欢，产品种类扩张，公司巨额亏损。每次有这三家公司传出上市的消息时都得到了行业的激烈讨论，因为这三家巨头代表着三种 B2C 电商模式，这三种 B2C 电商模式各有优势。天猫——为人服务做平台，虽然名字改了，但是天猫在 B2C 行业的领先地位还是无人能敌。天猫商城的模式是做网络销售平台，卖家可以通过这个平台出售各种商品，这种模式类似于现实生活中的购物商场，主要是提供商家卖东西的平台。天猫商城不直接参与卖任何商品，但是商家在做生意的时候要遵守天猫商城的规定，不能违规，否则会被处罚。与天猫商城类似的还有 QQ 商城。京东，最初以自营商品为主，京东商城的模式就类似于现实生活中沃尔玛、乐购等大型超市，引进各种货源进行自主经营。京东先通过向各厂商进货，然后在自己的商城上销售，消费者可以在这里一站式采购。京东自己负责经营这么庞大的网络商城，盈亏都看京东自己的经营能力。消费者购买时出现问题，直接找京东解决。与京东商城类似的还有唯品会。随着业务的发展，京东也引入了商家销售模式。B2C 消费者都是通过网络在网上购物、网上支付。

C2C 同 B2B、B2C 一样，都是电子商务的几种构成成分之一。C2C 的意思就是消费者与消费者之间的电子商务。例如，一个消费者有一台旧电脑，通过网上拍卖，把它卖给另外一个消费者，这种交易类型就称为 C2C 电子商务。C2C 是消费者对消费者的交易模式，其特点类似于现实商务世界中的跳蚤市场。其构成要素，除了包括买卖双方外，还包括电子交易平台供应商，也即类似于现实中的跳蚤市场场地提供者和管理员。在 C2C 模式中，电子交易平台供应商扮演着举足轻重的角色。目前著名的 C2C 网站有淘宝网的闲鱼。

O2O 模式将线下商务的机会与互联网结合在一起，让互联网成为线下交易的前台。如此线下服务就可以用线上来揽客,消费者可以用线上来挑选服务,成交和在线结算。O2O模式很快达到规模,2011年6月已经达到5 000家。国内首家O2O电子商务开创者是拉手网。

电子商务发展至今常见的具体形式,主要有:综合商城,代表有淘宝商城;专一整合型,如携程旅行网;百货商店,如当当网;垂直商店,如红孩子;复合品牌店,如佐丹奴,线上线下同时展开;轻型品牌店,代表有梦芭莎;社交电子商务(SNS-EC),如微商;电子商务ABC,代表有淘众福;团购模式,代表有美团;线上订购、线下消费模式等。

4. 电子商务环境下的会计

(1) 电子商务环境下的会计系统。在电子商务环境下,企业应把会计作为企业管理信息系统中的一个子系统,从企业信息系统的整体出发,规划设计会计系统。从调查对互联网的需求入手,了解哪些应用对企业的收益较大,选择好合适企业的技术。全面规划信息化基本平台、后台会计信息系统、前台电子商务。

建立前台电子商务:建立动态WEB站点和企业介绍型网站,包括企业介绍、产品介绍、企业新闻、广告服务、电子邮件等,将电子商务和企业后台系统紧密结合起来,直接在网上开展电子商务活动。

建立会计信息系统:建立基于网络应用的、以信息流为核心的会计业务一体化信息平台,信息流必须畅通,才能保证电子商务的顺利展开。会计业务一体化信息平台含财务子系统,从资金流的角度正确记录、计算、汇总企业本身发生的各种经济业务,及时、准确地提供各种会计账簿和报表,实现对资金流的核算和管理;购销存子系统,从物流的角度,正确地记录、计算、汇总企业采购、存货及销售等经济业务,及时、准确提供各种管理报表、实现对物流的核算和管理;其他子系统,在有条件和需要的情况下,可建立工资、固定资产、成本、集团管理、决策分析等子系统。

(2) 电子商务对传统会计的影响主要表现在以下方面:

第一,对会计理论的影响:其一,对会计假设的影响。在电子商务环境下,传统会计理论中的会计主体、持续经营、会计分期及货币计量等会计假设都受到相应地冲击。因此,我们需要重新认识和理解,使之能够满足互联网上会计信息使用者决策的需要。

其二,对会计主体假设的影响。在传统财务会计理论中,会计主体是个有形的实体。随着商务电子化程度的不断增强,出现了一种新型经济组织形式虚拟企业,它可以是一种临时结盟体,可以是一个独立的公司,也可以是众多公司之间关联程度较高的业务有机组合。由于这种企业在网络空间中非常灵活,会计主体变化频繁,这就给会计主体的认定、判别带来了困难,传统的会计理论定位在这种条件下已失去意义。所以,如何在互联网环境中对会计主体做出新的界定或对会计主体假设本身进行修正,是网络财务无法回避的问题。

其三,对持续经营假设的影响。持续经营假设指假定会计主体将持续经营下去,在可以预见的未来,企业不存在清算和破产的可能。电子商务时代,由于会计主体变化频繁,存续时间长短有很大的不确定性。对随时可能解散的虚拟企业而言,持续经营假设将面临挑战。在传统财务会计中,非持续经营条件下应使用清算会计。所以,在网络会计中是使用清算会计,还是创建新的会计体系或方法,做出相应理论拓展,值得思考。

其四,对会计分期假设的影响。传统会计为了及时向信息需求者提供会计主体的财务状况、经营成果和现金流量的信息,人为地将持续不断的经营过程按照一定的时间间隔分割开来,形成一个个的会计期间。随着电子商务活动的不断扩大,可以使一笔交易在瞬间完成,虚拟企业可能在某项交易完成后立即解散,其存续周期长短具有很强的伸缩性,寿命周期可能很长,也可能很短,而且会计信息在网上进行实时披露成为可能。这样,要进行传统会计分期,势必很难,而且意义不大。因此,网络会计应对成本费用的分配、摊销做出相应的规定。

其五,对货币计量假设的影响。在传统会计中,货币作为商品价值的表现形式而成为核算中最佳计量单位。电子商务的发展将传统意义上货币计量发展为电子货币计量,使货币出现无纸化趋势。电子货币的出现,弱化了记账本位币的币种唯一,使资金在企业、银行间高速运转,资本决策可瞬息完成,加大了货币风险,冲击了币值稳定,动摇了货币计量假设。

此外,电子商务的应用给企业带来了应变能力、服务质量以及企业竞争能力等的提高,这些因素对企业的生存至关重要却无法用货币计量,因而,在计量方面,应附加非货币化的环境信息与报表的附加说明。

第二,对历史成本计价的影响。历史成本计价是指会计人员在进行资产计价时并不考虑资产的现时成本或变现价值,而是根据它的原始购置成本计价。由于它具有客观、可靠、可验证性,在传统财务会计记录和报表上得以广泛应用。在电子商务环境下,虚拟企业在交易中会涉及数字产品,由于它已超越了资源限制的约束,数量和内容可以无限制地复制,按历史成本计价反映实物产品购、销、存的传统理论已失去意义。在具体会计核算上,这些产品无法反映具体存货数量和金额,只有销售数量和销售额。再说虚拟企业属于临时性的结盟组织,依靠网络实现统一经营,交易完成后即告解散,生命周期极短。所以,采用现行市价法或变现价值法作为计价基础会更好地反映企业会计要素的现实质量状况,提供准确的会计信息,更具有现实意义。

第三,电子商务对权责发生制原则的影响。现行会计制度中,收入与费用的确定采用权益发生制,而不是收付实现制。在电子商务时代,虚拟公司存续的短暂性,决定了它不存在费用的跨期摊提问题。

第三,对会计实务的影响。

其一,对财务会计报告模式的影响。传统会计报表只能对外提供一种"历史"信息,无法动态地反映网络环境下企业的实时情况。采用事项会计核算之后,企业实时提供有关事项信息,并实现了由信息使用者自己提取和加工信息,进行信息多元重组,则可以打破会计报表时间和空间上的局限,可以得到任何时点、任何时段的信息,也可以得到企业单个分部、几个分部、全部企业的个别信息和汇总信息。会计信息报告模式可以使用表格、图像和声音等。这种会计信息报告模式,称之为实时报告系统(Real-Time Reporting System)。运用实时报告系统,将正确的信息实时流入关键人手中,管理者可根据订单组织生产,产品完工实时交货,做到准时生产和接近零库存的境界。财务人员可以根据在线数据库搜集网上所有企业的信息,得到同行业其他企业有关财务指标,进行比较分析,正确预测企业今后趋势。企业外部信息需求人也可以动态得到企业实时财务信息,从而相应做出正确决策,减少决策风险。具体表现如下:①表现在会计报告目标上,传统会计侧重为投资者和债权人提供反映管理人员经营责任的信息,将来更侧重于向使用者提供有助于决策的相关信息。②表现在报告周期上,建立在分期假设和成本效益原则约束之上的定期报告模式,将被不受时空限制的实时动态报告模式所代替。③表现在报告内容上,不但反映企业财务状况、经营成果和现金流量等情况的财务会计信息,而且还能够及时提供其他有关方的信息,如前瞻性信息、管理部门计划、公司背景数据等信息,信息的披露更加充分。

其二,对会计信息质量的影响。在电子商务方式下,电子符号代替了会计数据,磁介质代管了纸介质,财务数据流动过程中签字、盖章等传统确认手段不复存在,从而使网上信息的真实性受到质疑。作为信息接收方,跨地区、跨国经营的总公司随时会收到来自不同地域发来的财务数据,出于缺乏有效的确认标识,有理由怀疑这些数据的真实性。因此,对数据信息合并法性的确认就成为一个急需解决的重要问题。

其三,对会计内部控制的影响:电子商务是网络环境下必然产物,随着电子商务的逐步普及,网上交易越来越普遍。电子商务给企业经营带来无限的生机,又给网络会计系统的内部控制带来了新的挑战。会计内部控制系统是为保障会计目标实现而对会计客体所做的约定和规范。电子商务使用的是电子货币,它可经过网络传送,也可实现匿名支付。电子货币是数字信息,有被伪造的危险。从技术上说,电子签名比纸币上使用的水印更难伪造,但电子货币和其他数字信息一样容易被复制。

因此,企业在建立会计信息网络以满足企业管理和商务活动的同时,要加强内部控制,加强信用卡号码和密匙的管理,为了防止重要数据信息的泄露,还要对数据进行加密,以保证数据的安全。

可以看到网络环境下的电算化会计信息系统更为复杂,因此,要使用内部控制与外部控制相结合,只有从企业的内部稽核与外部审计两个方面进行全方位控制,才能达到在网络环境下电算化会计信息系统的有效控制。网络环境下电算化会计信息系统的控制,将是会计发展史上的一次重大革命。

第四,对会计组织的影响。其一,提高会计工作效率。通过电子支付使资金结算工作效率大幅度提高,会计信息的交流更加方便与直接,网上交易信息的及时获取提高了财会系统的应变能力。其二,会计工作岗位的调整与合并。电子商务方式下,许多工作由机器自动完成,一些工作岗位将会消失或合并。其三,进一步提高会计人员素质。电子商务方式下,会计人员不仅要精通会计的相关理论和技能,还要通晓计算机网络的相关知识,更要掌握电子商务的具体操作方法与技能,此外,Internet上的公司多数是国际企业间的相互合作,涉及不同的语言、商务、会计处理方法和社会文化背景,这同样要求网络会计人员必须提高自身的综合素质,更要熟悉国际会计及商务惯例,并具有较为广博的国际社会文化背景知识,还应具备知识创新和运用能力,以适应网络经济发展的需要。

第五,对国际会计的影响:电子商务的发展,产生了一些跨国经济运行方式。电子技术的飞速发展和电子计算机信息网络的普遍应用，使得人们能够在很短的时间内将巨额资金在世界各大城市中相互流转。从资本流转的程度和广度来看，地球正变得越来越小，并逐渐成为一个所谓的"地球村"。电子商务活动的展开日趋激烈，企业为了谋求自身的生存，必须不断加强新产品研制和技术改造工作，这个过程中需要巨额资金的支持，从而筹集国际资金就成为多数企业的迫切需要，相应的国际会计业务也需要进行调整。还必须对外国借款单位的信用状况进行调查，要求他们提供符合国际惯例的标准化的会计报表。另外，电子商务使得国际贸易迅速发展，而进行国际贸易必须首先了解企业的信用和财务状况，也必须要有一个统一的会计规范和程序。电子商务促进了会计准则的国际化发展。电子商务打破了地域分离，缩短了信息流动的时间，降低了物资流、资金流及信息流的处理成本，推动企业向网络会计方向发展。

四、计算机审计及电算化审计软件

计算机审计作为一种提高审计效率和质量的重要方法，其应用的范围正越来越广泛。计算机审计与传统的手工审计相对应的概念，与传统手工审计一样，是审计人员用手工的或电算化的审计方法、技术和程序对计算机或手工会计系统进行的审计。计算机审计过程可分成四个阶段：接受业务、编制审计计划、实施审计和报告审计结果。其中，重点是计算机审计实施阶段，包括计算机信息系统的内部控制评价和对计算机系统所产生的会计数据（信息）进行测评。开展计算机审计，对于促进我国审计工作的规范化和现代化，扩大审计的覆盖面，丰富审计理论和方法体系，防止计算机舞弊和犯罪，提高我国审计工作的水平均具有重大意义。1994年我国《审计法》开始实施，2000年国务院公布《企业财务报告》，2001年财政部又发布了新的不分行业的《企业会计制度》，并连续颁布、修订具体准则，促使我国的企业财务会计与审计制度日渐趋向统一与健全。

（一）计算机审计内容、步骤

1. 电算化会计系统对审计的影响

电算化会计信息系统对传统审计的主要表现在以下几个方面：

（1）对审计线索的影响。实施了会计信息化，审计线索发生根本的变化，传统的审计线索在电算化会计系统中中断甚至消失。在手工会计系统中，从原始凭证到记账凭证，由过账到财务报表的编制，每一步都有文字记录，都经经手人签字，审计线索十分清楚。审计人员进行审计时，可以根据需要进行顺查、逆查或抽查。但在电算化会计系统中，传统的账簿没有了，绝大部分文字记录消失了，由存储会计信息的磁盘和磁带取而代之，因此，肉眼所见线索减少。此外，从原始数据进入计算机，到财务报表的输出，这中间的全部会计处理，集中由计算机按程序指令自动完成，传统的审计线索在这里中断甚至消失。传统的查账方法，对电算化的会计主体已不完全适用。为了能够有效地审计电算化的会计主体，在电算化会计系统的设计开发时，必须注意审计的要求，使系统在处理时留下新的审计线索，以便审计人员在电算化条件下也能跟踪审计线索，顺利完成审计任务。

（2）对审计内容的影响。在会计信息化的条件下，审计的经济监督职能并没有改变，但由于电算化的特点,审计的内容发生相应的变化。在电算化会计系统中,由于会计事项由计算机按程序自动进行处理,诸如手工会计系统中因疏忽大意而引起的计算或过账错误的机会大大减少了。但如果电算化会计系统的应用程序出错或被人非法篡改,则计算机只会按给定的程序以同样错误的方式处理有关的会计事项,错误的结果将是不堪设想的。电算化会计系统也可能被神不知鬼不觉地嵌入非法的舞弊程序,不法分子可以利用这些舞弊程序大量吞没企业的财物。系统的处理是否合法合规,是否安全可靠,都与计算机系统的处理和控制功能有关。这是在传统的手工审计中所没有的。因此,在会计信息化条件下,审计人员要花费较多的时间和精力来了解和审查会计系统的功能,以证实其处理的合法性、正确性、完整性和安全性。另外,当一个电算化会计系统已经完成并投入使用后,要对它进行改进,这比在系统设计和开发阶段改进困难得多,代价也要昂贵得多。因此,除了要对投入使用后的电算化会计系统审计外,提倡在电算化系统的设计和开发阶段,审计人员要对系统进行事前和事中审计。

(3) 对审计技术方法的影响。实现会计信息化以后,电算化会计系统与传统手工会计系统相比,在许多方面发生了变化,必须采用新的审计技术方法才能适应这种变化。例如,传统的记账方法是每登记一笔账,便可以从账上看到相应一笔记录,而电子计算机却不能每登记一笔记录就打印一笔记录,供工作人员阅读,一般是经过一个阶段,于一个月或季打印一次。平时,记录输入计算机以后,在尚未打印前,若想看这些记录,只能凭借机器阅读,若想同时在几笔记录中对照查看,则很难做到。这样一来,审查取证的方法、对证据进行检验和审核的方法无法像传统的手工记账一般可以从字迹上辨认出登记人,从而明确责任,计算机只能提供统一模式的输出资料。没有记录人的笔迹,无法从记录上辨认登记人,可以使电算化的记录中建立、更新、消除一切资料而不留痕迹,这就需要审计人员对会计信息化部门的内部管理制度、职责的划分情况进行审查和评价。

(4) 对审计作业手段的影响。在手工会计系统的情况下,审计人员进行审计,一般都是手工操作。但是,在电算化会计系统的情况下,审计人员如果仍用手工操作的方式来进行审计,是很难达到审计目标的。因此,审计人员的作业手段也应由手工操作向电子计算机转变,即审计人员应掌握电子计算机知识及应用技术,把电子计算机当作一种提高审计质量和效率的有力工具来使用。

(5) 对审计人员的影响。实现会计信息化后,由于电算化会计系统的环境比手工系统更为复杂,审计对象也更多更复杂,审计人员只依靠原有知识和技能是无法胜任对电算化会计系统的审计工作的。因此,审计人员除了要具有丰富的财务会计、审计等方面的知识和技能,熟悉相关的政策、法令依据以及其他的审计依据外,还应掌握一定的电子计算机知识和应用技术。此外,在审计组织中,还应培养一批计算机审计的系统开发人员,从事设计和开发审计应用软件的工作,建立自己的计算机审计系统。

(6) 对审计标准和准则的影响。各国的审计界在以往的审计工作中已经建立了一系列的审计标准和准则,如审计人员标准、现场作业标准、审计报告标准、职业道德规范等。实现会计电算化以后,由于审计对象和审计线索发生了重大变化,审计的技术和手段也相应地发生了变化,显然,应在原有的审计标准和准则的基础上,建立一系列与新情况相适应的新的审什标准和准则,如电算化会计系统开发的审计准则、内部控制审计准则、审计应用软件标准等,否则无法适应新形势的需要。

2. 计算机审计的基本内容

为达到审计目的,审计人员需进行多方面的审计活动。由于审计的具体目的不同,审计的内容也有所不同,但总的来说,电算化会计系统审计包括内部控制系统审计、系统开发审计、应用程序审计、数据文件审计等内容。

(二) 计算机审计技术方法

计算机审计方法就是完成计算机审计任务所采取的手段。在计算机审计工作中,要完成每一项审计任务,都应选择合适的审计方法。认真研究计算机审计的方法与技术,是开展计算机审计的必要条件,是整个审计工作实现现代化的重要内容之一。

电算化会计信息系统审计的基本方法可归纳为四种:绕过计算机审计、通过计算机审计、利用计算机审计和网络审计。

1. 绕过计算机审计的方法

绕过计算机审计又称"黑盒"审计或间接审计,这种审计模式把计算机仅仅看成存储和处理数据的机器,审计人员在审计时只对输入资料和打印输出资料及其管理办法进行审查。这种审计模式的原理是"黑箱原理",即审计人员追查审计线索到黑箱外部的输入和输出,通过对这两种变量的研究,得出黑箱内部情况的推理。如果输入与输出不相符,则推定电算化会计系统的处理过程是错误的;反之,亦然。运用此审计模式审计时,要求被审单位经济业务简单,业务处理过程比较单一,计算机输入资料与输出资料联系比较密切而且内部控制制度健全。因此,绕过计算机审计模式适用于对内控比较健全的中小企业的审计。

2. 通过计算机审计的方法

通过计算机审计又称"白盒"审计或直接审计,这种审计模式不仅要求审查被审单位的输入与输出数据,还要审查被审单位电算化会计系统的系统程序、应用程序、数据文件以及计算机硬件等配置,以实现在对被审系统的控制与处理功能的可靠性进行评价的基础上确定实质性测试的性质、时间与范围。这一审计模式要审查被审单位系统的程序、数据文件以及计算机硬件等配置,因此,会占用被审系统较多的正常工作时间。这一审计模式适用于大中型会计师事务所对大中型企业的审计工作。

3. 利用计算机审计方法

利用计算机审计又称计算机辅助审计,是指利用计算机技术和审计软件对会计系统所进行的审计。审计软件一般有两种:一种是通用审计软件,它是一组能够帮助审计人员获取、计算、分析电算化信息记录的程序,适用于多种审计工作。例如,利用通用审计软件可实现数据获取、数据重计算、数据分类、文件格式转换、文件合并等功能。另一种是专用审计软件,它是为了某个特定的系统或某个审计项目而编写的程序。例如,工程预决算审计软件、计算机审计抽样软件等。对一些原始数据不多、计算过程费时易错,但运用计算机强大的计算功能可以大幅度提高审计工作效率与质量的工作,可利用计算机辅助审计模式,如执行分析性程序、计算折旧、匡算各种应计项目的计提等。

4. 网络审计方法

随着计算机网络的发展,出现了会计联机实时报告系统,传统的事后审计、就地审计方法式将逐渐被在线实时审计模式所取代。所谓在线实时审计,是指通过审计机关和被审计单位网络互联,即时审查被审单位会计系统的审计模式。在线实时审计模式无论是对企事业单位的内部审计、动态审计,还是对上市公司的事中、事前审计都是必不可少的。网络审计模式代表着未来审计的发展方向。

(三) 电算化审计软件

电算化审计软件是为审计人员提供的一种审计作业工具,是审计工作全过程的索引。从 1990 年 11 月山西省审计局开发的工业企业财务收支审计软件成为第一个通过国家审计署鉴定的审计软件至今,我国已有 40 多个审计软件通过了审计署组织的鉴定,逐步实现审计软件市场化。审计软件的开发从特定条件下完成特定任务的各种专用审计程序,逐渐向集审计管理、数据转换、审计处理、文字处理等功能于一体的大型审计系统过渡,并具有向网络化发展的趋势。

1. 审计软件分类

(1) 审计法规管理系统。该类软件能完成法规的录入、修改、删除、检索、打印等功能。检索功能不仅可以为用户按各种条件查找审计法规的目录,而且可以根据目录查找法规全文,可以按要求摘要其中的内容并打印输出。目前,审计法规管理系统已成功地用于审计工作的第一线,是我国开发和应用较成功的审计软件之一。较早通过审计署组织鉴定的有审计署法规司与原计算机室联合开发的、北京市审计局开发的、审计署科研所开发的多个审计法规管理系统。

(2) 审计抽样软件。该类软件能按用户要求的可靠程度、精确度和所选用的统计抽样方法计算样本量,能按计算出的样本量随机选取样本,能按所选用的抽样方法,根据样本的审查结果推断总体。审计抽样软件不仅可以在电算化会计条件下使用,也可在手工会计条件下辅助抽样。最早通过审计署组织鉴定的审计抽样软件,是审计署原计算机室开发的 PPS 抽样软件。

(3) 表格法审计软件。该类软件能完成审计表格及有关参数的增、删、改等维护,能输入审计表格中要抄录的数据,能计算并填入审计表格中由计算得到的数据,能按预定的格式打印输出审计表格。表格法审计软件可用于对手工会计系统的审计,也可用于对电算化会计系统的审计。在审计手工会计系统时,计算机通过人机对话,提示审计人员输入要求输入的数据。在审计电算化会计系统时,审计人员只要事先定义好取数关系,审计软件即可实现按规定自动取数,当然,审计人员审查发现问题的数据,仍要人工输入。最早通过审计署组织鉴定的表格法审计软件是山西省审计局开发的工业企业财务收支审计软件。

(4) 基建工程预决算审计软件。该类审计软件有两种:一种用于已利用计算机辅助工程设计、设计图纸已存储在计算机内的工程,这种审计软件可自动根据图纸计算各部分的工程量并自动查找以机器可读的存储在计算机内的定额指标,计算并汇总各部分的造价金额,再按规定的利润率和税率计算出工程预决算金额。同济大学等单位开发并应用了这类审计软件。另一种软件适用于计算机内没有设计图纸的审计。软件中包含了各种基建工程中常见结构的工程量计算公式。

（5）工具箱式通用审计软件。该类软件提供了计算机审计中常用的工具和手段,就像工具箱一样,其主要功能包括:审计环境建立、查询、抽样、汇总与计算、排序与分类、财务与效益分析、编制与输出工作底稿、打印种类审计文件等。该类软件主要用于对电算化会计系统的审计。由中山大学管理学院开发的通用审计软件,北京通审软件公司开发的98通审软件都属于这一类软件。

（6）专用审计程序。该类程序是为了完成某些特定的审计任务。例如,公路费审计程序、工会经费审计程序、材料成本差异审计程序等。

2. 计算机审计软件的功能

（1）审计整理功能。通过未审会计报表、科目明细表和审计人员编制的调整分录输入,软件将自动生成科目导引表、试算平衡表、审定的会计报表和会计报表附注,能根据使用者的要求,归类排序,排出重要账项,使审计者一目了然。

（2）审计分析功能。通过输入科目明细表和企业未审报表,能自动产生总体财务指标和变动趋势,并可做重要性标准的确定与分配工作,为项目负责人从总体上把握被审计单位财务状况和审计重点提供方向。同时,软件能自动产生科目导引表,导引表根据每一科目特点设置分析内容,为审计人员在科目查证时,提供分析性测试数据。

（3）审计查证功能。通过输入科目明细表,软件将会自动加计,审计人员可将结果与客户提供的资料进行核对,并同时与输入的未审会计报表进行核对,从而完成账表、账账核对工作。在输入的明细表左方或右方,根据每个科目明细表特点,展现一系列的审计查证栏,审计人员可在这些栏中记录审计痕迹,表明已实施过的审计程序。

（4）综合功能。主要是为审计人员提供一些范本,如审计计划、审计小结等,供审计项目负责人修改使用,同时提供审计人员的工时记录表,可准确、迅速地完成审计用工的统计工作,并可以自动产生审计报告。

（5）合并功能。合并报表及合并报表附注是审计工作重要内容,也是手工操作时最为繁杂且最易出错的部分。合并软件从单体软件引入审定的报表和科目明细表数据,进行简单加总,生成汇总的报表和明细报表,然后自动生成或由用户手工输入合并抵销分录,将抵销分录过录到汇总报表和明细表中,就能得到合并会计报表和合并会计报表附注。

随着计算机网络技术和电子商务发展,未来的计算机审计人员可以将自己的计算机与被审计单位的会计信息系统联网,通过在被审单位的信息系统中嵌入为执行特定审计功能而设计的程序段,收集审计人员感兴趣的资料,并通过网络系统将这些资料及时传送到审计人员的计算机中,进行实时审计。审计软件将由查账型向分析型和专家系统方向发展。实时审计可以弥补事后审计线索不充分的缺陷。在网络情况下,数据高度集中在网络系统中,数据可能被非法拷贝、非法篡改,从而引发新型的网络审计风险。因此,审计的重点也应放在网络系统上。

五、网络财务

企业的信息化建设往往将财务作为切入点，因为财务部门是企业的"心脏"，财务信息化程度完善了，才能带动其他部门顺利地实现信息化。但要实现"网络财务"，前提是企业其他部门都必须进行网络化作业，各部门、各环节的实时信息都能通过网络传给财务部门，由财务部门统一核算管理。网络财务也随着会计电算化的发展而发展。

（一）网络财务的概念

所谓"网络财务"是基于 Internet 技术，以财务管理为核心，业务管理与财务管理一体化，支持电子商务、能够实现各种远程操作、事中动态会计核算和在线财务管理，并能处理电子单据和进行电子货币结算的一种全新的财务管理模式，是电子商务的重要组成部分。这里的网络含义既不是企业传统的自成体系的局域网或广域网，也不是单纯的因特网，而是 Internet 相互协同形成的开放网络。总之，网络财务是以互联网为主的 IT 技术和先进的管理理念相结合，应用于企业财务管理的结果。

（二）网络财务产生的必然性

网络财务的产生，是网络技术发展到一定阶段的产物，无论从客观环境还是技术条件上，都有其必然性，主要表现在以下方面：

（1）企业信息化发展的客观要求。企业信息化是提高企业管理水平的重要手段。企业信息化建设的目标就是以现代化的信息手段管理企业，通过高效的管理，提高企业的经济效益和市场竞争力。可以说企业信息化是以成本管理为核心的一个综合管理过程，通过电子技术等手段，使原来的成本管理从单一化、落后于经济业务的发生，发展成为全面的成本管理体系，做到综合性、实时化，从而科学、及时、全面地了解企业的经济运作情况，使企业的决策者能进行科学、及时的决策，在竞争中处于有利的地位。改善企业管理，就是要建立以财务成本管理为核心的内部信息管理系统，降低采购、销售、管理各项费用开支。企业要以财务成本为核心，逐步建立起产品开发、生产流程和质量控制等完整的企业内部信息管理系统。过去企业的财务滞后于经济活动，如果要进行实时的成本监控，一个新的概念就被提出，那就是网络财务。网络财务概念的出现，相应的产品和解决方案的出台，为企业信息化真正走上实时、准确、科学的道路开启了大门。

（2）顺应电子商务时代的发展需求。网络的发展推动了电子商务的兴起，一时间电子商务风靡了经济学界。许多企业开始探索实行电子商务，但一些企业仅仅将建立一个企业的网站，通过互联网收取电子订单视作开展电子商务的全部，而忽略了企业自身的财务、业务系统的运作效率。与以 Dell 为代表的在电子商务领域获取巨大成功企业之间存在的根本差距——那就是大多数国内企业以进销存业务为代表的内部业务、财务管理还没有实现电子化、信息化的科学管理。内部"瓶颈"的存在是企业生命的物流、资金流和信息流的"血脉"不通畅的关键因素，即便有了方便快捷的电子订单，企业运作对市场反映的迟缓还是得不到根本性的解决，再加上国内网络硬件设施的不足和网上金融认证的不成熟，都造成了企业电子商务发展进度的缓慢。

网络财务软件的出现，为企业解决了所面临的管理难题，使企业可以从网络财务软件的应用逐步建立企业的电子商务平台。

(3) 企业融入世界经济需要网络财务。企业要想更好地融入世界经济发展，在网络时代获取更大商机，可以从网络财务的应用开始。企业只有完成从桌面财务到网络财务的过渡，才能走向以电子商务为主要标志的历史新阶段。首先，企业的主要经营方式将向电子商务过渡。其次，企业将成为全球网络供应链中的一个结点，实现企业管理的数字化。最后，出现网上企业、网际企业、虚拟企业等全新的企业系统，企业的生态环境将由原来的供应商——厂商——销售商——客户的层级化串行模式演变为基于网络的扁平化并行模式。这样，企业在互联网的基础上才能进一步实现国际化，符合网络经济、直接经济等新兴经济形态的需求，并促进全球经济一体化的形成。

(4) 技术条件成熟。现代信息技术的进步日新月异，基于 Internet/Intranet 的 Web 技术、网络数据库技术和三层结构组织技术的成功应用为网络财务管理软件的开发提供了坚实的技术基础。其中，大型数据库技术提供了高达 TB 级的数据处理能力，不但能海量存储数据，同时实现了对数据的高速安全处理；三层结构（即数据库层、中间层、客户层三个层次）这一先进成熟的数据应用结构，也为开发处理数据量庞大的财务软件提供了条件。

(三) 网络财务的特点

(1) 网络财务拓展了财务管理的空间。网络环境下，会计数据的载体由纸张变为磁介质或光电介质载体，发展到网页形式，所有的物理距离变为鼠标距离，财务管理能力可以延伸到不同地域任何一个结点，会计信息的传输不再受距离的限制。这种空间的拓展，使得财务管理更加从分散走向集中，从企业内部延伸到企业外部。

(2) 网络财务提高了财务管理效率。基于网络资源高度共享特性的互联网在打破了物理距离限制的同时还打破了时间的限制，财务信息传递变得即时和迅速。网络财务下，会计数据处理由算盘、纸张变为高速运算的计算机，并且可进行远程计算，还消除了财务、业务活动运作上的时间差，实现了财务与业务的协同化；财务信息的实时生成，实现了财务管理由静态向动态管理的跨越，真正做到实时处理，强化事中管理、事前预算的功能。

(3) 网络财务利用财务管理软件，大大减轻了财会人员的工作负担，提高了财务管理的工作效率。网络财务的应用不仅突破了空间观念，也将不受时间的限制。会计核算将从事后的静态核算达到集中的动态核算，极大地丰富了会计信息内容并提高了会计信息的价值，因而能便捷地产生各种反映企业经营和资金状况的动态财务报表、财务报告，使得企业财务管理从静态走向动态，在本质上极大地延伸了财务管理的质量。

(4) 电子商务模式下，财务软件从部门级应用向企业级应用的逐步强化使得财务信息与其他业务信息间也会逐步实现彼此连接，相互共享，管理、业务、采购、财务各部门之间的协同发展，这也是现代企业管理的目标之一。

在公司内部财务与业务一体化的同时，网络财务系统还可以实现供应商、企业、客户以及物流机构之间的协作，通过信息数据和财务数据在网络中的瞬时传递，实现网上采购、网上订货、网上销售等一系列网上服务的业务方式。

（四）网络财务的基本框架

网络财务是随着企业网络信息化和电子商务的产生而发展起来的，信息化社会、电子商务时代，意味着知识经济、网络经济和创新经济的到来。与之相适应，未来的会计核算与财务管理模式必将以网络财务的形式出现。企业首先建立以财务系统为核心的企业内部网，然后基于国际互联网与社会各职能服务部门、供应商、消费者等连成一个整体，公众投资者可以通过上网访问企业的主页，浏览查询所需企业的最新的和历史的财务信息。网络财务的基本框架如图9.3.3所示，以财务系统为中心，实现财务与企业内部各业务的协同、与供应链销售链的协同、与社会各职能服务部门的协同；能够实现远程处理、网络计算、动态核算、在线管理等功能。

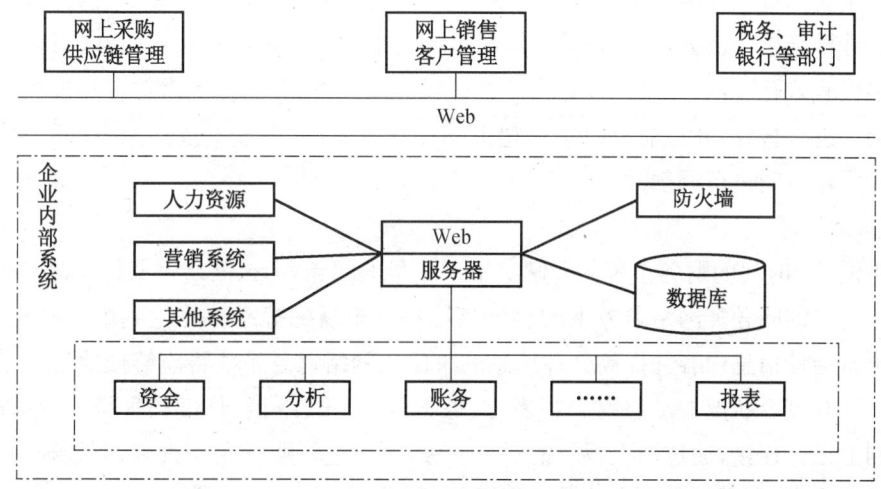

图9.3.3 网络财务的功能

1. 财务与业务协同

（1）与企业内部各业务的协同。即对于企业内部信息可以通过网络传递实现内部的协同。例如，采购和销售部门的业务员可以使用手持信息设备输入各种商品或劳务数据，并实时或批量送达财务系统；公司职员借助联网的信息终端进行考勤、申请借款、填报各项收支；财务人员可以坐在计算机前等待各种经济数据传过来，自动生成各种账表，进行行事中控制和事后分析。

（2）与供应链、销售链的协同。即通过四通八达的商业网络和国际互联网实现供应商、客户和企业之间的协同和电子商务。电子商务活动，如网上订货、网上采购、网上销售的物流信息和资金流信息瞬间传递到财务系统；网上服务、网上咨询使供应链的协同更加默契。

（3）与社会各部门的协同。即通过国际互联网实现企业、银行、审计、税务、证券公司、海关等的协同。与银行联网，可以随时查询企业最新银行资金信息，并实现网上支付和网上结算；与审计联网，可以实现网络远程审计；与税务联网，可以实现远程报税；与海关联网，实现网上报税、报关；与证券公司联网可以实现在线证券投资等。

2. 远程处理

在互联网之前对异地机构的财务管理通常采用邮件、传真、电话等形式，由于传统方式受空间局限，其技术难度和管理成本都是高昂的。基于互联网的财务管理系统，尤其是网络财务，突破了这一空间局限，使管理能力能够延伸到全球任何一个网络结点，做到"运筹帷幄，决胜千里"。众多的远程处理功能得以轻易实现，如远程报表、远程报账、远程查账、远程审计等多种远程处理功能，大力强化主管单位对下属机构的财务监控，对于集团型等多分支机构的企事业单位现实意义更大。

3. 网络计算

网络计算是网络财务的基本功能和核心动力，是网络财务软件借以实现各项功能的技术基础。企业通过互联网可实现资源共享，可瞬时汇集世界各地的海量数据，并由计算机生成所需的计算结果。例如，国际连锁超市对世界各地的连锁店存货进行盘存，只需将超市的各个收银机联入互联网，在总部设置一位会计就可知其进、存、销，无需在各家连锁店重复设置仓库会计进行核算，并且能及时掌握超市的存货情况，根据成本最小原则进行集体进货、就近进货或超市间进行调剂。

4. 动态核算

如果说 PC 时代的财务系统主要解决了工作量的问题，那么网络财务将在此基础上显著解决突破速度的问题。网络财务下的会计核算将从事后的静态核算达到事中的动态核算，极大地丰富会计信息内容并提高会计信息的价值。网络财务系统将能够便捷地产生各种反映企业经营和资金状况的动态财务报表、财务报告，年报、季报、月报和日报可以即时生成。例如与网上银行连接，通过网上银行的对公业务，可以进行账户余额查询、明细账页查询、账户到达日期查询，即随时查询企业最新的银行资金信息。

5. 在线管理

基于动态会计信息，财务主管将能够及时地做出反应，部署经营活动和做出财务安排。在线管理主要表现为在线反映、在线反馈、实时分析比较功能。利用在线反馈，企业内外部信息需求者可动态得到企业实时财务及非财务信息。利用在线反馈，可动态跟踪企业的每一项变动，予以必要揭示。实时分析比较即指财务人员依靠网络环境下在线数据库，得到同行业其他企业的有关财务动态指标，进行比较分析，正确预测企业今后趋势。在线管理有别于传统管理模式，是新的网络管理模式，能使企业在网络经济竞争中立于不败之地。

6. 集成化管理

随着市场竞争的加剧，企业为了整合财务资源，提高竞争力，越来越多地采用集成化的财务管理模式。集成化财务管理是网络化财务的理想模式。集成化财务管理是利用现代网络技术和信息集成方法，将财务与业务、供应链集成起来，追求整体效率和效益的提高，实现缩短生产前置时间、提高产品质量和服务质量、提高企业的整体柔性、减少库存等好处，使企业具有低能耗、低物耗、高效益、高应变能力，实现企业物流、资金流和信息流的高度统一以及财务的实时管理，以适应柔性生产、组织扁平化和产品个性化的市场需求。实现从传统财务管理模式到集成化财务管理模式的目标有三个阶段:第一阶段,实现企业内部财务的集成。在企业内部所有财务部门实现联网后,总部的财务部门可以随时了解下属机构的财务信息,将所有下属机构的财务信息集中到总部统一核算、集中管理,下属机构则成为一个财务报账单位。第二阶段,实现企业内部财务与业务的集成。重组企业内部工作流程,精简中间环节,建立跨职能型群体等,实现财务管理与业务管理相结合。第三阶段,实现企业与整个供应链的集成。网络经济时代,市场不仅是单个企业之间的竞争,而是多个企业之间的整体竞争。例如,海尔集团1999年对整个供应链进行业务流程改造,利用网络与不同实力的供应商建立不同层次的联系,同时,零距离地满足客户的需求,推行对供应商——厂商——顾客价值链的管理。

7. 网上理财

网上理财是以专营网站方式,具备数据安全保密机制,在网上提供的专业应用服务。一些最终用户将不再购买软件自行应用,而是购买财务处理服务,由服务提供商直接在网上提供会计处理和财务管理服务。最终用户直接得到理财服务,并按服务项目和数量付费。这种服务方式,正好能够为那些缺乏会计主体特征或生存期短的虚拟企业或不愿购买财务软件的小型企业提供数字化的财务会计服务。

(五)网络财务的实施

1. 网络财务实施的条件

(1) 技术条件。现代信息技术的进步极快,基于Intemet/Intranet的WTB技术、网络数据库技术和三层结构组织技术的成功应用为网络财务管理软件的开发提供了坚实的技术基础。其中,大型数据库技术提供了高达TB级的数据处理能力,不但能大量储存数据,同时实现了对数据的高速安全处理;三层结构这一先进成熟的数据应用结构,也为开发处理数据量庞大的财务软件提供了条件。另外,防火墙技术、WindowsNT用户安全机制等,也为网络财务软件的运用提供了一定的安全保障。

(2) 企业管理条件

第一,企业的每个业务环节必须实施网络化作业。企业的信息化建设往往将财务作为切入点,因为财务部门是企业的"心脏",财务信息化程度完善了,才能带动其他部门顺利地实现信息化。但要实现"网络财务",前提是企业其他部门都必须进行网络化作业,各部门、各环节的实时信息都能通过网络传给财务部门,由财务部门统一核算管理。否则,网络财务就成了无源之水。这一点对于国内某些大型企业来说不是问题,但对众多的中小型企业来讲,目前还很难做到。

第二,领导观念的转变和员工素质的提高。实施网络财务最大的阻力来自固有观念和习惯做法。企业本身的运作机制和企业领导对网络财务系统的认可程度是决定其实施成功与否的重要因素。

第三,强有力的安全保护措施。网络财务使原来单一电算化会计信息系统中的会计信息变成一个开放的大陆,而会计业务的特点又要求其中许多数据对外保密,因此,安全问题就成为网络财务中备受用户关注的问题。

2. 网络财务实施方案

(1) 企业根据自身的实际情况进行需求分析,确定企业到底要利用网络财务系统完成什么工作、网络财务系统应用要达到什么目标和要求。一般而言,企业要根据自身业务发展情况,确定其开展网络财务应做的工作和要求,如要使财务管理和业务管理紧密配合,全面实现财务业务管理一体化;要实行集团财务集中监控;支持电子商务,能提供方便的网上应用,可以同时使用浏览器界面和GUI界面;具有良好的可扩展性和融合性;软件功能适用。

(2) 选择或开发网络财务软件。

(3) 根据企业需求进行网络方案设计。目前常用的高速网络技术包括以下几种:快速以太网;FDDI(分布式光纤数据接口);ATM(异步传输模式);千兆位以太网。前两种技术价格较低,性能也不错,适用于一般企业;后两种技术性能远远超过前两种,但价格较高,投资很大,适用于有实力的大型集团企业。对于一般企业,可以采用快速以太网或FDDI技术建立自己的局域网,远程子网可用DDN专线连接,移动用户群可以用电话连接。

(4) 要根据需要采用合适的技术建立自己的网站和自己的电子邮件系统。在网络设计时应采用的三层结构技术,使得处理分布较为平衡。

(5) 进行系统实施。对于许多中小企业来说,它们可能既想推行网络财务,又不想花太多的投资,这时候财务软件公司就可从以下几个方面去帮助企业推行网络财务:提供网络财务软件;提供基于互联网的服务业务,提供网络财务软件的在线支持和内容服务,建立专业网站,提供网上理财服务,用户无需购买软件,可通过专业网站获取理财服务并按服务项目和数量付费;为企业用户提供全套服务,帮助企业设计和构建网络体系,提供软件并帮助安装和维护等。

3. 网络财务的安全技术对策

(1) 网络财务系统的安全风险分析

第一,财务信息面临安全风险。会计信息是反映企业财务状况和经营成果的重要依据,不得随意泄漏、破坏和遗失。在网络环境下,过去以计算机机房为中心的"保险箱"式安全措施并不适用,大量的会计信息通过开放的Internet传递,途经若干国家与地区,置身于开放的网络中,存在被截取、篡改、泄漏等风险,很难保证其真实性与完整性。例如,企业的信用卡号在网上传输时,如果持卡人从网上拦截并知道了该号码,他也可用这个号码在网上支付。随着采购范围的扩大,尤其是通过互联网的电子采购范围的扩大,会给犯罪分子提供新的机会,其作案范围不再受时间和空间限制,互联网环境下会计信息的安全受到了严峻的挑战。

第二,网络系统面临安全风险。由于互联网的开放特征,能够上互联网的计算机系统可共享信息资源,同时也给一些非善意访问者以可乘之机。首先,黑客是危害互联网系统的主要因素。计算机病毒的猖獗也为互联网系统带来更大的风险。从原始的木马程序到先进的梅丽莎病毒、熊猫烧香病毒的肆虐,病毒制造者的技术日益高超,破坏力越来越大。还有,网络软件自身的BUG程序、后门程序、通信线路不稳定等因素,也为网络系统的安全带来隐患。

第三，企业内部控制面临失效风险。传统会计系统非常强调对业务活动的使用授权批准和职责性、正确性、合法性，但是在网络软件中，会计信息的处理和存储集中于网络系统，大量不同的会计业务交叉在一起，加上信息资源的共享，财务信息复杂，交叉速度加快，使传统会计系统中某些职权分工、相互牵制的控制失效。原来使用的靠账簿之间互相核对实现的差错纠正控制已经不复存在，光、电、磁介质也不同于纸张介质，它所载信息能不留痕迹地被修改和删除。

第四，会计档案面临保存失效风险。网络财务软件的实施必然是对现有单机版、局域网络版财务软件和硬件系统的全面升级，但此时网络财务软件不一定兼容以前版本或其他财务软件。由于数据格式、数据接口不同，数据库被加密等原因，以前的会计信息可能无法被及时录入网络财务系统。对于隔代保存的会计档案更不可能兼容，因而原有会计档案在新的网络财务系统中无法查询。因此，企业所保存的磁带、磁盘等数据资料面临失效风险。

第五，企业面临人才缺乏风险。企业实施网络财务软件以后，如果没有高层次、高技术复合人才的支持与运作，网络财务、电子商务始终是一句空话，企业在竞争中必然处于劣势。

（2）网络财务安全防范对策

第一，会计信息安全对策。保障会计信息安全的措施有三个方面的内容：一是采用有效的安全技术，网络财务软件应采用两层加密技术。为防止非法用户窃取机密信息和非授权用户越权操作数据，在系统的客户端和服务器之间传输的所有数据都进行两层加密。第一层加密采用标准 SSL 协议，该协议能够有效地防破译、防篡改、防重发，是一种经过长期发展并被实践证明安全可靠的加密协议；第二层加密采用私有的加密协议，该协议不公开、不采用公开算法，并且有非常高的加密强度。两层加密确保了会计信息的传输安全。二是制定和实施安全管理措施。企业应按照会计信息化的要求，按责、权、利相结合的原则，建立健全和实施会计信息化岗位责任制度、安全日志制度等。三是国家适时进行社会立法和法律保障，使企业在计算机信息安全工作中有法可依。2000 年 4 月，我国公安部制定了《计算机信息系统安全保护等级划分准则》，将计算机用户自主、系统审计、安全标记、结构化和访问验证五个保护级，企业应根据系统重要程度确定相应的安全保护级别，并针对相应级别进行建设。

第二，网络系统安全对策。为保护企业网络系统的安全，首要的措施是防火墙技术。防火墙是一个由软件系统和硬件设备组合而成的，在内部网防止非法入侵、非法使用系统资源，执行安全管理措施，记录所有可疑事件。防火墙产品主要有包过滤型和应用网关型两种类型。其次，在网络系统中应积极采用反病毒技术。在系统的运行与维护过程中，应高度重视计算机病毒的防范及相应的技术手段与措施。如采用基于服务器的网络杀毒软件进行实时监控、追踪病毒；采用防病毒卡或芯片等硬件，能有效防治病毒；财务软件可挂接或捆绑第三方反病毒软件，加强软件自身的防病毒能力；对外来软件和传输的数据必须经过病毒检查，在业务系统中严禁使用游戏软件。最后，及时做好备份工作。备份是防止网络财务系统意外事故最基本、最有效的手段，它包括硬件备份、系统备份、财务软件系统备份和数据备份四个层次。

第三，网络系统内部控制对策。网络环境下会计信息系统必须针对网络的特点，建立适应网络系统的控制体系及相应的岗位责任制和内部控制制度。控制范围应由原来单一的财务部门转变为财务部门和计算机管理部门共同控制。控制方式应由单纯的手工控制转化为组织控制、手工控制和程序控制相结合的全面内部控制。在网络财务软件中实行新的程序控制方法包括：采用用户名/口令体系安全技术方法，它可以在开机口令、网络用户名/口令和应用系统名/口令三个层次上使用。实行用户级控制、数据库级控制和网络系统级控制相结合的多级权限控制机制。用户级能对网络用户进行合理的权限分工，实现操作权限的集中化管理，强化系统管理员对软件各模块操作的统一授权，防止非法用户获得使用权；数据库级能防止不道德的软件人员对财务资料进行非法篡改；网络系统级能防止因断电、通信线路故障等意外所引起的资料损毁。通过程序控制，网络财务系统应能实现如下功能：限制财务系统用户工作站点；限制财务系统用户工作时间；限制财务系统用户工作权限。

第四，会计档案管理对策。为解决好网络财务软件对现有财务软件的升级换代问题，为保证会计档案数据存储形式的连续性和一致性。其一，必须制定和执行标准的财务软件数据转换接口，使不同开发商的软件能够相互兼容会计数据，便于财务软件的升级，也便于网络传送的数据、报表在银行和财政部门相互兼容。其二，为解决隔代数据兼容问题，应采用多种形式的会计数据备份策略，既要输入光盘、磁盘等光电介质，又要按规定打印输出，便于日后查询和故障恢复需要。其三，财务软件的升级尽量选择年初作为升级的起始期，因为年初客户和数据量较小，易检查，部分基础资料可根据实际需要进行修改，是软件升级的最佳时机。

第五，企业人才策略。企业要顺应市场的竞争，必须重视人力资源的竞争。为解决人才缺乏问题，首先要引进高层次会计人才。主要是改善会计人员的知识结构，不断进行知识更新；提高会计人员的计算机应用水平，特别是计算机网络技术；提高会计人员的外语水平，培养熟悉科技与管理知识的复合型会计人才，使企业适应国际竞争需要。此外，还要加强会计人员职业修养和道德建设，培养会计人员依法理财、秉公办事的意识。

第四节　会计电算化的管理咨询与价值管理和评价

一、会计电算化的管理咨询

许多企业在购买和应用大型会计电算化系统时目标很明确，就是规范企业管理、提高生产效率、取得更好的经济效益。但是，企业在购买财务软件后却发现靠当前的管理环境软件很难真正运行起来，有的企业即使按要求进行了软件实施，让系统运行起来了，但效果并不像软件开发商当初描述的那样优化流程、产生利润。企业管理者认为大型会计软件系统不好用，不符合本企业管理的模式，或者不愿意让计算机软件改变自己的工作习惯。换句话说，他们购买和应用大型企业管理软件系统，并没有真正领会这些软件系统所提供的规范管理模式与先进的管理思想，还是习惯于自己传统的落后的管理模式与决策程序。

(一) 大型会计软件系统应用失败的教训——缺乏管理咨询

建立大型会计信息系统的关键性工作是购买和应用大型会计软件系统,具体包括软件选型的调研、软件系统实施以及系统运行的后续管理这三项工作。决定大型会计信息系统建设成败主要有三个因素。

1. 企业决策层是否明白自己真正需要什么样的大型会计软件

大型会计软件系统实际上也是企业信息管理系统,重点落在管理上。而许多企业在选购大型会计软件系统时,就是让软件开发商在半天、一天之内将软件演示一遍,然后决定买或者不买。一套大型会计软件系统往往大到有上千个屏幕,在一天或半天之内看一看演示,怎么能决定这套软件合适不合适自己的企业呢?还有一点,对于企业本身的需要,企业没有做过细致分析,没有充分地调研,怎么确定什么样的软件适合自己?当然,企业在实施大型会计软件系统之前,多少都做过一些需求分析,但往往是一些懂计算机的人和懂业务的人各自在自己的专业领域进行分析,真正指导企业管理存在问题的现代管理软件的人并不多。概括来说,需求不明晰,调研不充分,是大型会计软件系统应用失败的一个重要原因。

2. 企业决策层是否真正明白和接受大型会计软件系统的管理思想

一个大型会计软件系统通常都带有自己的管理思想和管理模式,企业在准备购买和应用大型会计软件系统之前,就应该清楚地认识到即将应用的大型会计软件系统将会对自己原有的管理思想与管理模式产生冲击。

在实施大型会计软件系统过程中,一项很重要的活动就是要对原有的全部流程进行重组,包括业务流程的定义、评鉴与调整,以及建立新的规范化业务处理流程。一般来说,这项工作既复杂又耗资金和人力,通常需要专业管理咨询公司的管理专家提供帮助。

一个新的管理软件系统的实施是改变和优化业务处理过程的催化剂。整个软件实施过程要求将业务流程调整和重新设计与软件功能应用紧密结合在一起,同步进行。其中,对企业管理将产生的冲击,可能包括:对竞争策略的改变、组织机构的调整、各部门职责的重新界定、对每个人工作职责的改变等。这些变化会更有利于企业商业目标的实现,同时也是对每个员工,包括所有管理人员和业务人员的挑战,企业决策层能否理解和接受这种改变对也软件实施的成功至关重要。

3. 企业决策层是否真正明白职工培训的内容及其重要意义

这就是大型会计软件系统应用过程中人的因素。生产过程中,复杂的数据处理要靠计算机,生产的流水线靠计算机控制,但企业的生产作业计划、在制品定额和原材料采购等环节的决策却必须要人来完成,人可以根据数据作判断。大型会计管理系统应用的是其管理思想,而不仅仅是软件的安装和初始化。许多企业在应用大型会计软件时,只是将以前手工的数据处理变为计算机处理,业务处理人员并没有真正按照软件要求的规范流程去工作。而且大多数业务人员用起计算机后,对待工作的认识还是以前沿袭的那一套,整个工作流程没有按照现代管理思想去改造,大型会计软件系统应用也就失去意义。实施大型会计软件系统的同时也是对人的一次大改造和人员素质的培训与提高,如果在系统应用过程中不将人与计算机结合为一个整体,指望软件系统发挥效率就很难了。许多软件开发商在实施大型管理的同时,对企业员工进行培训,培训内容是教他们如何操作那些名目繁多的屏幕功能及其操作,培训结果只是教会用户操作技能,而不是掌握软件中所包含的先进管理思想,不能真正体会认真处理的数据会产生什么样的管理价值。业务人员在软件流程中的作用没有充分体现出来。操作者的责任心和对待数据的态度不认真,将会使管理软件的信息流质量大打折扣。不是因为有了计算机,就可以使人们的工作量减轻,或者裁员,从而获得更高的利润,使用计算机的目的是使人的作用发挥得更大,生产效率得到真正的提高。

大型会计软件系统应用失败主要原因也就是在大型会计软件和企业之间缺乏一个环节,这就是对大型会计软件系统应用的咨询工作。企业在实施企业管理软件前进行专家咨询,实施过程交给咨询专家组织,系统交付运行后进行专家不定期审核是至关重要的。在国外,任何一家企业在实施大型会计软件系统之前,他们首先要找的不是软件开发商,而是专业的管理咨询公司,聘请兼具行业知识和企业管理软件知识的专家组来对企业进行充分调研和需求分析,甚至对管理流程重新设计,将企业的核心问题归纳出来,分析企业最需要什么样的管理和什么样的管理软件。对企业员工进行管理意识培训,而不是完全手把手的操作技能培训。在企业实施管理软件过程中,管理咨询专家会根据自己丰富的经验对企业进行业务流程重组,监督软件系统的实施进度,看其是否偏离管理目标。在系统交付运行后,又会定期进行系统运行效率评估,及时调整管理软件在企业管理中出现的误区。目前,国内许多企业尚未认识到管理咨询的重要性,而不愿意将钱花在"看不清摸不着"的咨询上,这种价值观本身就不利于大型会计软件系统的成功应用。

(二) 大型会计软件系统应用的关键环节——软件实施过程

大型软件在功能、系统结构、数据关联复杂性以及软件应用难度等方面完全不同于众所周知的财务软件或其他小型应用软件,主要表现在以下几个方面。

1. 管理领域扩大

财务管理知识只是企业管理的重要组成部分,主要对企业资金流进行管理,而大型会计软件系统则是对企业进行全面管理的计算机软件系统,涵盖企业管理全部业务流程,包括企业资金流、物资流、信息流的全面一体化管理。

2. 功能齐全

大型会计软件系统一般包括四个方面的功能:财务管理、供应链管理、生产管理、人力资源管理。由于企业管理模式千差万别,企业管理软件的商品化需要软件适应各种企业管理模式的要求,这对于企业管理软件功能的适应性提出了很高的要求。

3. 数据关联复杂

大型会计软件系统是一个一体化设计、集成运行的软件系统,由于涉及企业整个业务流程或者多个部门,系统内不仅要实现数据共享,还要对数据一致性与安全性进行严格控制,因此,整个系统内的数据关系复杂。

4. 软件应用难度大

由于大型会计软件系统功能丰富、结构复杂,每个人很难在一两年内掌握系统全部功能的操作使用。一般情况下,应用大型会计软件系统的企业,每个业务部门或岗位上的人只能掌握自己的业务处理功能，数据在系统内形成一个流程，与企业实际业务处理流程相匹配，业务处理的各个环节要相互配合，才能使整个软件系统正常运行，从而规范企业管理。

　　一般的财务软件或其他小型应用软件，只要软件开发商或经销商对用户稍作培训，用户便可以操作软件，软件应用效果好坏主要取决于软件本身的质量高低，软件"实施"这个环节基本上不存在。企业管理软件则大不相同，企业管理软件能否成功应用受诸多环节、诸多因素的影响，事先不进行充分地准备和制定缜密的计划，往往会导致应用失败。领导重视并作为"一把手工程"来抓，是企业管理软件成功应用的前提，对应用软件进行规范化"实施"则是其中最重要的环节。这正是人们通常所说的"三分软件，七分实施"的道理。

　　大型管理软件"实施"这个概念目前在我国尚不能被社会广泛接受，甚至连大多数计算机技术人员也不能理解其内涵。对大型会计电算化系统"实施"这个概念的理解应该包括以下几个方面：

　　(1) 企业管理软件的实施难度很大，需要有实施方法论的指导，需要一支职业化专门从事软件实施的队伍，需要针对软件编制标准化培训的教材。

　　(2) 企业管理软件实施不仅仅是对用户进行软件操作培训，更重要的是应首先对企业进行业务流程重组，理顺和规范企业管理。这是企业管理软件实施的一个重要步骤。

　　(3) 企业管理软件实施不仅仅是指导用户如何使用软件。而且要协助用户进行信息标准化和规范化编码。

　　(4) 企业管理软件实施不仅仅要求企业适应软件提供的规范管理模式，还要求在实施过程中也能根据用户的特殊业务处理需求对软件进行客户化改造。

　　(5) 企业管理软件实施是一个耗费时间、人力与资金的过程，实施周期短则半年，长则2～4年。实施费用至少与软件价格相当，多则达到购买价的数倍。

(三) 大型会计软件系统实施成功的保障——专业咨询公司

　　对大型会计软件系统而言，软件开发和经销一般由软件开发商完成，而软件实施、技术支持与运行维护则需要一支专业化咨询服务队伍。这不仅仅是大型会计软件系统"实施"过程复杂性所要求的，也符合企业管理软件国际发展要求。

　　(1) 组织软件实施的咨询顾问一般具备多方面的综合能力与素质，主要包括：财务知识与财务管理能力、对各行业企业时间管理模式与业务处理流程的理解能力与经验、对计算机技术的综合运用能力、与客户交往及对客户心理的把握、培训与讲解能力等。

　　(2) 管理咨询公司培训和拥有一支专业化实施顾问队伍，可以为多家企业的管理软件组织实施，进而可以掌握各家企业管理软件产品的特点，从而可以根据企业特定的业务需求为企业选择合适的软件产品。

　　(3) 根据产品分工细化原则，专业化发展有利于发挥各自的优势。软件开发商在开发软件方面占据优势，在软件产品竞争激烈的市场中，可以集中精力不断改进和完善自己的产品。管理咨询公司则在软件实施方面占据优势，可以不断改进软件实施方法，积累在各行业实施管理软件的经验，提高软件实施的成功率。

　　管理咨询公司作为企业管理软件开发商与应用企业之间的桥梁，不仅对企业管理软开发商在推出软件产品之后的进一步发展起到推动作用,而且对于推动企业管理软件进行成功应用,从而实现企业规范化与现代化也是非常重要的。

在企业选择与应用大型会计软件系统时,专业咨询顾问人员的主要工作内容包括:

(1) 准确把握与描述企业应用需求。

(2) 为企业制定合理的技术解决方案。

(3) 辅助企业选择合适的应用软件。

(4) 对企业原有业务流程进行重组,制定规范合理的新业务处理流程。

(5) 辅助软件在企业的安装、调试和系统集成。

(6) 结合软件功能核心的业务流程,组织软件实施过程。

(7) 组织用户培训。

(8) 负责应用软件系统在企业进入正常运转。

(9) 根据应用软件,为企业编制衡量管理绩效的数据监控体系和内部管理报表体系。

(10) 为企业编制决策数据体系和决策数据分析方法。

(11) 辅助企业建立计算机信息系统的管理制度。

(12) 负责系统正常运行后的运行审查。

由此可见,管理者对管理咨询服务在企业建立大型会计软件系统过程中的重要性及对管理咨询的重视和实施,能起到事半功倍的作用。

二、会计电算化的价值管理和评价

(一) 概念介绍

1. IS 价值概念

它是 IS 应用的整体商业价值的简称,主要起源于 20 世纪 80 年代的 IS 效用(Effectiveness)理论,在 20 世纪 90 年代中与 IS 评价一起,在理论研究上得到了进一步的发展。

近年来,众多研究者纷纷给出了 IS 价值的定义,Remeyni 认为,IS 价值就是最终用户对 IS 效用的一种主观判断,不同的情境、不同的理解都会导致完全不同的价值。Meyerson 认为,IS 价值是企业对 IS 在经营活动中而所扮演的角色的理解,需要业务部门、IT 部门、管理层分别确定其定义和构成,最后协商而形成的最终结果。Parker 定义为,IS 价值是指 IS 对组织的正面影响,并不是所有的价值都可以为最终用户所理解和感觉,仅考虑主观感受是不科学的。就企业层面和持续能力方面看,Marguerite 给出的定义比较符合,IS 价值是从整个企业的角度出发,考虑到所需要的资源耗费后,IS 为企业创造的持续价值。

通常对 IS 价值的理解,强调从整个企业的角度来定义 IS 价值,在一个较高的层次上看某一 IS 项目所带来的价值与企业战略,以及企业原有的信息化基础进行匹配之后所带来的综合价值。

2. IS 价值管理定义

从保障和促进 IS 价值的实现为导向,在传统的项目管理过程中系统地增加一系列补充性投入,加强项目建设过程中各影响因素对价值的正面影响,降低负面影响的辅助管理模式。其中,价值管理的主要目的是积极地促进和保障价值。

3. IS评价

从管理的角度讲,没有评价就没有管理。评价在很多时候与评估、测量、测度、评定等互用。考察评价的本意,是基于一定标准进行的一系列理解、测度、评判活动,是一种有意识的判断在特定条件下对象的价值或贡献的过程。Farbey 和 Willcocks 曾分别对 IT 评价下过定义:IT 评价是间断地或持续地发生在项目的不同时间,并通过具体的查证以及定性或定量的计算,使得 IS/IT 项目产生的影响明确化的过程或一系列并行的过程,通过定量和定性的方法获取 IS 价值的过程。

通常,对 IS 项目评价定义为:获取资源或优化资源分配,对 IS 项目未来可能发生的或已经发生的事实进行监测、分析、理解、评判,以配合 IS 项目建设中的其他活动共同实现 IS 价值的过程。

(二) 会计电算化系统的价值管理和评价

会计电算化系统是信息系统的一项子系统,对会计电算化系统的价值管理和评价涉及该系统成功和发展,且一直以来困扰着信息系统的使用者,可见非常重要。

1. 会计电算化系统的价值管理

会计电算化系统是信息系统的重要子系统,而专门针对这方面的研究不多。本书主要引入信息系统价值管理的理念,对会计电算化系统价值进行管理。

价值导向的信息系统管理模式可以认为是基于价值管理理念在信息系统管理领域的应用。基于价值的管理是西方管理学界提出的一种新的管理思想、管理理念及方法手段,目的是通过对价值的有效管理,实现企业长期持续的有效经营。在应用中主要关注四个环节:确立明确的价值理念;确定价值驱动要素;全过程实施基于价值的管理;实现全员的价值沟通。将这一理论应用于信息系统的管理,企业将价值实现贯穿于信息系统建设的全过程,有助于信息系统价值的最大化实现。图 9.4.1 提出了价值导向的信息系统管理框架,通过价值联系将企业战略与信息系统之间有机地结合在一起,构成两者之间直接联系的通道,将信息系统建设、维护管理过程纳入完整的、集成的价值管理过程。价值导向的信息系统管理体现在系统建设、运行及淘汰三个阶段,覆盖了信息系统的整个生命周期。它与传统的 IT 项目管理相协调,将价值实现的观点融入项目管理之中,并通过"价值识别—价值分析—价值指标构建—价值指标实现标准构建"几个环节,将信息系统价值分解为可测量和评判的指标体系,架设起了企业战略和信息系统之间联系的桥梁。

(1) 信息系统建设阶段。在信息系统建设阶段,价值管理的重点是保证交付的信息系统满足企业战略的需要,即建设一个"正确"的信息系统。① 价值识别及分析。价值识别及分析,界定了信息系统建设的阶段性追求目标,该过程的结果是获得了价值集 S_0,价值识别是该阶段的重要环节,价值的准确定位关系到利益相关者以何种态度参与到信息系统价值实现的过程中,考虑到信息系统价值包括非经济因素在内的多态价值,因此,针对不同的评价方法所反映的价值亦会有所不同。借鉴 BSC 方法,可以从财务、客户、内部和学习四个观点来考察企业的战略,进而识别价值领域,将抽象的企业战略目标分解为具体的价值实现形态,

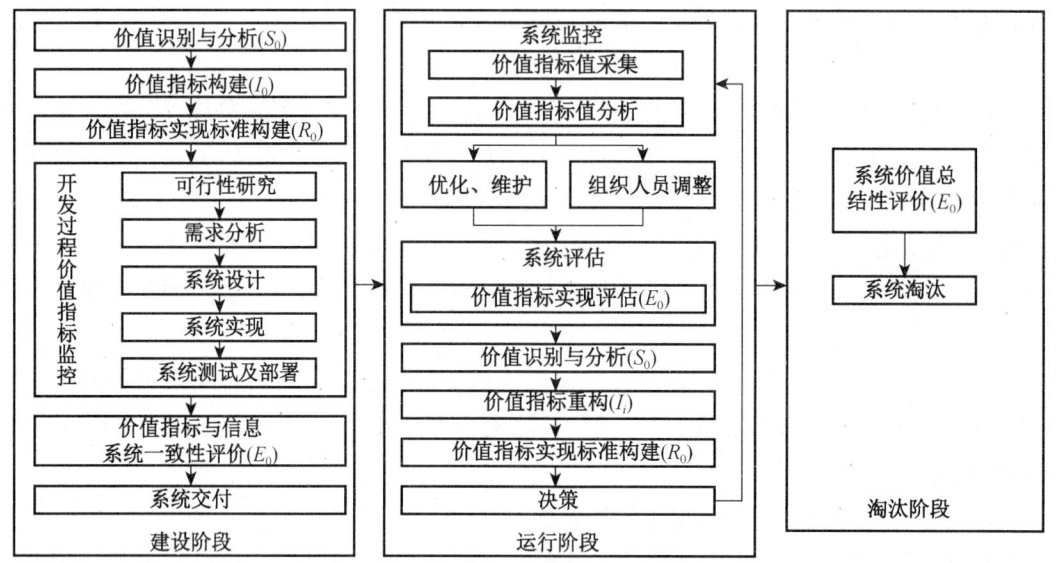

图 9.4.1 价值导向的信息系统管理框架

同时确定价值领域的重要级别,形成价值集 S_0,作为系统建设的出发点和落脚点。② 构建指标体系 I_0。价值集是从宏观层次上结合了企业具体情况和战略目标而建立起来的,它有助于明确整个系统建设的依据和获益来源,但是需要将价值集分解为信息系统具体实现的目标,进一步将价值集 S_0 用具有层次结构的、具体的定量或定性的指标体系 I_0 来表示,表示了信息系统价值具体可实现的微观目标,是价值的具体体现形式。③ 构建价值实现标准 R_0。实现标准是指对信息系统价值实现的确认标准,即信息系统实施过程中对价值实现程度的控制标准,当系统指标值达到该实现标准时,则系统继续实施;当系统指标值未能达到预设的实现标准时,需要对实施过程中涉及该指标的所有活动和过程重新进行分析、研究、采取措施,保证达到预计的实现标准。可以看出,价值实现标准是信息系统是否满足企业战略目标的指示器。④ 价值指标监控过程。价值指标监控过程贯穿于信息系统传统的开发过程之中,是从信息系统价值有效实现的角度对信息系统开发过程所进行的必要补充。通过该过程可以克服传统开发过程以功能实现为主要目标的缺陷,建立起价值实现和功能实现相统一的开发过程。通过监控指标信息,可以为信息系统开发过程的管理控制提供准确的信息和资料,为过程控制提供有力的支持。⑤ 价值指标与信息系统一致性评估。在系统完成开发提交之前,参考指标体系 I_0,考察信息系统监控值与指标体系预期的实现标准的一致性,确保所开发的信息系统与企业战略目标的一致,防止系统设计方案与实际系统发生偏差,产生评价结果 E_0。评价结果是建设阶段的成果汇总,当评价结果显示两者不相符时,表明信息系统并不能满足企业战略目标,需要重新对开发过程进行分析、找出原因加以改进,必要时对系统进行重新设计。当评价结果显示两者相符合时,表明所建设的信息系统是符合系统的设计要求,从而也是与企业战略目标相一致的,只有这样的信息系统才有可能保证其价值在运营阶段的实现,否则就无从谈起信息系统价值实现问题。

(2) 信息系统运行阶段。信息系统通过了评估交付使用后,进入运行阶段,信息系统的运行阶段蕴含了信息系统价值从预期到实现的转化过程,对该过程的有效的价值管理是促使信息系统价值最大化实现的主要手段。信息系统动态特性是该阶段的主要特征,通过建立起对信息系统动态的监控体系,尽早发现由于企业内外部环境的变化而导致的信息系统与企业战略的不一致,并尽快对变化做出反馈,从而不断修正系统运行状态,保证信息系统符合实际情况,从而提高信息系统在运行阶段的适应性,尽可能地使信息系统价值实现过程延长。在运行阶段,主要的管理活动和过程可以归纳为:①价值指标值采集及分析。价值指标值代表了信息系统在价值实现过程中所处的状态,通过指标值的变化,可以动态反映企业因环境变化而导致与信息系统的不一致,及时察觉和响应这种差距,可以防止因"蝴蝶效应"而导致的信息系统失效。而通过数据的采集与价值实现标准对比分析,可以判断系统当前所处的状态是否与环境相匹配,提供分析系统存在问题的原始资料,为系统维护和组织调整提供决策支持。②价值指标实现评估。通过上一步骤发现信息系统与实际企业环境不一致时,需要通过对信息系统进行优化调整或组织人员调整,可以认为这也是系统学习的过程,通过学习建立起新的协同状态,从而适应新的环境。调整的效果如何,需要对其进行评估,形成评估结果,保证在采取调整措施后,解决前一阶段发现的问题。在该评估中不仅需要对问题解决情况的说明,还需要说明系统调整可能存在的潜在影响。③价值识别及分析、指标体系及实现标准重构。随着信息系统的运营,信息系统的价-值会随时间发生变化。一些价值会消失,而其他一些价值会出现,通过这一环节,对指标集 I_i 及 R_i 进行动态调整,保证信息系统与企业战略的一致性,完成后进入下一轮循环。这一过程实际是对信息系统价值进行测度、跟踪与重定义的过程,是为了适应信息系统随环境演化导致的价值内涵发展的需要,确保能够实现对信息系统价值的有效管理。

(3) 信息系统淘汰期。当系统进入淘汰阶段,表明信息系统已经无法通过优化维护及组织人员调整满足系统价值指标,信息系统已经完成其使命。通过运行阶段的历次价值指标实现评估结果 Ei,通过总结性评价 E,为企业提供该信息系统全面的价值信息,同时亦可作为新系统开发的参考。

价值导向的信息系统管理模式,从根本上解决了信息系统建设过程中"重建设,轻管理"的现象。以价值实现为目标,将建设、运行提升到同等高度,并且结合为一个统一的集成管理过程。建设阶段的管理保证了信息系统符合用户预期,运行阶段的管理保证预期价值的逐步实现;通过价值识别和分析,将企业战略目标分解为价值指标集,信息系统以满足这些指标集为目标,通过对价值指标的监控及动态调整,有效地保证了信息系统与企业战略的高度一致;建立起信息系统动态调整机制,提高了信息系统适应性。运营阶段的每一次价值指标实现评估都体现了阶段性的成果,价值成果得以真实地体现。

信息系统应用得越深入,其价值问题就越凸现。但信息系统的复杂系统特性决定了信息系统价值实现不可能是一个自然发生的过程,需要建立相应的管理机制发掘信息系统的潜在价值,通过管理手段促使潜在价值予以实现。价值导向的信息系统管理模式以基于价值的管理理念为依据,提供了从价值角度全面管理信息系统实施的新思路,该模式以信息系统价值实现为主线,提出了不同阶段的管理目标,即建设阶段的目标是提交一个符合企业战略的信息系统;运营阶段的目标是保证信息系统潜在价值的发掘和预期价值的有效实现;淘汰阶段的目标是为新的信息系统的开发提供参考和依据。结合每个阶段具体的管理控制活动,通过建立"价值识别—价值分析—价值指标构建—价值指标实现标准构建"环节以及监控评估过程等具体的方法,形成贯穿信息系统全生命周期、以价值实现为目标的、集成传统的信息系统开发过程的信息系统管理新模式,为信息系统价值的有效实现这一总目标的实现奠定基础,从而确保信息系统成功的实施。

2. 会计电算化系统的评价

随着我国会计电算化水平的不断提高,大部分企事业单位建立了适应自身管理需要的基于计算机的会计电算化系统。由于基于电算化的会计信息系统在投入成本、信息处理效率、系统管理方式、信息存储和报告特征、技术要求等方面与传统的手工会计信息系统有较大不同,用传统的评价方法来评价基于电算化的会计信息系统存在很多问题,因此,需要结合信息系统评价的基本原理建立一套全新的、相对统一的会计信息系统评价体系和标准来解决问题。

1)需求分析

(1)相关组织对会计信息系统评价的需求分析。企业对会计信息系统的评价需求。企业需要对会计信息系统的功能、技术应用水平、内部控制进行自我评价,了解本企业会计信息化水平随时间变化的情况,明确本企业会计信息系统的优势与薄弱环节,便于企业及时做出更新、改进会计信息系统或与其他系统整合的决策,有利于企业提高管理信息化水平。另外,随着我国市场经济的发展,越来越多的企业要参与国际市场的竞争。由于企业会计信息化水平是提高企业竞争力的重要手段之一,通过对企业自身的会计信息化应用水平的正确分析,可以发现和国外企业的差异,进行国际间企业竞争力的比较,以便采取信息化对策、增强竞争力。

(2)审计机构对会计信息系统的评价需求。审计机构对会计信息系统的评价主要基于三个方面的需要。一是为出具会计报表审计意见而对会计信息系统的内部控制进行的评价,也是审计工作程序的基本要求。评价内容包括被审计单位的电算化信息系统及一般控制、程序控制的有效性、充分性,会计业务处理流程的合法性等。通过评价发现内部控制的薄弱环节,支撑其审计结论,必要时提出改进建议。二是内部审计机构为加强会计信息系统的内部管理,促进会计信息系统的价值和效用,对目前会计信息系统的使用状况进行评价,提出加强内部控制和功能改进方面的建议。三是审计机构对会计信息系统建设项目进行专项审计时对会计信息系统的评价。主要评价项目建设资金的合理使用情况,会计信息系统规模、功能、设施是否符合项目计划的要求,项目完成、验收情况等。

(3)管理咨询业对会计信息系统的评价需求。企业的会计信息系统的建设可以委托一些管理咨询机构(如会计师事务所)来进行论证、规划和评价,管理咨询机构需要评价现有会计信息系统的不足,对新会计信息系统建设的必要性、可行性进行论证,对拟建会计信息系统功能、技术要求、建设方式、投资等进行规划,项目完成后评价新建会计信息系统的功能、技术、应用水平等是否符合规划目标要求等。

(4) 政府对会计信息系统的评价需求。政府为有效管理社会经济,需要把握企事业单位基本的经济信息生成和报告系统——会计信息系统的整体状况,包括 IT 应用状况、会计信息的质量、信息生成效率、安全性等诸多方面。政府希望借助会计信息系统的评价体系了解整个社会会计信息化的现状,判断企业会计信息化的发展趋势,了解不同行业之间、地区之间会计信息化应用水平的差异,调整会计信息化宏观引导政策。

2) 会计电算化系统评价体系的概念框架

(1) 会计电算化系统评价的目的和对象。评价是一种有意识地判断在特定条件下对象的价值或贡献的过程,评价服务于管理目的。现实中的会计信息系统会因为不同的管理目的而被评价。一般来说,会计信息系统的评价包括会计信息系统应用水平评价和会计信息系统项目评价两种。会计信息系统应用水平评价一般是对企业会计信息化水平、会计信息系统的功能、效率、安全性等方面进行的测度、评判活动,是以企业的管理目标和会计信息化的技术作为参照对当前会计信息系统基本状况和存在问题的判断,为企业做出改进和更新会计信息系统的决策,为对会计信息的质量做出判断提供依据。应用水平评价的对象是现实的(非规划中的或在建的)会计信息系统。会计信息系统项目评价是针对规划中的、在建的或已完成的会计信息系统建设项目进行的评价,是出于项目管理的目的评价项目计划的可行性、评价项目实施过程的规范性、评价项目成本效益等。项目评价又可具体分为项目投资评估、项目实施评价、项目绩效评价等内容。

(2) 会计电算化系统评价的标准。会计电算化系统评价标准一般包括系统可行性评价标准、系统实施评价标准、系统技术评价标准、系统性能评价标准和效益评价标准等。

可行性评价标准是对系统建设的必要性、可能性方面的评价依据,是对企业的信息系统建设项目是否具备建设的条件、有无建设的必要、有无实现的可能、系统的功能是否适应企业经营管理的目标等方面的标准。可行性评价标准用于会计信息系统项目建设前的评价活动。

系统实施评价标准是对会计信息系统实施过程中的实施情况进行实时的、阶段性的动态评价时依据的标准,包括实施进度、实施成本、实施效果、战略匹配等多个方面。

系统技术评价标准是对应用于会计信息系统的软硬件技术支撑系统目标和符合 IT 技术应用方向方面进行的评价标准,如系统采用的数据库技术、应用网络结构、信息传输技术、数据安全技术、数据挖掘报告技术等。

系统性能评价标准是对会计信息系统的功能、效率、适应性、扩充性、共享性、兼容性、移植性、操作、维护等进行的评价的标准。系统性能评价标准应随 IT 技术和系统目标的提高而不断提高。

效益评价标准是对会计信息系统产生的有形经济效益、无形经济效益、社会效益、长远发展优势等进行评价的标准。由于会计信息系统产生的效益具有广泛性、间接性、相关性、递进性和时效性、无形性和不可估性以及不确定性等特征,因此,效益评价是整个评价体系中具有较大难度的部分。

(3) 会计电算化系统评价的时间。一般来说,评价目的决定了评价的时间。会计电算化系统可以在不同的时间进行评价,具体有会计信息系统规划期评价;会计信息系统实施期评价;会计信息系统应用期评价。不同时间的评价目的、评价对象、评价内容,如表 9.4.1 所示。

表 9.4.1　　　　　　　　　　各阶段评价表

	评价目的	评价对象	主要评价内容
规划期评价	评价会计信息系统项目的必要性、可行性、效益性、规划的合理性等	规划中的会计信息系统	可行性评价、投资效益评价
实施期评价	评价实施进度、成本、效果、效率等是否符合规划要求	在建或已完成实施的会计信息系统	系统实施评价
应用期评价	评价会计信息系统技术、性能、效益等的实现状况	在用的会计信息系统	系统技术评价、系统性能评价、系统效益评价

(4) 会计电算化系统评价的主体。会计系统评价的主体是评价的组织者和实施者。企业本身是最常见的评价主体,管理咨询机构受企业委托也可成为评价主体,审计机构、政府机构都可能因不同的评价目的而成为会计系统评价的主体。为顺利完成对会计信息系统的评价,评价主体必须组织专门的评价人员,按预定的评价目的,采用有效的评价方法,依据合理的评价标准进行评价,得出评价结论。

(5) 会计电算化系统评价的方法。会计信息系统是信息系统的一种,信息系统的大多数评价方法可以用来评价会计信息系统。目前信息系统的评价方法很多,但大体可分为两大类:一类是基于主观标准(满意度)的评价,另一类是基于客观标准的评价。

基于主观标准的评价是一种"主观"的评价,评价标准是人的主观满意度。该方法的支持者认为复杂的数学模型和量化指标使得信息系统的评价变得复杂而难以理解,评价变成一种独立的理性判断,而实际的评价过程是综合的、主观的分析考虑过程,必须考虑信息系统与使用者的联系,并不是把所有问题变成数据才有说服力,况且有时无数据可供分析。他们认为用户意识中的经验现象与其他客观标准一样重要,完全可以用项目相关人员的主观满意度作为项目的成败判断标准。通常以信息系统实施后"感受"的效果与实施前期望对比,如果比值大于1,则表示满意;小于1,则表示不满意。基于主观标准的评价方法有专家打分法、满意度调查表、效用评价法等。基于客观标准的评价是一种"客观"评价,其结果一般不受相关人员主观意愿的影响,不同企业的信息系统评价结果可以进行横向比较,正因如此,许多人热衷于这种方法的研究和应用。这种方法需要用一系列量化的指标综合反映该被评价的信息系统,采用一定的数学模型对这些量化指标进行运算,形成最终的评价结果,常见的平衡记分卡、模糊综合评价方法和人工神经网络方法属于此种方法。客观标准评价的难点在于量化指标的选取,究竟应当有哪些指标,需要多少指标。

相对于企业综合性的管理信息系统,会计信息系统是相对简单的信息系统,但也表现出两大特点。首先,会计信息系统带来的效益无法准确量化,特别是一些无形效益、长期效益。其次,会计系统主要功能是会计信息处理,会计信息生成和被利用的效率往往取决于会计系统和其他管理系统的协同程度,评价会计系统不能脱离其实际应用环境,用同样的标准评价不同应用环境中的会计系统并不可行。基于以上两点,会计信息系统的评价应以主观评价方法为主,辅助以客观评价方法,通过有机组合达到互补的效果。在基本达到评价目的的前提下,简化评价方法,比如用较少的、更简单的数学模型等。

本 章 小 结

学生通过本章学习,了解与会计电算化的相关理论与技术;XBRL、ERP、电子商务、网络财务等IT技术对会计电算化的巨大影响和突变;提升对会计电算化的学习能力。

复 习 与 思 考

一、名词解释

1. ERP 2. 网络财务 3. 决策支持系统 4. 会计决策支持系统 5. 人工智能 6. 智能会计决策支持系统 7. 专家系统 8. IS价值管理 9. XBRL 10. 云会计 11. 电子商务

二、单项选择题

1. 电子商务系统的基础是(　　)。
   A. 决策支持系统　　　　　　　　B. 电子数据交换
   C. 商业信息系统　　　　　　　　D. 财务信息系统
2. 一个完整的网络交易安全体系,至少要包括(　　)三类控制措施,才能真正实现电子商务的安全运作。
   A. 技术方面措施、管理措施和社会的法律政策与保障
   B. 技术方面措施、管理措施和身份认证
   C. 交易安全的实施监控措施、客户认证和社会的法律政策与保障
   D. 技术方面措施、交易安全的实施监控措施和社会的法律政策与保障
3. 在Internet上的电子商务交易过程中,最核心和最关键的问题就是交易的(　　)。
   A. 安全性　　　　　　　　　　　B. 数据库安全保密性
   C. 完整性　　　　　　　　　　　D. 可鉴别性
4. ERP发展到第二阶段是(　　)。
   A. ERP　　　　　B. MRP　　　　　C. MRPⅡ　　　　　D. MRPⅠ
5. ERP与会计软件的关系是(　　)。
   A. 前者是后者的一部分　　　　　B. 后者是前者的一部分
   C. 两者之间没有交集　　　　　　D. 两者之间有交集

三、多项选择题

1. TCP/IP 体系结构参考模型主要包含（   ）。
   A. 应用层　　　　B. 传输层　　　　C. 表示层　　　　D. 网络接口层
2. 安全认证主要包括（   ）。
   A. 时间认证　　　B. 支付手段认证　C. 身份认证　　　D. 信息认证
3. 会计决策支持系统所支持的决策包括（   ）。
   A. 目标利润预测和决策　　　　　　B. 筹资决策
   C. 经营决策　　　　　　　　　　　D. 投资决策
   E. 风险性与不确定性决策
4. 电子商务按交易对象分为（   ）。
   A. B2C　　　　　B. B2B　　　　　C. B2G　　　　　D. B2B
   E. C2C　　　　　F. G2G
5. 电算化会计信息系统审计基本方法有（   ）。
   A. 绕过计算机审计　　　　　　　　B. 通过计算机审计
   C. 人工查阅审计　　　　　　　　　D. 利用计算机审计
   E. 网络审计

四、简答题

1. ERP 系统的管理思想是什么？
2. 阐述企业实施 ERP 的过程。
3. 阐述 ERP 环节下会计人员职能转变趋势。
4. 网络财务系统实现功能有哪些？
5. 决策问题的类型有哪些？
6. 会计决策支持系统的特征是什么？
7. 会计决策支持系统的功能有哪些？
8. 专家系统的基本特征是什么？
9. 网络的功能有哪些？
10. 企业内部网、企业外部网及互联网的区别是什么？
11. 如何理解电子商务的内涵？
12. 电子商务的应用模式有哪些？
13. 电子商务对会计理论有哪些影响？
14. 会计信息系统对审计的影响表现在哪些方面？
15. 计算机审计的内容是什么？具体实施步骤有哪些？
16. 常用的计算机审计基本方法有哪几种？各自的优缺点及适用范围是什么？
17. 审计软件应有哪些基本功能？
18. 大型会计软件系统应用成败的三个主要因素是什么？其实质性症结是什么？

19. 大型会计软件应用的关键环节是什么？
20. 信息系统的价值管理有几个阶段？各有哪些主要内容？
21. 怎样评价会计信息系统？
22. XBRL 主要运用于哪些领域？

参 考 文 献

[1] 汪诗怀. 会计信息系统[M]. 哈尔滨:哈尔滨工业大学出版社,2007.

[2] 张瑞君. 会计信息系统[M]. 北京:中国人民大学大学出版社,2004.

[3] 王凡林,等. 会计信息系统[M]. 上海:格致出版社,2009.

[4] 毛华杨,等. 会计电算化原理与应用[M]. 北京:清华大学出版社,2011,2.

[5] 黄洪. 会计电算化实务[M]. 杭州:浙江大学出版社,2005.

[6] 李尊卿,等. 会计电算化实用教程[M]. 北京:高等教育出版社,2004.

[7] 孙万军,等. 电算化会计应用教程[M]. 海口:南海出版社,2002.

[8] 杜天宇. 会计电算化[M]. 上海:立信会计出版社,2006.

[9] 卢向华. 信息系统价值管理[M]. 北京:经济管理出版社,2005.

[10] 葛世伦. 会计信息系统开发方法[M]. 北京:科技出版社,2002.

[11] 杨武岐,等. 会计实务模拟(会计信息系统篇)[M]. 北京:科学出版社,2006.

[12] 孙艳华. 新编会计电算化[M]. 北京:北京大学出版社,2008.

[13] 汪一凡. 会计信息系统原论[M]. 厦门:厦门大学,2006.

[14] 李世宗,等. 会计信息系统[M]. 哈尔滨:哈尔滨工业大学出版社,2007.

[15] 阳卓越. 我国现阶段电算化管理中存在的问题及对策分析[D]. 西南交通大学,2003.

[16] 杨武岐. 会计信息系统评价体系的概念框架[J]. 经济论坛,2005(21).

[17] 王博涛,舒华英. 价值导向的 IS 价值管理模式研究[J]. 西安电子科技大学学报(社会科学版),2006(1).

[18] 刘瑞武,章壮洪. 会计信息系统[M]. 北京:人民邮电出版社,2014.

[19] 杜娟,饶兴明. 会计信息系统理论与实务[M]. 北京:人民邮电出版社,2016.

[20] 艾文国,孙洁,张华. 会计信息系统[M]. 北京:高等教育出版社,2015.

[21] 童伟,卿学炼. 会计电算化[M]. 北京:北京大学出版社,2014.